清华国学书系

杨鸿烈文存

YANGHONGLIE WENCUN

清华大学国学研究院 主编

叶树勋 选编

江苏人民出版社

图书在版编目(CIP)数据

杨鸿烈文存/清华大学国学研究院主编;叶树勋选编. —南京:江苏人民出版社,2016.6
(清华国学书系)
ISBN 978-7-214-17792-6

Ⅰ.①杨… Ⅱ.①清… ②叶… Ⅲ.①杨鸿烈(1903-1977)—文集 Ⅳ.①C53

中国版本图书馆 CIP 数据核字(2016)第 170306 号

书　　名	杨鸿烈文存
主　　编	清华大学国学研究院
选　　编	叶树勋
责任编辑	孙　立
装帧设计	姜　嵩
出版发行	凤凰出版传媒股份有限公司 江苏人民出版社
出版社地址	南京市湖南路 1 号 A 楼,邮编:210009
出版社网址	http://www.jspph.com
经　　销	凤凰出版传媒股份有限公司
照　　排	江苏凤凰制版有限公司
印　　刷	南京爱德印刷有限公司
开　　本	652 毫米×960 毫米　1/16
印　　张	26.25　插页 2
字　　数	353 千字
版　　次	2016 年 10 月第 1 版　2016 年 10 月第 1 次印刷
标准书号	ISBN 978-7-214-17792-6
定　　价	54.00 元

(江苏人民出版社图书凡印装错误可向承印厂调换)

（1927 年《清华学校研究院同学录》照片）

（1958 年广东文史馆“干部登记表”照片）

总　序

晚近以来，怀旧的心理在悄悄积聚，而有关民国史的各种著作，也渐次成为热门的读物。——此间很重要的一个原因，当然是在蓦然回望时发现：那尽管是个国步艰难的年代，却由于新旧、中西的激荡，也由于爱国、救世的热望，更由于文化传承的尚未中断，所以在文化上并不是空白，其创造的成果反而相当丰富，既涌现了制订规则的大师，也为后来的发展开辟了路径。

此外还应当看到，这种油然而生的怀旧情愫，又并非只意味着"向后看"。正如斯维特兰娜·博伊姆在《怀旧的未来》中所说："怀旧不永远是关于过去的；怀旧可能是回顾性的，但是也可能是前瞻性的。"——由此也就启发了我们：在中华文明正走向伟大复兴、正祈望再造辉煌的当下，这种对过往史料的重新整理，和对过往历程的从头叙述，都典型地展现了坚定向前的民族意志。

正是在这样的背景下，本院早期既昙花一现、又光华四射的历程，就越发引起了世人的瞩目。简直令人惊异的是，一个仅存在过四年的学府，竟能拥有像梁启超、王国维、陈寅恪、赵元任、李济、吴宓这样的导师，拥有像梁漱溟、林志钧、马衡、钢和泰及赵万里、浦江清、蒋善国这样的教师，乃至拥有像王力、姜亮夫、陆侃如、姚名达、谢国祯、吴其昌、高亨、刘盼遂、徐中舒这样的学生……而且，无论是遭逢外乱还是内耗，这个如流星般闪过的学府，以及它的一位导师为另一位导师所写的、如今已是斑驳残损的碑文内容——“独立之精神，自由之思想”，都在激励后学们去保持操守、护持文化和求索真理，就算不必把这一切全都看成神话，但它们至少也是不可多得的佳话吧？

可惜在相形之下，虽说是久负如此盛名，但外间对本院历史的了解，总体说来还是远远不够的，尤其对其各位导师、其他教师和众多弟子的总体成就，更是缺少全面深入的把握。缘此，本院自恢复的那一天起，便大规模地启动了“院史工程”，冀能在深入研究的基础上，最终以每人一卷的形式，和盘托出院友们的著作精选，以作为永久性的追思缅怀，同时也对本院早期的学术成就，进行一次总体性的壮观检阅。

就此的具体设想是，这样的一项“院史工程”，将会对如下四组接续的梯队，进行总览性的整理研究：其一，本院久负盛名的导师，他们无论道德还是文章，都将长久地垂范于学界；其二，曾以各种形式协助过上述导师、后来也卓然成家的早期教师，此一群体以往较少为外间所知；其三，数量更为庞大、很多都成为学界中坚的国学院弟子，他们更属于本院的骄傲；其四，等上述工作完成以后，如果我们行有余力，还将涉及某些曾经追随在梁、王、陈周围的广义上的学生，以及后来在清华完成教育、并为国学研究做出突出贡献的其他学者。

这就是本套“清华国学书系”的由来！尽管旷日持久、工程浩大、卷帙浩繁，但本院的老师和博士后们，却不敢有丝毫的懈怠，而如今分批编出的这些“文存”，以及印在其前的各篇专门导论，也都凝聚了他们的辛劳和心血。此外，本套丛书的编辑，也得到了多方的鼎力支持；而各位院友的亲朋、故旧和弟子，也都无私地提供了珍贵的素材，这让我们长久地铭感在心。

为了最终完成这项任务，我们还在不停地努力着。因为我们深知，只有把每位院友的学术成就，全都搜集整理出来献给公众，本院的早期风貌才会更加逼真地再现，而其间的很多已被遗忘的经验，也才有可能有助于我们乃至后人，去一步一步地重塑昔日之辉煌。在这个意义上，这套书不仅会有很高的学术史价值，也会是一块永久性的群英纪念碑。——形象一点地说，我们现在每完成了一本书，都是在为这块丰碑增添石材，而等全部的石块都叠立在一起，它们就会以一格格的浮雕形式，在美丽的清华园里，竖立起一堵厚重的"国学墙"，供同学们来此兴高采烈地指认：你看这是哪一位大师，那又是哪一位前贤……

我们还憧憬着：待到全部文稿杀青的时候，在这堵作为学术圣地的"国学墙"之前，历史的时间就会浓缩为文化的空间，而眼下正熙熙攘攘的学人们，心灵上也就多了一个安顿休憩之处。——当然也正因为那样，如此一个令人入定与出神的所在，也就必会是恢复不久的清华国学院的重新出发之处，是我们通过紧张而激越的思考，去再造"中国文化之现代形态"的地方。

清华大学国学研究院

2012年3月16日

凡　例

一、本文存收录的杨鸿烈作品均以初版或原刊为底本。原文为竖排繁体，今改为横排简体，标点符号改为现今通用的标点符号。

二、民国时期的特殊用字，一般不按现行用法改动。原文的专名及译名与现今不统一者，亦不作改动。如确系作者笔误或排印错误，则予径改。

三、原文引述他书，偶有省略更改，倘不失原意，则不以被引之书改动引文。

四、原书字迹模糊或纸页残缺的地方，据所缺字数用“□”表示，字数难以确定者则用“（下缺）”表示。

目　录

导　言

杨鸿烈(1903—1977),又名炳堃,字宪武,云南晋宁人。早年毕业于北京高等师范学校英语部,随后考入清华国学研究院,师从梁任公先生研究法律史,后来留学于日本东京大学文学部,获博士学位。曾先后在南开大学、中国公学、云南大学、南京中央大学、香港大学、香港《星岛日报》等处工作。1955 年从香港返回广州,供职于广东文史馆,1977 年病逝于广州。杨鸿烈是现代学术史上著名的法律史学家,同时在史学理论与方法、诗文研究方面也有一定的著述,先后著有《中国诗学大纲》、《中国文学杂论》、《大思想家袁枚评传》、《史地新论》、《史学通论》、《历史研究法》、《中国法律发达史》、《中国法律思想史》、《中国法律在东亚诸国之影响》、《教育之行政学的新研究》等一些作品,在文学理论、史学研究尤其是法律史方面做出了比较重要的学术贡献。

一、生平概况

1903 年 8 月 20 日(农历 6 月 28 日),杨鸿烈出生于云南省昆明市晋宁县。晋宁历史上人才辈出,如著名航海家郑和即是当地人。杨鸿烈的祖父在当地为官,家道比较殷实,其父经商,后因经营不善,家道中落。

父亲为他起名“鸿烈”，取自《淮南鸿烈》的“鸿烈”之义，含有“明道”的意思，[①]寄托了父辈对他的殷切期望。杨鸿烈少时的家境比较困难，但这并没有阻挠他的求学之心。1919 年，杨鸿烈从家乡昆明考入北京高等师范学校（北京师范大学前身），自此开始了他在北京的求学时光。

杨鸿烈考入高等师范学校时是在史地部，后来转入英语部，1925 年毕业于该校。北师的求学经历使他在历史地理学方面具有了初步的学习和涉猎，而后来转入英语部也让他有条件接受专门的外语训练，这两方面的求学经历对他以后的学术生涯有一定的影响。他的第一部专著《史地新论》（1924 年由北京晨报社初版）即写成于这一时期，是他日后两部史学代表著作（《史学通论》、《历史研究法》）的雏形。而外语方面的能力则为他日后的学术研究提供了语言工具，这是杨鸿烈治学具有国际眼光的一个重要原因。在此期间，杨鸿烈已在学界崭露头角，不仅出版了第一部专著，同时也有一些论文陆续发表。此外，杨鸿烈还积极参与社会上的学术活动。1922 年 4 月，在云南省旅京学会的春季改选例会上，他被选举为会刊的编辑员；1924 年 3 月，他参与创办了由北京师范大学教育革新社编辑、上海民国日报社发行的《教育周报》，担任主笔之一。杨先生在课余时间参与编辑工作，一方面有开拓学术视野的考虑，与此同时也有经济方面的因素。当时他的家境比较困难，家里人对他并没有经济支援，在京求学主要是自力维持，课余时间从事编辑工作可以让他获取一些收入。

在北师求学阶段，他和胡适的交往密切，在治学方法和文化理念都受到胡适的很大影响。在他早年的一些论著里，我们可以读到胡适等人所倡导的“新文化运动”对杨鸿烈思想的影响，以至于“革新性”成为他这一时期作品的一个基调。杨鸿烈早年和胡适的交往主要是学业上的请益，而胡适对杨鸿烈的学术革新精神也较为赞赏，并乐于给予指导。如

① 东汉时人高秀曾作注曰：“鸿，大也；烈，明也；以为大明道之言也。”参见何宁：《淮南子集释》（上），北京：中华书局，1998 年，第 5 页。

《史地新论》初稿撰成之际，胡适在病中为其认真审阅，提出建议。[①] 此外，胡适还曾促使杨鸿烈去研究杨氏的云南同乡方玉润，使他成为这一研究领域的发端者。当时胡适在北京大学任教，杨鸿烈除了亲自去拜访胡适之外，也常常写信给胡先生，[②]他和胡适的交情保持得比较长久，后来东渡日本留学，胡适在经济上还给予了一定的支援。[③]

1925 年 6 月，杨鸿烈从北京师范大学（旧制）英语部毕业。[④] 同年 7 月初，杨先生参加了清华国学研究院第一届招生考试，随后被录取。[⑤] 但因经济困难，不得已休学一年，而后在 1926 年 9 月与第二届学生一同入学。[⑥] 杨鸿烈报考清华国学研究院时，选报的专修学科是“中国文化史”，第二年入学以后在梁任公先生的指导下，具体以“中国法律发达史”为研究专题。这一选题并非偶然，而是结合了梁、杨师生之间在学术上的多方面机缘。这一选题也对杨鸿烈日后的学术生涯产生了深远的影响，使他的治学方向发生了很大的改变，自此而后虽然他对不同的学术领域仍有一定的涉猎，但他的主攻方向一直都是中国法律史。关于这方面的情况，我们在后文的学术评介部分会有进一步的说明。

在国学院求学期间，杨鸿烈在主修中国文化史的同时，对国学院诸位导师的课程也多有修习。按当时国学院的教学制度，课程的开设分“普通演讲”和“专题研究”两类：普通演讲类是学生的必修课，由教授择定题目，每周开讲一到两次；专题研究类则是各位学生根据自己的研究

---

① 杨鸿烈：《史地新论・自序》，北京：晨报社，1924 年，第 7 页。

② 参见胡适等著、杜春和等编：《胡适论学往来书信选・胡适与杨鸿烈》，石家庄：河北人民出版社，1998 年，第 532—538 页。

③ 参见中国社会科学院近代史研究所中华民国史组编：《胡适来往书信选》（中），北京：社会科学文献出版社，2013 年，第 670—671 页。

④ 1923 年，北京高等师范学校经教育部批准改制为师范大学。

⑤ 参阅孙敦恒：《清华国学院纪事》，《清华汉学研究》（第 1 辑），北京：清华大学出版社，1994 年，第 280 页。

⑥ 按当时《研究院章程》规定：“学员免交学费及宿费，但每学期入学时应交膳费约三十五元，预存赔偿费五元，此外零用各项，均归自备。”载《清华周刊》，第 360 期，1925 年 10 月 25 日。杨鸿烈可能是因为当时拿不出需交的钱款而申请休学一年。

课题进行选修。[①] 在1926—1927的学年里，各位导师的普通演讲课程有：梁任公先生开设“儒家哲学”、“历史研究法”，王国维先生主讲“仪礼”和“说文练习”，赵元任先生、陈寅恪先生分别开设“音韵练习”和“西人之东方学之目录学”，而李济之先生则是主讲“普通人类学”和“人体测验”。[②] 这些课程广泛包括了国学研究的多个领域，并且涉及了国外汉学，杨鸿烈在当时的教学环境里，不仅能够进一步夯实文史功底，并且在学术视野上也可以继续拓展，使他不仅可以学习到多种学科的理论和方法，与此同时也能接触到西方人对中国传统文化的研究成果。杨鸿烈的研究专题《中国法律发达史》大概在1927年夏撰成，呈交导师梁任公先生评阅，梁先生校阅后予以很高评价，“许为必传之名著”。[③] 此书后来在1930年由上海商务印书馆初版，成为中国法制史研究的奠基之作。

在研习国学院课程的同时，杨鸿烈也积极参与课外的学术活动。他和陆侃如、姚名达、储皖峰等同学一起参与了北京的“述学社”。述学社是当时“整理国故”运动中诸多国学团体之一，其前身是爱智学会国学部，陆侃如是该社发起人之一。1926年夏，陆侃如考入清华国学研究院以后，述学社的社员也随之扩展到清华，杨鸿烈是其中的积极参与者之一。1927年5月该社改选职员时，杨鸿烈被选为社刊《国学月报》的编辑。[④] 杨鸿烈在北师和清华求学期间都积极参与编辑工作，这些经历对他的求学过程有一定的帮助，在社团之中可以常和同道相切磋，扩展自己的学术视野，同时这也是经济收入的一种来源。

1927年6月1日，清华国学研究院举行第二届学生毕业典礼，随后在工字厅开设师生叙别午宴。四位导师各领一席，餐前聚坐，师生畅谈

① 参阅孙敦恒：《清华国学院纪事》，《清华汉学研究》(第1辑)，北京：清华大学出版社，1994年，第307—308页。

②《研究院纪事》，载《国学论丛》，1927年第1卷第1号。

③ 参见吴其昌编：《清华学校研究院同学录·杨鸿烈》，见夏晓虹、吴令华编：《清华同学与学术薪传·辑三》，北京：生活·读书·新知三联书店，2009年。

④ 参阅苏云峰：《从清华学堂到清华大学(1911—1929)》，北京：生活·读书·新知三联书店，2001年，第325—326页。

别情。宴席将散之际，梁任公起立致辞，历述学生们的研究成绩，并期以"国学重镇"之厚望。6 月 2 日，王静安先生投湖自沉。王先生投湖前几无预兆，事发后全院师生均感意外，大师顿然仙去，全院师生哀恸无比。① 6 月 7 日，国学研究院举行第十二次教务会议，审查毕业学生成绩，杨鸿烈等 30 人被审查合格，准予毕业。② 6 月 30 日，梁任公偕国学研究院学生同游北海，发表谈话一篇，毕之以"做人"、"做学问"两大要义。③ 梁任公在谈话中说到了自己对研究院学生道德和知识的期望，复针砭时弊，鼓励全院学生共谋改造之。

杨鸿烈和梁任公的交往比较早，在他考入国学院之前，就已经和梁先生有所往来。杨鸿烈晚年曾作《回忆梁任公先生》，提到了他和梁任公先生的一些交往情况：

> 我是梁氏晚年的门生，从 1919 年(民国八年)到 1928 年(民国十七年)，即梁氏四十七岁到五十六岁这一段时间，过从较密切。我当时由昆明考取北京高等师范学校(后来升格为师范大学)的史地部，又转入英语部，课余在北京晨报副刊发表了一些响应梁氏的"整理国故"号召的文章。当时梁氏住在清华学校，每周从星期一到星期五都在清华，星期六到星期天才来北京城内，寓北海快雪堂，我谒见的机会较多，便成为私淑弟子。我考入清华国学研究院后，成为他的正式学生。④

杨鸿烈刚到北京时就开始和梁先生交往，成为私淑弟子，考入国学研究院之后，他成为梁任公的正式门生。在他的回忆文章里，他提到了进入

---

① 杨鸿烈等人后来在述学社社刊《国学月报》上出版了"王静安先生纪念专号"，刊载国学院师生对王静安先生的纪念性文章，以示哀悼。参见《国学月报》，1927 年第 2 卷第 8、9、10 号合刊。

② 参阅孙敦恒：《清华国学院纪事》，《清华汉学研究》(第 1 辑)，第 322—323 页。

③ 梁启超：《北海谈话记》，《梁启超文存》，南京：江苏人民出版社，2012 年，第 690—697 页。

④ 杨鸿烈：《回忆梁启超先生》，载《广东文史资料》第八辑，广州：广东人民出版社，1963 年，第 35 页。

国学院以后向梁先生请教功课的情况，当时梁先生和一般访客谈话以五分钟为限，这是为了应付某些人久坐聊天、妨碍工作而设，但国学院学生的谈话并不受此限制，可以畅谈学问。[①] 比起同期入学的同门，杨鸿烈显得成才较早，在弱冠之年已有作品发表出版。不过，国学院的求学经历，尤其是梁任公先生的教导，对他以后的学术生涯产生了比较大的影响，不仅使他的研究方向发生了改变，而且让他在文化理念上也有一定程度的转变。

1927年8月，由梁任公推荐，杨鸿烈到天津南开大学任教。其间，杨先生和万家淑女士在天津结婚，梁任公先生是他们的证婚人。万家淑女士是杨先生老家人，二人自小青梅竹马。新婚后不久，在1928年9月杨鸿烈受胡适聘请，到上海的中国公学任教，担任该校史学社会系主任，其间，也在复旦大学、暨南大学、法科大学等院校兼职任教，并参与创办了《吴淞月刊》。杨先生在中国公学任教时，吴健雄也在该校上学，杨先生曾教过吴健雄历史课，因吴健雄功课好，杨先生常给她的答卷判满分。[②] 1931年，杨先生从中国公学离任，到北平师范大学任教。1932年，转至昆明担任云南大学师范学院院长兼教授。1933年，离开昆明到河南大学担任该校史学系主任兼教授。从1927年在国学院毕业以后，到1934年东渡日本留学之前，这一段时间里杨先生辗转任教于南北多个院校，其间有时局战乱的影响，同时也有人事方面的因素。据他的家人回忆，杨先生是一位不善于和别人打交道的人，这可能是他在那几年频繁换工作的原因之一。[③]

1934年9月，杨鸿烈东渡日本留学，入读东京帝国大学文学部。杨先生在北师英语部求学时，所修专业主要是英语，同时也兼修法语、德

① 杨鸿烈：《回忆梁启超先生》，载《广东文史资料》第八辑，广州：广东人民出版社，1963年，第37—38页。

② 李莉编著：《华人十大科学家·吴健雄》，郑州：大象出版社，2001年，第59—60页。

③ 如1931年杨鸿烈从中国公学离任，系因为他与当时新任文理科学长李青崖不和。参见尤陈俊：《杨鸿烈先生学术年表》，载杨鸿烈：《中国法律在东亚诸国之影响》，北京：商务印书馆，2015年，第641页。

语，不过在去日本之前并没有掌握日语。这一次留学日本，杨先生也到东亚高等预备学校学习日语，进一步提升他的外语能力。杨鸿烈在东京大学留学期间，延续了他自国学院以来对中国法律史的关注，他的博士论文选题是“中国法律在东亚诸国的影响”，将以前对中国法系的内部研究转向外部研究，以期更充分地展现中国法系的历史情况。留学日本正好为他搜集相关史料提供了方便，因此这一时期来写作中国法系的对外影响也是比较合适的。《中国法律在东亚诸国之影响》一书大概撰成于1935年底，当时广州明德社出版的《新民月刊》曾刊载该书的前二章，[①]后来在1937年2月由上海商务印书馆初版。[②] 而在此之前，杨鸿烈的另一部法律史专著《中国法律思想史》也由上海商务印书馆在1936年11月初版，此书撰成时间则是早于前书。从1926年在清华国学研究院选题“中国法律发达史”，到1937年出版《中国法律在东亚诸国之影响》，可以看到杨鸿烈这十余年以来对中国法律史的持续性关注和递进性研究，对此，我们在后文会展开专门的评介。

1937年，卢沟桥事变爆发，中国进入全面抗战时期。当时杨鸿烈在日本和郭沫若等人交往密切，抗战爆发以后，郭沫若归国抗日，杨鸿烈在日受到怀疑，被日本宪兵加以监控；后来由于胡适寄信给杨鸿烈，以至于日本方面怀疑杨鸿烈是间谍，于是对其更施威胁。而后杨鸿烈辗转回到香港，暂居九龙。[③] 1939年，杨鸿烈受无锡国学专修学校聘任，离开香港到上海担任该校教授（当时无锡国专迁至上海）。无锡国专是唐文治先生在20年代创办的一所国学院校，当时该校仿照清华国学研究院的办学制度，[④]杨鸿烈赴该校任教，应有熟悉之感。这一年，他相继出版了史学方面的两部代表著作——《史学通论》、《历史研究法》，并出版了《教育

---

① 参见杨鸿烈：《中国法律在东亚诸国之影响》，《新民月刊》，1935年第1卷第7、8期合刊。

② 东京大学在1949年6月授予杨鸿烈文学博士学位，其博士学位论文为《中国法律在东亚诸国之影响》。

③ 参阅中国社会科学院近代史研究所中华民国史研究室编：《胡适来往书信选·杨鸿烈致胡适》（中），第670—671页。

④ 参阅苏云峰：《从清华学堂到清华大学（1911—1929）》，第332—333页。

之行政学的新研究》。

1940年10月，杨鸿烈在南京参与发起了中国戏剧协会。1941年，杨鸿烈在南京中央大学史学系担任教授，兼任南京伪中央政府宣传部宣传事业司司长、编审室主任。1945年下半年，因时局原因杨鸿烈赴台北担任台湾省贸易局研究院。1946年，经许世英介绍，杨鸿烈离台赴港，担任《星岛日报》的英文新闻译员。1949年，他受聘于香港大学，在该校担任教员，第二年从该校离职，回到《星岛日报》担任翻译员。据杨先生的家人回忆，他居港期间的生活境况并不是很好，在殖民地里华人未免受到歧视，他在《星岛日报》担任翻译员可勉强维持生活，而他在香港大学任职期间，更是受到英国人的排挤。当时他所在的中文系系主任是一位年轻的英国人，杨先生和他的关系比较紧张，而后来则因为杨先生揭发了某位教员学位造假的事情，直接得罪了港大的领导而被解聘。

1955年6月，杨鸿烈离开香港，返回广州。同年10月，广东省统战部将他安排在广东文史馆担任馆员。杨鸿烈返回广州既是对祖国的归依，同时也是怀揣学问事业的志愿回来。返回广州不久，杨鸿烈曾尝试写信给中央相关领导，请求给予一定的研究条件，以让他继续从事中国法系的研究：

> 这次蒙[共产]党中央录用，从香港返回祖国，承广东省统战部招待，在广州市居住观察，已及三个月之久，并[自本月起]将派往文史研究馆工作。照顾周到，使我感激万状。惟因后半生光阴宝贵，白头发一天比一天多，而法律史研究工作[的繁]又很为复杂艰难，兼之最近〈必需参考……的书籍、文件都集中[首都]北京，所以请求主席……的工作，俾能同时加紧学习[完成任务，俾敢]……实现我一向……心血和志愿，[致敬礼九、六]〉①

① 转引自刘馨、牛要聚：《杨鸿烈：史林中的法学巨擘》，载《中国法学文档》，北京：知识产权出版社，2007年，第258—259页。据该文作者说明，这段文字系中国社会科学院法学所图书馆工作人员据杨鸿烈手稿录入，[ ]内为杨鸿烈删去重写的原文，〈〉内为残片，省略号为断句标志。

杨先生很珍惜自己的晚年，希望能够充分利用宝贵的光阴，继续从事他对中国法律史的研究，完成自己的学术志愿。然而在当时的局势下，他的“心血和志愿”并没有实现的可能性。

此后不久，他写信给中央相关领导，反映广东文史馆两位馆员受虐待而身亡的问题。因为此事杨先生被撤销了馆员职务，降为办事员。随之更为严重的是，在1957年的“反右运动”中杨先生被划为“右派”，并于第二年被派往广东省从化县九里步农场接受“监督劳动”的处分。后来，杨先生迁回至广州东山龟岗，就此蹇居。1977年1月，杨先生带着心中深深的遗憾，病逝于广州。改革开放以后，杨先生生前单位为他做了平反工作，并对他的遗孀万家淑女士给予抚恤，万女士在1994年病逝。①

综观杨先生一生的经历，有过顺畅辉煌，也有过困蹇失落。少年时期家境的困难并没有阻挠他的求学之心，在北京上学的8年里（1919—1927年），他在缺乏家庭支援的情况下，自力更生，刻苦求学，弱冠之年就已取得了一定的学术成果，并且得到了学界名家的承认，其聪明才华于此可见一斑。上世纪30年代是他学术研究的成熟时期，同时也是他学问事业的辉煌时期，他在史学理论与方法上的两部代表性著作、在法律史方面的三部奠基性著作，都是在这一时期相继出版，这些作品足以奠定他在法史学界的大家地位。然而时势弄人，40年代前期的工作际遇，让他的人生和事业就此走向了另一阶段，学术作为日趋于淡薄；②更为不

① 杨鸿烈先生和万家淑女士共育有二子。长子杨望硕（1929—），曾在中山大学、广东外语外贸大学工作，现定居香港。幼子杨望博（1931—2006），毕业于中山医科大学（现与中山大学合并），生前为暨南大学第一附属医院主任医师。杨望博先生育有一子杨阳，毕业于暨南大学国际经济系，目前系广州万隆同镒基金管理人。

② 杨鸿烈任职于中央大学期间（1941—1945年），曾写过一些时论性作品，学术价值不是很高。他居住香港期间（1946—1955年），对中国法律史的研究仍有所开展，曾撰写过这方面的作品。上世纪80年代初，杨先生的家属将其生前书稿赠送给中国社会科学院法学所，由该所法制史研究室整理，后于1994年移交给法学所图书馆，现藏该馆。这批资料包括了《中国法制史初稿》、《中国民商法史》、《中国家庭法史稿》、《民事诉讼法史稿》等一些书稿，其间可能有杨先生在港期间所撰写的作品。参见赵九燕：“法学研究所图书馆特藏调研报告”，载“中国法学网”（http://www.iolaw.org.cn/showNews.asp? id=17310），2015年6月2日访问。

幸的是，在50年代他返回广州以后，恰逢"反右运动"开展之际，就此将他的人生打入了谷底，同时也提前结束了他的学术生涯。从近因来看，他被划为"右派"，是由于他曾写信给中央替同事打抱不平而难逃厄运；但从远因来看，40年代前期的工作经历对他后来的境遇有很大的影响，这也是他的学术生涯从高峰走向低谷的转折点。如果50年代他返回广东之时，可以给他提供一定的研究条件，他应该能够在以往的基础上做出更多的学术贡献。但在那个"政治挂帅"的年代，当清算起另一个时代的"旧账"时，谁也不可能从那里获得一些宽容，因而在他热烈期盼继续开展学术工作的时候，最终所要来的也只是一个苍凉悲苦的晚年光景。

二、学术成就

杨鸿烈先生治学领域比较广泛，著述甚丰，除了最为学界熟知的法史学以外，他在史学、文学、教育学等不同领域也有一定的钻研。杨先生聪慧颖悟，成才较早，考入清华国学研究院以后，受梁任公先生等人的影响，他的研究方向发生了比较大的改变，自此而后他虽然对不同领域的问题仍有所研究，但他的主攻方向一直都在法律史方面，为这一学科体系的建立做出了奠基性的贡献。以下，我们大致按照几个不同的学术领域，逐次评介杨先生的著述和贡献。

(一) 诗文研究与文人评传

杨先生早年(考入清华国学院之前)兴趣比较广泛，在文史方面已有一定的耕耘和成果，为他接下来的求学深造奠定了一定的学术基础。如《中国诗学大纲》、《中国文学杂论》、《大思想家袁枚评传》等几部著作，都是他在二十岁左右(1922—1924年间)基本写成，在出版之前已有相关篇章在学术报刊上陆续发表；史学方面的早期著作《史地新论》在1924年由北京晨报社初版发行，这是他最早出版的一部专著。《史地新论》是后来两部史学专著(《史学通论》、《历史研究法》)的雏形，为了综合体现杨先生在史学领域的学术成就，我们在下一节将它和另两部史学专著放在一起评述，此节主要介绍他早年在诗文方面的一些研究。

1. 中国诗学的概论性著作

杨先生《中国诗学大纲》一书撰成于1924年，①在1924至1925年间曾有相关篇章陆续发表于《文学旬刊》、《晨报副刊》等报刊，1928年由上海商务印书馆收入“国学小丛书”初版发行。②

这部书的首章通论中国诗学的两个基本问题：诗歌有没有原理？中国有没有诗学？前一个问题关乎“诗学”是否成立，后一个问题则关乎“中国诗学”是否成立。对此，杨先生不同意胡适之的否定性看法，认为诗歌作为一种文学形式具有一般性原理，并且中国古代即存有这方面的诗学。作者认为这是探讨“中国诗学”的前提性问题，厘清这两个问题之后，该书则分别从中国诗的定义、起源、分类、原素、作法、功能、演进等几个方面探讨中国诗学的相关问题，这些内容构成了该书的主体部分（从第二章到第八章）。最后一章（第九章）作者提出了自己对当时诗坛的一些看法，认为胡适之等人所倡导的白话诗有其进步的一面，但与此同时也降低了作诗的门槛，导致“作诗的人比看诗的人多”，写出来的都是“言之无物”的似诗非诗的作品，“没有得到白话诗的好处，反而得到了它的坏处，这是适之先生他们所料想不到的”。③

在这一部书里杨先生基本上形成了他自己的写作风格，即围绕某一问题，先具体引述大量的前人看法，评析其间各家的利弊得失，而后再提出自己的看法。因此，在他的作品里我们不仅可以看到他自己对某一问题的理解，而且还可以看到古往今来不同时代、不同国家的各种相关说法。如针对中国诗的起源，作者区分了心理上的起源和历史上的起源，围绕前者，作者引述了从《毛诗序》以来的二十余家的看法，最后综论诗

① 参见杨鸿烈：《中国诗学大纲·自序》，上海：商务印书馆，1928年，第1—4页。

② 此书在1930年由上海商务印书馆再版；1970年被台湾商务印书馆收入“人人文库”重新出版，1976年再版。

③ 杨鸿烈：《中国诗学大纲》，第242—250页。

歌的发生乃因人有抒发感情之需要,而针对后者,作者则明显受到当时古史辨学派的影响,对传统以来将诗歌起源上溯至三皇五帝的说法逐条予以驳斥,认为《诗经》才是中国诗最早的起源。①

作者所援引的前人观点不仅包括了中国传统以来的一些看法,而且也观照到国外诗学的理论方法。如针对诗歌如何分类的问题,作者综述了中国古代文人的相关看法,而后则是重点介绍了欧美诗学界如温治瓦士(Wordsworth)、阿尔丹(R. M. Alden)、哈得逊(W. H. Hadson)等人的分类法,作者认为哈得逊的二分法是比较可取的,并以此为据对中国诗歌提出了自己的分类法。② 对国外文学理论方法的运用,在书中的其他章节也频频可见,这不仅体现了杨先生治学具有比较开阔的国际视野,同时也可反映出当时国外文学对中国文学的影响。如他本人在《自序》里开宗明义提到的:

> 我这本书是把中国各时代论诗的文章,用严密的科学方法归纳排比起来,并援引欧美诗学家研究所得的一般诗学原理来解决中国诗里的许多困难问题,如诗的起源的时代、分类和功用等项。③

从这一意义来说,这部书也是当时“以科学方法整理国故”风气下的产物。

作者在此书宣扬的一种基本理念是诗歌创作应当从道德教化的功能中独立出来,还原诗歌作为一种文艺形式的独立价值。作者对传统“诗教”持坚决反对的态度,认为这样的做法是“喧宾夺主”了,降低了诗歌的心理功能和文艺价值。④ 这种理念是杨先生学术当中具有贯通性的一个特点,在以下将要评述的另一些研究里,我们会继续看到他对传统“诗教”乃至于“史教”的批判态度。

---

① 杨鸿烈:《中国诗学大纲》,第48—65页。

② 同上书,第66—130页。

③ 杨鸿烈:《中国诗学大纲·自序》,第1页。

④ 杨鸿烈:《中国诗学大纲》,第216—220页。

从现代诗学的发展过程来看，在上世纪初期关于诗学理论的探讨中，杨先生此著并非开创性的著述，不过他的研究在不少方面都有独到的地方，并且做出了超越前人的贡献，在整体上勾勒了中国诗学的基本问题框架。如果从“中国诗学概论性著作”这一点来看，杨先生此书可以说是民国时期比较有代表性的一部。在杨先生此著出版之前，关于中国诗学的探讨，已有黄节《诗学源流》、谢无量《诗学指南》、潘大道《诗论》等一些作品，这些作品对于中国诗学的起步而言，无疑是拓荒之作，不过它们都是侧重于讨论某些方面的问题，而在综合性这一点上，杨先生此书无疑是超越了前人的作品。有学者指出杨先生此书“是民国时期唯一一部名副其实的中国诗学纲要著作”，①虽然此书也有一些不足人意之处，但视之为民国时期中国诗学概论性专著的代表作品，也不是没有依据。②

2. 不乏开拓性的文学杂论

《中国文学杂论》一书收录了杨鸿烈早年撰写的文学方面的一些论文，这些论文大部分发表于1922到1924年间，而后在1928年由上海亚东图书馆结集成书，予以出版。③ 在杨先生的这些早期论文里，有以下几个方面的内容值得关注。

首先是作者针对方玉润及其《诗经原始》的研究，可说是这一领域的发轫之作。按杨先生文中自叙，他在1922年11月去向胡适之先生求教时，胡刚好购得一本《诗经原始》，问杨是否知道他的这一同乡（方玉润是云南人）。杨不能作答，深以为愧，随后即开始对方玉润及其著述展开调查考证。在《调查〈诗经原始〉的著作者的事迹的经过》一文中，杨鸿烈具体回顾了他当初怎么受到胡适之的促动，以及后来怎么展开具体调研查

① 任晓勇：《民国唐诗学研究》，安徽师范大学博士学位论文，2014年4月，第82页。

② 与杨先生此书同名且同年出版的有江恒源《中国诗学大纲》一书。此书上编为“诗学概论”，简述《诗经》、乐府、古体诗、近体诗及词曲等；下编为“诗词选录”，选辑了诗、词、曲等一些作品。从严格意义上来说，这是一部中国诗歌简史及选编，并非一部中国诗学概论性专著。

③ 2011年，此书被台湾文听阁图书有限公司收入“民国时期文学研究丛书”重新出版。

访的过程。[①] 随后，杨鸿烈则将其查访考证的结果汇总为《方玉润先生年谱》，对方玉润的生平事迹进行了初步考述，并对相关资料及其出处进行了比较扎实的整理。[②] 晚近以来，方玉润《诗经原始》渐渐引起学界的关注，成为当今《诗经》学的一个热点话题。这一研究领域的开发，固然和胡适之的重视不无关系，但作为落实者的杨鸿烈，所提供的两篇文章在当时确属发轫之作，引起了学界对方玉润及《诗经原始》的关注。不过，杨先生的著述主要是关于方玉润其人其事的考述，对《诗经原始》一书并没有展开专门探讨，从他早年的文学理论水平来看，他应该有能力对此书进行比较深入的评析，但他对此并未继续开展，不能不说这是一个遗憾的地方。

杨鸿烈对《文心雕龙》的研究也是"龙学"方面比较早的著述之一。他撰写的《〈文心雕龙〉的研究》一文在1922年10月24日至29日连载于《晨报副刊》，这篇文章的意义首先就在于它比较早地运用新的理论方法，对《文心雕龙》做出了整体性的评述。虽然只是一篇提纲式的论文，但它所作出的尝试性研究在"龙学"研究史上也有一定地位。全文共分为七个部分：导言中首先强调《文心雕龙》所反映的文学革新精神，这也是杨鸿烈在该文所要突显的一个地方；第二部分简介刘勰的生平事迹及著述情况；第三部分和第四部分分别从正反两个方面，讨论刘勰对于文学革新积极的和消极的言论，主要关注刘勰对"自然"文风的倡导、对浮华雕琢文风的批判；第五部分则讨论刘勰对文学和时运之关系的看法，解析此书如何看待时代环境的变化对于文学的影响；第六部分评析《文心雕龙》全书的根本缺点，认为文学观念发展到六朝时期，出现"文"、"笔"之分是一种进步，而刘勰却主张不区分"文"、"笔"，这是矫枉过正了。第七部分也就是结论部分，总结《文心雕龙》的文学价值，再次强调它的文学革新精神，指出此书"想把那个时代雕琢的文学改造成为自然

① 杨鸿烈：《调查〈诗经原始〉的著作者的事迹的经过》，收入《中国文学杂论》，上海：亚东图书馆，1928年，第59—70页。

② 杨鸿烈：《方玉润先生年谱》，收入《中国文学杂论》，第71—94页。

的文学”,这是它的根本价值所在。[①] 和关注方玉润等人的原因相仿,杨鸿烈研究刘勰及其《文心雕龙》,其关注点也是首先在于研究对象的“革新精神”,这和当时新文化运动的影响不无关系。具体到“龙学”领域,这篇文章发表的时候,学界关于《文心雕龙》的研究主要是在校勘和注释方面,对其进行理论研究的著述还比较少见,杨鸿烈此文在当时学界是比较早的理论方面的探讨。有学者将杨先生誉为“龙学”理论研究的先驱,[②]笔者认为,能否视为“先驱”或有待进一步考论,但这篇文章是比较早运用现代文学的方法对《文心雕龙》进行综合研究的作品,这一点应该可以肯定。

杨鸿烈对于同时代而稍早的苏曼殊的研究在当时学界也是比较引人注目的。苏曼殊(1884—1918 年)是清末民初名动一时的文艺家,可惜英年早逝,在其去世后不久,文坛学界即开始了对苏曼殊生平及其诗文作品的研究整理,杨鸿烈是较早加入这一行列的代表性人物之一。在当时,关于苏曼殊相关情况的整理研究以苏曼殊生前密友、同为“南社”重要成员的柳亚子为主要代表,不过柳亚子等人的工作主要是考证苏曼殊的生平事迹和编纂他的诗文作品,而对于苏曼殊在文艺上的成就,却很缺乏专门性的评论。杨鸿烈在文章里首先就指出了这一点,并说明自己研究苏曼殊正是为了填补这一缺憾。在文章的主体部分,杨鸿烈分别从诗歌、小说、翻译文学、美术、杂文等不同方面逐次评述了苏曼殊的文艺成就,并在最后的结论部分总结苏曼殊的贡献,并“相信在中国近代文学史里一定有他的相当位置”。[③] 作为近代文坛的一代奇才,苏曼殊在当今学界里仍受关注,对于他的文艺成就,现今的研究已然超越了杨鸿烈那

---

① 杨鸿烈:《〈文心雕龙〉的研究》,连载于《晨报副刊》1922 年 10 月 24 日至 29 日;后收入《中国文学杂论》,第 1—21 页。

② 张文勋:《云南〈文心雕龙〉研究的先驱》,《学术探索》,2000 年第 3 期。关于《文心雕龙》的研究史以及杨鸿烈相关研究在“龙学”史上之地位,还可参阅张文勋《〈文心雕龙〉研究史》,云南大学出版社,2001 年,第 121—122 页。

③ 杨鸿烈:《苏曼殊传》,连载于《晨报副刊》1923 年 11 月 29 日至 12 月 6 日;后收入《中国文学杂论》,第 95—151 页。

个年代，但杨先生在苏曼殊去世后五年所写的评论文章，作为一种先行性探讨，在苏曼殊研究领域仍是功不可没。

除了以上评述的一些作品，杨先生对陶渊明诗歌、《昭明文选》等也有专论，还讨论了宋明诸儒如何解《诗》、中国文学观念有何“进化”表现等问题。此外，他对“戏剧”、“小说”等文学形式也进行了专门的理论探讨，这些作品都反映出他早年在文论方面的耕耘及其成果。杨先生发表这些论文的时段也正是他在学界开始崭露头角的时候，虽然当时他才20岁出头，但这些论文已经具有比较高的学术水准，并且在不少领域都做出了开拓性的研究。

3. 袁枚生平与学问的评传

杨先生早年的另一部专著《大思想家袁枚评传》则反映了他对乾嘉诗坛领袖人物的专门性研究。此书的相关章节在1924至1925年间曾陆续发表于当时的学术报刊，而后被上海商务印书馆收入“国学小丛书”在1927年3月初版。① 这是一部比较早的研究袁枚的专著，它并没有局限于袁枚在诗文方面的成就，而是基于“思想家”的定位，对袁枚的生平情况和学术思想进行比较全面的评介。在第一章导言里，作者开宗明义地提出袁枚是一位具有革命精神的大思想家，但后人通常以诗人、文人视之，没有全面认识到袁枚的学问和贡献，所以他要替袁枚“打抱不平一番”，要将袁枚的思想学问全面揭示出来。第二章为袁枚编撰了一份比较明细的年谱。接下来各章本着全面评传其学问的宗旨，逐一介绍了袁枚的思想根本、人生哲学、文学、史学、政治经济学与法律学、民俗学、教育学、民俗学、“食物学”等多个方面的情况。在第三章里作者指出袁枚思想的根本即在于“打破道统”，敢于批判传统以来的各种通见。而在第四章综述袁枚的人生哲学中，作者将袁枚和戴震相比较，认为袁枚所主

① 此书初版时名为《大思想家袁枚评传》，后改名为《袁枚评传》，由商务印书馆在1931年再版；1971年，台湾文海出版将其收入“近代中国史料丛刊”重新出版；1989年上海书店将此书收入“民国丛书”第一编第84册；2010年，台湾文听阁图书有限公司将其收入“民国时期哲学思想丛书”重新出版。

张的“情欲主义”、“科学精神”和戴震的思想学说具有相似性。在这一章里，作者还提出了一个颇有创见的观点：

> 数学与法学可说是有清一代科学方法的总源头。清代最大多数的汉学家不是深懂得勾股开方，就是擅长刑律。数学之为科学方法，可无庸多说；而法律的本身最是讲究条理的明晰，而在审判案件应用它的时候，又最注重搜集及调查证据。①

作者所说的“数学”、“法学”分别是指传统的“算术之学”和“刑名之学”，和现代学科体系中的“数学”、“法学”还不能完全等同，但他从这两个方面去探讨清代学者思维方式对考据学的影响，不乏启人深思之处。接下来第五章则是专门介绍袁枚的文学，作者特别关注袁枚对传统“诗教”的批判，认为袁枚对还原文学独立价值的主张具有很大的进步性，在传统文人中难能可贵，实属凤毛麟角。基于同样的价值观念，作者在接下来一章介绍袁枚的史学思想时，也首先关注袁枚对传统“史教”中“垂训主义”的批评意见。第七、八、九章用现代社会科学的视角解析袁枚对于政治、教育、民俗等不同方面的看法。而第十章则以《随园食单》为据，以“食物学”之名，介绍袁枚在饮食烹饪方面的一些心得，这在人物思想评传中是比较少见的。在最后一章结论里，杨先生总结道：

> 假使先生迟生一二百年，……那么首揭叛旗反抗传统的思想的人，恐怕当今天下，真是舍先生其谁与归？至如文学革命，提倡抒写性灵具有真实的生命的新诗，和大胆的揭破那般层层积累而上、披着神圣不可侵犯的符录的一些假古董，先生将不待招会，要说：“老夫行之有素矣，岂待后人？”②

杨先生对袁枚思想中“反传统”的特点大加赞赏，甚至流露出要将“文学革命”的源头上溯到袁枚的意思。

---

① 杨鸿烈：《袁枚评传》，上海：商务印书馆，1931 年，第 168—169 页。

② 杨鸿烈：《袁枚评传》，第 291—292 页。

受新文化运动的影响，杨先生早年的学术理念也表现出一定的反传统倾向，因此他对袁枚的为人为学都表现出“五体投地、钦佩无极”的态度，尤其是对袁枚批判传统“诗教”、“史教”的学说，大加赞赏。杨先生此书出版后，很快就受到当时学者的质疑和批评，如张荫麟先生就在该书出版后不久即撰文予以批评。张先生认为袁枚是个卑鄙之人，不足以如此钦佩；同时也指出，“袁氏虽卑鄙，然犹不敢尽背健康之正论”，对于传统“诗教”，袁枚并未完全排斥，只是反对以此思路解读《诗经》的每一篇，而杨鸿烈则有意将袁枚的批评意见放大，用以支持他的治学主张。[①] 在当今学界，也不乏学人对杨先生此书提出批评意见，如王英志就曾指出，袁枚是一位文学家，但他不是严格意义上的思想家，因为他没有创立自己的思想理论体系，准确来说，他是一位思想学术批评家，杨鸿烈誉之为“中国罕有的大思想家”，是过誉之论。[②]

这些批评意见不无根据，不过我们也需要结合当时的文化氛围，多方位评析杨鸿烈此书。在当时新文化运动的环境中，袁枚思想里革新性的一方面较能符合文化界的需要，袁枚之所以受到杨鸿烈的钦佩和颂扬，在很大程度上和当时的新思潮有关，是以袁枚学术思想中反传统的一面会受到杨鸿烈的格外关注。加之西方文学理论的传入，袁枚研究也开始出现新的视角和研究范式，而杨先生此书在当时学界可说是比较早的一部专著，反映了现代学术史上早期的袁枚研究成果，这一点我们应当予以肯定。

进而言之，联系前文所评述的杨先生在其他领域的研究，其实都和新文化运动有着不同程度的关系。这一时期他受胡适的影响比较大，更关注诗文领域的改革与创新。作为新文化运动的重要组成部分，“新文学”的主流表现就是批判传统文学，提倡“文学革命”，因此“革新性”也就成为当时文坛颇具号召力的一面思想旗帜，而历史上大凡与“革新性”相

---

① 张荫麟：《评杨鸿烈〈大思想家袁枚评传〉》，原载《大公报·文学副刊》第43期，1928年10月29日，收入《张荫麟全集》(中)，北京：清华大学出版社，2013年，第1045—1048页。

② 王英志：《袁枚评传》，南京：南京大学出版社，2002年，第311页。

关的文人及其作品，都有可能成为新文学倡导者用以研究、立论的学理依据。作为"新文学"的后起之秀，杨鸿烈的关注领域直接体现了当时文坛的这一特点。如他关注的刘勰、袁枚、方玉润、苏曼殊等人，虽然他们各自所处的时代不同，但这些对象身上具有一个共同的地方，也就是"新文学"所热衷的"革新精神"。他的关注点在一定程度上反映了当时新文化运动对文学评论的影响，具有比较鲜明的时代特色。

(二) 史学理论与方法

由于杨先生后来在法律史方面取得的成就太突出，往往会让后人相对地忽视他在其他领域取得的成果。实际上，他在其他学术领域也不乏建树，并且与他在法律史方面的研究都具有不同程度的关联。可以说，如果没有深厚的文史功底，杨先生也难以在法律史方面取得如此卓越的成就；尤其是在史学方面的长期耕耘，为他专治法律史提供了一个比较广阔的学术平台。杨先生在史学方面的代表作是他在 1939 年出版的《史学通论》和《历史研究法》，而在此之前的《史地新论》一书，则是他后来两部专著的雏形。后来的两部专著分别从理论和方法两个方面对历史学作出概论性的理论研究，和早期的著作具有一脉相承的地方，同时也表现出更加成熟的探讨。

1. 史学理论的早期探索

作为杨先生早期的史学专著，《史地新论》体现了他在"新史学"潮流下对史学理论的早期探索。此书撰成于 1923 年 12 月，[①]相关章节在 1924 年 4 月到 7 月间连载于《晨报副刊》，后来由北京晨报社在 1924 年 8 月份初版发行。此书除了作为主体内容的 17 章，还包含了 6 篇附录的论文。对于此书的写作目的，作者在《自序》中指出：

> 我这书的立脚点，就是在推翻以前那些利用历史和地理来达某

① 参见杨鸿烈：《史地新论》，北京：晨报社，1924 年，第 152 页。

> 一目的的学派;我要替历史、地理洗刷污垢,把它们的真面目、真作用、真价值和真目的显明出来。①

他所要批判的那种学派,在第一章里有具体的说明,主要是指有些学者"把历史地理当做养成偏狭的爱国心的一种学问",导致历史学、地理学丧失了原本应有的求真务实的学术价值。② 作者还指出,德国是这方面的始作俑者,而日本等国紧随其后,中国学界也难免受到一些影响。这种做法不仅埋没了历史地理学的原有价值,而且还加剧了民族间的偏见和纷争,这是"今日研究历史学和地理学的一个根本错误"。③ 此书的问题意识具有很鲜明的时代特色,同时也反映出杨鸿烈对国外学术的关注和回应。在第二章里作者明确提出,史地学家应该秉持一种"宽大的公正的互为敬重的态度"。④ 第三章进一步指出,史地学家应具备的道德就是求得真象,不为某一目的而牺牲事实。⑤ 循此而下,在第五章里作者也就明确提出历史学的真正目的即在于"记真事说实话"、"为研究历史而研究历史"。⑥ 此书的前三章和第五章可视作一个整体,其间有破有立,将作者心目中的史地学尤其是历史学的价值逐次展现了出来。

第四章专论历史学和地理学的关系,作者援引了杜威(John Dewey)和梁任公先生等人的论述,从不同的方面说明地理学对历史学的紧要意义。第六章则讨论"历史的分类",认为中国古代对史书的分类不够科学严谨,主张采用美国学者乃特(G. W. Knight)的"三分法"(年表类、普通历史类、分析解释类)。第七章批评一元论史观,主张以综合史观解释历史现象。作者列举了几种比较典型的一元论史观,认为它们各有所长,但如果仅取其一,则无法解释复杂的历史现象,因此他主张将诸派意见

① 杨鸿烈:《史地新论·自序》,第 1 页。
② 杨鸿烈:《史地新论》,第 2 页。
③ 同上书,第 2—4 页。
④ 同上书,第 15—16 页。
⑤ 同上书,第 31 页。
⑥ 同上书,第 45—46 页。

综合起来，但具体怎么综合，作者没有给出明细的说法。此章还讨论了历史学和考古学的关系，强调考古发现对历史研究的重要意义。接下来从第八章到第十二章，作者分别讨论历史学与文字学、文学、心理学、社会学以及生物学、解剖学、遗传学等其他学科的关系，认为如果要了解客观真实的历史，必须具备上述学科的知识，以此为研究工具，然后才能撰作史著。第十三到十六章讨论历史学相关的一些问题。第十三章指出，历史学家需要注意两个要点：一是应当有一种伟大的特殊精神贯注史著当中；二是应重点研究各个时代的领袖人物。第十四章强调作史者不仅要对历史具有浓厚的兴味，而且还要接受严格的智力训练。第十五章指出，研究历史可以使人养成一种博大的同情心，这是在讨论历史学的功用。第十六章讨论历史期长短和国运的关系，认为历史期较长的国家如中国，容易产生骄傲自大的心理和抱残守缺的习性，不利于进步，反而是历史期较短的国家如美国，今后的发展更有希望。最后一章（第十七章）结论部分，作者再次强调了此书的写作目的，主张“为研究历史地理而研究历史地理”，反对那些利用历史地理的知识以达到某一目的的做法。①

附录部分的 6 篇论文，则分别讨论了社会进化与否、伪书如何辨析、历史上贱商的情况、中国历史南北分合论、野心家如何演进、知识分子的功过等一些问题。大要而言，关于社会进化与否，作者分别列述了历史上的两种论调，指出退化论一派势力最大，但不符合历史的真实情况，在整体上作者赞同社会进化论。对于伪书问题，作者分析了伪书产生的原因及其弊害，并提出了自己的鉴别方法。关于“贱商”问题，作者从近代以来商业逐渐受推崇的情况切入，认为如果照此趋势发展下去，那么人们将会变得越来越功利，而道德观念愈发下降，因此古代中国的贱商观念在今日仍然有其价值所在。南北分合论也是应时而发，对当时一些主张南北分治的论调，作者从历史学、地理学两个方面予以驳斥，力主南北统一。关于野心家的问题，作者基于社会进化论的立场，指出从古至今

① 杨鸿烈：《史地新论》，第 145 页。

的野心家也在不断演进，我们要提高警惕，此文不乏借古讽今的意味。最后一篇主要论述知识分子在历史上的贡献，同时也强调知识分子在未来的学术文化中所应承当的责任。

《史地新论》成书之际，正处于中国史学的转型时期，“新史学”的观念和方法日益得到传播，此书主要是这一潮流下的产物。书中具有相当鲜明的问题意识，其批判对象直指当时流行的利用历史学培养爱国心的思潮，坚决反对那种为达某一目的而不惜埋没史实的做法，体现了杨先生求真务实的史观。杨先生具有较好的外语能力，广泛阅读欧美史著，已具备比较开阔的国际视野。当然，其间也有一些不尽如人意之处。此书整体上其实是一部史学理论专著，而不是历史地理学方面的著作，并且对历史学和地理学的关系，作者在书中的探讨也显得单薄；具体到一些见解和观点上，也不见得全面，如针对历史期长短和国运的关系，作者只是片面看到历史悠久对国事发展的负作用。不过，在弱冠之年写出这样的作品，已属难能可贵，而且此书作为日后两著的雏形，也为他在日后的继续耕耘提供了基础。

2. 史学理论的成熟之作

杨先生在30年代出版的《史学通论》和《历史研究法》，分别从理论和方法两个方面对历史学作出概论性的探讨，代表了杨先生后期更成熟的史学成就。在《史地新论》的基础上，后二书既对旧问题展开了更充分的论述，同时也探讨了前书所没有关注的一些新问题。

《史学通论》一书原为杨先生在1930年代的教学讲义，1939年由商务印书馆初版发行。[①] 本书共分七章，第一章导言论述“历史”与“史学”的不同定义，后各章分论史学是否“科学”、史学的“今昔”、史学的目的、史学的功能、历史的分类、史学和其他学科的关系，无论从结构的严整还是从分析的细密来说，此书都比前书更加成熟，更能代表杨先生在史学

① 1990年，上海书店将其收入“民国丛书”第二编第70册；2012年，长沙岳麓书社将其收入“民国学术文化名著”重新出版。

理论方面的学术成就。

此书首先就提出了区分“历史”和“史学”、“理论”和“方法”的必要性。作者在第一章导言中列举了很多中外学者将“历史”和“史学”相混用的例子，认为如果不区分二者，将会阻碍历史研究的深入开展。针对“历史”，作者从中国和欧洲两个方面分别考察了它的原义，在综合批评前人定义的基础上，提出了自己的定义：“历史是一种很客观而又系统的叙述人类在过去所有行动的记录”。[①] 基于同样的讨论思路，作者也提出了他关于“史学”的定义：“研究与‘历史’有关系的种种‘理论’，和搜辑鉴别整理史料的最可靠的‘方法’与必需的技能的学问。”[②]在这一定义中，作者已明确区分了史学的“理论”和“方法”，认为史学的概论性著述应当分为两书进行写作。

作者还很关注史学是否“科学”的问题，这是当时史学界的前沿话题。对此，杨鸿烈和多数研究者直接认定历史是否科学的讨论思路不同，他在此书的第二章先行解释“科学”的定义，认为“科学”具有广义、狭义、最狭义这三层含义：广义的科学是指一切有系统的、合理的知识；狭义的科学则尚须确定事实间的因果关系；最狭义的科学则主要指自然科学。作者指出，判断史学是否“科学”，即看它是否符合“科学”的定义。对此杨先生作了肯定回答，认为“史学”作为研究人类过去所有行动的一门学问，属于广义的和狭义的“科学”。杨先生所说的狭义“科学”大概相当于自然科学和社会科学的总和，由此看来，他是将“史学”定性为社会科学。

作者还提出了史学的“今”与“昔”的说法，认为“新”、“旧”的提法带有褒贬意味，“今”、“昔”的提法更为妥当。由此，作者在第三章里基于“今日史学”的立场，对“昔日史学”从材料、方法、目的这三个方面展开了批判。作者对其师梁任公先生提倡的“新史学”的主张并无实质性的批

① 杨鸿烈：《史学通论》，长沙：岳麓书社，2012年，第17页。
② 同上书，第29页。

评意见,但认为“今”、“昔”的提法会更适合一些。至于他所持据的用以批判“昔日史学”的学说理论,主要也是基于史学为社会科学的定性。

以上的几个方面都是前书《史地新论》所没有关注的地方,而在余下的几章里,作者则是在前书基础上对相关问题展开进一步探讨。在第四、五章,作者对研究历史的目的和功用的讨论接续了以往的思路,在前书的基础上进行了更加充分的阐述。第四章继续反对那种为达某一目的而牺牲历史真相的做法,在此作者将这些做法系统地概括为:中国方面的“垂训主义”、“资治主义”,欧洲方面的“提倡爱国心”、“阐扬宗教教义”。作者在书中一一指出这些做法为达某一目的而牺牲史实的危害性,最后再次强调治史的目的即在于“求得真象”。而对于研究历史的功用,前书《史地新论》并无系统性的探讨,只是在该书第十五章提到研究历史可以养成一种博大的同情心,而在《史学通论》书中则专列一章详细论述治史的功用。作者在第五章详细阐述了史学的七大功用:了解现存或已不存在的事务;有利于克服畏惧改革的心理障碍;纠正时间的错觉和空间的狭隘观念;了解到社会的变迁皆由劳作工具的改变而来;认识人生的意义和价值;具有历史兴味有利于智识成熟;养成深厚的同情心。在本章的最后,作者还指出,要想让历史尽量发挥诸般功效,则应做到历史知识普及民众的“通俗化”和打破种族界限的“普遍化”。

关于“历史”如何分类的问题,不同于前书的简单讨论,此书的第六章首先强调分类之标准对于分类的重要性,继而分别围绕史籍的“体裁”、“内容”、“区域”、“时间”、“进化阶段”这五种分类标准,逐一列述中外史家较典型的分类法。并且指出,乃特(G. W. Knight)的“三分法”固然有其得当的一面,但仅以一种标准进行分类仍不能统观全局,因此更恰当的做法应该是将几种分类系统都综合起来,然后才能一览无余。在此作者对前书仅赞同乃特的态度已有所调整。此外,在前书中,作者已经关注历史学和其他学科的关系,而在本书的第七章,作者对此展开了更详细的阐述,不仅针对前书已提到的其他一些学科进行了补充说明,而且还增加了一些新的学科,如年代学、人类学、民俗学、政治学、经济学、哲学等等。作者指出:"凡百学问无绝对独立者","世界上第一流的史学家没有一个不是博学淹通的"。[①] 因此,治史者应当具备多学科的知识背景,在一个更广博的学术平台上研究历史。需要指出的是,作者自早年来一直很关注历史学和地理学的关系,但是对当时颇为流行的地理环境决定论,却不赞同,认为一切"自然地理学"和"人文地理学"的知识对历史研究都很为有用,但不能持极端的"地理学决定主义"(Geographical Determinism)。[②]

综览《史学通论》一书,在前书《史地新论》的基础上作者对旧问题进行了更加充分的思考和论述,同时也探讨了前书所没有关注的新问题,整体上比前书更严谨、更成熟。尤其是其间对史学是否"科学"的讨论,反映了作者在史学研究方面与时俱进的特点。这一问题不仅是当时世界上的史学前沿话题,而且也与国内史坛出现的"社会科学化"路向有关,[③]在这一趋势下,我们也就可以理解杨先生为什么会关注史学的"科学"性质,并以此为据对"昔日史学"进行多方面的批判,他的批判其实和社会科学的方法带来的新变化不无关系。

3. 史学方法的专门著述

杨先生在《史学通论》的首章即提出,史学的理论和方法应分为两书进行写作,《史学通论》是前者的反映,而同年出版的《历史研究法》则代表着后一种著述。和同时代其他同类著作相比,此书最大的特点就在于它基本上是一部关于史料学的专著,对作为历史研究对象的史料进行了专门而系统的探讨。此书第一章论述什么是历史研究法,继而在第二章强调历史研究法的重要性,第三章则阐述选题方面需要注意的一些地方。接下来从第四章到第十章都是围绕史料的相关问题展开,分别讨论史料的范围、种类、搜集、辨伪、审订、整理批判等多个方面的情况。作者

---

① 杨鸿烈:《史学通论》,长沙:岳麓书社,2012年,第174页。

② 同上书,第255—267页。

③ 关于上世纪30年代前后中国史坛的新变化,可参阅陈峰:《民国史学的转折——中国社会史论战研究(1927—1937)》,济南:山东大学出版社,2010年,第180—186页。

对史料的定义是比较宽泛的，认为“凡宇宙间可以考察出其‘时间性’的事物或现象都是史料”。[①] 作者指出，他进行宽泛定义的目的即在于打破“史书即史料”的局限性，让历史研究的对象可以更加丰富。因此，在此书第五、六章里，作者分别讨论了“书籍以外的史料”和“书籍以内的史料”，前者包括了各种出土材料和历史遗迹，后者主要是指一般意义上的史籍。第七章里作者结合自身经历，陈述了搜集史料的几种方法，如咨访学者前辈、查阅藏书、旅行查访、阅览时做好札记等。第八章探讨伪书的产生原因及其弊害，第九章则专门说明如何辨伪的工夫。这两章内容延续了《史地新论》附录中关于伪书问题的讨论，并作出了更详细的补充说明。最后一章(第十章)基于统合性的视野对史料的整理批判进行综述，并指出他所说的“历史研究法”是“科学方法”在历史研究领域的具体运用。

在某种意义上来说，杨先生的《历史研究法》可说是一部“史料研究法”，之所以如此，主要是因为他对“历史”和“史料”这两个概念不作区分。如前所述，他认为“历史”就是对人类过去所有行动的一种记录，这个定义其实已经承认了“历史”即“史料”。按我们通常的理解，“历史”是一个客观过程，“史料”是对这一过程的部分记录，而“史学”则是通过史料研究历史的一门学科。但杨先生的持论可能是受了史料学派的影响，以至于将“历史”与“史料”直接等同，[②]由乎此他的《历史研究法》也就成了“史料研究法”。不惟如此，在《史地新论》、《史学通论》两部书中，我们可以看到他所说的“历史的分类”其实是指史料的分类。这是我们阅读

① 杨鸿烈:《历史研究法》，长沙:商务印书馆，1939年，第58页。

② 关于杨先生《历史研究法》一书，有学者指出杨鸿烈受傅斯年的影响，所以他的《历史研究法》基本上就是史料研究法(参见李振宏:《20世纪中国的史学方法论研究》，《史学月刊》，2002年第11期)。对此书的这种定性是没有问题的，但傅斯年并没有将“历史”和“史料”直接等同，而是强调“史学便是史料学”，认为史学工作无非研究史料而已。(见氏著《史学方法导论》，北京:中国人民大学出版社，2004年，第1—3页)。杨先生《历史研究法》对史料问题的高度重视，固然有史料学派的影响，但将“历史”和“史料”直接等同，可能是在史料学派基础上所做的进一步延伸，这已不符合通常的理解习惯。

这三部史学著作时应该注意的地方。

民国史坛流派纷呈,复杂多样,不过从大局上来看,其间有两个转向是需要重视的。上世纪初年,梁任公先生首倡“新史学”,开启了史学从传统转向现代的历程;而后在 30 年代前后,随着“社会史论战”的展开,中国史坛出现了一些新的调整和转向。① 杨先生的三部著作分别体现了前后两种转向的一些特点,早年的《史地新论》对史学界的新动态进行了独立的思考和回应,而后期的两部专著则对当时史学界关注的一些核心问题提出了比较独到的看法。他在史学理论方面的探讨对后世仍不乏可借鉴之处,如关于史学性质、史学目的、史学与其他学科的关系等相关问题的论述,都具有一定的启发性;另外他对史料问题的系统论述,在当时也不多见,在史料方法上为历史研究者提供了一定的向导。总之,就史学理论和方法而言,在杨先生之前虽不乏学者已做出了相关撰述,②但杨先生的著述颇有独到之见,自成一家之言,在民国史坛中可居一席之地。

(三) 法律史研究的“三部曲”

在杨先生广泛涉猎的诸般领域中,法律史方面的学术成就无疑是最为突出的。我们不忽视他在其他学术领域的耕耘和成果,但也需要看到,杨先生在法律史上的建树是无可替代的。他在这方面的“三部曲”(《中国法律发达史》、《中国法律思想史》、《中国法律在东亚诸国之影响》),③从三个层次分明而相辅相成的维度,共同搭建了中国法律史研究

① 关于民国史学发展和转向的大概情况,可参阅房鑫亮、吴忠良:《传统史学的现代转型》,《历史教学问题》,2005 年第 4 期;陈峰:《民国史学的转折——中国社会史论战研究(1927—1937)》,济南:山东大学出版社,2010 年,第 180—186 页;谢保成:《民国史学述论稿(1912—1949)》,上海:上海人民出版社,2011 年,第 199—239 页等。

② 这方面的情况可参阅中国社会科学院历史研究所:《八十年来史学书目》,北京:中国社会科学出版社,1984 年,第 7—10 页。

③ 参见尤陈俊:《中国法系研究中的“大明道之言”——从学术史角度品读杨鸿烈的中国法律史研究三部曲》,《中国法律评论》,2014 年第 3 期。

的基本平台,整体上奠定了中国法系研究的理论框架。前二书分别从制度规范和思想学说两个层面,各有侧重地探讨中国法律的历史过程,而第三部则专门考察中国法系对日本、朝鲜、安南等东亚国家的影响。用杨先生自己的话来说,前二书是探讨中国法系之"内包",而第三部则是研究中国法系之"外延"。①

杨先生在考入清华国学研究院之前,虽然已在多个领域取得了一定的成果,但他还没有专门研讨过中国法律史,②他对这一领域的关注主要源于他在清华国学院的求学经历。在报考国学院时,他选取"中国文化史"为专修学科,入学以后在梁任公先生的指导下,具体以"中国法律发达史"为研究专题。如前所述,杨鸿烈的这一选题并非偶然。梁任公很早即关注中国法律史的问题,在1904年他相继发表了《中国法理学发达史论》、《论中国成文法编制之沿革得失》两文,开始运用现代法学的理论方法,从思想和制度两个不同的层面,分别梳理中国历史上的法律资源,这是现代意义上法史学的开创性著述。③ 而杨鸿烈在进入国学院之前即具备一定的史学功底,并且他精通英、法、德等多门外语,对西方学术著作已有比较多的阅读,具有比较开阔的国际视野,这些都是他可以从事法律史研究的有利条件。由此看来,杨鸿烈选择此题并非没有原因,而今我们回视他的选题,也深为感佩师生二人的相得之情。因这选题,梁任公在法学上的开创性研究得到了继承和发展,不仅促成了杨鸿烈在法律史方面的卓越成就,而且也为中国法律史学科的基本定型提供了学脉

---

① 杨鸿烈:《中国法律在东亚诸国之影响·全书提要》,北京:中国政法大学出版社,1999年,第1页。

② 目前我们暂未发现他在入院之前对中国法律史的专门著述。

③ 梁任公先生在法律史方面的开拓性研究,近年来已引起了法学界的注意。较梁先生稍早的薛允升、沈家本等人的研究更多地还是属于传统律学的框架内,而梁先生则开始用现代的历史观、法律观研讨中国历史上的法律问题,可说是现代法史学的开创性人物。这方面的讨论可参见范忠信:《认识法学家梁启超》,《政治与法律》,1998年第6期;梁治平:《法律史的视界:方法、旨趣与范式》,《中国文化》,2002年第19、20期;何勤华:《中国法学史》(第三卷),北京:法律出版社,2006年,第180—186页等。

上的支持。①

1. 中国法制史研究的奠基性著作

杨先生在清华国学院的研究专题《中国法律发达史》撰成于 1927 年，而后由上海商务印书馆在 1930 年 10 月初版发行。② 全书共有 27 章，分“胚胎时期”、“成长时期”、“欧美法系侵入时期”三大阶段，逐次考察中国法律制度的演变过程。

第一章“导言”介绍本书研究的范围和方法，并总结了中国法律的一些特点及其在世界文化上的位置。作者认为，“中国法律绵延四千年不至中断，在世界五大法系中能独立自成一个系统”，“这是世界上过去数千年来人类的一大部分极贵重的心力造诣的结晶”，在人类文化里实具有相当重要的历史位置。③ 第二章至第五章考察“胚胎时期”即上古至秦代的法律情况。作者认为中国的信史是从殷商开始，因此他的法律史考察也是以此为开端。在第二章里作者主要考察了殷商时期的刑法、民法制度，而针对先秦两汉典籍所提到的殷商以前的法律情况，作者认为这是后人所依托，但他在此章中也对此做了一定的梳理，作为“附录”置于本章之末。第六章至第二十五章探讨“成长时期”即西汉至明代的情形，基本上按照“法典”、“法院编制”、“诉讼法”、“刑法”、“军法”、“民法”、“法律思想”的解析思路，逐次考察各个时期的法律状况。第二十六章、二十七章分别考察清代和民国时期的法律沿革，是为“欧美法系侵入时期”。其中，民国部分在前书占的比重最大，几乎占了全书篇幅的六分之一，反映了作者对当代法律情况的重视。作者认为民国的刑法、民法等法典虽然较能符合新的法学思想，

① 当然了，中国法律史学科在 20 世纪上半叶得以逐渐定型，并非杨鸿烈一人之功，如相近时期的程树德、陈顾远、瞿同祖等人，都为这一学科的成型作出了很大的贡献。但杨先生在这方面的研究是具有奠基性意义的，他的三部法史专著从不同的层面，共同搭建了中国法律史的学科体系，这一贡献是无可替代的。

② 1933 年，此书由上海商务印书馆再版发行；1967 年，台湾商务印书馆重新出版，1988 年再版；1990 年，上海书店将其收入“民国丛书”第二编第 29 册；2009 年，中国政法大学出版社将其收入“二十世纪中华法学文丛”重新出版。

③ 杨鸿烈：《中国法律发达史》，范忠信等校勘，北京：中国政法大学出版社，2009 年，第 1—4 页。

但沿袭传统宗法思想的成分也很多，加之西方的法律条文在当时中国也不能完全适用，“所以身当其冲的立法家不能不环顾社会的情形，用深远敏锐的目光，来接济这个在过渡期间变化剧烈的中国司法界的需要”。① 对于今日的法律实践而言，作者的这种考虑仍不会过时。

此书撰成之际，正是中国法律史学科的草创时期，虽然当时国内学界对中国法律史已有一定的著述，但已有的研究或是从某个方面考察中国法律史，或是研究某一时期的法制情况，论至全局系统之作，尚付阙如。② 此书之面世，可说是弥补了这一缺憾，是以出版后引起了国内外学界的很大反响。③ 作为早期的奠基性作品，此书在取得突破的同时也难免存有一些缺陷，但它所具有的学术意义和地位，更是我们所应重视的。

---

① 杨鸿烈：《中国法律发达史》，范忠信等校勘，北京：中国政法大学出版社，2009 年，第 671 页。

② 此书出版之前，日本学者浅井虎夫《中国历代法制史》、《中国法典编纂沿革史》等一些国外著述已被译介进来，这是比较早的中国法制史专著。同时本国人对中国法制史也有一定的著述，如沈家本《历代刑法考》、梁启超《论中国成文法编制之沿革得失》、程树德《九朝律考》、《中国法制史》等，但这些作品或是从某个方面梳理中国法制史（程树德《中国法制史》主要限于刑律方面），或是研究某一时期的法制情况，尚缺全局系统之专著。关于近代以来中国法律史研究的发展情况，可参阅何勤华：《中国法学史》（第三卷），北京：法律出版社，2006 年，第 171—240 页；刘广安：《二十世纪中国法律史学论纲》，《中外法学》，1997 年第 3 期；梁治平：《法律史的视界：方法、旨趣与范式》，《中国文化》，2002 年第 19、20 期；许章润：《书生事业，无限江山——关于近世中国五代法学家及其志业的一个学术史研究》，《清华法学》，2004 年第 4 辑；庞朝骥：《近代中国法律史研究成果一览表》，《法律文化研究》，2010 年第六辑等。

③ 此书出版之后，《东方杂志》、《人文月刊》等报刊进行了专门推介。见《东方杂志·图书广告》，1933 年第 30 卷第 10 号、1934 年第 31 卷第 10 号；《人文月刊·书评摘要》，1937 年第 8 卷第 3 期。当时任教于中央政治学校的阮毅成先生专门撰写书评，对此书的学术价值大加肯定，同时也指出了书中存有的一些缺陷。见氏著：《杨鸿烈的〈中国法律发达史〉》，《图书评论》，1933 年第 8 期。日本学者小早川欣吾也发表相关书评，向日本学界推介该书，盛赞该书是中国法制史研究领域中最稳健的作品。见氏著：《杨鸿烈氏著〈中国法律发达史〉》，《法学论丛》，1932 年第 27 卷第 2 号。此外，英国汉学家李约瑟（Joseph Terence Montgomery Needham）、美国汉学家费正清（John K. Fairbank）也在其著作中向读者推介此书，将其视作中国法律史研究者的必读参考书之一。见李约瑟：《中国科学技术史第二卷·科学思想史》，何兆武等译，科学出版社、上海古籍出版社，1990 年，第 559 页；费正清编：《剑桥中国晚晴史（1800—1911 年）》（下卷），中国社会科学院历史研究所编译，北京：中国社会科学出版社，1985 年，第 704 页。关于此书出版后在国内外学界引起的反响，尤陈俊《中国法系研究中的“大明道之言”——从学术史角度品读杨鸿烈的中国法律史研究三部曲》（《中国法律评论》，2014 年第 3 期）有比较充分的介绍，可参阅。

首先，它是当时学界最完备的一部中国法制史专著，无论是从其所涵盖的历史时期来看，还是从其所观照的法制领域来说，这种全局系统性的中国法制史研究是前所未有的，在整体上“厘定了中国法制史的学科体系”，[①]“标志着中国法律史学科的基本定型”。[②] 其次，它对西方法学、史学等学术资源的观照和运用在当时也是比较先进的，虽然其间也不乏一些牵强套用的地方，但杨先生在此书里表现出来的世界性的学术眼光，在同时代人当中是比较突出的。再者，本书广泛吸收和总结了晚清以来法学界和史学界的研究成果，成为当时中国法律史研究的集大成之作。此外，该书对各时期法律史料的搜集和整理也是比较丰富的，除了考察历朝历代的经史子集、法典法规，还特别注意了各种出土文物和文献、民间散藏的法律文书等，这和杨先生在《历史研究法》所提倡的史料宽泛化是直接相关的。从他对法律史料的搜集和梳理，以及他对国内外史学成果的参照和运用，我们都可以看到他的史学功底对于研治法律史的重要意义。时至今日，此书已被学界誉为中国法制史研究的奠基性著作，梁任公当年曾评之为“必传之名著”，[③]经历了八十余年的时间考验，它的学术地位证实了梁先生当初的判断。

2. 中国法律思想史研究的奠基性著作

杨先生在《中国法律发达史》的“导言”里曾说明，法律史的研究包括了“沿革的研究”、“系统的研究”、“法理的研究”，前二项主要指法律制度的演变过程及其经久不变的基本原则，而第三项则是打算秉承其师梁任公先生《中国法理学发达史论》之路向，[④]考察中国历代“法学家”的法律思想，因此针对各朝各代法律情况的研究，该书基本上都专设了“法律思

---

① 范忠信、郑智、李可：《杨鸿烈先生与〈中国法律发达史〉》，收入杨鸿烈《中国法律发达史》，范忠信等校勘，北京：中国政法大学出版社，2009 年，第 7 页。

② 何勤华：《中国法学史》(第三卷)，北京：法律出版社，2006 年，第 189 页。

③ 参见吴其昌编：《清华学校研究院同学录・杨鸿烈》，收入夏晓虹、吴令华编：《清华同学与学术薪传》，北京：生活・读书・新知三联书店，2009 年。

④ 梁任公此文主要考察先秦诸子百家的法律思想。见氏著：《中国法理学发达史论》，《饮冰室合集・文集之第十五》，北京：中华书局，1989 年，第 41—94 页。

想"一节。对此书,杨先生并没有取名为"中国法制史",他应该是希望通过"中国法律发达史"之名,将上述的三项研究都涵括进来。杨先生的研究目的是明确的,其旨向也相当宏伟的,然而该书针对第一项下的工夫比较多,而第二、三项则未免不足,并且三项研究合为一书,也带来了体例安排和材料运用上的夹杂不清。

也许是有意弥补这一不足,杨先生在《中国法律发达史》撰成后不久即开始《中国法律思想史》的写作,对前书提到的第二、三项内容进行专门著述。[①] 在后书第一章"导言"中,作者将前书所称"系统的研究"和"法理的研究"分别概括为中国法律思想"静"的方面和"动"的方面,并指出:"中国法律思想史即是对中国法律思想静的和动的方面加以历史的考察。"[②]不同于前书的三段分期法,此书则是将中国法律思想的发展过程分作四个时代:"殷周萌芽时代"、"儒墨道法诸家对立时代"、"儒家独霸时代"、"欧美法系侵入时代"。

相比于前书,此书在整体布局上进行了几个方面的调整。一是将晚周诸子百家的情况从原来的"胚胎时期"中独立了出来,作者认为,"春秋战国的思想在中国文化史上是一度放过极灿烂辉煌的光彩",在此之前和在此之后都不曾有过可以和它相比的时代,因此很有必要将它独立为一个时期,加以专门讨论。[③] 第二点不同是,此书没有依循分朝代逐章叙述的思路,而是一章考察一个时代,下置不同方面的思想专题,围绕不同的专题逐次展开探讨。如书中篇幅最长的第四章("儒家独霸时代"),作者在整体上将其分作"一般法律原理"和"特殊法律问题"两个层面:前者包括了"阴阳五行等天人交感及诸禁忌说"、"德主刑辅说"、"兵刑一体

---

① 《中国法律思想史》在 1936 年 11 月由上海商务印书馆初版,同年 12 月即行再版,到 1937 年 5 月已至五版;1984 年,上海书店将其收入"中国文化史丛书"重新出版;同年,台湾商务印书馆也将其收入"中国文化史丛书"重新出版;1992 年,上海书店将其收入"民国丛书"第四编第 25 册政治·法律·军事类;2004 年,中国政法大学出版社将其收入"二十世纪中华法学文丛"重新勘校出版。

② 杨鸿烈:《中国法律思想史》,范忠信等勘校,北京:中国政法大学出版社,第 2—3 页。

③ 同上书,第 6—8 页。

说”、“法律本质论与司法专业化诸说”等一些基本问题；后者则进一步分作刑法和民法两大类，刑法方面包括了“法律平等的问题”、“法律公布问题”、“亲属相容隐问题”、“讯刑存废问题”、“族诛连坐问题”、“复仇行为问题”、“肉刑复兴问题”、“以赃定罪问题”、“赦罪当否问题”九项内容，而民法方面则含括了“婚姻问题”、“别籍异财问题”、“亲子关系问题”三项内容。第三点调整是，针对“欧美法系侵入时代”，前书是将整个清代都含括了进来，而此书则是从鸦片战争开始起算。作者认为，自鸦片战争以来，欧美各国在华领事裁判权的确立，使中国法系受到前所未有的打击；加以欧美法律学说的大量输入，传统的法律观念开始发生根本的动摇，自此往后便是一个新的历史时期了。①

从整体布局来看，本书的第一点和第二点的调整固然是为了照顾思想史研究的不同需要，而前书的处理方式也并无不妥，但第三点则是对前书的一大修正。阮毅成当年的书评就曾指出，历史分期不一定和朝代的分际相应合，就中国法律史而言，我国法律对欧美法律的继受是从光绪28年(1902年)开始，在此之前我国法律在制度和思想上都是一系相承，并无根本之差异，而杨书却没有以此为分际，这是该书的第一条缺陷。② 无论是从制度史还是从思想史的角度来说，阮先生的这项批评意见都是得当的，也许是受此触动，杨先生在本书中对此进行了相应的调整。③

---

① 杨鸿烈：《中国法律思想史》，范忠信等勘校，北京：中国政法大学出版社，第273页。

② 阮毅成：《杨鸿烈的〈中国法律发达史〉》，《图书评论》，1933年第8期。

③ 目前尚未发现杨鸿烈对阮毅成书评的回应性文字，后书的这一调整是否受到阮毅成书评的影响，还只是种推测。此外，阮毅成书评里还对《中国法律发达史》提出的三项研究（“沿革的研究”、“系统的研究”、“法理的研究”）进行批评，认为这样会导致材料运用夹杂不清，如能分成《中国法制史》、《中国法典编纂沿革史》、《中国法律思想史》三本独立的著作，则更可以使人醒目（见氏著：《杨鸿烈的〈中国法律发达史〉》，《图书评论》，1933年第8期）。阮先生的这一条批评意见和杨鸿烈后来写作《中国法律思想史》是否有直接关系，也是一个可待商榷的问题。在目前文献不足征的情况下，笔者倾向于认为：杨鸿烈对《中国法律思想史》此书的创作应该是自发计划的，与阮毅成的批评并无必然关系；而具体到历史分期的调整，则有可能是受了阮先生书评的影响。关于这方面的情况，尤陈俊《中国法系研究中的“大明道之言”——从学术史角度品读杨鸿烈的中国法律史研究三部曲》(《中国法律评论》，2014年第3期)有相关探讨，可参阅。

就中国法律思想史的研究过程而言，梁任公先生在1904年发表的《中国法理学发达史论》是目前所见该领域的第一个专论，随后也不乏学者在这方面进行著述，但这些作品和梁先生的专论有着相同的一点，即它们都是考察某一时期的法律思想。① 截止于杨先生《中国法律思想史》出版之际，学界尚无一本全局性的中国法律思想史专著。杨先生此书的面世，以其系统性的理论框架和全局性的历史考察，整体上"奠定了中国法律思想史最早的框架体系"，②成为"中国法律思想史学科体系确立的标志"。③《中国法律发达史》作为当时学界最完备的一部中国法制史专著，让不到30岁的杨鸿烈在法律史学界初露锋芒，颇受国内外学界的关注，而《中国法律思想史》作为当时第一部系统性的中国法律思想史专著，则进一步确立了他在中国法律史研究过程中奠基性的地位。

综合中国法律史的两方面研究(制度史和思想史)来看，梁任公先生上世纪初年相继发表的两篇专论分别是这两个方面的开创性著述，随后不乏一些著述各有侧重地研讨中国传统法律的制度沿革和思想演变，但在杨鸿烈两部专著面世之前，全局系统之作均付之阙如。此二书皆以其系统性的理论框架和全局性的历史考察，整体上奠定了中国法律史两个分支领域的学科体系，将当时的中国法律史研究推向一个新的阶段。

3. 研究中国法系对外影响的开山之作

杨先生在《中国法律发达史》的开篇即关注中国法系的特点及其在世界法系中的位置，并且在第二章附录了传说中的箕子在朝鲜统治的司法情况，在第十九章考察唐代法律时也注意到唐律对日本的影响。而在

---

① 如王振先的《中国古代法理学》(上海商务印书馆1925年)、张陈卿的《韩非子的法治思想》(北平文化学社1930年)、丘汉平的《先秦法律思想》(上海光华书局，1931年)等。关于近代以来中国法律思想史的著述情况，可参阅何勤华：《中国法学史·中国近代法律史(思想史)著作主要书目表》(第三卷)，第173—175页；庞朝骥：《近代中国法律史研究成果一览表》，《法律文化研究》，2010年第六辑等。

② 何勤华：《中国法学史》(第三卷)，第194页。

③ 范忠信、何鹏：《杨鸿烈及其对中国法律思想史学科的贡献》，收入杨鸿烈《中国法律思想史》，范忠信等勘校，北京：中国政法大学出版社，2004年，第4页。

《中国法律思想史》书中他同样保持了这种关注，并且明确指出：

> 中国法系既有悠久的历史，又能独立自成一系统，所以在欧美帝国主义未东来以前，确能支配朝鲜、日本、琉球、安南等东亚各国的司法界。①

如果仅就中国法律史研究来说，上述两部著作已然从不同的层面作出了比较系统的探讨；而如果从“中国法系”的特点及其地位来考虑，则离不开考察这一法系的对外影响，如此方能更充分看到这一法系在世界历史上所发挥的作用。由此来看，杨先生留学东京帝国大学期间会选择“中国法律在东亚诸国之影响”作为博士论文的题目，并非没有渊源。并且，身处日本也可以让他搜集到一些国内所缺乏的材料，为了解国外尤其是日本的法律情况提供了便利。

杨先生的博士论文《中国法律在东亚诸国之影响》大概撰成于1935年底，后来由上海商务印书馆在1937年11月初版发行。② 全书共分六章：第一章“导言”说明中国法系的内容、范围及其在世界法系之地位；第二至五章是主体部分，分别考察中国法律对朝鲜、日本、琉球、安南等国家和地区的影响；第六章“结论”综括全书，强调中国法系在历史上作为东亚诸国法制之唯一策源地的意义。

此书在体例安排上更接近《中国法律发达史》，将后者的分朝代逐章叙述，改为分国家（地区）逐章叙述。同时也延续了他原来的分析框架，针对每一国家（地区）的法制情况，按照法典、法院编制、诉讼手续、刑法、军法、民法的分类体系，对中国和其他国家（地区）的法制情况一一进行比较，这是作者分析法制体系的一种惯用思维。对此分析框架，学界评价不一，不乏学者认为此做法有牵强附会之嫌，但也有不少学者认为杨

---

① 杨鸿烈：《中国法律思想史》，第273页。

② 此书初版之前，曾有相关章节发表于《新民月刊》1935年第1卷第7、8期合刊。1971年，台湾商务印书馆将此书重新出版；1999年，中国政法大学出版社将其列入“二十世纪中华法学文丛”重新出版；2015年，北京商务印书馆将其收入“中国现代学术名著丛书”重新校勘新版。

先生的这种方法作为早期的一种探索性研究，是使得中国法律史研究具备法学品格的一种路径。[①]

在材料的运用上，作者同样发挥了他所专长的史学功底。作者在比较中国和其他国家（地区）的法制情况时，按照自己独创性的分析框架，一一详细列举两国的法条，具体说明其他国家（地区）如何学习、借鉴乃至于模仿中国的法律规定。非仅如此，作者还在主体章的每一章里都附录了丰富的史料、图表和参考书目，如“中国与朝鲜诸国存立对照表”、“中国文化影响朝鲜之图表”、“朝鲜法制史参考书目”、“日本皇室历朝世系表”、“日本法律属于中国法系时期之内容比较表”、“日本王朝时代法制史资料之参考书目”等等，其中不少是他在日本搜集到的文献，当时国内学界难得一见，这为以后学者进行更深入的研究提供了便利。

相比于前二书，作者在此书里对中国传统法系的尊崇态度愈见鲜明。他在导言中写道：

> 中国法律于东亚诸国所发生之影响，盖已纲举目张，若与旧作合观，则世界五大法系中之中国法系，其全貌已可毕观。窃不自量，颇欲以长久岁月完成“中国法系究为如何”之使命也，海内外贤达尚乞进而教之，则幸甚。[②]

他这里说的“旧作”即是指前两部法律史专著，而所称“全貌已可毕观”，也就是他在“内容提要”里先行指出的前二书为中国法系“内包”之研究，而此书则为“外延”之研究。[③] 尤为可贵的是，作者将探讨“中国法系究竟为如何”视为学术之使命，欲以长久岁月完成之。那么，完成这一使命又有何意义呢？杨先生在书中多次提到“祖宗心血”、“祖宗遗业”不可不传承：

---

① 关于这方面的情况，可参阅尤陈俊：《中国法系研究中的“大明道之言”——从学术史角度品读杨鸿烈的中国法律史研究三部曲》，《中国法律评论》，2014 年第 3 期。

② 杨鸿烈：《中国法律在东亚诸国之影响》，第 11 页。

③ 同上书，第 1 页。

> 中国法律有其历劫不磨之真价值存在，希望我东亚法家均能回顾数千年来我祖宗心血造诣之宝贵财产。不惟不至纷失，且更进一步力采欧美之所长，斟酌损益，以创造崭新宏伟之法系，是则著者区区之微意也。①

> 吾人由以上各章之探索，深知在欧人未挟其坚船利炮东来之前，东亚大地之文化殆无不以中国为唯一之策源地，……中华民族数千年一贯相沿未改之精神，因壤地之邻近及交通之频繁遂移植四方，俨然足与欧洲之希腊、罗马执西方文化牛耳这分庭抗礼，法律特其一端耳。……吾人对氏所言，惟有痛自鞭策，期无负祖宗之遗业而已。②

杨先生认为中国传统法律在今日仍有其强大的生命力，虽遭遇欧美法系之冲击，然仍有其历劫不磨之价值；刻下所要做的，则是在弘扬传统的基础上，结合欧美法系之所长，更新我中华民族之法系，如此方能不负祖宗之心血、祖宗之遗业。杨先生不仅对中国传统法律的现实意义采大为肯定之态度，且更以中华民族一贯相沿之文化精神为荣，而传统法系作为此伟大文化之一端，如何弘扬之，则是法学家义不容辞的使命了。相较而言，杨先生在此书里表现出来的绍承传统、弘扬国粹的态度比前二书都要鲜明些。一来，此书的性质原本就更容易使人产生民族主义的情怀，探讨中国法律的对外影响更能彰显自身之价值；二来，杨先生经国学院求学阶段的形塑之后，尤其是受其师梁任公先生的影响，对待传统文化的态度已有转变，加之当时身处异乡，这也容易激发起民族情怀。

在杨先生前两部专著面世之前，当时学界关于中国法制史、法律思想史的研究尚缺全局系统之专著，杨先生的前两部专著可说是弥补了这一缺憾。虽是如此，但在他之前毕竟已有一些学者进行了探索和耕耘，为其接下来的系统性研究提供了一定的基础。而论至中国法律对国外

① 杨鸿烈：《中国法律在东亚诸国之影响》，第 7 页。

② 同上书，第 530、544 页。

之影响这一领域，当时学界则更乏专门之探讨，几乎是一片荒芜。[①] 杨先生《中国法律在东亚诸国之影响》一书的面世，使这一状况发生了根本转变，无可争议地成为这个领域的开山之作。

民国时期是一个法学家辈出、著述充栋的年代，然则像杨先生这样，一人兼著三书，且均为传世之名著者，却不多见。在其离世三十余年以来，此三部著作在海峡两岸接连新版，足见其强大的学术生命力。有学者对杨先生曾作此评价："同一个学者有三本著作同时受到历久常新的关注，在法学界杨先生可能是独一无二的。"[②]这并非过誉之词。此三书不仅各自是该领域的首部系统之作，更需留意的是，此三书所构建的学术平台，有里有外，有制度、有思想，从三个层次分明而又相辅相成的维度，共同奠定了中国法律史研究的理论基础，这一卓越贡献是无可替代的。与此同时，我们也不要忘了，杨先生在撰写《中国法律发达史》之时，尚不足 30 岁，而后两部的撰成，也是其刚刚跨过而立之年。在中国法律史研究正当草创之际，在杨先生正当年轻之时，对于三部书所存有的一些缺陷，我们不宜过于苛责。我们应当从其奠基性的研究中吸取可法之处，弥补某一些缺陷，在新的形势下继续推进这一方面的研究。这也就是目前法学界在对其缺陷心知肚明的情况下仍对其大加推崇的原因所在。

杨先生之所以能够在法律史方面取得无可替代的学术成就，机缘上来说主要是源于在清华国学院的求学，这一时期对他以后的学术生涯起到了一定的形塑作用。而就其学术的整体情况而言，我们也应当看到他在史学方面的长期耕耘对其专攻法律史的重要意义，如果没有前者提供

---

① 在 1937 年之前，国内外学界关于这一方面的探讨是少之又少的。据尤陈俊教授的考察，除刘哲曾撰有《受中华法系支配的日本中古民刑事法》(《法学丛刊》1933 年第 2 卷第 4 期)一文外，也只是有几篇文章在探讨中国法系时简略谈及本国法律的对外影响。参见尤陈俊:《中国法系研究中的"大明道之言"——从学术史角度品读杨鸿烈的中国法律史研究三部曲》，《中国法律评论》，2014 年第 3 期。

② 范忠信、何鹏:《杨鸿烈及其对中国法律思想史学科的贡献》，收入杨鸿烈:《中国法律思想史》，范忠信等勘校，北京:中国政法大学出版社，第 3 页。

的学术平台和严谨训练，他在法律史领域的作为也许会是另一番面貌。曾有学者以“史林中的法学巨擘”来定位杨先生，[①]这是比较得当的说法。此外，杨先生精通多门外语，可直接阅读原著，具有比较开阔的国际视野，这也是不可忽视的重要成因。

（四）其他方面的学术耕耘

在上世纪20年代初期，杨先生的学术耕耘以文史方面为主，与此同时对其他领域也有所留意，表现出比较广泛的学术意趣。如他曾撰写《悲观主义新说》一文，对叔本华（Arthur Schopenhauer）、哈德曼（Elward Von Hartman）等人的悲观主义学说提出商榷，认为“人生在世究竟为的是什么”是一切人生哲学的根本问题，而他们的学说并没有由此展开，是“舍本逐末”了，因此才会受到那么多的批评。杨先生认为，“新的悲观主义”应当从人生的根本问题出发，因人生在世是没有目的的、没有价值的，所以“新的悲观主义”也就确实可以成立了。[②] 另一篇与哲学问题有关的文章《说忏悔》则提出，所谓“忏悔”便是指良心的自我发现及自我惩罚，人人都应当时刻怀揣忏悔之心，以减少人类的罪愆，而忏悔之心的养成也离不开知识的学习，只有多增加知识，才能更容易培养出忏悔之心。[③] 此外，他的《自心理学观之〈人物志〉》一文用“心理学”的“科学方法”，重新整理刘邵的《人物志》一书，通过人性差别之成因、不同的人性适用于不同的事业、观察人性之方法这三个方面，逐一解析《人物志》的相关内容，认为刘邵是中国古代观察人性最为精到的人。[④] 这几篇文章较之前述几方面的表现未免显得粗略了些，如他对叔本华等人的批评未见得妥当、他的立论也有些仓促，而作为道德行动的忏悔和知识学习之

---

① 刘馨、牛要聚：《杨鸿烈：史林中的法学巨擘》，载《中国法学文档》，北京：知识产权出版社，2007年，第255—278页。

② 发表于《哲学》1922年第6期。

③ 发表于《哲学》1923年第8期。

④ 发表于1924年《晨报六周纪念增刊》。

间的关系,也没有给出具体的说法,至于对《人物志》的解析更多地是关注其间人性论的思想,和心理学也是有一定的距离。不过作为一个20岁左右的年轻人,能有这样的研究和论说已属不易,由此也见杨先生早年对西方学术已有一定的涉猎,同时也反映出他对人生、人性等一些问题的思考。

此外,他在1923年还发表过《驳以美育代宗教说》一文,对蔡元培先生的看法提出了不同意见。杨鸿烈在文中首先指出蔡元培先生的立论有疏忽之处,既没有界定"宗教"、"美育"的含义,也没有具体指出二者的区别,而这些却是讨论美育是否可能代替宗教的前提性问题;接下来,杨鸿烈在文中为"美育"、"宗教"各下了一个定义,从三个方面去否定蔡先生的看法:二者之功能各自不同、二者之范围相互补充、利用"美"来做信仰方法将会使"美"丧失独立性。① 且不言此二者的见解孰是孰非,杨鸿烈所指出的问题以及他论述的思路,亦见其在弱冠之年已具备比较严谨的思辨能力。

上世纪30年代是杨先生学术的成熟期,同时也是其学术的巅峰期,他在史学上的两部成熟专著、在法律史方面的"三部曲",都是在这一时期出版面世。此外,在出版两部史学专著的同一年(1939年),杨先生还出版了《教育之行政学的新研究》一书,体现了他对教育行政及其相关问题的一些看法。此书共分十章,分别讨论教育行政与立法机关、司法机关、其他行政部门的关系。作者在第一章"导言"中首先指出,当时国内外学界对教育行政问题的研究,主要是局限于教育行政这一事情的本身,而对于教育行政与其他部门的关系,则很缺乏专门性的探讨,所以此书作为教育行政学的新研究,关注的是教育行政部门与其他各种部门的关系。在此,他再次运用了"内包"和"外延"的说法,认为以往的研究主要是针对教育行政之"内包",而他的新研究则是针对教育行政之"外

① 发表于《哲学》1923年第8期。

延”。[①] 第二章至第八章，作者分别讨论了教育行政与立法机关、司法机关、内务行政、外务行政、军务行政、财务行政、党务行政的关系。每一章根据相关政府部门的下辖机构，予以逐节讨论，如第四章讨论教育行政与内务行政的关系，作者区分了警察、民籍、卫生、救恤、产业、土地、交通、宗教等多个权能部门，从不同的方面来讨论教育行政与内务行政的关系。第九章专门讨论其他行政机关附设学校应当如何看待的问题，作者认为这样的做法会侵害教育行政权的统一性，主张各院校（军事院校除外）的管辖权应统一收归教育部，并以清华学校的沿革为例说明这样做的好处。第十章探讨教育行政与考试制度的关系，作者指出当时的毕业生之所以出现“失业问题”，其原因不尽然是文法科的人数过剩，各院校应当注意学生培养和国家所需人才的供应关系，与此同时，作者也指出当时的考试选才制度有“亲党”之倾向，应当进行相应改革。最后，在本书的结论部分，作者提出了自己对今后教育行政及其相关部门的希望，呼吁政府各机关应当改正往日的不良积习，对人才教育和学术研究予以大力支持。总体而言，此书对教育行政部门和其他政府部门的关系展开了比较系统的探讨，在当时这还是比较少见的；并且书中的内容也具有时效性，对当时国内教育行政及其相关部门所存在的问题进行了比较深入的分析，并提出了解决的思路和建议。此书主要是基于政府职能部门，探讨教育行政和其他部门的业务关联，而对于另一些情况，如教育行政与学校的关系、教育行政与社会的关系，则没有予以充分关注。

三、结语

杨鸿烈先生的一生，有过顺畅得意，也有过困蹇失落。总的来看，是逆境多于顺境，尤其是后半生，基本上是在漂泊与悲苦中度过。某一阶段的时势弄人，对他后半生的学术生涯造成了沉重的打击。他在1939

① 杨鸿烈：《教育之行政学的新研究》，长沙：商务印书馆，1939年，第1—2页。

年出版三部专著时才37岁,[1]正好处于他人生的中点(杨先生病逝时74岁),但自此而后,在一个正常的学术生命正趋向更加旺盛之际,他在学术上的作为却是渐趋于淡薄了。尤其是在1955年返回广州之后,直到1977年去世,这22年间,虽然怀揣学问之宏愿,但他的事业却已无法开展,生活境遇的困苦和研究工作的停顿,伴他度过了整个晚年。比起他的导师梁任公先生,杨鸿烈在寿命上要幸运一些,他迈过了古稀之年,具备了一个学者在寿数上应有的条件。梁先生因身体的意外因素,在跨过知天命之年不久,就过早地离开了人间,以至于一个"正走向顶点的学术生命"因天不假年,遗憾地成为"未竟的后期"。[2] 但杨鸿烈最终还是不幸的,他返回广州之际,人们对政治的热情远远超过了对学术的关心,因而在他热烈期盼可以开展"后期"的学术生命时,最终所要来的也只是一个"苍凉的后期"。

杨先生后半生的经历却不影响他曾经在学术上的卓越贡献。他在法律史研究领域所取得的突破性成就是无可替代的,在他离世三十余年以来,他的"三部曲"在海峡两岸接连新版,足见其强大的学术生命力。这三部专著不仅各自是该领域的首部系统之作,而且它们之间具有紧密的内在关联,从三个相辅相成的维度,共同构建了中国法律史研究的基本平台,在整体上奠定了中国法系研究的理论体系。由于杨先生在法律史方面取得的成就太突出,往往也会让后人相对地忽视他在其他领域取得的成果。实际上,杨先生在其他学术领域也不乏创获,有待我们进行全面的认识。如诗文方面的著述,在不少领域都做出了具有开拓性的研究;而他在史学方面的著述,自成一家之言,在民国史坛中也可居一席之地。杨先生在文史方面的耕耘与他在法律史领域的研究具有密切关联,他长期积累的文史功底,为他的法律史研究提供了广阔的学术平台。对于杨先生的学术成就,我们在关注法律史这一高峰之外,也应看到他学

---

① 分别是《史学通论》、《历史研究法》、《教育之行政学的新研究》。

② 参阅刘东:《未竟的后期——〈欧游心影路〉之后的梁启超》,载《梁启超文存》,南京:江苏人民出版社,2012年,第76页。

问事业的整个山体。

杨先生聪慧颖悟，成才较早，弱冠之年就已经在学术上有所作为，并取得了一些可观的成果。他早年的研习领域比较广泛，不仅在文史方面具有一定的造诣，同时对哲学、心理学、教育学等领域的问题也表现出一定的兴趣。后来考入清华国学研究院，他的研究方向发生了比较大的改变。在此之前，他虽然涉猎颇广，但还没有专门研讨过法律史，对这一领域的关注主要源于他在国学院的求学经历。自此而后，虽然他对不同的学术领域仍有研治，但他的主攻方向一直都是中国法律史。国学院的求学经历不仅促成了他对法律史的关注，同时也在一定程度上影响了他的文化理念。入国学院之前，他虽然也和梁任公交往，但受胡适的影响更多一些，文化理念上追求“革新”，表现得更加西化、更加激进，这在他早年的文史作品里有比较直接的体现；入国学院以后，他受梁任公等人的影响更大一些，从“革新”渐渐转向“保守”，更加推崇传统文化的意义和价值，他对中国传统法系的尊崇便是这种态度的具体表现。总的来看，清华国学研究院的经历对他以后的学术生涯起到了一定的形塑作用，如果没有这一段经历，杨先生还能否取得现今所公认的学术地位，可能还要重新看待，而中国法律史的研究进程也可能会是另一番面貌。老清华国学院的学制虽然比较短，①但它却能对一个人的学术生涯产生如此长远的影响，个中缘由值得我们深思。

当然，杨先生在进入国学院前后，学术研究上也有一些不变的地方。例如，他后来虽然对传统文化的态度有所转变，但他对传统以来的“诗教”、“史教”的批判，却未曾改变过。杨先生认为这些做法是为了达成某一目的，而损害文学、史学原本应有的独立价值，所以他一直主张还原诗歌的心理功能和文艺价值，同时也倡导“为历史而研究历史”，研究历史的目的“只不过是记真事、说实话”。杨先生这种前后一贯的治学主张，

---

① 按当时清华国学研究院的章程规定，学员研究期限以一年为原则，但遇有研究题目较难而成绩较优者，经导师许可，可续行研究一年或两年（参见《研究院章程》，载《清华周刊》，第360期，1925年10月25日）。

对于那种为了达成教化之目的而牺牲文史之价值的做法，固然是一种恰当的批评；不过，诗文的艺术价值、史学的求真目的，与道德教化也不是必然冲突的关系，这是杨先生持论中可待商榷的一个地方。

此外，综观杨先生前后的学术作品，我们还可发现其他方面的一贯相仍之处。他的著述思辨性比较强，讲究逻辑条理，往往是从前提性的问题切入，继而逐次展开讨论。在讨论过程中，他习惯于先引述前人看法，评析其间各家的利弊得失，而后提出自己的看法，这已成为他的写作风格。因此，在他的作品里读者不仅可以看到他自己对某一问题的见解，而且还可以看到不同时代、不同国家的一些相关说法。由于他精通英语、日语等多门外语，对国外的学术著作有比较多的涉猎，因此他的研究也就可以具备世界性的学术眼光。这几个方面的治学风格，都是他在学术上能够取得成就的重要因素。

总的来说，杨鸿烈先生是一位有着卓越贡献的学者，他在学术上的成就并未辜负“鸿烈”一名的含义。我们在同情杨先生“苍凉之后期”的同时，也赞佩他的“辉煌之前期”。时至今日，杨先生离开人世已近四十载，但他的学问事业却一直未曾离开，至今仍在惠泽学界。

致谢：在《杨鸿烈文存》的编撰过程中，杨鸿烈先生的孙子杨阳先生给予了很多帮助，为我们整理研究杨鸿烈的生平学术情况提供了许多重要信息。清华大学法学院陈新宇教授、中国人民大学法学院尤陈俊教授曾对本人的研究工作提出一些中肯的意见。广东文史馆提供了杨鸿烈先生的简历、照片等一些材料，为我们的整理研究工作提供了方便。在此谨致谢忱！

叶树勋

2015年6月

中国诗学大纲（节选）

此书大概撰成于1924年，是杨先生的早期作品，相关篇章曾发表于1924至1925年间的《文学旬刊》、《晨报副刊》等报刊；1928年由上海商务印书馆收入"国学小丛书"初版发行，1930年再版；1970年被台湾商务印书馆收入"人人文库"重新出版，1976年再版。

全书共有9章：

第一章　通论

第二章　中国诗的定义

第三章　中国诗的起源

第四章　中国诗的分类

第五章　中国诗的组合的要素

第六章　中国诗的作法

第七章　中国诗的功能

第八章　中国诗的演进

第九章　结论——著者对于新诗人的罪言

这里节选该书的自序、第一章、第三章、第九章。

自　序

我这本书是把中国各时代所有论诗的文章，用严密的科学方法归纳排比起来，并援引欧美诗学家研究所得的一般诗学原理来解决中国诗里的许多困难问题，如诗的起源的时代、分类和功用等项。在第一章里开首就讨论诗有无原理，这是自来诗学家所不会注意过的，我却因此要使一般诗学原理的研究，得有理论上和事实上的稳固根据。我并且举出中国有诗学原理的许多证据，使读者可以就把这一章勉强的当做一部中国诗学思想发达小史看待。第二章里我搜集中国书里所有的诗的定义差不多有四十余条，也是前此研究中国诗的人所不会发现过的，我又用逻辑学里定义的法则逐一的加以批评，总括出他们的四大缺点，然后自己大胆的替诗下一个比较完全正确的定义。第三章里，我判定中国最古写成文字而又最可信的诗是《诗经》三百篇，扫空前此时代的伪作和一般旧学者的臆说。并把许多有价值的诗的心理的起源的说法尽量引用，加以说明。第四章论诗的分类，煞费心血！既把中国各时代诗学家的分类法逐一批评，又引用欧美许多的诗的分类原理，斟酌情形来分中国诗为“客观的诗”和“主观的诗”二大类，虽觉得还不甚十分恰当，但觉得尚能以简驭繁，包罗而无余剩。文里对于某类诗所发生的流弊，也都痛下攻击，使今后作诗的人，不再因袭，去蹈他们的覆辙。第五章在阐发诗的实质的要素方面，除“想象”、“思想”诸项而外，在“感情”里最推重的是“男女之爱情”，我从根本上来澄清一般人以错谬的道德观念妨碍文艺的创造——尤其是作诗。在陈说诗的形式的要素方面，也以自然的音韵节奏为一切诗所不可无，但对于技巧的格律就全然加以排斥，并引用中国各时代诗学家对此相同的意见。第六章论诗的作法，总括各家的说法成为三大派——性情说，学问说，性情学问相辅说。我以为比较稳健没有流弊的说法便是性情与学问相辅，并以做新诗的方法根本就是一切诗的方法。第七章论诗的本来只有心理的功能，痛斥中国一般诗学家伦理的功能的说法,和少数不懂文艺真价的谬说。第八章论中国诗是进化,而以退化说虽不合历史的真象,但于人的心智的演进情形,有部分的可靠。第九章说明我这书的目的是在拥护诗的生命,并对于时下一般新诗人有些要贡献的意见。总之,我这本书于研究中国诗的人有无大的益处,虽不敢断定,但最小限度,总可使读者于中国各时代诗学家的主张有系统的和明澈的了解。因为这个缘故,所以本书虽是横的——原理的研究,而征引例证,却是隐隐的按着时代的先后排比起来,这样,有些地方便不厌其过繁,在别一方面看来,又差不多是纵的——诗的原理的历史的研究了。我希望读者在除我所已经引用的而外,更能发现别的论诗的文章,随时照着这个间架增补上去,慢慢的成为一本最完备的《中国诗学大纲》,那么对于后来研究中国诗的人,真是功德无量。

我写这书的动机,本是想编一本文学概论——我最反对"科学的研究可以帮助文艺的创作","科学可以调和文学"的说法——但我只写起十多篇的通论;到了分论,戏剧只写成两篇,小说只有一篇论定义的文章,诗歌虽比较的多,写了三本,而范围还嫌过于广大,中国、日本、印度、欧美的古今诗章都会论及,终觉得渺茫。最后只有努力缩小范围,专门研究中国的诗,写了三四个月,才成这一本书。我以前最崇信摩尔顿(Richard Green Moulton)在文学的近代研究所说的:普遍的研究——不分国界、种族;归纳的研究,进化的研究;但这种奢念,只得希望将来了。我以为中国有关于戏剧的材料,已有王国维先生理出个头系,小说也有周树人和其他诸先生整理爬扬过;只有诗歌现却落在我的手里,成就怎么样,就要靠读者的评判,我自己是丝毫没有把握的。

我在这书初稿刚写成之后,陡患大病,几乎死去,这书也差不多成为一本遗著。现时健康虽是复原,但缠绵两年的失眠症和无希望全好的耳炎,都是我的工作的大敌。总之,我这书是从艰难烦困无聊的校课和疾病中挣扎出来的产品,在我的生活的一段里是很值得纪念的。

一九二四,四,二十记于北京。

第一章　通论

(一)本书的定名和诗有无原理的讨论

中国诗学是研究中国诗的原理——胡适之先生否认诗有原理的谈话——著者的见解——诗的原理不限于批评一方面——原理的意义——原理构成的程序——构成诗的原理的程序——因为人类心理对于知识都有统一综合的要求——故诗的原理有成立的可能——诗的原理在引导人研究诗和诗有弊病时的极大效用——胡适之先生自身的一个例

(二)中国诗学发达的大概情形

中国古代诗学的大概——汉代诗学的大概——梁代诗学的大概——任昉、钟嵘、刘勰的著述——沈约的格律声韵说的兴起——唐代诗学的大概——释皎然、司空图、吴竞、张为、孟棨、齐已的专书——白居易、元稹、韩愈、孔颖达等的论文——宋代诗学的大概——姜夔的《白石道人诗说》——严羽的《沧浪诗话》——许顗的《彦周诗话》——阮一阅的《诗话总龟》——这四书的内容和批评——次等论诗的作家——刘克庄、张戒、张表臣、强幼安、范晞文、吴可、叶少蕴等——着眼点在道德教训的两部论诗的书——葛立方的《韵语阳秋》,黄彻的《䂬溪诗话》——欧阳修诗学的见解的优点和缺点——苏洵、苏轼、苏辙、黄山谷、朱熹、吕祖谦、郑樵等的诗学论文——金代诗学的大概——王若虚的《滹南诗话》——元代诗学的大概——杨载、范德机的有条理的三部著作——陈绎会、吴师道、蒋正子、韦居安的专书的批评——戴表元、杨维桢等的论文——明代诗学的大概——徐祯卿《谈艺录》的价值——次等论诗的作家——谢榛、王世贞、李东阳等——宋濂、方孝孺、唐顺之、郝敬、胡翰、袁宏道等的论文——清代诗学的大概——第一流作家叶燮所著的《原诗》和袁枚散见于文集里的"诗序""信札"的内容——次等的作家——李沂、李重华、徐增、王夫之等——杂论诗的形式和沿革的作家——吴乔、钱木庵、赵执信、王渔洋、冯定远等——必须参考的重要的诗学论文——钱谦益、黄宗羲、朱彝尊、章学诚、钱大昕、陈祖范、刘开、魏源、阮元、章炳麟等——民国时代的诗学的大概——谢无量、黄节、刘毓盘、胡怀琛等人的著述和批评——重要的诗学论文——胡适之先生、周作人先生等

中国诗学就是研究中国诗的原理,在说明中国诗的原理之先,有两个必须解答的问题:第一,诗有不有原理?第二,中国有不有诗学原理?

诗有不有原理?这个问题是很值得注意的。记得前不多时胡适之先生和我谈话,就说:"在外国学校里研究文学的,并没有'文学概论'这一种科目,因为那些所谓的文学原理,不过是些批评家弄出来的把戏,而批评家都是做不出好的东西来,要是听了他们的话去赏鉴文家作品,就是上大当!尤其是诗,你想怎样可以使它原理化(theorize)?"我觉得适之先生的话,在某种情形之下,是确凿不移的;刘勰在《文心雕龙·知音篇》就说过:"夫篇章杂沓,质文交加,知多偏好,人莫圆该。慷慨者逆声而击节;酝籍者见密而高蹈;浮慧者观绮而跃心;爱奇者闻诡而惊听;会己则嗟讽,异我则沮弃,各执一隅之解,欲拟万端之变,所谓东向而望不见西墙也。"不过诗的原理的内容,却不只是定下一个标准来衡量诗的长短好坏的批评一方面,除此而外,我们很可以用可观的科学方法,来分析一般诗的组合的成分,因其成分性质的不同,即可以区别它的种类,更可因此追究诗在人的心理上的要求,和历史上的起源的时代,然后诗在我们情志方面的影响和功效如何,我们藉此就可以判断诗的真实的价值,把这些种种步骤,"按步就班"的做完了,那么诗的特性就可彰著显明的表示出来,真的诗和假的诗就可以此为一块"试金石",结果恐怕不只不能为有志入"诗国"观光的人的害,还要成为万一不可少的一位引路天使呢!我平生最佩服亚丹姆士(John Adanms)极有价值的几句话说:"原理毕竟不过是实习的合理的方面。"(Theory after all is only the rational aspect of practice.)“原理对于实习的关系,一如科学对于物质的许多现象的关系,并且在同样的方法上领导到优胜利益的地步。”(It is related to practice as science is to material events; and leads to mastery in the same way.)他解释这样的缘故,就是因为“原理是从实习里得来的经验下手加以批评的分析考验,然后跟着去审定那许多的过程和提示些改良的方案。”(Theory is to begin with a critical examination of the experience gained in practice. But, then it goes on to evaluate processes and suggest improvements.)(见所著《教育原理的演进》“The Evolution of Educational Theory”第一章)这样拿我前面所说构成诗的原理的程序的话来对看,就可以承认诗是有原理的。还有一层,我们之所以要使诗有“原理”的缘故,便是因为我们人类都有不以分裂的知识和经验为满足的心理,对于事事物物必定要想综合它,统一它,使它成为一个独立的体系或组织,然后心理里方觉得舒服。并且有了诗的原理就可在一般人做诗有毛病的时候,根据着原理从根本上探究以谋改良的方法,这么一来,更可表见“诗学原理”的最大需要最有价值的地方了。宋代徐林在葛立方的《韵语阳秋》的序文上有几句话说的很好:

> 《诗》三百篇,上而公卿大夫,歌于朝廷,荐于郊庙,下而小夫贱隶,咏于闾衖,播于田野,莫不传焉;达者以理,昧者以情,皆成于自然者也。文从字顺,宜乎无得而议矣;至其不可通,则犹当以意逆志,理与情者,志所寓也;苟通矣,辞为可略。诗亡之后,作者盖寡,将其辞而求其志之所在,义之当否,则思之何可以不熟,讲之何可以不详,而责之何可以不恕哉?然去古益远,学者之弊甚多;且因物以索句,因句以命题,以至赓和之习盛,则又因韵以造语,因语以命题,言之支离,体之骫骳,情之抑郁,理之乖悖,凡以此也。今欲求风雅之正,探本而遗末,读常之之书,庶乎进于是哉。

这样“探本而遗末”“欲求风雅之正”的话,便是诗学原理的功能和目的。我们就举个发动于适之先生自身的诗体改革的实例来做证据。我们都知道清末中国的诗坛,那般陈三立、郑孝胥的本着黄庭坚、梅尧臣加以变化自成宗派,风靡一时,不善学的人,就变本加厉,弄得艰涩不成句读;同时有王闿运专做假古董的汉魏诗,樊增祥专做晚唐式的香艳诗,易顺鼎专做滑稽诗,一时学的人很多,直弄到民国初年,此风还没大改变,诗格至此,可说是卑极了。民国初年虽有柳弃疾等起来反对他们,但也只提出空荡荡的目的,不能有一种具体进行的计划,所以没有多大成效;直到适之先生手里才有正当的诗学原理的根据——虽然适之先生不承认诗有原理——主张中国诗的变迁从《三百篇》到现在,诗的进化没一回不是跟着诗体的进化来的;所以说:"新文学的语言是白话的,新文学的文体是自由的,是不拘格律的。初看起来,这都是'文的形式'一方面的问题,算不得重要。却不知道形式和内容有密切的关系,形式上的束缚,使精神不能自由发展,使良好的内容不能充分表现。若想有一种新内容和新精神,不能不先打破那些束缚精神的枷锁镣铐。因此中国近年的新诗运动,可算得是一种'诗体的大解放'。因为有了这一层诗体的解放,所以丰富的材料,精密的观察,高深的理想,复杂的感情,方才能跑到诗里去。五七言八句的律诗,决不能容丰富的材料,二十八字的绝句,决不能写精密的观察,长短一定的七言五言,决不能委婉达出高深的理想与复杂的感情"。这样一来,提倡不到四五年,一切无谓的旧诗,都像摧枯拉朽的推翻了;这不能不说有诗学原理的根据了,因为适之先生的话不惟在中国的诗是这样,凡一切诗都是这样,这可见得诗学原理的重要了。

中国有不有诗学原理?我敢说中国千多年前就有诗学原理,不过成系统有价值的非常之少,只有一些很零碎散漫可供我们做诗学原理研究的材料;在欧洲就不是这样的情形了,那所谓的"诗学原理"(Poetics)有的很早,并且很多,从亚里士多德起不断的直到现在,都是"作者如林"。在亚氏著的《诗学》里,就讨论到诗的起源、种类、韵节、摹仿的性质,和只以人的快乐为功用,不是用来垂训,与及有关系的诸种艺术等项。后来到了中世纪时代如:鲍劳潭(Plotinus),朗吉纳(Longinus),昆踢里安(Quintilion),何拉士(Horace)一般人都有他们的诗学原理并和近代的作家有很大影响;文艺复兴时代的丹第(Dante)在他著的“De Vulgari Eloquio”第二本书里就含有关于意大利诗的解说;近代英德法美这类的书更多得不可胜说!如英国就有阿诺得(Matthew Arnold),布却儿(Butcher),柯尔文(Colvin)一般人;美国就有盖耶勒(C. M. Gayley),司克特(F. N. Scott),阿尔丹(R. M. Alden)一般人;法国有格鲁(Geruzez),布格得(Bourget)一般人;德国有哈德曼(Hartmann),海智尔(Hegel)一般人;别的不再枚举了。在我们中国的上古虽就有些零碎散漫论诗的文字,如:《虞书》里就有“诗言志,歌咏言”,《论语》里面也记载孔子不少的“兴于诗,立于礼,成于乐”,“不学诗,无以言”,“可以兴,可以观,可以群,可以怨,迩之事父,远之事君,多识草木鸟兽之名”一类论诗的功能的话;《礼记》,《乐记》,和纬书类里的《春秋说题辞》、《诗含神雾》等也都有诗的定义,那篇犯着汉人伪作嫌疑的子夏《诗大序》与及真为汉朝人如毛诗派郑玄,齐诗派匡衡所作的文章,也都可看出他们说诗的起源,及诗的功能的见解来;此外如专门解释《诗经》的一些等于“痴人说梦”的道学先生的著述,如:毛公、郑玄一般毛诗派牵强附会的固值不得提起,就如《汉书·艺文志》所举韩诗派的《韩故》三十六卷,《内传》四卷,《外传》六卷,《说》四十一卷;鲁诗派的《鲁故》二十五卷,《说》二十八卷;齐诗派的《齐后氏故》二十卷,《传》三十九卷,《孙氏故》二十七卷,《传》二十八卷,《杂记》十八卷等;这些书如鲁诗在西晋时代就失传了,齐诗在魏代也就失传了,韩诗虽传到北宋时代才失传,而现在所存的,也只有《韩诗外传》一书,但既名之曰外传,所以不能完全可靠;这样看来,这许多书里要不是因为没有参考的价值的原故,所以我不参考,便是因为书亡失了,我没法子征引他们的意见,因此就都置之不理了。我们知道学术上的普通现象,都是原理研究的发生常在事实进步发展之后,即以中国诗来说,汉以前只有风谣体(ballad)的《诗经》和新产生的《离骚》体,到汉代就有五言、七言、歌行杂体,晋以后就有律诗,这时文学观念已经进化到正确显明的程度,诗体也发达到完全复杂的地步,所以中国诗学原理的雏形,也略具于此时了。在这时期,挚虞的《文章流别论》和任昉的《文章缘起》虽然关于各体诗的起源有所说明,但最重要的还是那部为后代“诗话”开山祖钟嵘作的《诗品》和文论家刘勰作的《文心雕龙》在诗学上很有相当的贡献;章实斋说过:“《诗品》之于论诗,视《文心雕龙》之于论文,皆专门名家,勒为成书之初祖也”;“《诗品》深从六艺,溯流别也”;“论诗论文而知溯流别,则可以探源经籍,而进窥天地之纯,古人之大体矣……”(《文史通义·诗话篇》)。李详说:“诗话之兴,源于作者渐伙,弟靡无制,遂昧流别;若防讹滥,必判雅郑,摄之检括,统为一书,则钟仲伟《诗品》是已……”(《历代诗话续篇·序》)。除了这些诗文的专著而外,还有一些和后代诗坛发生极大影响的文章。如:沈约作的《宋书·谢灵运传》主张诗要有技巧的格律音韵,同时的人如:陆厥、钟嵘诸人都引起争辨,这是中国诗学发达史上很可注意的事。南北朝以后这种“勒为成书”的诗学和论文也因诗体的演变发展相对的增得很多!唐代有:释皎然的《诗式》,司空图的《二十四诗品》和他的《与李生论诗书》,《与王驾评诗书》都只是关于诗的修辞方面有所讨论;吴竞的《乐府古题要》专门考究乐府命名的缘起,使古代民众文学的真象得以毕露;张为的《诗人主客图》纯是主观的诗评;孟棨的《本事诗》是诗的七分法;齐己的《风骚旨格》是一部论诗的种类、修辞、批评的极其简括的一些公式;在论文方面如:白居易的《与元九书》论及诗的原素、诗的定义和伦理的功能;元稹的《乐府序》列举诗的种类,《杜子美墓志》论诗的进化;韩愈的几篇《赠序》,和经学家孔颖达的论文说明诗的起源,都是必要参考的作品。唐朝以后到宋,诗体的变化可告一大段落,所谓“古诗”、“律诗”、“绝诗”都成了诗的正体的名目,“词”也成为一种独立体裁,这时诗学的书最多,其中好的几部,很有条理系统;例如:姜夔的《白石道人诗说》虽很少的几页,就包括有诗的定义、种类、批评、作法和修词,并说:

> 诗说之作,非为能诗者作也;为不能诗者作,而使之能诗,能诗而后能尽我之说,是亦为能诗者作也。虽然,以我之说为尽,而不造乎自得,是足以为能诗哉?……

此外如《白石诗集·自序》发表他的学诗的方法的意见，也是值得注意的；但比较最完全一点的还要数严羽的《沧浪诗话》。他这书分为五部分："诗辩"就等于我们现在的人所说的"通论"，"诗体"是"诗的分类"，"诗法"是诗的作法和修辞，还有"诗评"，"诗证"。在上下千百年中，除了元明清几代零星的好的诗学书外，恐怕要让他"首屈一指"了！他在《附答吴景仙书》里表明他作这书的态度：

高意又使回护，毋直致褒贬；仆意谓辩白是非，定其宗旨，正当明目张胆而言，使其词说沉着痛快，深切著明，显然易见，所谓不直则道不见。

仆于作诗，不敢自负，至识则自谓有一日之长。于古今体制，若辨苍素，甚者望而知之。

来书又谓忽被人捉破发问，何以答之？仆正欲发问而不可得者，不遇盘根，安别利器？

妙喜自谓参禅精子，仆亦自谓参诗精子；尝谓李友山论古今人诗，见仆辨析毫芒，每相激赏；因谓之曰："我论诗若那吒太子，析骨还父，析肉还母。"友山深以为然。……

他解释他在《诗辨》所以"用禅说诗"的原故：

我叔谓谓说禅非文儒者之言，本意但欲说得诗透彻，初无意于为文，其合文人儒者之言与否不问也。

至于他所说"诗的本质"及其他一类精当名贵的话，就要待我们在以下分章来研究了。此外如许顗著的《彦周诗话》开宗明义就说：

诗话者，辨句法，备古今，纪盛德，录异事，正讹误也。若含讥讽，著过恶，诮纰缪，皆所不取。……

这样替"诗话"下定义的人，要数他是第一位了！他还有说"诗话"的功用最好最合理的地方，如：

人之于诗，嗜好去取，未始同也；强人使同己，则不可；以己所见,以俟后之人,乌乎而不可哉?

可惜他这书,诗的修辞和批评说及的倒还不少,诗的理论太过缺乏了。阮阅编的《诗话总龟》倒是一部很有价值的书;他自己虽没有诗的理论,但单看他能综合一百家诗话精采的部分,加以类别,很有识见。不过据这部书上李易的《序》来说,那么这书"旧集颇杂",是经过明代淮伯王月牕"条而约之",然后才"汇次有义,棼结可寻"的。这书第二篇《序》也是明代海盐人张嘉秀作的,他下"诗话"的定义更比许顗要高明多了。他说:

夫诗胡为者也?宣郁达情,撷菁登硕者也;夫诗话胡为者也?摘英指类,标理斥迷者也。

这"摘英指类,标理斥迷"几个字竟可借来做我们今日之所谓"诗学原理"最确当的定义了。于此我们也可承认中国之有"诗学原理"一句话,不是牵强附会的了。宋代别的许多数不清的"诗话",稍微好一点的,就是还有文学评论的性质,且稍说及诗的演进和修辞。这类的书:如刘克庄的《江西诗派小序》,张戒的《岁寒堂诗话》,张表臣的《珊瑚钩诗话》,强幼安的《唐子西文录》,范晞文的《对床夜语》,吴可的《藏海诗话》,叶少蕴的《石林诗话》,曾季狸的《艇斋诗话》,杨万里的《诚斋诗话》,魏泰的《临汉隐居诗话》,陈师道的《后山诗话》,吴聿的《观林诗话》,陈岩肖的《庚溪诗话》;吴幵的《优古堂诗话》,虽是拿诗来扯闲谈,但令人读了觉得很有文学趣味。蔡梦弼的《杜工部草堂诗话》是"裒集宋人评论杜诗之语,共为一编","颇足以资参考,远在方道醇'老杜诗评'之上"的好书。其次就是那些稍偏在道德的教训方面的诗话。如:葛立生的《韵语阳秋》,他的《自序》就说:

凡诗人句义当否,若论人物行事高下是非,辄私断臆处,而归之正;若背理伤道者,皆为说以示劝戒,书成号"韵语阳秋"。昔晋人褚裒为"皮里阳秋",言口绝臧否,而心存泾渭,余之为是也,其深愧于斯人哉?

我们看替他作序的第二个人沈洵就明白了当的说：

> ……至于有益名教，若悖理伤道者，则反复评论，折衷取予，以示劝戒；振六义于《古诗》既亡之后，发奥赜于灵均未覩之先，又岂若世之评诗者，徒揣其句语之工拙，格律之高下，而屑屑于月露风云，花木虫鱼开关之间而已哉？

不过《韵语阳秋》的内容大部分还是纯文艺评论的性质，关于说杜甫和唐宋诗人的思想受释佛的影响的部分尤好，也不可不一读。但黄彻著的那部《䂬溪诗话》可就糟了！全部书笼罩弥漫着浓厚的教训气味，还要"外严律度，有补于时，有辅于名教"；"若嘲烟云，媚草木，等语，率略而不取"；所以他评诗的标准就是：有诚于君亲，厚于兄弟朋友，嗟念于黎元休戚，及近讽谏而辅名教者，和他平日旧游所经历者的五项，这样，可以供过去时代的人做修养录读，却不能拿来做诗学研究的参考。此外如：欧阳修对于诗的见解，是很有价值的；他在举世奉行孔颖达《正义》之时，独著《毛诗本义》十六卷，就注重在求通其理，不轻从古说：所以他的书有时不用毛郑，不用《小序》，直探诗人本意；这样一来，使他同时如王安石、苏辙、程伊川诸人说诗，都多少渊源于他著的《本义》；所以宋人说诗，大改以前态度，他实在是一个革命的先锋。他还有一点好处，如黄节《诗学》所说："欧公痛晚唐诗人竞为绮靡，风云草木，填益篇章，乃于小雪会饮日，创为禁体诗，不得用玉月梅梨絮练白舞鹤等字，其有句云：'脱遗前言笑尘杂，搜索高寒窥冥漠'，则其痛绮靡之作可知矣。其后东坡在颍亦举此体，所谓'当时号令君听起，白战不许持寸铁'，即指此也。"但他的缺点便是如韩愈一样的以诗为文章末事，他很推赞韩的"多情怀酒伴，余事作诗人"的诗，所以他著的那本《六一诗话》就和司马光的《续诗话》、刘攽的《中山诗话》等都是犯了记当时诗坛上人物的琐事太多，理论太少的毛病。尤袤的《全唐诗话》缺乏批评，只算是一部《全唐诗》的"读书录"和"闻见记"而已。至于那些专门记些乱七八糟的屑闻。如吕本中的《紫微诗话》，周必大的《二老堂诗话》，赵与虤的《娱书堂诗话》……等，我们要是有多余的时间,涉猎一下,也未尝不可增点识见,只是对于诗学的研究太无关系罢了。宋代论诗的文章和书籍,除这些而外,王灼的《碧鸡漫志》是专门研究曲调源流的,可供我们取材的部分很少。朱熹的《诗序》说诗的起源和功能;郑樵的《诗辨妄》分别诗的种类;黄山谷的信札论作诗的方法,苏洵,苏轼,苏辙,欧阳修,苏舜钦,胡稺,邵雍,晁补之,张耒诸人的"诗序""诗论""信札"有的论及诗的定义、诗的伦理的和心理的功能诸项,都是有参考的价值。金代王若虚著的《滹南诗话》关于诗的格律、音韵、修辞、批评都有很透辟的理论和见解。元代这类的书在量的方面虽少,而质的方面却也不见得弱于前代,如:杨载的《诗法家数》关于诗的作法、修辞,说得非常详尽,并且也讲到诗的演变的情形,我们看他开首就说:

> 今之学者,倘有志乎诗,须先将汉魏盛唐诸诗,日夕沉潜讽咏,熟其词,究其旨,则又访诸善诗之士,以讲明之,若今人之治经,日就月将,而自然有得,则取之左右逢源;苟其不然,我见其能诗者鲜矣,是犹孩提之童未能行者而欲行,鲜不仆也。余于诗之一事,用工凡二十余年,乃能会诸法而得其一二;然于盛唐大家数,抑亦未敢望其有所似焉。

范德机的《木天禁语》更加完整有系统,全书共分两部分:第一部是"内篇"即为"导言"或"通论",第二部分是"六关",包括:"篇法"、"句法"、"字法"、"气象"、"家数"、"音节"六部分,是诗的修辞和派别的研究,他在"内篇"里说明他作这书的旨趣:

> 诗之说尚矣!古今论著,类多言病而不处方,是以沉痼少有瘳日,雅道无复彰时。兹集开元大历以来诸公平昔在翰苑所论秘旨,述为一篇,以俟后之君子,为好学有志者之告。……得是说者犹寐而寤,犹醉而醒;外则用之以观古人之作,万不漏一;内则用之以运自己之机,闻一情悟十;若夫动天地,感鬼神,神而明之,则又存乎其人也。是编犹古今本草,所载无非有自益寿命之品,服食者莫自狐

疑，堕落外道。噫！草木之向阳生而性暖者解寒，背阴生而性冷者解热，此通确之论，至当之理；或专执己见，而不知传，则曰神农氏误后世人多矣，岂不为大诬也哉？

他还有一部《诗学禁脔》讲的是诗里十五种不同的风格(style)，就是：颂中有讽格；美中有刺格；先问后答格；感今怀古格；一句造意格；两句立意格；物外寄意格；雅意咏物格；一字贯篇格；起联应照格；一意格；雄伟不常格；想象高唐格；抚景寓叹格；专叙己情格。这样在诗的鉴赏上或者可以添点趣味，在诗学上就无多大的重要了。此外陈绎曾著的《诗谱》，是一部从《周南》《召南》起到江淹止的诗的主观的批评的书，也还可一看；至于吴师道著的《吴礼部诗话》虽说"片语只词，亦博采旁证，竟其隐伏"，但终嫌事实太多，理论过少。别的如蒋正子的《山房随笔》、韦居安的《梅磵诗话》也是这样的情形，我们尽可在韦的书内得到些不常见的好诗和丰富的诗的知识，在蒋的书里可看到些当时诗坛上人物的屑闻琐事，却不能知道什么是他们的见解。论文方面如：戴表元的一些"诗序"，说诗的作法和功用，是很有价值的；杨维祯的文章，也非常之好。明代论诗好的书，要数徐昌穀(祯卿)的《谈艺录》了！在这书里有说及诗的历史的和心理的起源的地方，组合诗的内部的原素的感情和外部的原素——形式、韵节，都发挥得酣畅淋漓；艺术上种种的修辞，也讲得个应有尽有；对于诗与人格的关系，诗的批评，诗的功用也都有说及，我们要在以后的分论里细细的研究他。他虽以为："诗理宏渊，谈何容易？"但他却相信做诗的法则是可以成立的，所以他说：

夫任用无方，故情文异尚，譬如钱体为圆，钩形为曲，箸则尚直，屏则成方；大匠之家，器饰杂出，要其格度，不过总心机之妙应，假刀锯以成功耳。……

此外别的如：谢榛的《四溟诗话》，王世懋的《艺圃撷余》，王世贞的《艺苑卮言》，朱象玄的《山樵暇语》，李东阳的《怀麓堂诗话》，陆时雍的《诗镜总论》，都穆的《南濠诗话》，俞弁的《逸老堂诗话》都是于丰富的诗的评论之外,尚有不少的诗的理论;顾起纶的《国雅品》是一部专门评骘“有明一代诗上自士夫,下逮倡优”的书。杨慎的《升庵诗话》,瞿佑的《归田诗话》,朱承爵的《存余堂诗话》,顾元庆的《夷白斋诗话》,内容都是异常芜杂,事实过多,理论缺乏,“取而观之,不过是可资多识”而已。论文方面如:宋濂、汤鳌、唐顺之、胡翰、黄云、袁宏道、欧阳玄诸人的文章论诗的伦理的功能、诗的定义、诗的作法,都可一看。袁宏道在《小修诗序》上攻击王世贞、李攀龙一般摹仿派的诗人很好,他说:

诗文至近代而卑极矣!文则必欲准于秦汉,诗则必欲准于盛唐,剿袭模拟,影响步趋,曾不知文准秦汉矣,秦汉人何尝字字学“六经”欤?诗准盛唐矣,盛唐人曷尝字字学汉魏欤?

清代最有层次、条理、系统,配称“诗法教科书”的真多得不可胜说,美得不可胜收,如李沂的《秋星阁诗话》,李重华的《贞一斋诗说》,徐增的《而庵诗话》等。徐氏的自序说:

……夫《三百篇》《十九首》之旨,固无有能晰之者,其论唐诗,辄曰雄,曰浑,曰奇,曰奥,曰新,曰秀,曰高,曰亮,总不出于才气声调之间,又极论封伏照应重犯等,诗之道如是而已乎?……今之诗人,务求捷得,不从性情法律处下手,其所谓性情非真性情,其所谓法律非真法律。譬彼画家,多蓄粉本,依样葫芦,以为古人不是过,薄于自待并薄待古人耶?古人所作,皆由真才实学,其诗具在,班班可得而考也。识得古人,便可造得古人。余所说唐诗诸体,虽不能思万花楼上出身,庶乎不涴杀于虀菜盎中矣。

除了这几本而外,其他那些内容比较的丰富,而组织稍嫌零乱的有:汪师韩的《诗学纂闻》,虽然他的自序是说:

余于诗非童而习之也,少尝偶为之,而未尝学;学在通籍,夫学则师古人已矣。因而博观古人之作,沿波讨源,粗有一知半解,闲与朋徒尊酒论文,凡以明体裁之辨,订沿袭之讹,无取乎一句一字之称美。……宋后文人好著“诗话”，其为支离琐屑之谈，十且六七，而余复尤而效之乎？

黄子云的《野鸿诗的》也是这样，较之宋后文人稍不为支离琐屑之谈，但内容也不见得严整，不过他做这书的态度却很好。他说：

无所得于心而妄以告人者，谓之欺己；有所得于心而不以告人者，谓之私己。有所得于心而告于人，而人不我是者，伊谁之过哉？念自成童以迄于今，奔走海内外，罹三十寒暑，未尝一日风雅离，殚虑研精，上下千百年风人意旨，窃自谓有获。……

还有吴雷发的《说诗菅蒯》，钱泳的《履园谭诗》，王夫之的《姜斋诗话》，薛雪的《一瓢诗话》，也是这一类。沈德潜的《说诗晬语》，他自己就明白的解释这个书名的意义是：“拟之试儿晬盘，遇物杂陈，略无诠次也。”但他们书里，都有不少的有价值的话。至于叶燮的《原诗》在我所见清人论诗的整部的书里，恐怕真是“无能出其右者”的了！他这书分为三部分：内篇是用“问答体”(dialogue)来阐明学诗的方法，组合诗的内容的“理”“事”“情”三种原素，并说及历史上诗的起源及演变的情形，我们看他说的：

诗始于《三百篇》，而规模体具于汉，自是而魏而六朝三唐，历宋元明以至昭代，上下三千余年间，诗之质文体裁格律声调辞句递升降不同，而要之诗有源必有流，有本必达末，又有因流而溯源，循末以返本，其学无穷，其理日出，乃知诗之为道，未有一日不相续相禅而或息者也。

近代论诗者，则曰《三百篇》尚矣，五言必建安黄初，其余诸体，必唐之初盛而后可，非是者必斥焉。如明李梦阳不读唐以后书，李攀龙谓唐无古诗，又谓陈子昂以其古诗为古诗弗取也。自若辈之论出，……乃有起而掊之，矫而反之者，诚是也。然又往往溺于偏畸之私说，其说胜，则出乎陈腐而入乎颇僻；不胜，则两敝，而诗道遂沦而不可救。由称诗之人，才短力弱，识又蒙焉而不知所衷，既不能知诗之源流本末正变盛衰，互为循环，并不能辨古今作者之心思才力深浅高下长短，孰为沿为革，孰为创为因，孰为流弊而衰，孰为救衰而盛，一一剖析而缕分之，兼综而条贯之，徒自诩矜长，为肤廓隔膜之谈，以欺人而自欺也……

看他这"一一剖析而缕分之，兼综而条贯之"两句话，竟和我在本章开头所说构成诗的原理的历程一样。由这几段话里，更可坚信我们所说过"诗是有原理的"，"诗的原理是可以使诗在有毛病的时候奏其矫枉改革的效用的"一些话，更可证明中国之有"诗学原理"，不是牵强附会之辞。他这书的第二第三两部分——外编——第一个"外篇"论及诗的方面颇广，音韵、格律、诗的形式方面组合的原素和修辞、诗的退化的原因，也都说及；第二个"外篇"全是诗的批评。他在第一"外篇"很申述批评的价值，他说：

诗道之不能长振也，由于古今人之诗评，杂而无章，纷而不一。六朝之诗大约沿袭字句，无特立大家之才，其时评诗而著为文者，如钟嵘，如刘勰，其言不过吞吐抑扬，不能特论。然嵘之言曰："迩来作者竞须新事，牵挛补衲，蠹文已甚"，斯言能中当时后世好新之弊；勰之言曰："沉吟铺辞，莫先于骨，故辞之待骨，如体之树骸"，斯言为能探得本原。此二语外，两人亦无所能为论也。他如汤惠休"初日芙蓉"，沈约"弹丸脱手"之言，差可引伸，然俱属一斑之见，终非大家体段，其余皆影响附和，沉沦习气，不足道也。

唐宋以来，诸评诗者，或概论风气，或指论一人，一篇一语，单辞复句，不可殚数，其间有合有离，有得有失，如皎然曰："作者须知复变，若惟复不变，则陷于相似，置古集中，视之眩目，何异宋人以燕石为璞？"刘禹锡曰："工生于才，达生于识，二者相为用，而诗道备。"李德裕曰："譬如日月，终古常见，而光景常新。"皮日休曰："才犹天地之气，分为四时，景色各异，人之才变，岂异于是？"以上数则语，足以启蒙砭俗，异于诸家悠悠之论，而合于诗人之旨为得之。其余非戾则腐,如聋如聩不少,而最厌于听闻,锢闭学者耳目心思者,则严羽、高棅、刘辰翁及李攀龙诸人是也。羽之言曰:"学诗者以识为主,入门须正,立意须高,以汉魏晋盛唐为师,不作开元天宝以下人物,若自退屈,即有下劣诗魔,入其肺腑。"夫羽言学诗须识是矣,既有识则当以汉魏六朝全唐及宋之诗,悉陈于前,彼必自能知所决择,知所依归,所谓信手拈来,无不是道。若云汉魏盛唐,则五尺童子,三家村塾师之学诗者,亦熟于听闻,得于授受久矣,此如康庄之路,众所群趋,即瞽者亦能相随而行,何待有识而方知乎?吾以为若无识,则一一步趋汉魏盛唐而无处不是诗魔;苟有识,即不步趋汉魏盛唐,而诗魔悉是智慧,仍不害于汉魏盛唐也。羽之言何其谬戾而意且矛盾也。彼棅与辰翁之言,大率类是,而辰翁益觉惝恍无切实处,诗道之不振,此三人与有过焉。

至于明之论诗者,无虑百十家,而李梦阳、何景明之徒,自以为得其正而实偏,得其中而实不及,大约不能远出于前三人之窠臼,而李攀龙益又甚焉。王世贞诗评甚多,虽祖述前人之口吻,而掇拾其皮毛,然间有大合处,如云:"剽窃摹儗,诗之大病。割缀古语,痕迹宛然,斯丑已极。"是病也莫甚于李攀龙,世贞生平推重服膺攀龙,可谓极至,而此语切中攀龙之隐,昌言不讳,乃知当日之互为推重者,徒以虚声倡和,藉相倚以压倒众人,而此心之明,自不可掩耳。

夫自汤惠休以"初日芙蓉"拟谢诗,后世评诗者,祖其语意,动以某人之诗如某某,或人或神,或仙或事,或动植物,造为工丽之辞,而以某某人之诗,一一分而如之,泛而不附,缛而不切,未尝会于心,格于物,徒取以为谈资,与某某之诗何与?明人递相习成风,其流愈盛,自以为兼总诸家,而以要言评次之,不亦可哂乎?我故曰:"历代之评诗者杂而无章,纷而不一,诗道之不能常振于古今者,其以是故欤?"

从所引他的这几段的话看来,我们就可得一个自钟嵘起直到明清时代关于诗的批评的总结,所以我在本书的分论里,除了各时代书里所有诗的理论尽量的采取而外,诗的批评就很不顾及,只在第八章“诗的演进”里作一番概括笼统的研究而已。但我们于此也就可知道“纯而有章,单而统一”的诗评在使诗道常振于古今的重要了。此外如王士正的《师友诗传录》和吴乔的《答万季埜诗问》也用“对话体”来讨论诗的作法、沿革、变迁、批评、用韵和其他一些琐碎问题,他们的见解,还算不差;冯定远的《钝吟杂录》是专门考究古代的或原始的诗与音乐的关系,和后来“文士不娴乐律,乃有不可施于乐”的“言志之文”的沿革变迁,在我们研究诗的种类的时候是万不可少的一本参考书;钱木庵的《唐音审体》也是论“乐府”、“古诗”、“律诗”的源委分合;至于赵执信的《声调谱》和翟翚的《声调谱拾遗》都是专在诗的形式律格音韵方面做工夫,和我们的研究没有多大的帮助;王文简的《律诗定体》和《古诗平仄论》,翁同龢的《五言诗平仄举隅》也是这样。虽然我们也承认“诗有家数焉,有体格焉,有音节焉,是三者常相因也而不可泥也,相通也而不可紊也”的话,但究竟还要待分论里第五章“诗的原素”来解决,此处不多说了。王士祯(即王渔洋)和袁枚都是清代两位鼎鼎大名的诗家,但《渔洋诗话》虽出于自著,而只标些流连山水,点染风景的诗文,却看不出他对于诗的见解是怎样来;《渔洋文集》里的“信札”“诗序”虽也说到诗的作法和功能,但是很有限,我们只能在以前说的“律诗定体”等两书和那本何世璂述他所讲的诗的理论的《然镫记闻》,也觉得无甚精义。袁枚实在算是中国上下五千年,对于文艺有极正确的见解,最令人钦服的大诗人,但是他关于诗的有价值的意见,都是发表在《随园文集》里一些答人的“信札”和替人做的诗集“序文”里,本书分论里征引的很多,并不在《随园诗话》和《续诗品》里,因为《随园诗话》大部分只是记录诗文的杂事,而《续诗品》也只于诗的修辞有所论列而已。此外,如狄平子的《平等阁诗话》稍有理论而外,那些富有盛名的人们,如《吴伟业文集》里稍有些论诗的序文,但见解总不甚高,至于他的《梅村诗话》就与施闰章的《蠖斋诗话》、吴骞的《拜经楼诗话》与及方熏的《山静居诗话》、顾嗣立的《寒厅诗话》、秦朝釪的《消寒诗话》、查为仁的《莲坡诗话》、马位的《秋窗随笔》……都是因仍宋明两代那些专记诗界里乱七八糟的屑闻琐事的书。只有论文方面如钱谦益、黄宗羲、朱彝尊、章学诚诸人的"诗序""诗论"阐发诗的实质的原素和作诗的方法；钱大昕、李笠翁、方玉润诸人陈说诗的形式的原素（音韵方面）；方苞、陈祖范、刘开、方玉润诸人论诗的伦理的功能；陈维崧、魏源论诗的心理的功能；袁枚有独出千古认情诗为正则，以诗只抒写性灵，并抬高文艺的价值与功业政教相齐的几封"信札"和"诗序"；崔述的《读风偶识》对于情诗也有正确精当的解说；章太炎的《辨诗》所下的诗的几个定义，说明诗所以"一代不如一代"的退化的理由和历史上的证据；阮元对于原始诗歌的解释等等，都是于诗学有创见、有贡献，非参考不可的的文章。到了民国时代有黄节先生编的《诗学》，是部叙述诗的变化发达的历史，并且逐一的有很完全公正的批评，但不能如我们今日所研究的一样的诗学。谢无量先生的《诗学指南》，倒是一部好书，可惜纲领不见得十分清晰，并缺少评断，要是我们曾经读过本英文诗学的书，拿他来比较一下，就可知道了。近年来白话诗执新诗坛的牛耳，诗学的书如胡怀琛先生的《新诗概说》见解还无大谬，不过内容稍嫌简单点罢了。至于论文方面，如胡适之先生的《谈新诗尝试集自序》、《尝试集再版自序》对于攻击旧诗的格律音韵与具体的作法的主张都有很详密精到的言论。周作人先生的《自己的园地》说诗的功能最好。别的散见于《新青年》、《少年中国》的文章……都有参考的价值。

从以上两大段的话看来，那么"诗是有原理"、"中国是有诗学原理"的两个大前提已有充分的理由和证据为之撑持而可成立的了。但我们虽推崇像严羽的那样有条理的《沧浪诗话》、范德机的《木天禁语》、徐祯卿的《谈艺录》、叶燮的《原诗》，我们却不以他们都是完全纯美的，都可以和欧美诗学的书籍相抗衡的，我们不过以为他们是有建设"诗学原理"的意思罢了。所以我们现时绝对的要把欧美诗学书里所有的一般"诗学原理"拿来做说明或整理我们中国所有丰富的论诗的材料的根据，这就是本书以下几章所要努力的事了。

第三章　中国诗的起源

诗的心理的起源说——子夏(?)、班固、沈约、王灼、朱熹、徐祯卿、钱谦益、吴伟业、魏禧等——钟嵘、徐陵、韩愈、欧阳修从人事方面的变动引起的感情而说明诗的起源——刘勰《文心雕龙》和陆机《文赋》专从自然环境所激发起来的感情而说明诗的起源——这些说法的可靠和不能满人意的地方

诗的历史的起源说——孔颖达以诗起于神农——这说的无稽——郑康成以诗起源于虞舜——黄櫄、沈德潜以诗起源于唐尧或虞舜——朱先生的有价值的追记说——虞舜时代有无的可疑——顾颉刚以尧舜为春秋后期起来的想象的依托——以《明良喜起歌》《卿云歌》为虞舜人所作又不合一般诗歌起源的原理——诗学家所公认诗歌起源于民众的根据——《诗经》为中国诗歌最古而最可信的书——并与一般诗歌起源的原理相合——诗的历史的起源说最后的判定

中国古书里论及诗的起源的虽不在少数,但很零碎杂乱,不成系统,我现在勉强的拿他们分为二大类:(一)诗的心理的起源说,(二)诗的历史起源说。这二种说法在以下我都分别的加以评判。

(一) 诗的心理的起源说

这种说法便是不顾历史上的事实怎样,只就人的心理方面来考究诗是应于人的那一种的要求而发生的。这样,便如沈约所说:“民禀天地之灵,含五常之德,刚柔迭用,喜愠分情;夫志动于中,则歌咏外发;六义所因,四始攸系,升降讴谣,纷披风什,虽虞夏以前,遗文不覩,禀气怀灵,理无或异。然则歌咏所兴,宜自生民始也。”(《宋书·谢灵运传》)更详细的专就人的心理方面的情感来说明诗的起源有以下几家:

子夏(?)《诗大序》说:

……在心为志,发言为诗;情动于中,而形于言,言之不足,故嗟叹之,嗟叹不足,故永歌之;永歌之不足,不知手之舞之足之蹈之也。

班固《汉书·艺文志·六艺略》说:

哀乐之心感,而歌咏之声发。

韩愈《送孟东野序》:

大凡物不得其平则鸣:草木之无声,风挠之鸣;水之无声,风荡之鸣;其跃也或激之,其趋也或梗之,其沸也或炙之;金石之无声,或击之鸣;人之于言也亦然,有不得已者而后言,其歌也有思,其哭也有怀;凡出乎口而为声者,其皆有弗平者乎?(中略)唐之有天下,陈子昂、苏源明、元结、李白、杜甫、李观,皆以其所能鸣;其存而在下者,孟郊东野始以其诗鸣……

朱熹《诗序》本着上引《诗大序》的那段话的意思再加以申说:

或有问于予曰:"诗何为而作也?"予应之曰:"人生而静,天之性也;感于物而动,性之欲也。夫既有欲矣,则不能无思;既有思矣,则不能无言;既有言矣,则言之所不能尽,而发于咨咏嗟叹之余者,又必有自然之音响节族而不能已焉,此诗之所以作也。"

王灼《碧鸡漫志》:

或问歌曲所起,曰天地始著人生焉,人莫不有心,此歌曲所以起也,……有心则有诗,有诗则有歌,有歌则有声律,有声律则有乐歌咏言,即诗也。……

徐祯卿《谈艺录》说:

情者,心之精也;情无定位,触感而兴;既动于中,必形于声。故喜则为笑哑,忧则为吁戏,怒则为叱咤。然引而成音,气实为佐;引音成词,文实与功。盖因情以发气,因气以成声,因声而绘词,因词而定韵,此诗之源也。

钱谦益《牧斋初学集·虞山诗约序》:

有深情蓄积于内,奇遇薄射于外,轮囷结轖,朦胧萌折,如所谓惊澜奔湍,郁闭而不得流;长鲸苍虬,偃蹇而不得伸;浑金璞玉,泥沙卷匿而不得用;明星皓月,云阴蔽蒙而不得出;于是乎不能不发之为诗,而其诗亦不得不工。

吴伟业《与宋尚木论诗书》:

诗者本乎性情,因乎事物政教流俗之迁改,山川云物之变幻,交乎吾之前,而吾自出其胸怀与之吞吐,其出没变化,固不可一端而求也。……

魏禧《许士重诗序》:

诗之为物,触于景,感于学,而勃然发诸言。……

赵士麟《诗论》:

……笃志之士,不系乎世之污隆,俗之盛衰,独能学古之道,使仁义礼智备于躬,出其辞能近于古,外感乎物,内发乎情,情至而形乎言,言形而比于声,声成而诗生焉。譬之气至簧鼓,神合自然,盎焉而春煦,凄焉而秋清,寥寥乎悲鸿吟,而鹳鹤鸾凤,追而和之也。砯砯乎水合万壑,瀑布直泻其上,而松桂之风互答而交冲也;恳恳乎如虞夏君臣,上规下讽,而不伤不怨也;熙熙乎如汉文之时,天下富贵而田野耆耄,乘车曳履,嬉游笑语弗知日之夕也。……

卢生甫《西泠邱禹平诗序》:

夫人之性情不能以不动也。笃志于人伦,结怀于俦侣,感触于虫鱼,徘徊于古人之成迹,徜徉于山巅水涯之间,忽忽如有得,欲已而不能已,于是乎一唱三叹以咏歌之,使读者油然如亲其地而见其人,则如是之为诗。……

郑虎文《黄歙游草序》:

诗何自始乎?曰始于性情。性情何自始乎?曰始于未有天地以前。夫仁义礼智信谓之性,喜怒哀乐谓之情;从乎无可名之中强而名之以性,名之以情,且名之以仁义礼智信,喜怒哀乐,而当其初则固未尝有也。未尝有何以知其有,于其所必不容已于有者而知之,而名之;故名之非必其如是,而惟其不容已者为必如是,凡天下之自无而之于有者皆然也;故未尝有天地,而遂已有此天地;未尝有人以不容已于有人,而遂已有此人;未尝有仁义有礼智信,有喜怒哀乐,亦以不容已于有,而遂已无不有。于是有而蓄之则为德,德而率之则为道,道而宣之则为言,言而歌咏之则为诗。

更有从人事方面的变动所引起的感情而成为诗的起源的,具体的例如:

钟嵘《诗品》说:

若乃春风春鸟,秋月秋蝉,夏云署雨,冬月祈寒,斯四候之感诸诗者也。嘉会寄诗,以亲离群,托诗以怨。至于楚臣去境,汉妾辞宫,或骨横朔野,或魂逐飞蓬,或负戈外戍,杀气雄边,寒客衣单,孀闺泪尽。或士有解佩出朝,一去忘反;女有扬蛾入宠,再盼倾国。凡斯种种,感荡心灵,非陈诗何以展其义?非长歌何以骋其情?

徐陵《玉台新咏集序》也是就男女恩爱到了“赏穷于六著,无怡神于暇景”的时候,才“属意于新诗”,目的就是“庶得代彼皋苏,蠲兹愁疾”,成为诗歌的起源。

韩愈《荆潭唱和诗序》:

……夫和平之音淡薄,而愁思之声要妙;欢愉之辞难工,而穷苦之言易好也。是故文章之作,恒发于羁旅草野,至若王公贵人,气满志得,非性能而好之,则不暇以为。……

欧阳修《梅圣俞诗集序》:

……世所传诗者多出于古穷人之辞也,凡士之蕴其所有而不得

> 施于世者，多喜自放于山巅水涯，外见虫鱼草木风云鸟兽之状类，往往探其奇怪，内有忧思，感愤之郁积，其兴于怨刺，以道羁臣寡妇之所叹，而写人情之难言。……

又有从外界的自然环境所激发起来的感情，成为诗的源头的说明，如：

刘勰《文心雕龙·物色篇》说：

> 阳气萌而元驹步，阳律凝而丹鸟羞，微虫犹或入感，四时之动物深矣。若夫珪璋挺其惠心，英华秀其清气，物色相召，人谁获安？是以献岁发春，悦预之情畅；滔滔孟夏，郁陶之心凝；天高气清，阴沉之志愿；霰雪无垠，矜肃之虑深。岁有其物，物有其容；情以物迁，辞以情发。一叶且或迎意，虫声有足引心，况清风与明月同夜，白日与春林共朝哉？是以诗人感物，联类不穷，流连万象之际，沉吟视听之区。写气图貌，既随物以宛转；属采附声，亦与心而徘徊。故"灼灼"状桃花之鲜，"依依"尽杨柳之貌，"杲杲"为出日之容，"瀌瀌"拟雨雪之状，"喈喈"逐黄鸟之声，"喓喓"学草虫之韵。……篇末的赞又说："山沓水匝，树杂云合，目既往还，心亦吐纳；春日迟迟，秋风飒飒，情往似赠，兴来如答。"

陆机《文赋》论文学的起源虽不限于诗，但也说：

> ……遵四时以叹逝，瞻万物而思纷；悲落叶于劲秋，喜柔条于芳春；心懔懔以怀霜，志眇眇而临云。……慨投篇而援笔，聊宣之乎斯文。

诗的心理的起源的说法，我们固是能以各自做诗的时候的精神状态来体验证实，这是"地不分中外，时不论古今，人无别贤愚"的普遍的真理，但我们总不能以此就为满足，我们必得要进一步来找出那最先写成文字的诗是在什么时代，这样就是第二种说法所要讨论的了。

(二)诗的历史的起源说

这一说便是不管诗是怎样的应于人心的某种要求而发生，只简简单单的去找出那最先写成文字的诗是那几首？在什么时代？写诗的人是一个还是许多个？有的以为中国的诗是起于虞舜时代，如：

郑玄的《诗谱序》说：

> 诗之兴也，谅不出于上皇之世？大庭、轩辕逮于高辛，其时有亡，载籍亦蔑云焉。《虞书》曰："诗言志，歌永言，声依永，律和声"，然则诗之道放于此乎？

这是因为《虞书》里有"诗言志"一句，所以郑玄就推想诗是起源在这个时代，虞以前就都阙疑了。但后来的孔颖达把这个诗的起源的时代推得更早更远，他在《毛诗正义》里解释郑玄的意思，并推定神农时代就有诗了。他说：

> 上皇谓伏羲，三皇之最先者，故谓之上皇。郑知于时信无诗者，上皇之时，举代淳朴，……故知尔时未有诗咏。……大庭，神农之别号；大庭、轩辕疑其有诗者，大庭以还，渐有乐器；乐器之音，逐人为辞，则是为诗之渐，故疑有之也。……《郊特牲》云："伊耆氏始为蜡"，蜡者，为田报祭；神农始作耒耜，以教天下，则蜡起神农矣。二者相推，伊耆、神农并与大庭为一，大庭有鼓籥之器，黄帝有《云门》之乐，至既能和集，周尚有《云门》，明其声音和集，必不空弦；弦之所歌，即是诗也。

这种推断是很靠不住的！因为他所根据的是一个尚成问题的大前提，便是：伊耆氏、神农氏果然是一个人吗？在孔氏以前几百年的人便都以为黄帝以前就"书缺有间，荐绅先生难言之"，这样"无故而必"，便要如韩非所说，"非愚即诬"了。后世的人，大抵都以为中国有写成文字的诗的时代，是在黄帝以后，尤以虞舜大禹时代为可信。方玉润《诗经原始》引黄櫄的话：

有天地,有万物,而诗之理已具;雷之动,风之偃,万物之鼓舞,皆有诗之理而未著也;婴孩之嘻笑,童子之呕吟,皆有诗之情而未动也;桴以蒉,鼓以土,籥以苇,皆有诗之用而未文也;康衢"顺则"之谣,元首"股肱"之歌,诗之义已备矣。

沈德潜选的一部《古诗源》以为"康衢击壤,肇开声诗",也都是以诗起源于唐尧或虞舜的时代。刘毓盘、朱希祖两先生却都以为中国最古而可信的诗是起于虞舜时代。刘先生在所著《诗学讲义》上,以虞舜时代以前的诗都有伪造的嫌疑,他说:

言诗者首言古逸,然而循蜚疏仡,荒远难稽;删书断自唐虞,作史始于黄帝,明乎书缺有间,荐绅先生所斥为言不雅驯也。若夫《驾辨》之曲(《楚辞·大招篇》),《网罟》之歌(《隋书·乐志》,又见夏侯玄《辨乐论》,二者均言伏羲所作),虽见称于后人,而其文已佚,其真伪不必论已。黄帝一朝,文字始炳,古籍所载,留传独多;《巾几》之铭(《说苑·敬慎篇》),《弹歌》之作,(《吴越春秋》)全篇具在,言者且奉为诗学之起源,犹之白帝黄娥(王嘉《拾遗记》),明为子年所臆作,而托之于金天氏也。

刘先生虽然也如郑玄主张诗是起源于虞舜时代,但刘先生却能比郑玄举出许多证据来证实这种说法,他说:

夫古书之最可信者,莫如六经;焕乎有文,首推唐帝;康衢(《列子》)击壤(《帝王世纪》),不如蜡辞之备见于《郊特牲》(《礼记》)。然而曲台记多出于汉儒,犹未可以尽信,终不如"明良喜起"(《虞书》),倡自重华,"峻宇雕墙"(《夏书》),述自神禹,犹可见古之圣王圣相,各致其忧勤惕厉之哀。

朱希祖先生所著的《文学史》更能探本求源,加以合理的说明,以为诗歌在口头上流行极久,文字发生以后才追记下来,而最古最可信的诗,便起源于虞舜时代。现在摘抄几段于下:

学术本诸思虑，文字出于语言，人之思虑语言，固先文字而生也。结绳以记事，歌谣以表情，卦文以研理，虽无文字，而文学固已句萌；当斯时也，仅赖口耳之传授，或借物象以备忘，言简而意深，名小而类大，故能十口相传，寖成古典；及乎文字既生，父老传闻，争相追记，是故……伏羲作瑟而造《驾辨》之曲（《楚辞·大招篇》及王逸注），教渔而制《网罟》之歌（《隋书·乐志》，又见夏侯玄《辨乐论》）；葛天之乐《八阕》，三人操牛尾授足以歌，一曰《岁天》，二曰《玄鸟》，三曰《遂草木》，四曰《奋五縠》，五曰《敬天常》，六曰《建帝功》，七曰《依地德》，八曰《总禽兽之极》（《吕氏春秋·古乐篇》）；至于神农，亦有《丰年》之咏（见夏侯玄《辨乐论》。以上所引，其辞皆亡）。而断竹之歌，出于古孝子（见《吴越春秋》），亦必在黄帝以前，则表情有辞也……后人不察，以为当时已有其文，不知古人口授其语，后人追记其辞，亦犹后世谚语歌谣，其初野老村童，传于口耳，其后文人学士，记之简册，出于追录，非由自著，理至显也。“舜命夔曰：‘诗言志，歌永言，声伊永，律和声’”，舜时诗歌声律，始有定义，乃兴《九韶》之乐，凤凰来仪，百兽率舞，庶尹允谐，舜庸作歌曰：“股肱喜哉！元首起哉！百工熙哉！”皋陶赓歌曰：“元首明哉！股肱良哉！庶事康哉？”又歌曰：“元首丛脞哉！股肱惰哉！万事堕哉！”（《尚书·皋陶谟》）

歌诗之最古而可信者，莫如斯歌。有喜起明良之乐，开更唱迭和之风。若夫尧有《击壤》之歌（《帝王世纪》引），《祭蜡》之祝（《礼记·郊特牲》伊耆氏始为蜡，陆德明《释文》云即帝尧），舜有《卿云》之歌（见《尚书大传》），《南风》之咏（见《尸子》），或含雅颂之音，或挟风骚之气，耕田凿井，歌咏太平，复旦卿云，兴言禅让，讽诵其辞，想见其世，岂若《康衢》之谣（见《列子》），《普天》之诗（见《吕氏春秋》），缀拾葩经，以为古歌哉？……

这样看来，沈德潜说的“《康衢》肇开声诗”的话也不可靠，那么从郑玄起直到刘毓盘、朱希祖两先生止,便大家都承认中国最先写成文字的诗是起源于虞舜时代了。可是在这里我们又有两个疑问,就是:虞舜有不有这个人?因为近来有一般研究国学的人为求中国的信史起见,对于虞舜以后的大禹都还怀疑其无有,何况虞舜和以前的人呢?顾颉刚先生就说:"商周间,南方的新民族有平水土的需要,酝酿为禹的神话,这个神话的中心点在越(会稽),越人奉禹为祖先,自越传至群舒(涂山),自群舒传至楚,自楚传至中原,流播的地域既广,就看得禹的平水土是极普通的。进而至于说土地是禹铺填的,山川是禹陈列的,对于禹有了一个'地王'的观念。中原民族自周昭王以后,因封建交战而渐渐与南方民族交通,故穆王以来始有禹名见于诗书,又特设后土之祀,得与周人的祖先后稷立于对等的地位。"又说:"禹是西周中期起来的,尧舜是春秋后期起来的,他们本来没有关系,他们的关系是起于禅让之说上。禅让之说乃是战国学者受了时势的刺激,在想象中构成的乌托邦。"这样的话现在虽还有"好古敏求之士"出来不断的辩争否认,但将来真象大明的时候,尧舜禹三位神话的偶像一倒,那么以诗起源于那几个时代,不是也等于"痴人说梦"吗?还有一层,在中国凡是相信诗歌起源于尧舜禹时代的便都以为如《明良喜起歌》、《卿云歌》、《南风歌》都是虞舜作的,换句话说,便是以为最先的诗歌是一个人作的,这样,也和一般诗歌起源的原理不合。古模尔(Gummere)说"唱歌、跳舞和诗的本身,都是由公共合作出来的。"(《诗的起源》*The Beginning of Poetry* P. 93)朴登海在他的《英诗法书》中有说:"诗比希腊拉丁时代人为诗的时代古得多,一切科学和文化未有以前的未开化人已是有的了,这可由商人和旅行家的证据证明,因为他们因航海把全世界都看了一看,发现许多大的国家和许多奇异的野蛮民族,断定了美洲人、波鲁森人(Perusine)甚至 Canniball 都用某种押韵的短诗说出他们最高尚的和最神圣的事情。"朗格(Lang)在他所著的《民歌》*Ballad* 更肯定地说:"无论如何,民歌显然可以当作一般民众的,就是说它的内容和起源都不是由于个人的。"都恼问(Donovan)以为"今日之所谓诗乃是歌唱者从群众里分离开,加上思想于情绪之中。这种个人的意识，……和在情绪里流露的智力的偏见，便是今日之所谓诗的重要特点。”(《节日人歌的起源》*Festal Origin of Human Speech*)上说的古模尔就是主张这种诗歌起源于民众的最有效力最有贡献的人，他以为最早的诗有连合的与公共的特性，并把公共的民歌加在温德(Wundt)的《民族学》里所谓公众的精神之三种产物——言语(Speech)、神话(Myth)、习俗(Custom)里。他以为公共的诗歌显著的地方便是最富于热情而少于思虑。……在低等民族里诗的天才在公共的环境中是任性自然的，是即兴而发的(Spontaneity or improvisation)，共和句及歌队的历史，叙述的歌唱与跳舞的关系都是极有确证的事实。所以说诗的起源于民众之下而非在技巧的情形里是毫无悖理之处(It is no absurdity to insist upon the origin of poetry under communal and not under artistic conditions)。在欧美虽然还有如捷克勃士(Joseph Jacobs)、格理姆(Wilhelm Grimm)一般人持相反的论调，以为“艺术的才能是个人的”(Artistry is individual)，诗的起源不由于民众，但这种说法，现因无充分证明，所以渐就衰落。要说我们中国呢，“那三皇之事，若存若亡，五帝之事，若觉若梦”的不必提了，就以那三百篇的《诗经》而论，就是一部“博采列国，而作诗之人无闻”的民歌集子。下至汉代五言诗和乐府，虽然已经发生，但那些好的作品，也大半不能得作者主名，如李陵、苏武倡和诗之靠不住，是显然为人所尽知的事，《玉台新咏》里头所载枚乘、傅毅各篇，《文选》便不记撰人名氏。可见就是现存的汉诗十有九和《诗经》的《国风》一样，连撰人和时代都不甚分明。我们若贸然据那些可疑性最大的古书和后代选本所指派的人名，认定《明良喜起歌》、《卿云歌》、《南风歌》便是虞舜所作或某人所作，那是很冒昧不合真象的事，更违背了一般诗的起源的原理。要是有人敢说：“吾国学术，可以离世界趋势而独立”，那么我就要借人的话来说：“学术原无所谓国别，更不以方土易其质性，今外中国于世界思想潮流，直不啻自绝于人世！”

从以上几段的话看来，那么说中国的诗是起源于黄帝以前的神农氏，固已为大家斥为荒诞无根的了。再退一步，以诗是起源于黄帝以后的虞舜大禹时代也为讲信史的人所不睬,并且把虞舜当做中国最古的第一位大诗人是很背谬于一般诗的起源的原理。所以说来说去,我们最适当的态度便是承认中国古代已有很丰富的民众的歌谣。到传说的虞夏时代以后,才有写成文字的诗,这样的诗,便是中国诗的历史的起源。说到这里,我们不再忸忸怩怩的了,我们很爽快的承认《诗经》里的诗就是中国诗的起源,因为古代的书只有这一部《诗经》可算得是最古的史料,最古而最可信的民歌集子《诗经·小雅》说:

十月之交,朔日辛卯,日有食之。

后来的历史学家如梁虞劆、隋张胄元、唐傅仁均、僧一行、元郭守敬,都推定此次日食在周幽王六年十月,辛卯朔,日入食限。清朝阎若璩、阮元推算此日食也在幽王六年。近来西洋学者,也说《诗经》所记月日(西历纪元前七七六年八月二十九日),中国北部可见日蚀,这不是偶然相合的事,乃是科学上的铁证。《诗经》有此一种铁证,便使《诗经》里所有的诗成为最古而最可信的诗,这种诗乃是周时"每岁孟春,行人振木铎巡行"采来的,"又规定老年男女若干人"在"庐巷之间坐办采诗之事"采来的,所以这些诗都是那时父老十口相传的民歌,这种民歌便是中国诗的历史的起源。这种说法于一般诗的起源的原理上,尤能吻合。我们对于其余一切的材料,一概阙疑,这个办法,虽没有得到"淹博"宠号的幸运,却可免"非愚即诬"的讥评了。

第九章　结论——著者对于新诗人的罪言

本书以前各章都是直接间接的阐发诗的本质——以诗的形式的原素永为仆从陪衬之物——对于妨碍文艺创作的谬误思想加以猛烈的攻击——目的就是在拥护诗的生命

现在白话诗腐败的情形——根本的病原就是"言之无物",就是缺乏真实高尚丰富复杂的想象和情感——这样的现象为提倡白话诗的胡适之所料想不到的言之无物的白话诗可分为三大类——混诗和语言为一的一类——这类的例——无病而呻的一类——这类包括一切为文造情的新诗人和大多数绝少真情真爱的情诗的作家——以诗说理的为一类——代表的作品如《春水》以后摹仿的人把一些聪明的话语写成一行一行的就算做诗——这后二类是反乎胡适之提倡白话诗时所说"言之有物"和好诗是具体的话——著者希望这本不成样子而专门阐发诗的本质的书能够在现时诗坛上多少补救一些流弊。

在以前八章里，著者是拿全部精力来阐发诗的本质。直接的阐发诗的本质的地方，自然要数"诗的定义"，"诗的分类"，"诗的组合的原素"几章。间接的阐发诗的本质的地方，在"通论"里，在"诗的起源"，"诗的作法"，"诗的功能"，"诗的演进"几章里也都说的明白透澈，并对于中国人以礼教功利传统的思想妨碍文艺的创作，加以极猛烈的攻击，目的总不外是拥护诗的生命。所谓诗的生命，就是寄托在诗的本质上面，因此，本书通体一贯的着眼点，就专向这方面做许多辛苦的工作。有时虽也提着诗的形式，但总是求其能增加本质之美，永保其仆从、陪衬的地位，决不使它稍有束缚诗人的"非分妄想"。不料近年来白话诗盛行，诗体得空前的大解放，理应人们所有丰富的材料、精密的观察、高深的理想、复杂的感情，都能跑到诗里去，而事实上除了白话诗的开山祖胡适之和同他进白话诗的试验室里的几位试验家的作品而外，现在差不多弄到作的人比看的人多了。一个人可以一个月出一本诗，两个月出一部诗；平素毫无见识，毫无才能的人，也都可以来胡诌几首；报纸杂志上，触目都是新诗，遍地都是诗人，这样的滥处，已经是滥到不可收拾了。我以为这种病原，就是在缺乏诗的本质，换句话说，就是"言之无物"在适之先生提倡白话诗的本意。形式方面是：不但打破五言七言的诗体，并且推翻词调曲谱的种种束缚，不拘格律，不拘平仄，不拘长短，有什么题目，做什么诗，诗该怎样做，就怎样做。在内容方面：第一个条件便是"言之有物"，但是大多数作白话诗的人，没有得着内容方面发抒自由的好处，倒反弄到了形

式上随便乱来的坏处,这是适之先生们所料想不到的。我现在且把这种大多数"言之无物"的白话诗作者分别为三大类:

(第一类)混诗和语言为一　如康白情先生的诗才是我最佩服的,他的诗是我最爱读的,但在草儿里也有不少如《植树节杂诗》的例:

我袋里一个钱也没有了,
石荪却邀我去逛颐和园。
我问得他有钱,
我便去。

《别北京大学同学》有一段是:

我们想,
所贵乎做同学的应该怎么样?
不是说要互劝道德,互究学问,互助事业么?
道德上我们要勉做到完人
我们于完人自问做到了没有?
学问上且不说太高深,
我们于自己所学的,是否还有媿?
事业上我们还只是学生——
但从去年五四运动以来,我们总是曾共过患难的。
如今我们的成就究竟怎么样?

——此外如缪金源先生的《南归杂诗》也有:"留意些:北洋的洋钱不用,铜子票不用,大毛钱不用,双铜子不用"等,我以为这些都是白话,万不会是诗,因为这样一览无余,实在没有别的意思可以令人看了再看。我在前几章已说过诗是重涵蓄的,人们心里的喜怒哀乐之郁积者既久,偶然总会借事发抒,就是没有受过教育的人,口里唱出一两句,也都有诗意,也都是意在言外,好像弦外的余音,使听的人或读的人都可以歌,可以泣,这样,就不贵一泄而尽。至于白话,就要明了畅达,一点都不能含混,要是像康、缪两先生的白话或演说词是诗,我敢断定这样的诗,在两先生写出之后，也不愿意再拿它来玩味罢。不过这类言之无物的白话诗，还是占最少数，并且康、缪二先生的诗，也只是偶然的作品，没有多大的关系。

（第二类）无病而呻　这类的白话诗人，现时真是车载斗量。不料我还可以拿适之先生五年前攻击无聊旧诗的一个武器，转过身来打新诗人——要注意这是冒牌的——适之先生说过："许多人只认风、花、雪、月、蛾眉、朱颜、银汉、玉容等字是'诗之文字'，做成的诗，读起来字字是诗，仔细分析起来，一点意思也没有。"现在我要换换字眼说："许多人只认大自然、宇宙、人生、神、上帝、呵、呀等字是'诗之文字'，做成的诗，读起来字字是诗，仔细分析起来，一点意思也没有。"《诗学半月刊》有位知真先生说："现今的作家，摇笔写诗，丝毫无创作冲动，勉强作诗。或是由于发表欲太高，不加慎虑的把作品发表了。我们读一首诗，总有想领悟这首诗意境的愿望。试问这种勉强创作出来的诗，怎能满吾人的愿望呵？"《文学周刊》周灵均先生说："细为分析谓小诗，而大家走向同一的路途，是以写情爱的诗占十分之七八……不过以谈情言爱为时髦，而绝少真情真爱流露的作品，所以现在情诗爱诗都无足道，甚而至于产出了许多令人作呕、令人肉麻的情诗爱诗，而于是乎现在的诗坛糟了。"这两先生的话都可证明这些言之无物的白话诗的一斑了。此外如文化运动的健将钱玄同先生也常说："你看！那一群新式名士（他们现在改名为'天才'了），镇日家伤春悲秋，怨天尤人，发挥二千年来只享权利，不尽义务的高等文丐们底传统思想。"从前适之先生也说过他填的那首《沁园春》："更不伤春，更不悲秋，以此誓诗。任花开也好，花飞也好；月圆固好，日落何悲？"是攻击中国文学无病而呻的恶习惯，现在我们对于这类大多数的新诗人，不是也应该要请他们"为情而造文"，要内心有感触——创造的冲动——然后才赤裸地把它写出来吗？

（第三类）以诗说理　适之先生在《谈新诗》上说："凡是好诗，都是具体的，越偏向具体的，越有诗意诗味。凡是好诗，都能使我们脑子里发生一种——或许多种——明显逼人的影像。这便是诗的具体性。"

“李义山诗:‘历览前贤国与家,成由勤俭败由奢’,这不成诗。为什么呢?因为他用的是几个抽象的名词,不能引起什么明了浓丽的影像。”因此适之先生批评俞平伯先生的《冬夜集》便以为他的诗的缺点,是深入深出,极普通的事,都是弄得使人不懂;于作诗之外又要谈哲理(原文见《读书杂志》)。俞先生还有些具体描写叙述的好诗,不料后来一些受了泰戈儿影响的人——如冰心女士,她的小说是我最爱读的!但她的哲理诗,如《春水集》等,于我很少有过深刻的感动,最近才看到她的“寄儿童世界的小读者”通讯十六说:“去国以前,文字多于情绪。去国以后,情绪多于文字,环境虽常是清丽可写,而我往往写不出。”这是她最进步而有自知之明的话,令我非常佩服!此外别的如《春水》一类的诗,更多不可胜举!变本加厉,互相摹仿,其流弊差不多有把所说的一些聪明的话语,写成一行一行的,就以为是绝妙的好诗,岂不可笑?我想,这种空洞、抽象的哲理诗,在旧诗里,前既加攻击,新诗既已有此,更不能稍事姑息,使它可立足了。

以上所列举白话诗里三大类“言之无物”的诗,著者以为惟一补偏救弊的方法,就是:把诗的本质,特别阐发,灌输在一般有志学诗的人的脑里;而这本《诗学大纲》最小限度的希望,也只在此。著者是最早学作白话诗的人,且最爱读白话诗,故敢以此“自勉勉人”。

要前空千古,下开百世;
收他臭腐,还我神奇!
为大中华,造新文学,此业吾曹欲让谁?
诗材料,有簇新世界,供我驱驰!

调查《诗经原始》的著作者的事迹的经过

——方玉润先生的生平和所著的《诗经原始》——

——胡适之先生和云南人的文化直接发生关系的第一次——

云南省之在中国以地理方面来说是本部十八省之一，位居长江珠江的上域，有的是青山沃野，有的是绿水秀村，本没有什么不如人的所在。以人种方面来说，大多数都是由江浙赣几省转徙而来，神明华胄，又有什么后人之点，要说就站在世界上与各民族相比拟，也不见什么大愧人处。只因僻处南荒，开辟稍晚于中原，交通又复阻塞，文化输入自然是很迟滞，因为这两个原故，所以对于中国文化没有什么贡献，元代以前不消说了，明清以后云南学者零星的著述，还要待我们爬梳提炼，使他们发扬光大。至于近几十年来欧化有长足的输入，我们云南人参与其事的共有几人？说也可怜！我们试翻开上海商务印书馆和中华书局的出版物一看，著作者不是江苏浙江，就是福建广东，我们云南人连编辑本小学教科书的人都没有，这样对于世界文化的贡献，自然说不上了，不惟在外人看不入眼，即在本国内地和沿江沿海各省人的脑里，也只存着一个云南是蛮子住的地方，云南人就是一些未开化的蛮人的印象，这是何等可怕的事呵？我们在外居住的人对于这种失实的误解和诬蔑，洗刷的责任实在是义不容辞的了。

现在恰好有一件可以表本省文化的事，就是在去年十一月间我写起了一本书拿去请胡适之先生审查和批评的时候，胡先生刚买到一部方玉润先生著的《诗经原始》，胡先生拿给我看，我从前只见过方先生写的对联，却不知道他的生平，更不知道他有如是的著作，所以胡先生问我，我也不能详细答复。随后我想云南在京对于本省事迹掌故比较熟习一点的人只有李印泉先生，但我和李先生是不认识的，所以我写一封文言的长信，说明我的来意，就到西单牌楼大同公寓访他，蒙他接见，他一见面就说："关于方先生的事迹，云南人现在住京的，除我而外恐怕没有知道得详细的。因为我在陕西省长任内时，很替他费了一番力搜集遗著。"于是他一面说，我一面笔记，现将当时我们的谈话整理如下：

> 方玉润先生是云南省广南府宝宁县人，他的字是黝石；他是道光末的副榜，他以军功被委任为陇州州判，在任十八年不迁不调，他曾代理过岐山县一任，后来就因病死在陇州判任内，并且就葬在那个地方。他少时跟过张曜做他的幕宾，后来又在曾文正公的粮台办事，他的文集里有曾文正公的一篇序。方先生做人，很是刻苦，并且非常勤俭，他每日治事都有常课，因此陇州的人几乎把他当做圣人看待。他在任时只有一位夫人和公子，他大概是在光绪十七八年才死，他的夫人和公子都已经回云南了。

方先生的著作有——

(1)《鸿蒙室诗文集》

(2)《鸿蒙室笔记》

(3)《鸿蒙室丛帖》这些帖都是方先生自己写的，一共分刻在五十八块石碑上，他死后就被他的公子卖给甘肃某家，卖价不过五十两银子。这些帖里，篆隶行楷各体都有。方先生并能够写钟鼎文，云南写字最好的除了钱南园、周亦园两先生而外，就要数方先生。方先生说经的书：《诗》、《书》、《易》、《礼》……都有，大多都散失了，都残阙不全了，内中有一部分还靠陕西人刘光蕡、贺复斋两位先生代为刊行出世。(李印泉先生说他自己也搜罗了一点,已经交给赵樾村先生做《云南丛书》的材料,但现时还未出版。)

我既将李印泉先生的谈话整理之后,我就十分的钦仰我们这位十八年不迁不调的州判的艰苦学者方玉润先生!我更觉得他碌碌一生只剩了这一本残书《诗经原始》——还得胡适之先生等替他表彰,所以我高兴极了,就写一封长信将调查所得的寄给胡先生,在我的信里有几句话说:"先生若能够替方先生做一番表彰的事业,那么不惟方先生和他的后人感谢先生,就是我们云南全省的人也是感谢先生的。"后来胡先生就复我一信说:"杨先生……多谢你的帮忙,我是最爱打抱不平的,生平最喜表彰那些埋没了的学者和文人,方玉润先生就是我要表彰的许多人之一。"但是上面李先生的谈话只凭记忆所得,是不能全靠的(参看下面的调查便可知道),所以胡先生的来信还问及"刘光蕡、贺复斋两先生刊行的方先生遗著不知是那几种?"又说:"手头恰没有《曾文正集》,改日当检查他做的《方集序》文。"后来胡先生和我都查过《曾文正集》,总不见方集的序。我于是就另写一信寄给云南省立第一中学滇潮社,请他们在通信栏里将这个消息传出去,后来就蒙他们在第五十一期《滇潮》周报上发表,隔了一月,都没甚动静,只有接到家信说从我的通信发表之后,云南图书馆旧日存储的方先生的《诗经原始》已卖去几十部,还有素无人过问的《鸿蒙室丛帖》也有销售的希望,这是图书馆理事的人告诉我父亲的。我并且得知我父亲已托人调查,还有方曜仙先生要帮忙,但现在都还没有片纸只字寄来,只有一位和我素不相识的依灼彝先生亲到广南方先生家里将前数年广南的几位老先生写到陕西省陇州询问方先生事略的复函寄给我,原文很长,我现在将他摘要抄出,也略见这位"下笔万分枯窘"的学者的生平了。

我现在将依先生寄给我的那封《马舒范丁舍斌复广南刘黎李李四先生书》和兴平县知县伏羌王权撰的《敕授承德郎陕西砖坪厅通判方君墓志铭》两文摘录于下:

君姓方氏，讳玉润，字友石，一字黝石，自号鸿蒙子，云南宝宁人；祖贵，父凌瀚，皆潜德不曜。君生有至性，总角时有异人相之曰："眉秀睛澈，聪颖百人，骨峻下削，法无厚禄，然必以文雄天下。"年十二入邑庠，旋补廪膳生，乡试辄不利，乃肆力汲古，寝馈书仓者十余载。滇回之变，师脆以疲，君上防守三议，皆不省；退著兵书曰《神机三略》，书成，挈之以出；由蜀抵鄂，滇人王总兵国才、鄂帅李武愍公先后延入其幕，赞决规略，声绩炳然，事有不协，拂衣竟去。曾文正公见君兵书及《平贼二十四策》，具书币邀至军，相见甚欢，有忌之者，君上书三篇，文正不能留也。同治二年，以军功铨陇州长宁驿州同，驿署先毁于贼，乃僦居州；出则仗矛登陴，入则拈毫著书，时或寄兴书画，篆草尤奇古；当事者多慕君名，思一见，顾偃蹇不事干请，在官十八年不调。……

这十八年内方先生详细的生活怎样？我们看马、丁的《复信》说：

……同治乙丑始铨授陇州分州，即便道孤身赴任，随用该前任王君之老婢史妈子供役使。适史有乳养之女，及笄待字，遂纳为箎室，仍留敌体正位，为家中约订待聘之继室胡氏作地步耳。时署毁未修，仍僦寓本城。迨戊辰己巳间，先生次弟名玉铭来省兄，犹及见史姬所生之长女陇珍、长子思元，俱在襁褓。其时□氛甫熄，官况萧条，而先生爱玩好合，著书讲学之致，固自佳也。历任印官见其从游济济，善诱循循，皆颇重之。迄壬申黔阳周振初莅任，以乡谊延主五峰书院讲席者六年，意在津贴铅椠之需，以正开雕《鸿蒙室丛书》三十六种之工伊始故也；诸大府均量有挹注，亦不能支。光绪己卯先生递遭不幸，前后大小三女，长幼两男，俱次第病殇；正在惨凄，而史姬又被迎入京师宁亲，徜非嗣男思慎先年趋侍膝下，则先生仍不免孑然之苦矣。世友唁慰，方知姬本陈姓，北平故家女，新翰苑名景墀者之同怀至亲，故效戴妫之大归，一去不返，所有积蓄，亦包扫不遗。幸素契先生之李勤伯官凤翔太守，悯之，委其代理汧篆者五十许日，以抒抑郁。边方伯宝泉开藩秦中,又委榷厘梅湖,以写焦烦。先生乃买汉南女姬作燠老计,不料一年未满,而先生竟殁于差次,乃癸未之八月二十四日也,年七旬有三。……

我由上一段末了的几句话就可以推断方玉润先生是生在前清嘉庆十五年(庚午),死在光绪九年(癸未),即是在西历一八一〇年生,一八八三年死。方先生身后的萧条,看马、丁的复函所说,真令人不堪卒读了。

……讣音至,思慎远在陇寓,而瞑时附身无亲,未免人琴俱亡。浮厝讫,一切什物,俱被此姬与长随阿龙席卷私逃,思慎徒鸣孤掌,赖同乡官照应,始得扶榇返陇,葬于先生前定之吉兆。……

方先生死后还有许多的伤心事,此处避繁,就不说了。记得从前我看过《滇志》上有一篇叙述一位著述等身的师范先生(赵州人),临死时也有一首自悼的诗,我只记得两句是说:"一死尚多难了事,百年犹是未归人",那么这两位学者的终局竟成偶合了。王权作的方先生的《墓志铭》记述方先生的著作说:

……先生著书三十六种,其大者《乾象钩元杂志》,《坤舆图隘新编》,《三易原始》,《诗纬》,《书纬》,《礼纬》,《太极元枢》。已刻者曰《鸿蒙室诗集文集》,《诗经原始》,《星烈日记》,《神机三略》。名儒王柏心评其文,叙其集,谓为一时豪杰,当今无两,呜呼伟矣。

方先生的著作未刻的是没有法子可以搜集的了,就是已刻版的,照马、丁的《复信》说方先生的嗣男思慎在方先生死后,岐山知县胡鸿宾"念思慎傫然无依,召入幕中者四年,戊子春乃尽货其书版,得白金三百,胡又助如其数,资送归滇。"但不幸思慎就死在长安,而方先生的刻版,也就流落在陕西省。

在方先生许多著作里流传最广的大概只有《诗经原始》一部,他这部书在注释《诗经》方面,很能够自抒见解,不为传袭的传疏学说所范围,这样和姚际恒的《诗经通论》、崔述的《读风偶识》都是要脱去齐、鲁、韩三家和毛公、郑玄的书说，所以他们很表同情于朱熹的一以己意说诗。这部《诗经原始》是一部在国学上很占重要位置的论著，因此胡适之先生在《努力周报》上答友人问研究《诗经》的书目上曾经介绍过。听胡先生说方先生的这部书和姚先生的《诗经通论》，上海商务印书馆都打主意重印。据顾颉刚先生《答钱玄同先生》的信也说："……姚际恒、方玉润两家的诗注，固然有重印的价值，但版后能不能供给社会的需要，还不能预定，所以商务印书馆为郑重起见，尚不能即行重印，好在大家的读书兴趣一天一天的提高，这种有价值的书自然会从许多人的要求把他重印出来，这是可以预祝的。"由此看来，方先生的这部《诗经原始》不久就要和大多数的国学研究者见面了，将来在国学上有了影响和贡献，那么云南人在中国文化上争得一个位置的人，不能不数方先生了，所以我不惮烦的把调察所得完全的公布出来，使我们全国研究古学的人也知道——

清代云南人中有过一个操行艰苦的大学者方玉润先生，清代国学里有过云南人作的一部很占重要位置的《诗经原始》的书。

英国散文作家艾狄生(Joseph Addison)说过："我曾观察过一个读者，很少有兴味耐着性子去读一本书，要等到他知道这个著作者是个面目黧黑的人，或是白皙的人，是个温文尔雅的人，或者是个狂躁妄诞的人，是个结了婚的人，或是尚未结婚的人，像这一类的特点，都足以使读者深知著作者之所言。"我这长文也是想使读者先知方玉润先生是怎么样的一个人，然后就能深知《诗经原始》的真意之所在。

临了我不能不感谢首先给我们云南人介绍和表彰方玉润先生的胡适之先生。

一九二三年七月二十三日

(收入《中国文学杂论》，上海亚东图书馆，1928年。)

方玉润先生年谱

“君姓方氏，讳玉润，字友石，一字黝石，自号鸿蒙子，云南宝宁人。祖贵，父凌瀚，皆潜德不曜。”（王权撰《敕授承德郎陕西砖坪厅通判方君墓志铭》）

嘉庆十六年辛未（公历一八一一），先生生。

赵藩《方玉润传》：“距生嘉庆十六年辛未。”

王权《墓志铭》：“君生有至性，总角时有异人相之曰：‘眉秀睛澈，聪颖百人，骨峻下削，法无厚禄，然必以文雄天下。’”

道光十年庚寅（公历一八三〇），先生二十岁。

《俯仰集》一（《鸿蒙室诗钞》卷一）起于本年，至十一年辛卯。有《观物》五十二首，《梦游九龙山歌》，《九日灵雨山登高题丰年洞》二首，《登科岩绝顶访狄武襄公驻马处》，《北极殿》，《微风山雨初过》，《村居》，《宿古庙》，《题画》，《晚过东山古刹》，《罗汉峰歌》（在广南城北十里，形似弥勒，故云），《游东涧题谢梅庄先生文集》，《读陈其年检讨文集》，《谒狄武襄公祠》（在广南城西一里），《铜面具歌》，《那瑘龙潭夜坐》，《题李梦楼书屋壁》，《过废园》二首，《分水岭新葺古寺秋夜借宿偶题》一律。

方先生思想活泼，可从《观物》五十二首看出，例如：

举首见明月，其大不如盘；如何泰西说，径围等地宽？我想月宫内，姮娥奔非诞；中藏大世界，别自开仙馆。所以明暗间，山林露险坦；我今立大地，视月等弹丸。不知月中人，可视地团圞。举杯邀月问，月亦不能言，诗成乃大笑，此想通天元。（下略）

道光十二年壬辰（公历一八三二），先生二十五岁。

王权《墓志铭》："年十二入邑庠，旋补廪膳生，乡试辄不利，乃肆力汲古，寝馈书仓者十余载。"（"年十二"恐误。）

赵藩《方玉润传》："玉润以道光壬辰年二十二补县学弟子员。"

《俯仰集》二《梅花诗序》："壬辰初春，余读书万寿宫东偏小室，两旁有寒梅数株，间以修竹红垣，掩映间清秘华丽，虽玉堂清照弗能过也。"

道光十五年乙未（公历一八三五），先生二十八岁。

赵藩《方玉润传》："乙未试优等。"

道光十六年丙申，（公历一八三六）先生二十九岁。

赵藩《方玉润传》："丙申食饩。"

《俯仰集》二（壬辰至庚子）有《将侍家大人赴泸西呈别慈亲》一首，《赴泸西道中杂咏》八首：《白马关》、《红石岩》、《鹦哥箐》、《兎儿海》、《花贵塘》、《日落墅》、《飞土江》、《木刻岭》，《登五华山望昆明池》，《谒诸葛武侯祠堂》，《圆通寺》，《月夜登海心亭》，《铜瓦寺歌》等。方先生这几年的行踪，遂多在昆明了。

道光十八年戊戌（公历一八三八），先生三十一岁，先生弟玉树死。

《俯仰集》二有《哭二弟玉树诗》一首。

道光二十四年甲辰(公历一八四四),先生三十七岁,生子阿同。

《俯仰集》三有《生子阿同》(甲辰)。此子想系先生妾所生,据家书有说:

> 男玉润跪禀:……前云胡笏山送男一妾,本不敢受,既而思之,有二便焉。(下略)

又有《纳胡姬诗》一首,未注明年月。

道光二十六年丙午(公历一八四六),先生三十九岁,因科举屡次失败,营商。

先生家书有说:

> 男玉润谨禀父母亲大人膝下福安,敬禀者:男言生理一事,亦困阨无聊,不得已而作此垄断之想也。……少时气甚锐,谓功名可立致,古学亦不必急求,俟名成后,再为专心肆力,亦未为晚,岂知时命多乖,事与愿违,屡试屡黜,益陷益深……男自计学古功程,非闭户日久,未可望其有成,盖自天学地学以及理学数学与夫经学史学兵学文学诗学字学之类,俱宜讲求,而男皆有以探其元而挹其精,非徒托诸空言比也。……男今岁三十有九年矣,天即多假岁月,亦不过再□□十余寒暑耳……

先生是时已有出滇游历的决意,所以家信说:

> ……男又欲借贾远游,古人云:"读万卷书,行万里路。"是万卷书与万里路相为助益也。名既不成,老死牖下,何时可见天日耶?……男生有天幸,堂上双亲,幸皆康健,而膝下亦不为无人,际此而不远游求学,恐终身无游学时矣。且此一行有二益焉:闻见广则学问博,一也;贸易熟则生息蕃,二也;自此以后,不惟名山著述,事有可期,即菽水承欢,情亦易见。……

但本年却未成行,所以家信说:

> ……男今年权馆于藩库署,亦不思作归计。……生理事既承俞

允，男当预约熟手，以便明岁举行，至于本银多寡，不计成数，总视家力量为衡也。……

道光二十九年己酉（公历一八四九），先生四十二岁，仍住昆明。

《俯仰集》四有《己酉仲春陪许吟舫太守泛舟游大观楼诗》一首。

咸丰三年癸丑（公历一八五三），先生四十六岁。

《俯仰集》四有《癸丑春初周亨衢招集同志作西山游兼携玉阙校书偕往题三清境石壁》一律。

先生自序《俯仰集》说：

自庚寅至癸丑凡二十四年，删存旧稿得诗三百二十四首，厘为四卷，仅十之二三耳。

时足迹所履，未越滇境，日惟俯仰一室，以观造物之变。……

咸丰四年甲寅（公历一八五四），先生四十七岁。

《问天集》（《鸿蒙室诗钞》卷之五，自甲寅至乙卯）有《甲寅春仲张隽卿参军邀偕洪亦珊王公亮登雄川阁属予首唱》诗。

先生自序《问天集》有说：

……甲寅秋，寓我园之问天楼，成此一编。……

成丰五年乙卯（公历一八五五），先生四十八岁，偕段锦谷赴荆楚大营。

《峤裾集》（《鸿蒙室诗钞》卷之六）有《留别滇中诸友》诗六首。

先生自序《峤锯集》说：

半生潦倒，即遗堂上以忧；千里从军，尤烦倚闾之望；驱车就道，忍泪前行，何日是归农养志时耶？自滇而黔而蜀，今且至楚，凡百有三十日，获诗一百又二首，都为一卷，取温峤绝裾之意以名集，非敢羡其有恢复成功之志，亦聊以志吾负罪而行之心。……

赵藩《方玉润传》：

……迨咸丰乙卯，凡二十有四年，其间应乡试者十有二，应优贡者二，均不第，肄业省会五华书院时，设一小骨董肆，常仿为郑燮钱沣书，磨池售之，以济膏火。玉润虽阨于科举，顾天资卓越，嗜读书，涉猎至博，又喜谈兵，于时粤寇窜踞金陵，天下震动，乃起从戎念，著《运筹》、《神机》、《智略》等书，将以应当世之求，遂辞父母而出。

另据王权撰的《墓志铭》却说：

滇回之变，师脆以疲，君上防守三议，皆不省；退著兵书曰《神机三略》，书成，挈之以出。

是年，先生依王国才于湖北兵营。

赵藩《方玉润传》：

其初至湖北军营也，依黄梅镇总兵谥刚介昆明王国才。……

先生自序《汉江从军集》（《鸿蒙室诗钞》卷之七）说：

己卯冬初，余既偕锦谷云岑两君舟至新堤，闻吾乡王锦堂镇军驻师黄蓬，……因与雪岑访锦堂镇军于黄蓬山。……

《王刚介公传》（《鸿蒙室文钞》卷之三）又有说：

予自乙卯出滇，访公黄蓬营次。……

咸丰六年丙辰（公历一八五六），先生四十九岁，受李孟群聘。

《拟平贼二十四策序》（《鸿蒙室文钞》二集）说：

岁丙辰，大军围攻武汉，余受李鹤人方伯聘，勷埋营幕，知无不言，言无不尽，亦即罄所学矣，然公终未肯深信也；会廷寄前皖抚臣江公忠源所奏军务八条，饬诸疆吏议可覆奏，公以稿属，余意稿成未必能用，且无以抒所见也，乃即鄙见能及者，拟为《平贼策二十四条》。……

这《平贼二十四策》共分两卷，即：

卷上

一、广幕府以重兵权。一、扼险要以争地利。

一、破资格以收才能。一、慎召募以选精兵。

一、习战阵以精纪律。一、练技艺以充胆量。

一、明赏罚以示无私。一、和将士以期共济。

一、增水军以遏贼势。一、调滇弩以助兵威。

卷下

一、定征期以收勇效。一、治贸易以绝奸细。

一、广屯粮以济军饷。一、重五金以纾国用。

一、办游勇以除残害。一、严关隘以禁横行。

一、悬重赏以求行闲。一、宽胁从以分贼势。

一、修备御以守城池。一、筑村堡以防土寇。

一、联保甲以清户口。一、练乡兵以保民命。

一、选守令以重司牧。一、砭人心以复元气。

咸丰七年丁已(公历一八五七),先生五十岁,父母双亡。

赵藩《方玉润传》:“出后二载,父母俱逝。”

咸丰八年戊午(公历一八五八),先生五十一岁,流寓安徽。

《皖豫从军集自序》(《鸿蒙室诗钞》卷之八)说:

> 锦堂镇军既殁,复承鹤人方伯之招,乃与诸同人扶镇军柩至武昌,遂赴皖营,旋移军解固陵围,连克六安,进驻合肥之店埠,未及一月而城陷,中间奔走逃窜,艰若备尝,目值流离景况,尤难笔绘,而六安一郡,遭劫独惨,故见诸歌咏,不忍卒读,聊综近作别为一卷。……戊午中秋友石自记于兰陵舟中。

是岁又至江苏,《渡江集自序》(《鸿蒙室诗炒》卷之九)说:

戊午之秋，七月既望，合肥城陷，大营散失，余偕谢集堂州司马东走维扬，拟渡江，过钱塘观潮，以壮胸怀，乃舟至兰陵，兴尽而返，遂登焦山绝顶，东望海门，西顾金陵作《哀江南》《吊芜城》诸诗，更北绕彭城，南渡长淮，抵光州，始暂息辙。……

咸丰十九年已未（公历一八五九），先生五十二岁，住河南光州。

《暂息集自序》（《鸿蒙室诗钞》卷之十）说：

抵光州后，主及门李宪之宅，即下榻仿潜斋，日与诸友唱和者六阅月，几自忘为军旅士矣。虽屡蒙鹤帅召，而时事日非，言不见用，行亦无益，乃上书自达，不觉其言之繁且象戆。……今复游楚，追忆前辙，愈难自宽，乃集数月酬赠之作，强名之曰《暂息集》。……已未夏六月江蒸似火，舟热如焚，友石挥汗书于鄂渚舟中。

继至湖南，《浮湘集自叙》（《鸿蒙室诗钞》卷之十一）有说：

自乙卯出滇，至今五载，未闻乡信，投笔之志已灰，望云之心愈切，乃亟归舟，纤棹洞庭，访陈亦渔司马姻丈于星沙，冀有助以南旋也，乃事会相左，屺岵兼悲，已难铸错，而故乡烽火，鲸吞獳噬，流毒未已，重以天灾并至，祸患尤深，进退行止，莫能自定，不得已更作湘军游，亦歧途中之歧途耳，岂尚有功名念存乎其间哉？……

咸丰十年庚申（公历一八六〇），先生五十三岁，初见曾国藩。

先生在辛酉（次年）《桃花潭集自叙》（《鸿蒙室诗钞》卷之十二）说：

去岁（庚申）春，余辞湘军幕，侨寓松滋，将南归矣，友人代呈著述于涤生节帅，承赠序赠赆并留幕府，旋值大军东下，不愿渡江，乃暂驻宿，发刊《平贼二十四策》，嗣复应湘军聘，未几仍还寓宿，日夕与家毓芝及邑人士互相唱酬，花笺叠送，铜钵频催，相得其乐。……

又在《平贼二十四策》跋《曾序》说：

润先以《文钞》二集、《诗钞》初集及《运筹神机四略》呈公(曾国藩),故评论止此数种,其余著述,未及阅也。《二十四策》乃在汉阳营幕拟,而公误认为在滇时作,盖军书旁午,未暇细检耳。……

案曾国藩的《原序》(见《曾文正公全集》)说:

(上略)大抵《文集》、《二十四策》多方君在滇时所为,其时西南静谧,而所论各端已为今日吴楚弭乱之规,所谓闭门造车,出户合辙者与。

诗以才藻达其劲柔,迥殊俗径,惟嫌于杜、韩门径尚少专精耳。

《运筹神机》一书,精力毕萃,《战略》、《守略》、《艺略》三编虽多辑古人之说,而自具经纬,别立条目,即一器一技,亦必绘画分明,至《智略》一篇,则窥天地之奥,识鬼神之情,实心所得独多。……

先生又有《上曾涤生枢帅论学书》、《上曾涤帅论用人书》、《上曾涤生枢帅论天下大局书》(均见《鸿蒙室文钞》),先生自述"受谮见疏",王权撰的《墓志铭》也说:

曾文正公见君《兵书》及《平贼二十四策》,具书币,邀至军,相见甚欢,有忌之者,君上书三篇,文正不能留也。

咸丰十一年辛酉(公历一八六一),先生五十四岁,因诸事失意,由湖南转赴广东。

《湘帆再转集·自叙》(《鸿蒙室诗钞》卷之十三)有说:

余舟两泛潇湘矣,归途仍阻,行囊复空,家有双棺,麦舟谁助?身无片舄,凫影难飞,茫茫世宙,岂竟无返棹时耶?又况回纥遗种,狼燧方新,苍洱余灾,关河非旧,则真无可为立锥地也;计惟岭峤尚多故人,或可相依,藉图归计,乃偕段君积堂、邓君厚庄买舟入粤。……

《望洋集自叙》(《鸿蒙室诗钞》卷之十四)又说:

夏四月,行抵江门,秋初返棹,中间往复流寓,一泛端江,一至羊城，三寓古冈，为时才两月有余，而又时值淫霖，洪涛决堰，暴涨翻舟，游踪所至，登眺尤艰，故凡海峤名区，珠江繁盛，羊城古迹，粤秀风流，皆不能悉，即间有游瞩，亦无非独往独来，孤吟孤啸，以自发其飘泊无偶，抑郁不平之气，而何能从容暇豫作灵槎泛泛游哉？……

同治元年壬戌（公历一八六二），先生五十五岁，北上入都谒选。

《北辙集自序》（《鸿蒙室诗钞》卷之十五）说：

去岁拟还滇不得，乃起北上念，行抵麻城之宋埠，闻光信均被围，复返大江，由松滋进至合肥……时礼堂将军将有西征，命纬堂军门力邀偕往，故又西上至樊；自念从军日久，毫无建白，而一身如蓬，终非了局，乃与杨芋安大令结伴入都谒选，得晤卜臣表弟，始同车来房，下榻署斋，数载奔驰，一朝安寓，锐观坟典，不出书帷者殆百日，盖动极而思静也。……

过湖北时，结识王柏心。

王柏心《鸿蒙室诗文序》：

……先是以荐得半刺，将入都谒选，过柏心，出自著《鸿蒙室诗文》见示，且征序，君诗浑茫函盖，浩浩无涯际，文亦然，尤长于论兵及形势，柏心骇以为世所未有。……

孟冬住房山县，著《中兴论》。

《中兴论》（《鸿蒙室文钞》卷之口口）引：

壬戌孟冬寓房署，时畿南贼势甚张，江淮诸军尚少捷者，征西大师束手无策，与言时事，曷胜浩叹，乃为是论曰。……

同治二年癸亥（公历一八六三），先生五十六岁，住房山县。

《房山集·自叙》（《鸿蒙室诗钞》卷之十七）有说：

自去秋抵房，至今夏初凡七阅月，获诗六十三首，都为一卷，曰

《房山集》，以地名也。大房山为燕西奥窟，……春回气暖，草长山幽，日与诸友选胜探奇，缒幽蹑险，虽未能穷益其趣，而上方毗卢之顶，孔水云濛之阴，与夫白带、石经、芯题、香树所谓小西天者，固无弗登览，而题咏焉；盖房山之胜，已得十七八矣。……

同治三年甲子(公历一八六四)，先生五十七岁。

春，住平舒。《平舒集自叙》(《鸿蒙室诗钞》卷之十八)有说：

平舒古瀛渤地。……余随卜臣至署，岁适一周。地既无古刹名山可以登临游眺，世更鲜高人杰士与觞咏流连，日唯俯首丹铅，摩挲宝剑，作为歌诗，以写胸中抑郁不平气，此其况为何如乎？……

夏，得铨陇佐，《入关集自序》(《鸿蒙室诗钞》卷之十九)说：

甲子夏，得铨陇佐，旋捧檄出都。冬十月，始至州，所分防地尚驻州西百一十里之长宁驿，是为关陇要区，然已为贼焚毁净尽，不得已追谒纬堂副帅于平凉大营，并晤椒云臬使，都无所遇，仍返寓州城。……

王权撰的《墓志铭》误以同治三年为同治二年，“以军功铨陇州长宁驿州同，驿署先毁于贼，乃僦居州；出则仗矛登陴，入则拈毫著书，时或寄兴书画篆草，尤奇古。……”马舒范、丁舍斌《复广南刘黎李李四先生书》误以次年(乙丑)先生始铨授陇州分州，“即便道孤身赴任。随用该前任王君之老婢史妈子供役使，适史有乳养之女及笄待字，遂纳为篷室，仍留敌体正位，为家中约订待聘之继室胡氏作地步耳。……”赵藩《方玉润传》说：“官陇后，纳乳媪史氏养女直隶陈氏为侧室，字之曰爪仙。……”

同治六年丁卯(公历一八六七)，先生六十岁。

《汧阳黄彝峰观察纪功碑记》(《鸿蒙室文钞》)说“同治六年冬十一朔，河州逆犷由陇破宝鸡。……”

同治七年戊辰(公历一八六八),先生六十一岁,弟玉铭来省。

马、丁复信:

追戊辰己巳间,先生次弟名玉铭来省兄,犹及见史姬所生之长女陇珍,长子思元,俱在襁褓。其时徊氛甫熄,官况萧条,而先生爱玩好合,著书讲学之致,固自佳也。……

同治十年辛未(公历一八七一),先生六十四岁。

先生自叙《诗经原始》说:

(上略)呜呼!以夫子雅言无邪之旨,自汉迄今,未有达诂,徒悬疑案于两间,而无一人焉起而正之,不大可痛而可惜哉?愚少时读《诗》至此,未尝不掩卷三叹,徒致憾于尼山正乐时也。最后得姚氏际恒《通论》一书读之,亦既繁征远引,辩论于《序》《传》二者之间,颇有领悟,十得二三矣,而剖抉未精,立论未允,识微力浅,义少辩多,亦不足以针盲而起废,乃不揣固陋,反复涵泳,参论其间,务求得古人作诗本意而止,不顾《序》,不顾《传》,亦不顾《论》,唯其是者从而非者正,名之曰《原始》,盖欲原诗人始意也,虽不知其于诗人本意何如,而循文案义,则古人作诗大旨,要亦不外乎是。

书成,以质万子伯舒,万子作而叹曰"是非妄异乎古人也?乃诗中不容已之论耳。盖未有《序》时,《诗》可以诵而无辩,既有《序》出,《诗》必明辩而后诵,此《原始》一书所由作也。"乃言于古扶风郡守李公勤伯观察,观察固恒以诵《诗》不得其解为憾者,于是亟邀同人助赀劝梓,用公同好,以为二千余年说《诗》疑案,至是乃可以息喙而无争耳。……

案全书共十八卷,尚有——

卷首上:凡例、诗无邪太极图说、十五国舆地图说、大东总星之图、七月流火之图、楚邱定之古中图、公刘相阴阳图、豳公七月风化之图、诸国世次图、附作诗时世图。

卷首下:《诗》旨。

同治十一年壬申(公历一八七二),先生六十五岁。

《陇上柝声集自序》(《鸿蒙室诗钞》卷之二十)说:

佐陇今八年矣,不唯廨宇全非,即人民亦多散尽,虽有实心,何从实政?况又无政可存耶?故自击柝来,非登陴即团练,舍此更无以为民者,不得已闭户佣经,藉消岁月,亦间与诸生讲道论文;不过聊避素餐之诮,诗兴既减,拈韵遂稀,偶检近稿,所获寥寥,可笑人也。……

是年,先生主五峰书院。

马、丁复信:

迄壬申,黔阳周振初莅任,以乡谊延主五峰书院讲席者六年,意在津贴铅椠之需,以正开雕《鸿蒙室丛书》三十六种之工伊始也,诸大府均量有余注,亦不能支。……

赵藩《方玉润传》:

郡守黔阳周振初延主五峰书院者六年,所著书得侍郎袁保恒、知府李勤伯辈助之资,陆续开雕,计所著书三十六种,曰《乾象钩元杂志》、《坤舆图隘新编》、《三易原始》、《书纬》、《礼纬》、《诗经原始》、《唐诗纬》、《风雨怀人集》、《太极元枢》、《诗集》、《文集》、《神机三略》、《平贼二十四策》、《星烈日记》等,统名曰《鸿蒙室丛书》,然资时乏,仍未尽刊也。

同治十二年癸酉(公历一八七三),先生六十三岁。

夏六月,先生有家信说:

……余于九年初次俸满,得邀保荐,归卓异班,以应升之缺升用,恐不日知州通判缺出,例应推升,但不知归于何省。……

又说：

……余自远游，他无所得，惟著述尚有数种，拟为丛书三十六种，脱稿者已二十余种：《诗经原始》二十卷、《太极元枢》三卷、《坤舆图隘新编》二卷、《历代四科衍绪》十卷、《易卦变图说补》一卷、《运筹补机智略》五卷、《守略》五卷、《战略》六卷、《艺略》四卷、《平贼二十四策》二卷、《中兴论》一卷、《上时帅书》一卷、《当今名将传》一卷、《古诗纬》十卷、《唐诗纬》二十八卷、《诗钞》二十卷、《文钞》四卷、《删许性命主旨》四卷、《星烈日记》二百余卷，今汇为四十卷，《国朝十家诗选》未分卷、《评点杜时》未分卷、《佐陇聊存》四卷，其余尚须有待，使天假以年，或能就绪，亦未可如，特恐著述甚易，开雕实难，则未如之何也。……

由这信看来，先生著述的宏富，实在令人惊异，可惜大部分现都不存了。

光绪五年己卯（公历一八七九），先生六十九岁。

马、丁复信：

光绪己卯，先生递遭不幸，前后大小三女长幼两男俱次第病殇，正在惨凄，而史姬又被迎入京师宁亲，倘非嗣男思慎先年趋侍膝下，则先生仍不免孑然之苦矣。世友唁尉，方知姬本陈姓，北平故家女，新翰苑名景墀者之同怀至亲，故效戴妫之大归，一去不返，所有积蓄，亦包扫不遗。

光绪九年癸未（公历一八八三），先生七十三岁，死于梅湖厘局。

马、丁复信：

幸素契先生之李勤伯官凤翔太守，悯之委其代理汧篆者五十余日，以抒抑郁，边方伯宝泉开藩秦中，又委榷厘梅湖以写焦烦。先生乃买汉南女姬作煖老计，不料一年未满，而先生竟殁于差次，乃癸未之八月二十四日也，年七旬有三。

先生死后境况极为萧条。

马、丁复信：

……讣音至，思慎远在陇寓，而瞑时附身无亲，未免人琴俱亡。浮厝讫一切什物，俱被此姬与长随阿龙席卷私逃，思慎徒鸣孤掌，赖同乡官照应，始得扶榇返陇，葬于先生前定之吉兆。……

赵藩《方玉润传》："玉润弟子显者江西巡抚光州李宪之，传其学者蜀江谢维岷、绪魁兄弟。"

（收入《中国文学杂论》，上海亚东图书馆，1928 年。）

陶渊明诗里的人生观

——呈梁任公先生——

陶渊明是唐以前的一个真能把他的个性整个端出来,甘脆鲜明和我们相接触的大诗人。他的人格是极热烈,极有豪气,极严正——道德责任心极重——又是极缠绵悱恻多情的人。他本是儒家出身,从不肯有一毫苟且卑鄙放荡的举动,一面却又受了当时玄学和慧远一班佛教徒的影响,形成他自己独得的人生见解,在他文学作品中充分表现出来。他一世的生活不过庐山底下一位赤贫的农民,耕田便是他唯一的事业,中间虽因穷想做官混饭吃,但这种勾当和他那不屑不洁的脾气,到底不能相容,结果觉得做官混饭吃的苦痛,比挨饿的苦痛还厉害,所以决然弃彼取此。这些事项和他的家世、时代、乡土、生年、死月、事迹、著作的数目真伪……等,都经任公先生在商务印书馆出版的国学小丛书里的《陶渊明》阐发考证得酣畅淋漓,明切详尽,使我们不敢赞一词了。但任公先生解释渊明所以能有如此高尚的品格和文艺的原故,是由于他有整个的人生观在背后。这个人生观是什么呢?任公先生说可以拿两个字包括他——“自然”。例证就是渊明替他外祖孟嘉做传,曾说:“……又问(桓温问孟嘉)‘听妓丝不如竹,竹不如肉’,答曰:‘渐近自然。’……”(《晋故征西大将军长史孟府君传》)《归田园居》诗云:“久在樊笼里,复得返自然。”《归去来辞序》云:“质性自然,非矫厉所得,饥冻虽切,违已交病。”又说:“他并不是因为隐逸高尚有什么好处才如此做,只是顺着自己本性的自然。‘自然’是他理想的天国,凡有丝毫矫揉造作,都认作自然之敌,绝对排除,他做人很下坚苦工夫,目的不外保全他的‘自然’。他的文艺只是‘自然’的体现,所以‘容华不御’,恰好和‘自然之美’同化。”我对于这种解释,很觉得有些意见要待说明,我以为“人生观”一个名词的意思,最好就是拿“人生见解”四个字来做注脚,我们看人生哲学里的许多人生观不同的名词:有的叫做“乐观”或“悲观”,有的叫做“命定观”、“机械观”或“自由观”,有的叫做“净观”或“垢观”,“神秘观”或“平凡观”……如此的花样翻新,多得不可胜说,只如任公先生所说的这个“自然”,既不是对人生抱个“快乐”或“悲伤”的见解,又不对于人生抱个“机械”或“自由”的见解,只算是一种人生的态度,却不能算是对于人生的一种见解。我这篇文章的职责,就是在从陶渊明诗里求出他对于人生抱持的一种见解来,这种见解,既经求出,那么我们就可以把他那建筑在这个人生观上面的高尚品格和文艺“一以贯之”的成有系统的说明出来,这就是我敢大胆在班门弄斧的原故,很希望任公先生和一般读者加以指正。

自来读渊明诗的人只消看了像《饮酒二十五首》的第五“结庐在人境,而无车马喧,问君何能尔?心远地自偏。采菊东篱下,悠然见南山;山气日夕佳,飞鸟相与还,此中有真意,欲辩已忘言”的诗,马上就下判断说,渊明的诗就是“冲淡玄远,潇洒出尘,极其自然之致”,要是我们拿渊明全体的诗一一的读下去,我们就觉得心里不惟不能得到十分的安帖,倒搅动了内心里沉郁深厚而为人人皆有的悲哀,这就是说在全书里充满了一个急待解决而又不能解决的生死问题,再换句话说,就是渊明刻刻不离的要想那“人生的价值在那里”而不可得,究竟人生这样一代一代的过去,有个什么意义?我们看他的《荣木》一首上说:

采采荣木，结根于兹；
晨耀其华，夕已丧之。
人生若寄，顦顇有时；
静言孔念，中心怅而！

《形影神》里《形赠影》一首说：

天地长不没，山川无改时；
草木得常理，霜露荣悴之。
谓人最灵智，独复不如兹？
适见在世中，奄去靡归期。
奚觉无一人，亲识岂相思？
但余平生物，举目情凄洏！

《神释》一首又说：

三皇大圣人，今复在何处？
彭祖寿永年，欲留不得住！
老少同一死，贤愚无复数。

最写得深刻的要数《归田园居》五首的第四首：

久去山泽游，浪莽林野娱；
试携子侄辈，披榛步荒墟。
徘徊邱陇间，依依昔人居；
井灶有遗处，桑竹残朽株。
借问采薪者，此人皆焉如？
薪者向我言，死没无复余。
一世异朝市，此语真不虚；
人生似幻化，终当归空无。

此外如《和刘柴桑》一首说：

山泽久见招，胡事乃踌躇？
直为亲旧故，未忍言索居。
良辰入奇怀，挈杖还西庐；
荒途无归人，时时见废墟。
……
栖栖世中事，岁月共相疏；
耕织称其用，过此奚所须？
去去百年外，身名同翳如。

《岁暮和张常侍》一首：

市朝凄旧人，骤骥感悲泉；
明旦非今日，岁暮余何言？
素颜敛光润，白发一已繁。
……
民生鲜常在，矧伊愁苦缠；
屡阙清酤至，无以乐当年。
穷通靡攸虑，顦顇由化迁；
抚己有深怀，履运增慨然。

旁的像这类的诗句，不再征引了。总之渊明是以为这样“如寄”的，似幻化的，突然而来，忽尔而逝的“人生”是没有什么意味的。我们且再假设几个疑问来研究“人生在世究竟为的是什么？”为的是道德名望吗？渊明说：“不是”。因为——

积善云有报，夷叔在西山；
善恶苟不应，何事空立言？
九十行带索，饥寒况当年；
不赖固穷节，百事当谁传？
道丧向千载，人人惜其情；
有酒不肯饮，但顾世间名。

所以贵我身，岂不在一生？
一生复能几？倏如流电惊；
鼎鼎百年内，持此欲何成？（《饮酒》二十首里的两首）

又说：

颜生称为仁，荣公言有道；
屡空不获年，长饥至于老。
虽留身后名，一生亦枯槁。（见同上）

人生在世为的是求知识吗？渊明答道："不是的"。

少年罕人事，游好在六经；
行行向不惑，淹留自无成。（同上）

为的是建功立业吗？渊明更加以坚决的否认。

迢迢百尺楼，分明望四荒；
暮作归云宅，朝为飞鸟堂。
山河满目中，平原独茫茫；
古时功名士，慷慨争此场。
一旦百岁后，相与还北邙；
松柏为人伐，高坟互低昂。
颓基无遗主，游魂在何方？
荣华诚足贵，亦复可怜伤。（《拟古九首》里的一首）

又有诗说：

……
孰若当世士，冰炭满怀抱；
百年归邱垄，用此空名道。
忆我少壮时，无乐自欣豫；
猛志逸四海，骞翮思远翥。
荏苒岁月颓，此心稍已去；

值欢无复娱，每每多忧虑。（节录《杂诗》十二首）

任公先生在陶渊明书里将以上许多的诗只引了他们的题目，就如所引的《杂诗》也只引“忆我少壮时……”一首，并加以解释说：“这诗是写自己少年心事，可见他本来意气飞扬，不可一世，中年以后，渐渐看得这恶社会没有他施展的余地了。”我以为这种解释是可以的，但统观以前所引的诗句，我们觉得渊明实在是因为人生终无目的可寻，人生终无意味，所以从沸度冷到冰点，感受人生根本的悲观，彭泽令当然是不做的了，但还要去另找一条在自己良心上过得去，理性上所能许可的人生大道，度此一生。说到此处我们不能不加渊明以一个通体一贯的“悲观文学家”的称号。（此处很希望任公先生和一般读者参看《哲学杂志》第六期拙作《悲观主义新说》一文；又希望读者不要误会渊明诗中含有这样不少的哲理，便以为渊明是豫先怀着说理的心去做诗，要是这样便算懂不得以感情和想象为生命的文学的真谛了。渊明是最有天才的诗人，所以能于优美的诗中写出不少的哲理，使哲理与真情调和，没有这种天才的人，请千万不要弄出刻鹄类鹜，画虎类犬的笑话来。）

渊明对于人生的见解既是这样的悲观，那么他生长在玄学、佛学氛围的时代，应该和那般谈玄人物把万事看破了，也趋于颓废堕落一途，满嘴“清静”、“无为”，满腔里却都是声色货利，但渊明清醒的良心和严正的理性，使他绝不这样做，他对于这班走入邪道的人，最是痛心疾首，叫他们做“狂驰子”，说他们“终日驰车走，不见所问津”，简单说，就是可怜他们整天所说的话，丝毫受用不着。那么渊明将不要因为消灭这无意义的人生而率性自杀么？渊明绝不干这事的，你看他诗集里说了许多“世短意恒多，斯人乐久生”的话，并且他还羡慕那天、地、山、川、草、木，比人存在的要久远一点，“天地长不没，山川无改时；草木得常理，霜露荣悴之。谓人最灵智，独复不如兹？”这首诗不是在上面举过了吗？渊明这样既不肯颓废堕落，又不肯自杀，那么他对于这个无目的无意义的人生究竟抱个什么态度呢？我敢干脆简洁的答道，渊明因其对于人生抱悲观的见解，所以主持一个任运而化的态度，这就是一般批评家之所谓“冲淡玄远”，也正是任公先生所说的“自然”。我们看他那首《神释》诗表明这种态度怎样的好：

甚念伤吾生，正宜委运去；
纵浪大化中，不喜亦不惧；
应尽便须尽，无复独多虑。

此外如《始作镇军参军经曲阿作》一首说：

……
目倦川途异，心念山泽居；
望云惭高鸟，临水愧游鱼。
真想初在襟，谁谓形迹拘？
聊且凭化迁，终返班生庐。

旁的不具引了，但是这种“任运而化的态度”，在“生”时应该怎样的任运而化？渊明解答这个问题最为圆满，他对于实现这种态度，虽然常是用“饮酒”来做一种忘忧的方法，他饮酒就可使这个“人生根本的根本问题”暂时不在人心上酝酵些悲凉的意味，但最重要的还是使内心纯洁，“不以心为形役”，常常都是“即事多所欣”，使那些在他周围的人事，都变成微笑，所以他虽受了无数的饥寒窘困，而时时都在下坚苦工夫，目的总不外保全他的“自然”。我们看他的《拟古九首》的第五首：

东方有一士，被服常不完；
三旬九遇食，十年著一冠；
辛苦无此比，常有好容颜。
我欲观其人，晨去越河关；
青松夹路生，白云宿檐端；
知我故来意，取琴为我弹；
上弦惊别鹤，下弦操孤鸾；
愿留就君住，从今至岁寒。

“辛苦无此比，常有好容颜”这两句话，可算得他老先生自画的“行乐图”，他这种“任运而化”自然的态度所得到的快乐，不是从安逸里来的，完全是从勤劳里来的，试看《庚戌岁九月中于西田获早稻》一首就说得明白了。

人生归有道，衣食固其端；
孰是都不营，而以求自安。
开春理常业，岁功聊可观；
晨出肆微勤，日入负耒还。
山中饶霜露，风气亦先寒；
田家岂不苦？弗获辞此难。
四体诚乃疲，庶无异患干；
盥濯息檐下，斗酒散襟颜；
遥遥沮溺心，千载乃相关；
但愿长如此，躬耕非所叹。

又如《归园田居》五首里的两首：

野外罕人事，穷巷寡轮鞅；
白日掩荆扉，虚室绝尘想。
时复墟曲中，披草共来往；
相见无杂言，但道桑麻长；
桑麻日已长，我土日已广；
常恐霜霰至，零落同草莽。
种豆南山下，草盛豆苗稀；
晨兴理荒秽，带月荷锄归。
道狭草木长，夕露沾我衣；
衣沾不足惜，但使愿无违。

这样的人生态度就要比那后来如李白所说的“人生得意须尽欢，莫使金樽空对月”，“烹羊宰牛且为乐，曾须一饮三百杯”，“钟鼓馔玉不足贵,但愿长醉不用醒”一类放浪形骸之外的名士们要健全合理得多了。现在我们再进一步来说个人的“任运而化”如此的办法,固是再好没有,但是对于社会应该怎样呢? 渊明在他的《杂诗十二首》第一首上就说:

人生无根蒂,飘如陌上尘;
分散逐风转,此已非常身。
落地为兄弟,何必骨肉亲?
得欢当作乐,斗酒聚比邻,
盛年不重来,一日难再晨,
及时当勉励,岁月不待人。

所以他理想的社会便如《桃花源诗》所述:

嬴氏乱天纪,贤者避其世;
黄绮之商山,伊人亦云逝。
往迹寖复湮,来径遂芜废;
相命肆农耕,日入从所憩。
桑竹垂余荫,菽稷随时艺;
春蚕收长丝,秋熟靡王税。
荒路暧交通,鸡犬互鸣吠;
俎豆犹古法,衣裳无新制。
童孺纵行歌,斑白欢游诣;
草荣识节和,木衰知风厉。
虽无纪历志,四时自成岁;
怡然有余乐,于何劳智慧?
奇纵隐五百,一朝敞神界;
淳薄既异源,旋复还幽蔽。
借问游方士,焉测尘嚣外?
愿言蹑轻风,高举寻吾契。

“生”人的任运而化,渊明既已在上面说得详尽,但“自古皆有没,何

人得灵长?”渊明对于这个不可逃的“死”,又持怎样的一个态度? 我敢替他答道也是“任而而化”,那首《自挽》诗说:

有生必有死,早终非命促;
昨暮同为人,今旦在鬼录。
魂气散何之? 枯形寄空木;
娇儿索父啼,良友抚我哭。
得失不得知,是非安能觉?
千秋万岁后,谁知荣与辱?
但恨在世时,饮酒不得足。

在昔无酒饮,今但湛空觞;
春醪生浮蚁,何时更能尝?
肴案盈我前,亲旧哭我旁;
欲语口无音,欲视眼无光;
昔在高堂寝,今宿荒草乡;
一朝出门去,归来良未央。

荒草何茫茫,白杨亦萧萧;
严霜九月中,送我出远郊。
四面无人居,高坟正蕉峣;
马为仰天鸣,风为自萧条。
幽室一已闭,千年不复朝;
千年不复朝,贤达无奈何!
向来相送人,各自还其家;
亲戚或余悲,他人亦已歌。
死去何所道,托体同山阿。

从以上所引渊明大部分的诗看来,渊明对于人生的见解,彻头彻尾都是悲观,即所持的态度乃是“不喜亦不惧”的“委率”、“自然”任运而化,不知道任公先生和一般读者肯不肯承认我是一千四百多年后渊明的一个知己?

（原载于《国学月报》1928 年第 1 期;后收入《中国文学杂论》,上海亚东图书馆,1928 年。）

《文心雕龙》的研究

本篇共分七段，如下：一、导言；二、刘勰的略传同他的论著；三、刘勰于当代文学革新积极的建设方面的言论；四、刘勰对于当代文学的批评方面的言论；五、刘勰论文学和时运的关系；六、《文心雕龙》全书的根本缺点；七、结论。

一、导言

我们考察学术思想的变迁，实在要经过启蒙、全盛、蜕分、衰落的四个时期。全盛以后的情形就如梁任公先生所说"凡一学派，当全盛之后，社会中希附末光者日众，陈陈相因，固已可厌；其时此派中精要之义，则先辈已濬发无余；承其流者，不过捃摭末节以弄诡辩。……而豪杰之士欲创新必擢旧，遂以彼为破坏之目标。"这个现象，凡是读过学术史的都可以知道。所以说凡一种制度、学术、风气，当他极盛时代，就流露出他的缺点来，那时就暗伏着极少极微的反抗分子为异日代兴的接替分子。有这种一往一复的现象，学术思想方才能够有进步，不过这极少极微的分子人人多忽略罢了。

现在且说我们中国的文学，从晋代以来，做文章的就专注重整炼的功夫，并且理由要说得圆满，事情要叙得致密，还要讲究奇偶，从美的一方面去看，固是很好，可惜从齐梁以后就弄得太过了，于是造句越致密，属对越工整，就犯了浮滥靡丽、华而不实的毛病，那时代文学的状况看以下所引的话，就可知一斑。

(1)《南齐书·文苑传论》，把当时文章的弊病和来源说得明白："一则启心闲释，托辞华旷，虽存巧绮，终致迂回，宜登公宴，未为准的，而疏慢阐缓，膏肓之病，典正可采，酷不入情，此体之源，出自灵运而成也。次则缉事比类，非对不发，博物可嘉，职成拘制；或全借古语，用申今情；崎岖牵引，直为偶说；惟睹事例，顿失精采，此则傅咸五经，应璩指事，虽不全似，可以类从。次则发唱惊挺，操调险急，雕藻淫艳，倾炫心魂，亦犹五色之有红紫，八音之有郑卫，斯鲍照之遗烈也。"这很可看出雕琢的不自然的文学流行的情形了。

(2)《隋书·李谔传》，李谔上书说："自魏三祖，更尚文辞，忽人君之大道，好雕虫之小艺，下之征上，有同影响，竞逐文华，遂成风俗。江左齐梁其弊弥甚，贵贱贤愚，惟务吟咏，遂复遗理存异，寻虚逐微，竞一韵之奇，争一字之巧，连篇累牍，不出月露之形；积案盈箱，惟是风云之状……"

从以上的话看来，就可以知道从晋代到陈文学变迁的大概了。像这样的情形，无怪乎人人都讨厌排偶，就不得不存矫正的念头。于是在这骈偶猖獗的时代，就暗伏着一位抱文学革新的刘彦和，可惜当时既无人唱和，后人又只以他那部极有价值的《文心雕龙》当做修辞书去读，就把他立言的宗旨失掉了。所以我把我读了此书的意见写出来给大家讨论。一方面可以知道他主张自然的文学——要用自然的思想情感来描写(要注意此非欧洲近世文坛之所谓"自然主义")——是积极的建设；在别一方面，他矫正当时不可一世的雕琢的文学，依据他自定的标准去逐一的批评，是消极的破坏；再说他能看出并且能够阐明文学和时运的关系，这就是他全书的三大好处。他这书最大的缺点、最坏的地方就是"文笔不分”，换句话说，就是他把纯文学和杂文学的界限完全的打破，混淆不分罢了。在他那文学观念已经大为确定明了的时代，他偏要出来立异，要想以文载道，这是他最大的错处。我这篇文章的目的，固然是要表明他在当时算得一个文学的革新家，但他的缺点，总是不替他掩饰的。

二、刘勰的略传同他的论著

按《南史》本传说：“刘勰字彦和，东莞莒人也。……勰早孤，笃志好学，家贫，不婚娶。……梁天监中，兼东宫通事舍人。……初，勰撰《文心雕龙》五十篇，论古今文体。……既成，未为时流所称，勰欲取定于沈约，无由自达，乃负书候约于车前，状若货鬻者；约取读，大重之，谓深得文理，常陈诸几案。……敕与慧震沙门于定林寺撰经，证功毕，遂求出家；先燔发须自誓，敕许之，乃变服改名慧地云。”由这段小传看来，他受佛教的影响，实在不小。他少依沙门僧佑居，所以就能博通经论，区别部类，集录起来作了一篇序文。他所著的这部《文心雕龙》，条理非常之精密，在我中国古书里头像这样有系统的专著，真是少极了！我们不能不说他是很得力于佛经的研究了。他的论著，固然不限于以上所说的两种，如《南史》所说：“勰为文长于佛，都下寺塔及名僧碑志，必请勰制文。”但是我们只研究《文心雕龙》这一部有价值的论著，其余的就不管他了。

我们研究《文心雕龙》最先必定要知道他的命名同他的内容，现在分两段来说：

《文心雕龙》命名的意义。《文心雕龙》何以要如此的命名呢？刘彦和解答说“夫文心者，言为文之用心也。昔涓子《琴心》，王孙《巧心》，心哉美矣，故用之焉。古来文章，以雕缛成体，岂取驺奭之群言雕龙也。”（《序志篇》）这几句话，很可以算做他这部书名的训诂定义了。

《文心雕龙》的内容。按黄叔琳说：“此书分上下两篇，其中又自析为四十九篇，合《序志》一篇，篇共五十，依元本分十卷。”这是篇数的内容。若是自大体去看，又可以分做两大部分：第一部分，包括《原道》《征圣》

《宗经》《正纬》《辨骚》直至《议对》《书记》等二十五篇，刘彦和曾作一段收束说："盖文心之作也，本乎道，师乎圣，体乎经，酌乎纬，变乎骚，文之枢纽，亦云极矣。若乃论文叙笔，则囿别区分，原始以表末，释名以章义，选文以定篇，敷理以举统，上篇以上，纲领明矣。"第二部分，包括《神思》《体性》《风骨》《通变》《定势》直至《程器》《序志》二十五篇，刘彦和也作一段收束说："至于割精析采，笼圈条贯，摛《神》《性》，图《风》《势》，苞《会》《迩》，阅《声》《字》，崇替于《时序》，褒贬于《才略》，怊怅于《知音》，耿介于《程器》，长怀《序志》，以驭群篇，下篇以下，毛目显矣。"(《序志篇》)我们看他这书何等样的系统周密，成为专门的著述，但是《隋书·经籍志》硬把他列入集部，真是无眼光识见，这一层章实斋在《文史通义》就说过了。

三、刘勰对于当代文学革新积极的建设方面的言论

在刘彦和那时代，正是"寻虚逐微，竞一韵之奇，争一字之巧"的时代，所以他首先标出一个文学的自然主义出来，就是要先有自然的情感和思想然后自然的描写，用来矫正那时代文学的趋势。(由此可见这里所说"自然主义"的诠意和 naturalism 完全两样，我不过为说明上便利而已，请读者毋误会。)我们看他说：

> 夫玄黄色杂，方圆体分；日月叠璧，以垂丽天之象；山川焕绮，以铺理地之形，此盖道之文也。仰观吐曜，俯察含章，高卑定位，故两仪既生矣，惟人参之，性灵所钟，是谓三才。为五行之秀，实天地之心，心生而言立，言立而文明，自然之道也。傍及万品，动植皆文，龙凤以藻绘呈瑞，虎豹以炳蔚凝姿；云霞雕色，有踰画工之妙；草木贲华，无待锦匠之奇，夫岂外饰，盖自然耳。至于林籁结响，调如竽瑟；泉石激韵，和若球锽；故形立则章成矣，声发则文生矣。夫以无识之物，郁然有彩，有心之器，其无文欤？(《原道篇》)

又说：

> 春秋代序，阴阳惨舒，物色之动，心亦摇焉。盖阳气萌而元驹步，阴律凝而丹鸟羞；微虫犹或入感，四时之动物深矣。若夫珪璋挺其惠心，英华秀其清气，物色相召，人谁获安？是以献岁发春，悦预之情畅；滔滔孟夏，郁陶之心凝，天高气清，阴沉之志远；霰雪无垠，矜肃之虑深。岁有其物，物有其容，情以物迁，辞以情发；一叶且或迎意，虫声有足引心，况清风与明月同夜，白日与春林共朝哉？是以诗人感物，联类不穷，流连万象之际，沉吟视听之区。（《物色篇》）

这两段只是泛论人和自然界发生情感思想的情形。既有了情感思想，就该自然的描写出来，所以他又说：

> 写气图貌，既随物以宛转；属采附声，亦与心而徘徊。故“灼灼”状桃花之鲜，“依依”尽杨柳之貌，“杲杲”为出日之容，“瀌瀌”拟雨雪之状，“喈喈”逐黄鸟之声，“喓喓”学草虫之韵，皎日嘒星，一言穷理，参差沃若，两字穷形，并以少总多，情貌无遗矣。（同上）

又说：

> 夫铅黛所以饰容，而盼倩生于淑姿；文采所以饰言，而辩丽本于情性。故情者，文之经；辞者，理之纬；经正而后纬成，理定而后辞畅，此立文之本源也。昔诗人什篇，为情而造文；辞人赋颂，为文而造情。（《情采篇》）

“为情造文”正如胡适之先生说：“要有话说方才说话。”“为文造情”就是“无病而呻”了。这几句话，真把文学的根本都揭明白了。他又从文学的“自然”、“不自然”上去定作文时的快乐或痛苦。他说：

> 率志委和，则理融而情畅；钻砺过分，则神疲而气衰……故淳言以比浇辞，文质悬乎千载；率志以方竭情，劳逸差于万里。古人所以余裕，后进所以莫遑也。（《养气篇》）

这段话真精湛极了！他说的“率志”就是说根据自己的性情思想，“委和”就是要顺自然。我们看秦汉以上的文章，都是很质朴自然的，像那首“日出而作，日入而息，凿井而饮，耕田而食，帝力何有于我哉”的《击壤歌》，何等样的自然？那些什么《甘泉赋》怎么能同这样的价值比较？真是“淳言以比浇辞，文质悬乎千载”了。《击壤歌》自然是天籁，作者一点不费力。扬雄那样大文豪，只是被皇帝逼着，费了大力，竟自到他做梦见自己肠腑都滚出来，真是痛苦极了，文章的价值也就很低，真是“率志以方竭情，劳逸差于万里，古人所以余裕，后进所以莫遑”了，这是他建设方面的言论。

四、刘勰对于当代文学的批评方面的言论

刘彦和既标出文学的自然主义，所以凡是雕琢的文品在当时极盛行的，他都加以消极的破坏。他最利害的方法就是先定出标准，然后逐一的加以批评，例如《比兴篇》，他就以为：

> 比类虽繁，以切至为贵；若刻鹄类鹜，则无所取。

《夸饰篇》说：

> 自宋玉、景差，夸饰始盛，相如《凭风》，诡滥愈甚。故上林之馆，奔星与宛虹入轩；从禽之盛，飞廉与鹪鹩俱获。及扬雄《甘泉》，酌其余波，语环奇则假珍玉树，言峻极则颠坠于鬼神；至《东都》之比目，《西京》之海若，验理则理无可验，穷饰则饰犹未穷矣。又如子云《羽猎》，鞭宓妃以饷屈原；张衡《羽猎》，困元冥于朔野；变彼洛神，既非罔两，惟此水师，亦非魑魅，而虚用滥形，不其疏乎？此欲夸其威而饰其事，义睽剌也。

《事类篇》说：

> 引事乖谬，虽千载而为瑕：陈思群才之英也，《报孔璋书》云“葛天氏之乐千人唱、万人和，听者因以蔑《韶》、《夏》矣”，此引事实之谬也；按葛天之歌，唱和三人而已。相如《上林》云：“奏陶唐之舞，听葛天之歌，千人唱，万人和”，唱和千万人乃相如接人，然而滥侈葛天，

推三成万者，信赋妄书，致斯谬也。陆机《园葵诗》云："庇足同一智，生理合异端"，夫葵能卫足，事讥鲍庄，葛藟庇根，辞自乐预，若譬葛为葵，则引事为谬；若谓庇胜卫，则改事失真，斯又不精之患。夫以子建明练，士衡沉密，而不免于谬，曹仁之谬高唐，又曷足以嘲哉？

《指瑕篇》说：

陈思之文，群才之俊也，而《武帝诔》云："尊灵永蛰。"《明帝颂》云："圣体浮轻。"浮轻有似于胡蝶，永蛰颇疑于昆虫，施之尊极，岂其当乎？左思《七讽》说孝而不从，反道若斯，余不足观矣。潘岳为才，善于哀文，然悲内兄则云感口泽，伤弱子则云心如疑，《礼》文在尊极，而施之下流，辞虽足哀，义斯替矣。若夫君子拟人，必于其伦，而崔瑗之《诔李公》，比行于黄虞、向秀之《赋稽生》，方罪于李斯，与其失也虽宁僭无滥，然高厚之时，不类甚矣。

这样从形式上列举的批评，在本书里多得不可胜说，至如统括的从实质方面来批评的话，如《夸饰篇》说：

后进之才，奖气挟气，轩翥而欲奋飞，腾掷而羞跼步。辞入炜烨，春藻不能程其艳；言在萎绝，寒谷未足成其凋；谈欢则字与笑并论，戚则声共泣偕，信可以发蕴而飞滞，披瞽而骇聋矣。然饰穷其要，则心声锋起；夸过其理，则名实两乖。

《隐秀篇》说：

凡文集胜篇，不盈十一，篇章秀句，裁可百二，并思合而自逢，非研虑之所求也。或有晦塞为深，虽奥非隐；雕削取巧，虽美非秀矣。故自然会妙，譬卉木之耀英华；润色取美，譬缯帛之染朱绿。

像这样的话，在别的篇章里也是很多很多。总之，他是绝力的排斥雕琢的、不是自然的文学罢了。这就是他的消极的破坏方面的言论了。

刘彦和在中国文学界又算是第一个的批评家，换句话说，就是中国文学上的批评自他开始，他这种先定标准而后批评，很相当于欧洲文学上的“法定的批评”。所谓“法定的批评”的意义，就如穆尔登所说：“批评就好像个判官，他下一个判词说那篇的艺术工夫是好的或是坏的，那篇是比较好的或是极恶劣不堪的，他先定下正确的原理，再指出瑕疵的地方，他所坚持的标准使他能做几种艺术品的较量，这样常被人称为价值的批评。”（《文学的近代研究》三百十七页）在《文心雕龙》里除了以上纯粹是消极的破坏批评而外，如他批评《离骚》以为“楚词者，体慢于二代，而风雅于战国，乃《雅》、《颂》之博徒，而词赋之英杰也。”这就是因为“其骨鲠所树，肌肤所附，虽取镕经意，亦自铸伟辞。”所以“《离骚》《九章》朗丽以哀志，《九歌》《九辩》绮靡以伤情，《远游》《天问》瓌诡而惠巧，《招魂》《招隐》耀艳而深华；《卜居》标放言之致，《渔父》寄独往之才，故能气往轹古，辞来切今，惊采绝艳，难与并能矣。”（《辩骚篇》）像这样详密精致的批评文学，在中国大概是不容易找得的。此外如《明诗篇》、《乐府篇》、《诠赋篇》都有相类的批评，足见刘彦和实在又算得中国空前的一个文学批评家。

五、刘勰论文学和时运的关系

文学本质的变异性，有时间空间的不同，因为“不问古今东西，所谓文学，都是时势——包括时间和环境二者——自己造成的用以照自己的明镜。”这是日本厨川白村所说的话，这样的意思，就可以相当于这里所说的“时运”了。我们中国第一能懂得文学和时运的关系的人，也是刘彦和。他说：

> 时运交移，质文代变，古今情理，如可言乎？昔在陶唐，德盛化钧，野老吐《何力》之谈，郊童含《不识》之歌。有虞继作，政阜民暇，《薰风》诗于元后，《烂云》歌于列臣，尽其美者，何乃心乐而声泰也。至大禹敷土，九序咏功；成汤圣敬，猗欤作颂。逮姬文之德盛，《周南》勤而不怨；大王之化淳，《邠风》乐而不淫；幽厉昏而《板》、《荡》怒，平王微而《黍离》哀。故知歌谣文理，与世推移，风动于上，而波

震于下者。(《时序篇》)

他从文学史上一一的举来证明这个道理,我且引他关于三国以后文学和时运来说。他以为:

自献帝播迁,文学蓬转,建安之末,区宇方辑,魏武以相王之尊,雅爱诗章;文帝以副君之重,妙善辞赋;陈思以公子之豪,下笔琳琅,并体貌英逸,故俊才云蒸,仲宣委质于汉南,孔璋归命于河北,伟长从宦于青土,公干徇质于海隅,德琏综其斐然之思,元瑜展其翩翩之乐,文蔚、休伯之俦,于叔、德祖之侣,傲雅觞豆之前,雍容衽席之上,洒笔以成酣歌,和墨以藉谈笑;观其时文,雅好慷慨,良由世积乱离,风衰俗怨,并志深而笔长,故梗概而多气也……晋虽不文,人才实盛,茂先摇笔而散珠,太冲动墨而横锦,岳湛曜联璧之华,机云标二俊之采,应傅、三张之徒,孙挚、成公之属,并结藻清英,流韵绮靡,前史以为运涉季世,人未尽才,诚哉斯谈,可为叹息!……自中朝贵元,江左称盛,因谈余气,流成文体,是以世极迍邅,而辞意夷泰,诗必柱下之旨归,赋乃漆园之义疏,故知文变染乎世情,兴废系乎时序,原始以要终,虽百世可知也。(见同上)

自从他看破这机密以后,如刘知几的《史通·言语篇》、顾炎武的《日知录》和章太炎的《菿汉微言》都有相同的论调,不过此处不是专研究这个问题的地方,只好略而不谈,我们只消认识《文心雕龙》有这一点好处就够了。

六、《文心雕龙》全书的根本缺点

我们中国从晋代以后,文学的观念就渐渐的确定,所谓“文笔之分”就是纯文学和杂文学有分别,狭义的文学和广义的文学有分别,这是文学观念进化的一件可喜的事!所以那时就有“长于笔,长于文”的话头。“文”就是纯文学,“笔”就是杂文学,如颜延之说“竣得臣笔,侧得臣文”,

就是一例。在古代也就有把“记事之文”叫做“文札”的,如《汉书·楼护传》就有说:“谷子云笔札”的话,但要到了刘彦和齐梁的时代,这“文”“笔”才明明白白的分而为二。但是刘彦和却矫枉过直,把这个区分打破,偏于复古一面,接着唐代那般古文传统派出来,这个区分,就简直不存在了。这样始作俑之人,我不能不说是刘彦和,我不能不为《文心雕龙》下一个“白玉之玷”的批评。我们在先且举出那时代“文笔之分”的诸家的理由来,然后又再把刘彦和所主张矫枉过直的荒谬意见和所影响于他这部书的情形说一说,就可证明我这种批评不是吹毛求疵,不是以今非古,不是苛刻。

中国纯文学观念的演进的情形,要拿阮元的《揅经室集》里《海堂文笔对》所搜集的历史上的证据来说,现在节录在下面。《晋书》上说:“蔡谟文笔议论,有集行于世。”《宋书·傅亮传》说:“高祖登庸之始,文笔皆是记室参军滕演;北征广固,悉委长史王诞;自此而后,至于受命,表策文诰,皆亮辞也。”《南史·颜延之传》说:“宋文帝问延之诸子才能,延之曰:‘竣得臣笔,测得臣文。’”《北史·魏高祖纪》说:“帝好为文章诗赋铭颂,有大文笔,马上口授,及其成也,不改一字。”《魏书·温子升传》:“张皋写子升文笔,传于江外。”《北齐书·李广传》说:“广尝荐毕义云于崔暹,广卒后,义云集其文笔十卷,托魏收为之叙。”《陈书·陆琰传》:“其所制文笔,多不存本,后主求其遗文,撰成二卷。”《刘师知传》说:“师知好学,有当世才,博涉书传,工文笔。”《徐伯阳传》说:“伯阳年十五,以文笔称。”这些零碎的史料,固是可以看得出那时“文”和“笔”是分得清清楚楚的,但是对于“文”和“笔”的意义说得最明切透澈的,不能不推梁元帝的那一部《金楼子》上的话了。《金楼子》里的《立言篇》说:

> 古人之学者有二,今人之学者有四,夫子门徒,转相师受,通圣人之经者谓之“儒”,屈原、宋玉、枚乘、长卿之徒,止于辞赋,则谓之“文”。今之儒,博穷子史,但能识其事不能通其理者,谓之“学”。至如不便为诗如阎纂,善为章奏如伯松,若此之流,泛谓之“笔”。吟咏

> 风谣，流连哀思者谓之“文”。而学者率多不便属辞，守其章句，迟于通变，质于心用；学者不能定礼乐之是非，辩教之宗旨，徒能扬榷前言，抵掌多识，然而挹源知流，亦足可贵。笔退则非谓成篇，进则不云取义，神其巧惠，笔端而已。至如文者，惟须绮縠纷披，宫徵靡曼，唇吻遒会，情灵摇荡。

在这样文学观念明了确定的时代，偏偏这位不达时务的刘彦和就来打破这样的分别，使文学的观念，又趋于含混，又使文笔不分。

我们看他开首在《总术篇》就骂那般主张文笔分判的，他说：

> 今之常言，有文有笔，以为无韵者笔也，有韵者文也。夫文以足言，理兼诗书；别目两名，自近代耳。颜延年以为笔之为体，言之文也，经典则言而非笔，传记则笔而非言；请夺彼矛，还攻其楯矣。何者？《易》之《文言》，岂非言文？若笔不言文，不得云经典非笔矣，将以立论未见其论立也。

他这种话在名词的含义和推理的方式上都有极大的错误，因为他自己对于“文”的含义和人家的就不一样。他以为“文”是拿来足言的，而人家却以“吟咏风谣，流连哀思”的才叫做“文”，这样名词的含义，显然是不同的。但他却用那种自造的逻辑和经典的大帽子拿来反对“文笔之分”。在他以为《易经》的《文言》，就明明是“足言”的“文”，但却不是如人家所说“屈原、宋玉、枚乘、长卿之徒止于辞赋”那样的“文”。他的主张是：“予以发口为言，属笔曰翰，常道曰经，述经曰传。”这么一来，就把一个已经成就了的明白具体完全的文学定义，搅扰得一个乱七八糟、乌烟瘴气的了。你看他好好的一部有条理的《文心雕龙》，除了几篇《辨骚》《明诗》《乐府》……是在纯文学的范围内，旁的如《神思》《体性》《风骨》《通变》《定势》《情采》……是关于修辞学——纯文学的形式方面而外，就牵扯得宽泛了，《原道》《宗经》就谈到哲学方面去了，《史传》就含混了文史的界限，此外杂文学里的什么《颂赞》《祝盟》《铭箴》《诔碑》……也都鱼龙不分，泾渭莫辨，随便的扯来，有什么价值？这真是全书的缺点，铸下了一个大错。

七、结论

在以前几章里，我已经将《文心雕龙》产生的时代背景、作者的生平和本书的内容、优点和劣点一一的说过，我们由此也可以承认刘彦和实在是有很大的抱负，有强烈的改革精神，对于那个时代雕琢的文学，想把他改造成为自然的文学。但或者有人必定怀疑说："刘彦和既是有革新的言论，何以要等到隋唐之复古，文体方才一变呢？怎么不像现在新文体变动这么快呢？"这却有几种原因：旧时的文字重高雅，新时文字重通俗，所以旧时的文字缺乏普遍性质，就不容易令人懂，容易传播，很少能引起同情，很少有知音了，这就是刘彦和工具的一个大缺点。刘彦和既是单骑独马，势力薄弱，他的文章在那时候自然是不入俗眼，遂致淹没一生，所以他在《知音篇》开口就唱起来了："知音其难哉？音实难知，知实难逢，逢其知音，千载其一乎？"后来他在《序志篇》结尾又说："茫茫往代，既沉余闻；眇眇来世，倘尘彼观也。"看他又何等样的踌躇满志！总之我们现在知道了许多文学革新家，也应该要知道千多年前的一位郁而不彰的文学革新家。

（原载于《晨报副刊》1922年10月24日至29日；后收入《中国文学杂论》，上海亚东图书馆，1928年。）

苏曼殊传

一、导言

我们每一提起苏曼殊大师的名字来，便恍恍忽忽的想起一个小说上像他这样一生享有艳福而却是曾经出家入禅的人来，这自然是《红楼梦》里的主人翁贾宝玉了，但宝玉是生长在"诗礼簪缨之族，花柳繁华之地，温柔富贵之乡"的一个得意公子，而苏曼殊却是常说"身世有难言之恫"的人，因此我们要想对于他的作品能有深切的了解和欣赏，我们就不能不知道他的身世。不幸的就是替他作传的两个人，在前的是章太炎，他在《章氏丛书文录》二有《书苏元瑛事》一篇，只用赞叹的口气，史公的笔墨，突兀的章法，叙苏元瑛的一些琐事，简略得非常。此外有一篇《曼殊遗画弁言》，也只多说了一点曼殊浪漫的行为，别的事是考查不出来的。在后的是柳弃疾，他在《曼殊上人燕子龛遗诗》里作了一篇《苏玄瑛传》，内容虽比较丰富，亦嫌不够表现曼殊的生平。更可怪的便是梁任公先生作了一本《清学概论》，胡适之先生在《申报五十年纪念增刊》里作了一篇《五十年来中国之文学》对于晚清诗人所推崇的都只有郑珍和金和，后来胡先骕先生在《评胡适〈五十年来中国之文学〉》算加进了许多诗人，如高心夔、江隄一般人，而这天才卓越的文学家苏曼殊，却始终没有一个位置，所以我不量力要来替苏曼殊做番介绍的事业，表示我敬爱曼殊的诚意。

二、苏曼殊的生平和他的论著

我们根据章太炎的《书苏玄瑛事》、《曼殊遗画弁言》和柳弃疾的《苏玄瑛传》就可以得到："苏玄瑛字子穀，号曼殊，广东香山人，父广州产，商于日本，娶日本女，生玄瑛，挈之返国"很少的几句话，但曼殊的身世，在他作的那本《断鸿零雁记》里，才可知道这书是他自己的写照。这本书虽是小说体裁，而自来文学家如曹雪芹之《红楼梦》，英人笛根士(Charles Dikens，1812—1870)之于《块肉余生记》(David Copperfield)，法人都得(Alphones Daudet(1840—1897)之于《小物件》(Le Peti Chose)都是作者的自传。曼殊在《断鸿零雁记》里记他问他的乳媪说："吾身世究如何者？"乳媪答他说：

> 夫人曼殊的母亲——为日本产，衣制悉从吾国古代，此吾见夫人后，始习闻之。"三郎"即夫命尔名也，尝闻之夫人，尔呱呱坠地无几月，即生父见背；尔生父宗郎，旧为江户名族，生平肝胆照人，为里党所推，后此夫人综览季世，惭入浇漓，思携尔讬根上国，故挈尔身于父执为谊子，使尔离绝岛民根性，冀尔长进为人中龙也。明

知兹事有干国律,然慈母爱子之心,无所不至,乃亲自抱尔潜行来游吾国,侨居三年,忽一日夫人诏我曰:“吾东归矣,尔其珍重。”复次,指三郎凄声含泪曰:“是儿生也不辰,媪其善视之,吾必不忘尔赐。”语已,手书地址付余,嘱勿遗失,故吾今尚珍藏旧箧之中。(六—七页)

苏夫人回日本后,曼殊在他父执家里过活怎么样呢?乳媪说:

尔父执为人诚实,恒念尔生父于彼有恩,视尔犹己出,谁料尔父执辞世,不旋踵而彼妇——曼殊父执的妻子——初诚顿变耶?至尔无知小子,受待之苛,莫可伦比。(八页)

曼殊的父执的妻子真坏透了!在曼殊一方面,诡言苏夫人已葬鱼腹(八页),在苏夫人方面又说曼殊上山,为虎所噬(二八页),跟着把乳媪也赶走了(六页)。曼殊那时还有一个父执,是他未婚妻雪梅的父亲,曼殊说:“雪梅之父在余义父未逝之先,已将雪梅许我,后此见余谊父家运式微,余生母复无消息,乃生悔心,欲爽前约。”(一五页)“当时余固年少气盛,遂掉头不顾,飘然之广州常秀寺哀祷赞初长老,摄受为驱乌沙。”(一六页)这是曼殊自述他出家入禅的原因。唉!天下伤心人竟自不少,记得在曼殊时代稍前的一个湖南湘潭诗僧黄读山(释名敬安,字寄禅)在所著《八指头陀诗集述》也有说:

余……七岁失母,诸姊皆已嫁,父或他适,则预以余及弟寄食邻家,日昃不返即唬号纵迹之,里人为之恻然。年十一始就塾师授《论语》,未终篇,父又没,零丁孤苦,极厥惨伤。弟以幼依族父,余无所得食,乃为农家牧牛,犹带书读,一日与群儿避雨村中,闻读唐诗,至“少孤为客早”句,潸然泪下,塾师周云帆先生骇问其由,以父没不能读书对,师甚怜之,曰:“子为我执炊爨洒扫,暇则教子读可乎?”即下拜,师喜甚,每语人曰:“此子耐苦读,后必有所树立,余老不及见耳。”无何,师以病没。然余遵师遗训,不欲废业,闻某豪家欲觅一童伴儿读,即欣然往就,至则使供驱役,自读辄遭诃叱,因悲叹以为屈

> 身原为读书计，既违所愿，岂可为区区衣食为人奴乎！既辞去学艺，鞭挞尤甚，绝而复苏者数次；一日见篱间白桃花忽为风雨摧败，不觉失声大哭，因慨然动出尘想，遂投湘阴法华寺出家，礼东林长老为师，时同治七年，余方成童也。……

这样真与曼殊有同悲的了。但据章太炎说曼殊是因为“广中重宗法，族人以子穀异类，群摈斥之；父分赀其母，令子穀出就外傅，习英吉利语，数岁，父死，母归日本，子穀贫困，为沙门，号曰曼殊。”又说：“子穀少时，父为聘女，及壮，贫甚，衣裳物色在僧俗间，所聘女亦与绝。”柳弃疾《传》说曼殊是“祝发广州之雷峰寺，本师慧龙长老，奇其才，试授以学，不数年尽通梵汉及欧罗巴诸国典籍”，曼殊自己说他治欧文二年，是在西班牙牧帅劳弼家里，是因为他羡慕“其人清幽绝俗，实景教中铮铮之士，非包藏祸心，思墟人国者。”(《断鸿零雁记》一七页)后来他得了他那“古德幽光”的未婚妻雪梅一百金的帮助，他就到日本去省视他的生母，“骨肉重逢”自然是人生最大的快事，加以他受他姨母的厚遇和他表姊静子那样缠绵的爱恋，他虽想不昧雪梅，而静子却舍他无属意之人。他病了，静子亲自煎调汤药，还让精美的卧房给他住，在他榻畔紫檀几上，每晨必易鲜花一束，种种体贴温存，无微不至，虽《红楼梦》里贾实玉所享的艳福，也不过如是，读了真令人羡煞！但后来他毕竟不告而逃了，回到西湖，仍穿上僧衣做和尚，一天替麦家做法事，才由麦女公子口里，得知他的未婚妻雪梅“被其继母，逼为富家媳，迨出阁前一夕，竟绝粒而夭”的消息，他由此就回广州去找香塚去了，这本《断鸿零雁记》也就结束。此后曼殊的事迹虽不可详知，但根据柳弃疾的《传》，那么曼殊因为他的恩师慧龙死了，他“漠然无所向，遂返初服，踰岭绝大江，遍历湘之长沙，皖之安庆，苏之秣陵吴门，浙之武林，而居上海最久；又感玄奘故事，万里裹粮，只身走身毒，周游欧罗巴美利坚诸境，自耶婆提航海归，其间数数东渡倭省母。会前大总统孙文，玄瑛乡人也，时方亡命嵎夷，期覆清社，海内才智之士，鳞萃辐凑，人人愿从玄瑛游，自以为相见晚，玄瑛翱翔其间，若庄光之于南阳故人焉。及南郡建国……晚居上海,好逐狭邪游,姹女盈前,弗一破其禅定也。中华民国七年五月二日以疾卒于宝隆医院,年□十有□。"曼殊死在公历一千九百一十八年,他的年龄不确知,那么他的生年自然无法推算了。

由上面残阙不全的传看来,那么曼殊所受于刻毒险狠的社会的刺激有如笛根士所享的人间艳福,有如曹雪芹所自写贾宝玉,至于他浪漫的天才,又有如英国旷代诗人的摆伦,这些都可从他的作品里看得出来的,不过曼殊的性质,却始终是一个"天真未凿"行事浪漫的人,所以章太炎说:"子榖盖老氏所谓婴儿者也","不解人事,至不辨稻麦,期侯啗饭,辄四五盂,亦不知为稻也。尝在日本,一日饮冰五六斤,比晚,不能动,人以为死,视之,犹有气,明日复饮冰如故。"又说曼殊在他所聘女与绝之后,"欲更娶,人无与者,乃入倡家哭之,倡皆骇走,始去美利加;有肥女重四百斤,胫大如汲水瓮,子榖视之,问'求偶耶?安得肥重与君等者?'女曰:'吾欲瘠人。'子榖曰:'吾体瘠,为君耦何如?'其行事多如此。"但使他出人一等的地方,就是道德高尚,操守贞固,所以章先生接着就说:"然性率直,见人诈伪败行者,常瞋目詈之,人以其狂戆,亦不恨。"在《书苏元瑛事》也说他是:"独行之士,不从流俗,然于朋友笃挚,凡委琐功利之事,视之蔑如也;虽名在革命者,或不能得齿列。"又说:"元瑛与刘光汉有旧,时时宿习其家,然诸与光汉阴谋者,元瑛辄詈之,或不同坐;礶而不磷,涅而不滓,其斯之谓欤!"柳弃疾的《苏玄瑛传》也说辛亥革命以后,那般和他在日本旧相识的都"乘时得位,争欲致玄瑛,玄瑛冥鸿物外,足未尝一履其门,时论高之,生平口不言钱,而挥手尽万金,值资绝,饿不得餐,则拥衾终日卧,怡然弗以为困;释衲以来,绝口婚宦。"这样的人格,真当得章先生所谓"厉高节,抗浮云"六个字的考语了。英国哈得逊(W. H. Hudson)说过:"一本伟大的作品是它的著者的脑和心产生的,著者将它自己放在那书一页一页的上面,这一页一页的书都具有他的生命,都同他的个性相感的。"我们要牢记着这几句极有价值的话去读他的诗文,方才能懂得曼殊的"文如其人"。

曼殊的著述是很多的，但大半都散逸不存了，现在可考见的，只有以下的几种：

(A) 诗类

《燕子龛遗诗》一卷

(B) 小说类

《焚剑记》

《绛纱记》

《碎簪记》

《断鸿零雁记》

(C) 翻译文学类

《文学因缘》

《英汉三昧集》

《拜轮诗选》

《悲惨世界》

(D) 杂文类

《梵文典》八卷

《潮音》一卷《杂著随笔》若干卷

三、苏曼殊的诗

曼殊的诗，王德钟先生批评他说："所为诗蒨丽绵眇，其神则蹇裳湘渚，幽幽兰馨；其韵则天外云璈，如往而复极，其神化之境，盖如羚羊挂角而弗可迹也。"这样浮泛的许多话，还不如清艳明隽四个字能涵盖曼殊诗的精神，我且抄他的几首诗来做证明。

有　赠

春雨楼头尺八萧，何时归看浙江潮？

芒鞋破钵无人识，踏过樱花第几桥？

过若松町有感示仲兄

契阔死生君莫问，行云流水一孤僧；
无端狂笑无端哭，纵有欢肠已似冰。

住西湖白云禅院

白云深处拥雷峰，几树寒梅带雪红？
斋罢垂垂浑人定，庵前潭影落疏钟。

憩平原别邸赠玄玄

狂歌走马遍天涯，斗酒黄鸡处士家；
逢君别有伤心在，且看寒梅未落花。

只这四首，也足见曼殊诗境之清，人品之高洁，胸怀之洒落了。在上面提及的那个诗僧八指头陀（黄读山）也有诗说："十载身如一叶轻，青山到处自题名；每来玉几云边宿，曾向金鳌背上行。钵里尚余香积饭，诗中犹带海潮声；旧游历历为君数，烟水苍茫无限情。"（《诗集》卷二《戏赠浚川居士》）别的好诗也还多，但我的偏见，总以为雕琢过甚，远不如曼殊的好。再看曼殊的：

寄调筝人

生憎花发柳含烟，东海飘零二十年；
忏尽情禅空色相，琵琶湖畔枕经眠。
禅心一任蛾眉妬，佛说原来怨是亲；
雨笠烟蓑归去也，与人无爱亦无嗔。
偷尝天女唇中露，几度临风拭泪痕；
日月思君令人老，孤窗无那正黄昏。

《东居杂诗》十九首

却下珠帘故故羞，浪持银蜡照梳头，玉阶人静情难诉，悄向星河觅女牛。

流萤明灭夜悠悠，素女婵娟不耐秋；相逢莫问人间事，故国伤心祗泪流。

罗襦换罢下西楼，荳蔻香温语未休；说到年华更羞怯，水晶帘下学箜篌。

翡翠流苏白玉钩，夜凉如水待牵牛；知否去年人去后，枕函红泪至今留。

异国名香莫浪偷，窥帘一笑意偏幽；明珠欲赠还惆怅，来岁双星怕引愁。

碧阑干外夜沉沉，斜倚云屏烛影深；看取红酥浑欲滴，凤文双髻是同心。

秋千院落月如钩，为爱花阴懒上楼；露湿红蕖波底袜，目拈罗带淡蛾羞。

折得黄花赠阿娇，暗抬星眼谢王乔；轻车肥犊金铃响，深院何人弄碧箫？

碧沼红莲水自流，涉江同上木兰舟；可怜十五盈盈女，不信卢家有莫愁。

飘灯珠箔玉筝秋，几曲回阑水上楼；猛忆定庵哀怨句，三生花草梦苏州。

人间天上结离忧，翠袖凝妆猛倚楼；凄绝蜀杨丝万缕，替人惜别亦生愁。

六幅潇湘曳画裙，镫前兰麝自氤氲；扁舟容与知无计，兵火头陀泪满樽。

银烛金杯映绿纱，空持倾国对流霞；酡颜欲语娇无力，云髻新簪白玉花。

蝉翼轻纱束细腰，远山眉黛不能描，谁知词客蓬山里，烟雨楼台梦六朝。

胭脂湖畔紫骝骄，流水栖鸦认小桥；为向芭蕉问消息，朝朝红泪欲成潮。

珍重嫦娥白玉姿，人天携手两无期；遗珠有恨终归海，睹物思人更可悲。

谁怜一阕断肠词，摇落秋怀只自知；况是异乡兼日暮，疏钟红叶坠相思。

槭槭秋林细雨时，天涯飘泊欲何之？空山流水无人迹，何处蛾眉有怨词？

兰蕙芬芳总负伊，并肩携手纳凉时；旧厢风物重相忆，十指纤纤擘荔枝。

我们将这两章诗对比着来看，就显然看出第一章是曼殊出家人本来的面目，而后一章却是“倩丽绵眇”，曼殊浪漫艳美的天才于此完全泄露出了。还有二首也是我所爱读的，附抄在下面：

（一）

西班牙雪鸿女诗人过存病榻，亲持玉照一幅，《拜轮遗集》一卷，曼陀罗花共含羞草一束见贻，且殷殷勖以归计。嗟夫！予早岁披鬀，学道无成，思维身世，有难言之恫，爰扶病书二十八字于《拜轮》卷首，此意惟雪鸿大家能之耳。

秋风海上已黄昏，独向遗篇吊拜轮；
词客飘蓬君与我，可能异域为招魂？

（二）

汽车中隔座女郎言其妹氏怀仁仗义，年仅十三，乘摩多车冒风而没，余怜而慰之，并示湘痕阿可。

人间花草太匆匆，春未残时花已空；
自是神仙沦小谪，不须惆怅忆芳容。

以曼殊诗这样品格的高贵，在近代中国诗坛应该占个什么位置？王德钟说得好：“乌乎！近代诗道之宗尚，诚难言矣。所称能诗者争以山谷、宛陵、临川、后山为归，自憙寄兴深微，裁章闲澹，刊落风华以为高，然仅规模北宋之清削而上不窥乎韦孟之门者，则蹇涩琐碎之病作焉；自古作家，珥珰钗钿之词，苟其风期散朗，无伤大雅，在所不废，今固亦有二三钜子力武晚唐，以沉博绝丽自雄，顾刊播所见，隶事伤神，遣词伤骨，厥音靡靡，讬体犹远在《疑雨》之下；宜乎《玉台西昆》见诟于世哉，于是而苏子曼殊之诗可以俎百代已。”本来好诗都是以意味深长“我手写我口”为根本要素，那些模仿的、雕琢的、浮浅的诗自然没有像曼殊这样有永久不朽的价值了，这到不在乎诗体的古不古上面。曼殊的诗，据王先生说“多放失，存稿至鲜”，而王先生所编定的《燕子龛遗诗》一卷，只有七言绝句六十一首，五言绝句四首，我所选录的诗，就是根据这本书。

四、苏曼殊的言情小说

曼殊所作的小说，有《绛纱记》、《焚剑记》、《碎簪记》、《断鸿零雁记》几种。《绛纱记》是叙述他和他朋友薛瑛(梦珠)一些零碎的情史，地方大概不出广东、新加坡、苏州之间，但这两个主人翁谁是曼殊，就分别不出来了；曼殊自认的情人是麦五姑，他们在海里船沉分散之后，五姑就害极端的相思病，不三月已成干血症死去，只留下一信和一束头发，讬西班牙女子碧伽赠他。薛梦珠的情人是谢秋云，梦珠出家，秋云守志不嫁，后来秋云和曼殊到苏州无量寺访他，他已坐化了。秋云见其襟间露出她少时给他定情的绛纱半角“以手挽出，省览周环已而伏梦珠怀中，抱之泪流，亲其面”，这样颇有《沙乐美》热烈的吻那位被杀的预言家秀美的颜容的风味。

《焚剑记》说的是宣统末年，独孤粲在变乱中的情史，这位公子却是能锄强扶弱，仗义不平，很有武勇的好汉子；那女主人翁阿兰在遭水灾暴卒之后，她的妹阿蕙又迫不得已过门守节，独孤公子后来由周大口里，才知道他的两个情人凄惨的终局，于是“出腰间剑，令周大焚之，如焚纸”一样。这两本小说有的描写生民的疾苦，人心险诈的地方是可称述的；至于情节悱恻动人之处，远不如《碎簪记》、《断鸿零雁记》的好了。胡适之先生曾有过过当的批评说：“《绛纱记》所记全是兽性的肉欲”，这样便连那位专以丰满的官能之描写见长的《沙乐美》(Salome)作者王尔德也非难在内了。又说:“《焚剑记》直是一篇胡说,其书尚不可比《聊斋志异》之百一,有何价值可言耶?”(《答钱玄同书》,《文存》卷一,页五四)这话是稍欠公平,我们只消读着曼殊的原文,便可知道了。

此外如《碎簪记》是叙述他的朋友庄湜的三角恋爱的故事,杜灵芳是庄湜自由订的未婚妻,莲佩是庄湜的叔婶强定的未婚妻,他们三人都有真挚深厚的爱,但灵芳订的在先,所以庄湜虽受了莲佩的无数的“温存腻态,中心亦何尝不碎,第每一思念上帝汝临,无二尔心之句,即亦凛然为不可侵犯之男子。”在庄湜叔婶方面却以灵芳自由订约是“蛮夷之风,不可学”,又以“衒女不贞,士衒不信”为辞,他们三人又从此互显手腕,于是结局莲佩自杀,灵芳缢死,庄湜自然也就一病不起了。在这幕浓厚的悲剧空气里面,文笔的缠绵致密当然是很好的了,尤以描写西湖的风月,上海社会里庄湜叔婶的家庭,令人耐读。

《断鸿零雁记》从前已说过是曼殊的自传,全书的情节我也总括的说过,现在可单就这书艺术方面描写的工致上来研究:

> ……一日凌晨,钟声徐发,余倚刹角危楼,看天际沙鸥明灭,是时已入冬令,海风逼人于千里之外;读吾书者识之,此日为余三戒俱足之日,计余居此,忽忽三旬,今日可下山面吾师;后此扫叶焚香,送我流年,亦复何憾?如是思维,不觉堕泪。叹曰:人皆谓无母,我岂真无母耶?否否。余自养父见背,虽茕茕一身,然常于风动树梢,零雨连绵,百静之中,隐约闻慈母唤我之声;顾声从何来,余心且不自明,恒结凝想耳。继又叹曰:吾母生我,胡弗使我一见?亦知儿身世飘零,至于斯极耶?
>
> 斯时晴波旷邈,光景奇丽,余遂披袈裟,随同戒者三十六人,双手捧香,鱼贯而行,升大殿已,鹄立左右,四山长老云集,《香赞》既阕,万籁无声;少选有尊证阁梨,以悲紧之音唱曰:“求戒行人,向天三拜,以报父母养育之恩。”余斯时泪如绠縻,莫能仰视,同戒者亦哽咽不止。既而礼毕,诸长老一一来相劝勉曰:“善哉大德,慧根深厚,

愿力庄严，此去谨侍亲师，异日灵山会上，拈花相笑。”余聆其音，慈悲哀愍，遂顶礼受牒，收泪拜辞诸长老；徐徐下山，夹道枯柯，已无宿叶，悲凉境地，唯见樵夫出没，然彼焉知方外之人，亦有难言之恫。（二一三页）

这样笔墨写来何等辛酸！写到这里，又想起黄读山（敬安）《八指头陀诗集》里《祝发示弟》一诗来，也觉得一样的不忍卒读：

人间火宅不可住，我生不辰泪如雨。母死我年方七岁，我弟当时犹哺乳。

抚棺寻母哭失声，我父以言相慰抚；道母已逝犹有父，有父自能为汝怙。

那堪一旦父亦逝，惟弟与我共荒宇。悠悠悲恨久难伸，搔首问天天不语。

窃思有弟继宗支，我学浮屠弟岂许？岂为无家乃出家，叹息人生如寄旅；

此情告弟弟勿悲，我行我法弟绳武。

在别一方面，我们看曼殊描写他拜访他姨母时的情形：

……齐进厅事，自去外衣，倏忽见一女郎，擎茶具，作淡装出，袅娜无伦，与余等礼毕时，余旁立谛视之，果清超拔俗也；第心甚疑骇，盖似曾相见者。姨氏以铁箸剔火钵寒灰，且剔且言曰：“别来逾旬，使人系念，前日接书，始知吾妹就瘥稍慰；今三郎归，诚如梦幻，我乐极矣。”余母答曰：“谢姊关垂，身虽老病，今见三郎，心滋怡悦，惟此子殊可愍耳。”此时女郎治茗既备，即先献余母，次则献余，余觉女郎此际瑟缩不知为地，姨氏知状，回顾女郎曰：“静子！余犹记三郎去时，尔亦知惜别，丝丝垂泪，尚忆之乎？”因屈指一算，续曰：“尔长于三郎二十有一月，即三郎为尔阿弟，尔勿踧踖作常态也。”女郎默然不答，徐徐出素手，为余妹理鬟发，双颊微生春晕矣。（一七页）

这样又何等的“绘影绘声”。还有最妙的一段如下：

……时为三月三日，天气清新，余就窗次卷帘外盼，山光照眼，花鸟怡魂，心乃滋适，忽念一事，盖余连日晨醒，即觉清芬通余鼻，观以榻畔紫檀几上必易鲜花一束，插胆瓶中，奕奕有光。花心犹带露滴；今晨忽见一翡翠襟针，遗于几下，方悉其为彼姝之物，花固美人之贻也。余又顿忆前日似与玉人曾相识者，因余先在罗弼女士斋中，所见德意志画伯阿陀辅手缋《沙浮遗影》，与彼姝无少差别耳。方凝竚间，忽注目纱帘之下，陈设甚雅；有云石案作鹅卵形，上置鉴屏银盒笔砚绛罗，一尘不着；旁有柚木书匮，状若鸽笼，藏书颇富，余检之均汉土古籍也。迨余回视左壁，复有小几，上置雁柱鸣筝，似尚有余音绕诸弦上。此时余始惊审此楼为彼姝妆阁，又心仪彼学邃，且翛然出尘，如藐姑仙子。（二九页）

这样的点染，要使《红楼梦》里林黛玉住的潇湘馆对之减色了。曼殊的才力，真不可及。此外还有第十二章记他和静子论诗，论朱舜水先生日时遗事，第十四章论画，都是绝好的文章，此外好的地方，不能再抄录了。

五、苏曼殊的翻译文学

曼殊的译诗主要的是由英文译成中文的《拜轮诗选》，据他的序文说是在光绪三十二年（公历一千九百〇六年）译的，他说：“今译是篇，按文切理，语无增饰；陈义悱恻，事辞相称。”我们现在读他的译诗，也是承认他自己的话是最公平最合分量的批评。曼殊浪漫的天才很和拜轮相近，所以他译拜轮的诗，特别的适宜；他自己也说：“诗歌之美在乎气体，然其情思幼眇，亦十方同感，如衲旧译《颎颎赤墙靡去燕》、《冬日》、《答美人赠束发□带诗》数章，可为证已。”曼殊是介绍拜轮文学给中国的第一人，他译拜轮的诗，计有：《去国行》、《留别雅典女郎》、《赞大海》、《答美人赠束发□带诗》、《哀希腊》五章，现在录他的《去国行》一章的译文和原文来对比着研究他翻译的才能。

(A) 拜轮原诗(一)

My native land—Good night,
Adieu, adieu! My native shore,
Fades o'er the water blue;
The night-winds sigh, the breakers roar,
And shrieks wild seamew.
You sun that sets upon the sea,
We follow in his flight;
Farewell a while to him and thee,
My native land—Good night.

(B) 曼殊译诗(一)

去国行

行行去故国,濑远苍波来;
鸣湍激夕风,沙鸥声凄其。
落日照远海,游子行随之;
须臾与尔别,故国从此辞。

(A) 拜轮原诗(二)

A few short hours and he will rise;
To give the morrow birth;
And I shall hail the main and skies,
But not my mother earth.
Deserted is my own good hall,
Its nearth is desolate;
Wild weeds are gathering on tha wall,
My dog howls at the gate.

(B) 曼殊译诗(二)

日出几刹那,明日晌息间;
海天一清啸,旧乡长弃捐。
吾家已荒凉,炉灶无余烟;
墙壁生蒿藜,犬吠空门边。

(A) 拜轮原诗(三)

Come hither, hither, my little page,
Why dost thou weep and wail?
Or dost thon dread the billows'rage,
Or tremble at the gale?
But dath the tear-drop from thine eye,
Our ship is swift and strong;
Our fleetest falcon scare can fly,
More merrily along.

(B) 曼殊译诗(三)

童仆尔善来,恫哭亦胡为?
岂惧怒涛怒,抑畏狂风危?
涕泗勿滂沱,坚船行若飞,
秋鹰宁为疾,此去乐无涯。

(A) 拜轮原诗(四)

Let winds be shrill, let waves roll high,
I fear not wave nor wind;
Yet marvel not, sir childe, that
I am sorrowful in mind.
For 1 have from my father gone;
And mother whom I love;

And have no friend, save these alone,
But thee—and one above.

(B) 曼殊译诗(四)

童仆前致辞,敷衽白丈人;
风波宁足惮,我心谅苦辛。
阿翁长别离,慈母平生亲;
茕茕谁复顾,苍天与丈人。

(A) 拜轮原诗(五)

My father bles'ds me fervently,
Yet did not much complain;
But sorely will my mother sigh
Till I come back again—
"Enough, enough, my little lad!
Such tears become thine eye;
If I thy guiltless bosom had,
Mine own would not be dry."

(B) 曼殊译诗(五)

阿翁祝我健,殷勤尚少怨;
阿母沉哀恫,嗟犹来无远。
童子勿复道!泪注盈千万;
我若效童愚,流涕当无算。

(A) 拜轮原诗(六)

Come hither, hither, my stanch yeoman,
Why dost thou look so pale?
Or dost thou dread a French faeman,
Or shiver of the glae? —

Deemst thou I tremble faring life?
Sir, childe, I am not so wife;
But thinking on an absent wife,
Will blanch a faithful cheek.

(B) 曼殊译诗(六)

火伴尔善来，尔颜胡惨白？
或惧法国仇，抑被劲风赫？
火伴前致辞，吾生岂惊迫；
独念闺中妇，顗容定枯瘠。

(A) 拜轮原诗(七)

My spouse and boys dwell near thy hall,
Along the bordering lake;
And when they on their father call,
What answer shall she make? —
"Enough, enough my yeoman good,
Thy grief none gain say;
But I, who am of lighter mood,
will laugh to flee away."

(B) 曼殊译诗(七)

贱子有妻孥，随公居泽边；
儿啼索阿爹，阿母心熬煎。
火伴勿复道，悲苦定何言；
而我薄行人，狂笑去悠然。

(A) 拜轮原诗(八)

For who would trust the seeming sighs of
Wife or varamour?

Fresh feeres will dry the bright blue eyes,
We late saw streaming o'er
For pleasures past I do not grieve.
Nor perils gathering near;
My greatest grief is that I leave;
Nothing that claims a tear.

(B) 曼殊译诗(八)

谁复信同心？对人阳太息；
得新已弃旧，媚目生颜色。
欢乐去莫哀，危难宁吾逼；
我心绝凄怆，求泪反不得。

(A) 拜轮原诗(九)

And now I'm in the world alone,
Upon the wide, wide ses;
But why should I for others groan,
When none will sigh for me?
Perchance my dog will whine in vain,
Till fed by strange hands;
But long ere I come back again,
He'd tear me where he stands.

(B) 曼殊译诗(九)

悠悠苍浪天，举世无所忻；
世既莫吾知，吾岂叹离群。
路人饲吾犬，哀声或狺狺；
久别如归来，啮我腰间裈。

(A) 拜轮原诗(十)

With thee, my bark, I'll swiftly go,
athwart the foaming brine;
Nor care what land thou bear'st me to,
So not again to mine.
Welcome, welcome, Ye dark—blue waves!
and when you fail my sight,
welcome ye deserts and ye caves!
My native land—good night!

(B) 曼殊译诗(十)

帆樯女努力,横趠幻泡漦;
此行任所适,故乡不可期。
欣欣波涛起!波涛行尽时;
欣欣荒野窟!故国从此辞!

曼殊的译诗一经和原诗排比标点起来,就显见他兼"按文切埋,语无增饰"直译的长处和"陈义悱恻,事辞相称"意译的神妙;有人说:"翻译文学得好的,其价值等于创作",我对于曼殊也是这样说。尤其是中国这几十年介绍欧洲诗歌成绩非常之坏!有的作品里稍受点影响和变化的人,大概都直接能看原文,无待翻译了;现在白话诗盛行,诗体得空前的解放,虽说成绩尚无可观,但介绍欧美诗歌是目前最迫切的事,我希望大家译诗上面都要以曼殊的信条为信条。此外曼殊编纂了两本英译中国古代诗歌的集子,一本是《文学因缘》,又一本是《英汉三昧集》,这些诗里有的注出原译者的姓名,并略加比较或批评;他在《文学因缘》的序文上说:"先是在香江读 Candlin 师所译《葬花词》词气凑拍,语无增减;若法译《离骚经》、《琵琶行》诸篇,雅丽远逊原作。"又说:"James Legge 博士译述《诗经》全部,其《静女》、《雄雉》、《汉广》数篇与 Middle Kingdoms 所载不同;《谷风》、《鹊巢》两篇又与 Francis Davis 所译少异;今各录数篇,以证同异,伯夷叔齐《采薇歌》,《懿氏繇》,《击壤歌》,《饭牛歌》,百里奚《妻琴歌》，箕子《麦秀歌》，《箜篌引》，《宋城者讴》，《古诗行行重行行》及杜诗‘国破山河在’等亦系 Legge 所译。李白《春日醉起言志》、《子夜吴歌》，杜甫《佳人行》，班回《怨歌行》，王昌龄《闺怨》，张籍《节妇吟》，文文山《正气歌》等系 Giles 所译。《采茶词》亦见 Williams 所著 *The Middle Kingdom* 系 Mercer 学士所译。其余散见群籍，都无传译者名；尚有《山中问答》，《玉阶怨》，《赠汪伦》数首，今俱不复记忆。”由他末了这几句话看来，可知他选录的这百数首英译的中国古诗只有小部分知道译者的姓名，旁的译者不是原来就没有姓名便是曼殊忘记了他们的姓名。这其中有不有曼殊自己译成英文的诗，就无从察考了。

这两本书既可供译诗的人简炼揣摩，又可使人明白中西诗体韵律的差异，这也是曼殊很经心的工作，不可不一看。曼殊在他比较研究中国、欧洲、印度的文学之后，最赞美的是印度，其次是中国，又其次才是英国，这种意见对不对，且留待将来我们懂得印度文的时候，再把他批评一番；现在为他作传，本“有闻必录”的职分，把他的话照抄于下：

“夫文章构造，各自含英；有如吾粤木绵素馨，迁地弗为良，况诗歌之美，在乎节族长短之间，虑非译意所能尽也。衲谓文词简丽相俱者莫若梵文，汉文次之，欧洲番书，瞠乎后矣。”他举例说：“汉译今文《若轮卢迦》，均自然缀合，无失彼此；盖梵汉字体俱甚茂密，而梵文八转十罗，微妙傀琦，斯梵章所以为天下书也。”又如“《沙恭达乐》者（Sakoontala）印度先圣毗舍密多罗（Vis Wamitra）女，庄艳绝伦，后此诗圣迦梨陀娑（kalidasa）作 Sakoontala 剧曲，纪无胜能王（Dusyanta）与沙恭达慕恋事，百灵光怪；千七百八十九年 William Jones（威林留印度十二年，欧人习梵文之先登者）始译以英文，传至德，Goethe 见之，惊叹难为譬说，遂为之颂，则《沙恭达伦》一章是也。……印度为哲学文物源渊，俯视希腊诚后进耳。其《摩诃婆罗多》（Mahabrata）、《罗摩衍那》（Ramayana）二章，衲谓中土名著虽《孔雀东南飞》、《北征》、《南山》诸什亦逊彼闳美。”

曼殊译的小说就是《悲惨世界》，据钱玄同先生告诵我的话，这本书是曼殊和陈独秀先生合译法文雨果（或称嚣俄）的原著，最初书名只是

《惨世界》，后来经胡怀琛先生加上一个“悲”字，并把独秀先生的名字删去，由泰东书局出版，但译文的本来面目，胡先生曾向钱先生写信声明一字未改；不过我们就译文看来，我们推想这部小说的第一部分和雨果的原著，一定相差还不远，只是第二部分恐怕曼殊或是独秀先生增加改变原文的地方一定不在少数。我们且看下面的说明。这本小说是部白话章回体的小说，一共十四回，就它的内容看来，可说两部无甚连络的小说合并成的：第一部包括第一回至第六回和最末的第十四回，中间插入第七回至第十三回算是另外一部小说；第一部是说一个法国姓金名华贱的人，曾经犯罪，坐监一十九年，方释放出来，想到潘大利去，他从道伦动身，一天内已经走了好几十里，晚上到太尼城，就到一所酒馆里投宿，他们因为他曾犯案，照例拿一张黄色的路票，就是解放罪人的凭据，报了那地方的衙门，所以不肯留他住下，他又走到别间客栈，他们也是照那样办法赶他出来，这时没有人能容他，到了一所牢狱，那看狱的人也赶他出来，极至于爬进狗窝，那狗也咬他，不许他停留一刻；那时窘急的状况，很可想见了。后来他又想到田里，睡在星光底下，那晓得那时候天上又没有星，还要下雨的样子，因此他又转身回到城里，想寻一家大门弄儿里，暂且避避冷，却好来在印刷局面前，他就睡在石凳上，忽然看见一个慈善的老妇人把他叫到孟主教家里求宿，孟主教就慷慨的留住，供待得特别的好，不料他在天不亮的时候就恩将仇报拿起孟主教的银器跑了，被巡勇捕着，送去孟主教面前，孟主教反对巡捕说这是他送给他的，他就得带了银器走出城来，路上还抢了两个儿童的钱，但他良心发现了，次日早晨到主教街石头似的跪在石路上树荫底下，面向着孟主教大门，好像在祷告的样子。这第一部小说结局在此，全书的最末一回也在此，我看他描写金华贱落魄、栖皇、窘急的情境能使读者都替他捏着把冷汗，这样本领真是作白话小说的上乘，并且所说全是法国风光，不像第二部是中国人蒙上法国的面皮，文学所注重的地方色彩，全然看不出来了。第二部从第七回“无赖村逼出无赖汉，面包铺失了面包案”起，藉金华贱做贼犯罪的事引出一位侠客式的社会主义家姓明名白，字男德的人来，同时就有巴黎小财主叫做范桶的，无赖汉叫做吴齿，字小人的，把公产革命无神的思想阐发出来。男德骂孔子说的："君子固穷，小人穷斯滥矣"的话，为奴隶教训，而提倡世界物件，应该为世界人公用的主义；男德说："我们法兰西人比不得那东方支那贱种的人，把杀害他祖宗的仇人，当作圣主人君看待。"（九一页）又大骂尚海那个地方许多出名的爱国志士不过"嘴里说得好，实在没有用处；一天二十四点钟没有一分钟把亡国灭种的惨事放在心里，只知道穿些很好看的衣服，坐马车，吃花酒；还有一班这些游荡的事到不去做，外面却装着很老成，开个什么书局，甚么报馆，口里说的是藉此运动到了经济，才好办利群救国的事，其实也是孳孳为利，不过饱得自己的荷包，真是到了利群救国的事，他还是一毛不拔。哎！这种口是心非的爱国志士，实在比顽固人的罪恶还要大几万倍，这等贱种，我们也不屑去见他。"（三五——三六页）在第十三回里男德听了克德传来总统拿破仑想做专制君主的消息，就想到布尔奔朝廷的虐政，令人心惊肉跳，"我法兰西志士送了多少头颅，流了多少热血，才能够去了那野蛮的朝廷，杀了那暴虐的皇帝，改了民主共和制度，众人们方才有些儿生机，不料拿破仑这厮又想作威作福，我法兰西国民乃是义侠不服压的好汉子，不像做惯了奴隶的支那人，怎么就好听这鸟大统领来做个生杀予夺、独断独行的大皇帝呢？"（九六页）男德接着刺杀拿破仑不中自杀，第二部小说就结局于此。我们细看这些话里显然有些说的是中国在袁世凯欲称帝的事，所谓弦外余音藉此激人心罢了。第二部，总之是描写人情险诈，要希望大家拿出良心来做事，男德说过："为人在世，总要当时时问着良心就是了；不要去理会什么上帝，什么天地，什么神佛，什么礼义，什么道德，什么名誉，什么圣人，什么古训，这般道理一定要心地明白真理脱除世上种种俗见的人方才懂的。"（六〇页）这也就是无神主义了。这第二部小说教训的色彩太浓厚，描写人物太过刻露，有时使人如重读我佛山人的二十年目睹之怪现状一样，艺术的意味就淡薄得很了。加以写男德的父亲明顽骂他儿子的话："哼！你真不是孝子了！古人道，父母在，不远游，游必有方，你竟不辞而去，这等胆大妄为，你到尚海一年做甚？"

男德道:“我往尚海不过游历,并无他事,求父亲恕过。”明顽道:“既往不咎,但从今以后你要在家中安分守己,孝顺我一些,我现在已做了县官,你还不知道罢?”这样的口气使人万不相信法国巴黎会有这么样像支那贱种的老子!这样没有地方区别的例,多得不胜说,也是第二部小说最大的缺点,我们且把它当做曼殊的部分作品看待罢了。

六、苏曼殊的美术

曼殊文学上的天才和造诣既如上述,而美术的成就也是令人惊服!章太炎说:“尤善画”。《断鸿零雁记》有他绘画的纪事说:“一时余方在斋中下笔作画,用宣愁绪,既绘怒涛激石状,复次画远海波纹,已而作一沙鸥斜身随寒烟而没;忽微闻叩环声,继闻吾妹推扉言曰:‘阿兄胡不出外游玩?’余即回顾,忽尔见静子作斜红绕脸之妆,携余妹之手,竚立门外,见余即鞠躬与余为礼,余遂言曰:‘请阿姊进斋中下坐,今吾画已竟,无他事也。’余言既毕,余妹强牵静子径至余侧,静子注观余案上之画,少选莞尔顾余言曰:‘三郎幸恕唐突,昔董原写江南山,李唐写中州山,李思训写海外山,米元晖写南徐山,马远、夏圭写钱塘山,黄子久写海虞山,赵吴兴写雪苕山,今吾三郎得毋写厓山也?一胡使人见则翛然如置身清古之域,此诚快心洞目之观也。’言已将画远余,余受之,言曰:‘吾画笔久废,今兴至作此,不图阿姊称誉过当,徒令人惭愓耳。’静子复微哂言曰:‘三郎,余非作客气之言也,诚思今之画者,但贵形似,取悦市侩,实则宁达画之理趣哉?昔人谓画水能终夜有声,余今观三郎此画,果证得其言不谬。三郎此幅,较诸近代名手,固有瓦砾明珠之别,又岂待余之多言也。’”曼殊的画在中国画里有什么样的价值,经他这位知己的女画家品评过,就无庸别人多嘴了。还有柳弃疾亚子先生说:“曼殊善绘事,丹徒赵声乞为《荒城饮马图》,未竟,声兵败呕血死,玄瑛属人焚其稿墓上,自是遂绝笔弗复作。”现在有人说艺术是生命活动的表现,曼殊的画这样的不苟作,真足以表现他人格的高贵。据傅熊湘在《燕子龛遗诗》的跋说曼殊的画

“别辑于粤中，凡得四十余幅，将用珂罗版印行”，而《天荒杂志》也有他的景本数帧。

七、苏曼殊的杂文

曼殊的杂文很多，如《梵文典》一书我们只得在《章氏丛书别录》(三)《初步梵文典序》里知道这本书是：“曼殊闻英人马格斯、牟罗围林辈皆有《梵语释》，文虽简略不能尽大乘义，然于名相切合不凿，乃删次其书，为《初步梵文典》四卷。”曼殊是自幼学佛的人，又是“万里担经深习内典”，并于梵文有深造的人，在佛学方面自必多少有些贡献，但我们只能在他的《断鸿零雁记》、《燕子龛随笔》和《书札》里面得到一些零碎的材料，如他的《答玛德利鵩湘处士书》里有的论及佛教亦取声论：

> 佛教虽斥声论，然《楞伽》、《瑜伽》所说五法，曰相，曰名，曰分别，曰正智，曰真如，与波弥尼派相近；《楞严》后出，依于耳根圆通，故有声论宣明之语，是佛教亦取声论，特形式相异耳。

有的论及沙门应赴的起源和流弊：

> 应赴之说古未之闻，昔白起为秦将坑长平降卒四十万，至梁武帝时志公智者将斯悲惨之事用警独夫好杀之心，并示所以济拔之方；武帝遂集天下高僧，建水陆道场，凡七昼夜，一时名僧咸赴其请，应赴之法自此始。检诸内典，昔佛在世，为法施生，以法教化，一切有情；人间天上，莫不以五时八教，次第调停而成熟之，诸弟子亦各分化十方，恢弘戒道。迨佛灭度后，阿难等结集三藏，流通法宝，至汉明帝时，佛法始入震旦，风流乡盛；唐宋以后渐入浇漓，取为衣食之资，将作贩卖之具。嗟夫异哉！自既未度，焉能度人？譬如落井救人，二俱陷溺。且施者与而不取之谓，今我以法与人，人以财与我，是谓贸易，云何称施？况本无法与人，徒资口给耶？纵有虔诚之功，不赎贪求之过，若复苟且将事，以希利养，是谓盗施主物，又谓之

负债用，律有明文，呵责非细。志公本是菩萨化身，能以圆音利物，唐持梵呗，无补秋毫，矧在今日凡僧，相去更何止万亿；由延云栖广作忏法，蔓延至今，徒误正修，以资利养，流毒沙门，其祸至烈；至于禅宗本无忏法，而今亦相率崇效，非但无益于正教而适为人鄙夷，思之宁无堕泪。

有的论及佛教崇拜木偶的非是：

崇拜木偶，诚劣俗矣。昔中天竺昙摩拙叉善画，隋文帝时自梵土来，遍礼中夏阿育王塔，至成都雒县大石寺空中见十二神形便一一貌之，乃刻木为十二神形于寺塔下；嵩山少林寺门上有画神，亦为天竺迦佛陀禅师之迹；复次有康僧铠者，初入吴，设象行道，时曹不兴见梵方佛画，仪范端严清古，自有威重俨然之色，使人见则肃恭，有皈仰心，即背而抚之，故天下盛传不兴；后此雕塑铸象，俱本曹吴，吴即道子，时人称"曹衣出水，吴带当风。"夫偶像崇拜，天竺与希腊、罗马所同，天竺民间宗教，多雕刻狞恶神像，至婆罗门与佛教，其始但雕刻小形偶像，以为记念，与画像去无几耳；逮后希腊侵入，被其美术之风，而筑坛刻象始精矣；然观世尊初灭度时，弟子但宝其遗骨，贮之塔婆，或巡拜声迹所至之处，初弗以偶象为重，曾谓如彼为仁矫义者之淫祀也哉？震旦禅师亦有烧木佛事，百丈旧规，不立佛殿，岂非得佛教之本旨者耶？若夫三十二相八十随好，执之即成见病，况于雕刻之幻形乎？

曼殊这样拿佛教原来的本义来攻击一般以佛法为"衣食之资"、"贩卖之具"和"崇拜木偶"的沙门，很像欧陆马丁路德对于当时腐败的教会要拿《圣经》来证明他们的不对(Prove it from the scripture)，要是曼殊真有实行改革的勇气，那么曼殊也要成为佛教里的马丁路德了！就是现时这种主张，也算佛教徒们的当头棒喝。但不知谁来实行呢？曼殊还有论大乘经典是三斯克烈多文写的话，也很重要，摘抄于下：

三斯克烈多者，环球最古之文，大乘经典俱用之；近人不察，谓大乘经典为巴利文，而不知小乘间用之耳。三斯克烈多正统，流通于中天竺、西天竺、文帝、玕玛尔、华萝疋等处，盘迦黎西南接境，有地名屈德，其地流通乌利耶文，惟与盘迦黎绝不类似，土人另有文法语集；入天竺西南境有求察罗帝及摩罗提两种，亦三斯克烈多统系也。低娄求为哥罗门谛海滨土语，南达案达罗之比，直过娑迦窣都芝伽南境，及溯海濒而南，达梅素边埵，扩延至尼散俾萝等处，北与乌利耶西与迦那多及摩罗提接，南贯揭兰陀等处，迦那多与低娄求二文，不过少有差别耳，两种本同源也。揭兰陀字取法于那迦离，然其文法结构，则甚有差别，秣罗耶滥则独用于摩罗钵南岸，就各种字中，那迦离最为重要，盖三斯克烈多文，多以那迦离誊写，至十一世纪勒石镌刻，则全用那迦离矣。迨后南天梵章变体为五，皆用芬达耶岭之南，即迦那多、低娄求等；天竺古昔，俱剥红柳皮即桎皮或棕榈叶即贝叶作书，初天竺西北境须弥山即希马拉耶，其上多红柳森林，及后延及中天竺、东天竺、西天竺等处，皆用红柳皮作书；最初发见之三斯克烈多文系镌红柳皮上，此可证古昔所用材料矣。及后回部侵入，始用纸作书，而桎皮贝叶废矣，惟南天仍常用之，意勿望本耳；桎皮贝叶乃用绳索贯其中间单孔联之，故梵土以缬结及线，名典籍曰素怛缆或修多罗即此意也。牛羊皮革等梵方向禁用之，盖恶其弗洁；古昔铜板亦多用之镌刻；此皆仿桎皮或贝叶之形状；天竺古昔呼墨水曰麻尸，束芦为管曰迦罗摩，以墨水及束芦笔书于桎皮贝叶及纸之上；古昔南天或用木炭作书，尖月笔亦尝用之，其形似女子押发长针，古人用以书蜡版者，凡书既成，乃用紫檀薄片夹之，缠以绳索，组文绣花布之内，复实以旃檀香屑，最能耐久。……

曼殊的杂文除《梵文典》《书札》如上所述者而外，还有《潮音》一书和《燕子龛随笔》，《潮音》现只寻着在《汉英三昧集》上的一篇序，译诗也是查不出来，刘半农先生所说他作的《拜轮年谱》也不见，现只就他的《随笔》并《书札》里摘录数段，可以看看他浪漫的天性和他后半生游历漂泊的情形：

余至中印度时，偕二三法侣居芒砀山寺中，山中多果树，余每日啖果物五六十枚，将及一月，私心窃喜，谓今后吾可不食人间烟火矣；惟是六日一方便，便时极苦，后得痢疾，乃知去道尚远，机缘未至耳。（《随笔》）

吾日吸雅片少许，病亦略减，医者默许余将此法治病矣。……计余在此，尚有两月返粤，又恐不能骑驴子过苏州观前食紫芝斋粽子糖，思之愁叹。（《再与柳亚子书》）

附录《新青年》第五卷第六号里曼殊死后他的两位朋友的悼诗：

（一）

刘三来言子穀死矣

沈尹默

君言子穀死，我闻情恻恻；
满座谈笑人，一时皆太息。
平生殊可怜，痴黠人莫识；
既不游方外，亦不拘绳墨。
任性以行游，关心惟食色；
大嚼酒案旁，呆坐歌筵侧；
寻常觉无用，当此见风力。
十年春申楼，一饱犹能忆；
于今八宝饭，和尚吃不得。

（二）

悼曼殊

一八（??）—一九一八

刘半农

这一个人死了。
我与他，只见过一次面，通过三次信。
不必说什么“神交十年”，“嗟惜弥日”，

直觉他死信一到,我神经上大受打击;
无事静坐时,一想到他,便不知不觉的说——“可怜!”

有人说他痴,我说“有些像”;
有人说他绝顶聪明,我说“也有些像”;
有人说他率真,说他做作,我说“都像”;
有人骂他,我说“和尚不禁人骂”;
更有人说他是“奇人”,却遭了“庸死”,我说“庸死未尝不好”。

只此一个和尚,
百千人看了,化作百千个样子。
我说他可怜,只是我的眼光,
却不知道他究竟可怜不可怜。

记得两年前,我与他相见,
同在上海一位朋友家里。
那时候,室中点着盏暗暗的石油灯,
我两人靠着窗口,各自坐了张低低的软椅。
我与他谈论西洋诗,
谈了多时,他并不开口,只是慢慢的吸雪茄。
到末了,忽然高声说——
“半农,这个时候,你还讲什么诗,求什么学问?”

“犹是阿房三月泥,烧作未央千片瓦”,这是杭州某人的诗句。
我两人匆匆别了,他有信来,说,
“这两句诗,做得甚奇。”又约我去游西湖,说——
“雪茄尚可吸两月,湖上可以钓鱼,一时不到上海了。”
西湖是至今没有游成。

八、结论

我计划作的《苏曼殊传》此已可结束;以曼殊的死日去今不过五年,加以"识富世贤豪甚众",拿我这样和曼殊无多大关系的人来作传,真有点不自量,不过现在既没有人替他作过较详细确实的传,那么将来更不易着手了。以曼殊在诗、小说、美术和翻译文学上的成就,我们相信在中国近代文学史里一定有他的相当位置,那么我这篇传也可以供文学史家做部分的参考材料,这就是我所以要替他作传的理由。

一九二三,十一,二十一,北京师范大学。

(原载于《晨报副刊》1923 年 11 月 29 日、30 日;后收入《中国文学杂论》,上海亚东图书馆,1928 年。)

中国文学观念的进化

“进化”这个原理完成于达尔文手里，却发扬光大于赫胥黎诸贤的著述中，从此不只生物学奂然改观，一切自然科学和社会科学都断然不能离了它可以解释得圆满透澈的，文学也是这样，但大多数研究文学的人都不注意及此，因此一般作“文学史”的人，对于文学上各种五花八门的变化，很少有精当明确妥洽的解释，到了近年美国支加哥大学教授摩尔顿(Prof. Richard Green Moulton)才应用进化原理研究文学，他根本推翻那各种“定而不变”的原理(Static principles)，采用为普遍所承认，非同定的，乃“有发展，能分明前后相续的种种阶段与以解释”的进化原理，这样便能将各时代的文学说明得异常可靠、异常合理了。我是深受他的影响的人，所以应用这个进化原理来解说中国古今书里所有的文学定义，使读者知道文学观念的正确的程度与一时代一国家的文艺品有很密切重大的关系。

按中国古书里对于“文”这个字单独的解释，就如《说文》：“文，错画也。”这是以文学为交错的笔画所组成，后来引伸就有“天文”、“人文”、“虎豹之文”、“文服之文”等。《尚书·尧典》“钦明文思”一句话，“文”字的《注》说：“经天纬地曰文。”此外如《晋语》记胥臣的话：“文益其质，故人生而学。”“文”的涵义，都是很宽泛不着边际的。至于“文学”二字连用成了一个名辞当要推孔子为最早了,《论语》:“文学:子游、子夏”;又说:“博学于文”,“博我以文”;这样便把一切包括在书籍里的东西都叫做“文学”。《荀子·大略篇》说:“人之于‘文学’也,犹玉之琢磨也。……和之璧,井里之厥也,玉人琢之,为天子宝。子贡、季路故鄙人也,被‘文学’,服礼义,为天下列士。”(《非相篇》、《王制篇》也都有“文学”的字样。)这样在孔子后百数十年的文学观念便小有改变;再看和儒家反对的诸子,他们的文学的“诠义”如何?《墨子·非命篇》中:“凡出言谈,由‘文学’之为道也,则不可而不先立义法。”《非命篇》下:“是故子墨子曰:今天下君子之为‘文学’出言谈也,非将勤劳其惟舌而利其唇呡也,中实将欲为国家邑里万民刑政者也。”《韩非子·五蠹篇》说:“今境内之民皆言治,藏商管之法者家有之,而国愈贫。……境内皆言兵,藏孙吴之书者家有之,而兵愈弱。……今修‘文学’,习言谈。”《显学篇》又说:“藏书策,习谈论,聚徒役,服‘文学’,而议说世主。”归纳他们的意见,即凡政教礼制,言谈书简,学术文艺都是文学,这样的文学观念当然比孔子要进化得有限制了。一直到汉代的司马迁都受其支配,《史记·儒林传》说:“夫齐鲁之间,于‘文学’自古以来,其大性也。”又说:“能通一艺以上,补‘文学’掌故缺。”“自此以来,则公卿大夫士吏斌斌多‘文学’之士矣。”他在《自叙》里又说:“汉兴,萧何次律令,韩信申军法,张苍为章程,叔孙通定礼仪,则‘文学’彬彬稍进。”这种观念后来因为诗赋大兴,慢慢的就有变化了。到了东汉的班固,就对于以前“文学”的观念,表示很大的不同,他在《两都赋序》上说:

> 言语侍从之臣,若司马相如、虞丘寿王、东方朔、枚皋、王裒、刘向之属,朝夕论思,日月献纳。而公卿大臣:御史大夫倪宽、太常孔臧、太中大夫董仲舒、宗正刘德、太子太傅萧望之等,时时间作,或以抒下情而通讽谕,或以宣上德而尽忠孝,雍容揄扬,著于后嗣,抑亦雅颂之亚也。……

我们在这段里要注意的,就是他把文章分做两类:一类是“言语侍从之臣”的作品,一类是“公卿大臣”的作品,这样就隐隐的有分前一类做“纯文学”，后一类做“杂文学”的意思了。这样的趋势到了晋以后，才大大的显明出来，中国文学观念的进化，到了那时代，才有一度的正确。

从班固表现这样的区分以后，魏文帝的《典论》、《论文》就很推重一些作诗作赋的文学家。到了晋代，就有所谓“文笔之分”，即“纯文学”和“杂文学”有分别，“狭义的文学”和“广义的文学”有分别，这是文学观念进化的一件可喜的事。那时所谓的“文”，就是“纯文学”；所谓的“笔”，就是“杂文学”。在这时期以前，虽然也就有叫“记事之文”做“笔札”，如《汉书·楼护传》有说：“谷子云笔札”的话，但是要到了晋以后，才有明白的分别。我们要说明这种演进的情形，就不可不把那时的文学上的史料来做证明：

(1)《晋书》：“蔡谟‘文’‘笔’议论，有集行于世。”

《乐广传》说：“请潘岳为表，便成名笔。”

《成公绥传》：“所著诗赋杂‘笔’十余卷。”

《王珣传》：“珣梦以大笔如椽与之，既觉，语人曰：‘此当有大手笔事’，俄而帝崩，哀册谥议，皆珣所草。”

(2)《宋书·傅亮传》说：“高祖登庸之始，‘文’‘笔’皆是记室参军滕演；北征广固，悉委长史王诞；自此而后，至于受命，表策文诰，皆亮辞也。”

(3)《南史·颜延之传》说：“宋文帝问延之诸子才能，延之曰：‘竣得臣“笔”，测得臣“文”’。”

《任昉传》说：“既以文才见知，时人云：‘任笔沈诗。’”

《徐陵传》：“国家有大手笔，必命陵草之。”

(4)《北史·魏高祖纪》说：“帝好文章诗赋铭颂，有大文笔，多马上口授，及其成也，不改一字。”

(5)《魏书·温子升传》说：“张皋写子升文笔，传于江外。”

(6)《北齐书·李广传》说：“广曾荐毕义云于崔暹，广卒后，义云集其‘文’‘笔’十卷，托魏收为之叙。”

(7)《陈书·陆琰传》说：“其所制‘文’‘笔’，多不存本，后主求其遗文，撰成二卷。”《刘师知传》说：“师知好学，有当世才，博涉书传，工‘文’‘笔’。”《徐伯阳传》说：“伯阳年十五，以‘文’‘笔’称。”

从这些零碎的史料里，可以看出那个时代“文”和“笔”是分得清清楚楚的。再就那时代著作家的文里来研究这个文笔分别的趋势，如《南史·范晔传》记载他的一封《狱中与诸甥侄书》有说：“‘文’患其事尽于形，情急于藻，义牵其旨，韵损其意；手‘笔’差易于文，不拘韵故也。”他这个文学观念很是正确，所以他作的《后汉书》，和陈寿作的《三国志》都把《文士传》记编次的范围，只限定“所著诗赋碑箴颂若干篇”，他们都是晓得文学是感情的性质为多了。还有陆机的一篇《文赋》也有说：

> 诗缘情而绮靡，赋体物而浏亮，碑披文以相质，诔缠绵而凄怆，铭博约而温润，箴顿挫而清壮，颂优游以彬蔚，论精微而朗畅，奏平彻以闲雅，说炜晔而谲诳。

这样虽说及了纯文学的范围，而搀混了一小部分的杂文学，所以从晋以后南北朝对峙的时代，“文”与“笔”虽然有显著的分别，而能明白、透澈、完全的确定文学观念的人，不能不推梁昭明太子和梁元帝弟兄二人了。梁昭明太子从文学所涉及的外围来确定文学的观念，就是排除“经”“子”“史”于文学范围之外，他只以“事出沉思，义归翰藻”的当做文学。他在《文选》序上说：

> 若夫姬公之籍，孔父之书，与日月俱悬，鬼神争奥，孝敬之准式，人伦之师友，岂可重以芟夷，加之剪截？老庄之作，管孟之流，盖以立意为宗，不以能文为本，今之所撰，又以略诸。若贤人之美辞，忠臣之抗直，谋夫之话，辨士之端，冰释泉涌，金相玉振，所谓坐狙丘，议稷下，仲连之却秦军，食其之下齐国，留侯之发八难，曲逆之吐六奇，盖乃事美一时，语流千载，概见坟籍，旁出子史，若斯之流，又亦繁博，虽传之简牍，而事异篇章，今之所集，亦所不取。至于记事之史，系年之书，所以褒贬是非，纪别异同，方之篇翰，亦已不同。若其赞论之综辑辞采，序述之错比文华，事出于沉思，义归乎翰藻，故与

夫篇什杂而集之。

他的弟弟梁元帝更加说得好了！他在《金楼子·立言篇》上说：

> 古人之学者有二，今人之学者有四：夫子门徒转相师受，通圣人之经者谓之"儒"；屈原、宋玉、枚乘、长卿之徒，止于辞赋，则谓之文。今之儒博穷子史，但能识其事不能通其理者，谓之"学"。至如不便为诗如阎纂，善为章奏如伯松，如此之流泛谓之"笔"；吟咏风谣，流连哀思者谓之文。而学者率多不便属辞，守其章句，迟于通变，质于心用，学者不能定礼乐之是非，辩教之宗旨，徒能扬榷前言，抵掌多识，然而挹源知流，亦足可贵。"笔"退则非谓成篇，进则不云取义，神其巧惠"笔"端而已，至如"文"者惟须绮縠纷披宫徵靡曼，唇吻遒会，情灵摇荡……

我们由此可以看出中国文学的观念，由最初的以凡是见诸书籍的叫做"文学"进化到要"政教礼制，言谈书简，学术文艺"的才叫做文学，到晋以来，梁代便有人连经、史、子和其他杂文都不认为"文学"，只是以最富于感情"吟咏风谣，流连哀思"的才能叫它做"文学"，这样观念的正确，真值得在中国文学史上大书特书的把他郑重的记载下来。中国人除这一时期前后几千百年，都没有过正确的文学观念，中国人因此也就没有一部可靠的有价值的文学史！现有的文学史最坏的就是和孔子抱一样文学见解的"书籍的编目史"，其次便是"政教礼制，言谈书简，学术文艺的杂录"，说他是文学史、政治思想史、制度史……都无不可。我们要是既已经知道在梁代就有这样完美确切的文学观念，为什么以后还由既知退为不知，由明了退为暗昧呢？这其间最大的转动的枢纽，不可不研究一下。

"物穷则盛，盛极则衰"，是凡百事一定的道理。在晋南北朝期间纯文学很是发达兴盛，后来就发生很大的流弊，就惹起一位很有抱负的文学革新家刘彦和的反动，他矫枉过直，进一步便把一个已经成就了的明白具体完全的文学定义，搅扰得一个乱七八糟，乌烟气瘴，你看他在《文心雕龙·总术篇》很荒谬的主张说：

予以发口为言，属笔曰翰，常道曰经，述经曰传。

他开首就骂那般主张“文”“笔”有别的人，说：

今之常言，有“文”有“笔”，以为无韵者笔也，有韵者文也，夫文以足言，理兼诗书，别目两名，自近代耳。颜延年以为笔之为体，言之文也，经典则言而非笔，传记则笔而非言，请夺彼矛，还攻其楯矣。何者？《易》之《文言》，岂非言文？若“笔”不言“文”，不得云经典非笔矣。将以立论，未见其论立矣……

他这番话在名词的含义和推理的方式上都有极大的错误，我在《〈文心雕龙〉的研究》一篇长文里的《〈文心雕龙〉的根本缺点》一章里，已经批评过，此处不再说了。这么一来，以他偏于复古一面，接着唐代那般古文传统派出来，文学的观念便暗晦得无比了。

那一位所谓“文起八代之衰”的韩愈便糊涂得万分！他的文学的观念就是“载道”，他的《答尉迟生书》说：“愈所能言者，皆古之道。”《答李秀才书》说：“愈之所志于古者，不惟其辞之好，好其道焉尔。”《题欧阳生哀辞后》说：“愈之为古文，岂独取其句读不类于今者耶？思古人而不得见，学古道则欲兼通其辞，通其辞者，本志乎古之道也。”看他大模大样，口口声声的“思古”，“学古”，“志乎古之道”，就把至圣孔子所认为不可不学的纯文学的“诗”，也降一格看待，几乎不承认诗是文学。欧阳修的《诗话》上有说：“退之笔力，无施不可，而以诗为文章末事，故其诗曰：‘多情怀酒伴，余事作诗人’也。”他同时的柳宗元也说：“文者以明道，是固不苟为炳炳烺烺，务采色夸声音而以为能也。”（《答韦中立论师道书》）后来宋代如欧阳修就说：“圣人之文虽不可及，然大抵道胜者文不难自至也。”（答吴充秀才书）司马光说：“君子有文以明道。”（《迂书》）明代的宋濂就把他们误谬的文学观念简而得要用一句话说出来：“明道谓之文。”（《论文》）明清以来，如顾亭林说：“文之不可绝于天地间者，曰明道也。”（《日知录》卷十九）刘海峰说：“作文本以明义理。”（《论文》）此外像这样的话多得不可胜举。总之以这样对于文学观念的不正确影响于文学的进步很是重大，唐以后文学在传统派手里，所以变成死物，不能不说这是唯一的原因了。不过清代还有几个思想家最先懂得文学的真谛，如黄宗羲说："文以理为主，然而情不至，则亦理之郛廓耳。"(《论文管见》)说得明白透澈的还要数袁枚，他说："夫物相杂谓之'文'，布帛菽粟文也，珠玉锦绣亦文也，其他浓云震雷，奇木怪石皆文也。足下必以适用为贵，将使天地之大，化工之巧，其专生布帛菽粟乎？抑能使有用之布帛菽粟贵于无用之珠玉锦绣乎?"又说："足下论文如射之有志，可谓识取舍者矣，而何以每见足下于庄屈之荒唐则爱之而诵之，于程朱之《语录》则尊之而远之，岂足下之行与言违哉？以理论则《语录》为精，以文论则庄屈为妙，足下所爱在文不在理。"(《答友人论文第二书》)又说："尝谓功业报国，文章亦报国，而文章之著作为尤难。""所谓文章报国者，非必如《贞符》、《典引》，刻意颂谀而已，但使有鸿丽辨达之作，踔绝古今，使人称某朝文有某氏，则亦未必非邦家之光。"(《再答陶观察书》)魏伯子在《论文》里也说："诗文不外情事景，而三者情为本。"此外还有阮元、章太炎二人都用一个"定义式"的话来表示他们对于文学所抱持的见解，阮元以为孔子赞《易》，始著《文言》，所以文章要以偶俪为主，他在《书昭明太子〈文选〉序后》说："凡说经讲学，皆经派也；传志记事，皆史派也；立意为宗，皆子派也；惟沉思翰藻，乃可名之为文。"这话乃是复昭明之原，并无深意。不过他拘泥误解了昭明的意思，取六朝有韵者文，无韵者笔的一种说法，以为"韵"就是"声音"，"声音"就是"文学"，所以凡是没有声音(散文)的，就尽都是"笔"，这是很不对的话。因为六朝时大多数的文学家的文学观念，乃是以诗赋为"文学"，杂文为笔，并没有说凡有韵的都是文学，无韵的都是"笔"的话。至于章太炎先生的话，错误和缺点更加比阮元多了，阮元既误有懂不得六朝人所谓"文学"，乃是在有情感上可以流连哀思的本质，却偏偏拘泥着有韵无韵，所以遭章太炎的痛驳了，而章先生也不知道真的文学和非文学的区别即以有无引起情感上流连哀思的能力为断，所以他下了一个比原始的孔子说的文学的意义还要广泛的定义说："文学者，以有文字，著于竹帛，故谓之‘文’，论其法式，谓之‘文学’。”（《国故论衡·文学总略》）我且引他和阮元呶呶于文字形式上的争辩的话——但他的话实在要使阮元开不得口，他说：

> 夫有韵为“文”，无韵为“笔”，是则骈散诸体，一切是笔非文，藉此证成，实足自陷。既以《文言》为文，《序卦》《说卦》又何说焉？且文辞之用，各有体要，《彖象》为占繇，占繇故为韵语；《文言》《系辞》为述赞，述赞故为俪辞；《序卦》《说卦》为目录笺疏，目录笺疏，故为散录；必以俪辞为文，何缘《十翼》不能一致？岂波澜既尽，有所短谢乎？……

章先生不知道文学和非文的本质上的差异，所以说出一番很似诡辩的话，他以为要是说“学说以启人思，文辞以增人感”的话，那么——

> 《过秦》之论，辞有枝叶，其感人顾深挚，则本诸纵横家，然其为论一也。不可以感人者为文辞，不感者为学说，就言有韵其不感人者亦多矣。风雅颂者，盖未有离于性情，独赋有异。夫宛转梀隐，赋之职也，儒家之赋，意存谏诫，若荀卿《成相》一篇，其足以感人安在？乃若原本山川，极命草木，乃写都会城郭游射郊祀之状，若相如有《子虚》，扬雄有《甘泉》、《羽猎》、《长杨》、《河东》，左思有《三都》，郭璞木华有《江海》，奥博翔实，极赋家之能事矣，其亦动人哀乐未也？其专赋一物者，若孙卿有《蚕赋》、《箴赋》，王延寿有《王孙赋》，祢衡为《鹦鹉赋》，侔色揣称，曲成形相嫠妇孽子，读之不为泣，介胄戎士，咏之不为奋。……

章先生咬定一个“赋”字，说来说去，全不问一声这是真的赋，还是假的赋，换句话说，这是真文学还是假文学。凡是文学都能使人有深刻的感动，这篇名为文学的，而不能使人读了受深刻的感动，那么这篇东西一定是假文学，没有疑惑的了，章先生却不从这方面着想，只咬定字面来反对以深刻感动人的情思为文学观念的人，如何能使人心服？章先生再进一步说，便近于诡辩了。他说：

> 且学说者独不可感人耶？凡感于文言者，在其得我心，是故饮食移味，居处缊愉者，闻《劳人》之歌，心犹怛然。大愚不灵，无所愤悱者，睹眇论则以为恒言也；身有疾痛，闻幼眇之音，则感慨随之矣；心有疑滞，睹辨析之论，则悦怿随之矣。故曰：“发愤忘食，乐以忘忧”，凡好学者皆然，非独仲尼也。以文辞学说为分者，得其大齐，审察之则不当。

其实何尝不当？文学的定义并没有说凡是能引起感情的文字都是文学，乃是说凡是能使人读了受深刻的感动的文字才是文学，有这样资格的文字，只有小说、诗歌、戏曲三种；章先生懂不得文学的本质是在深刻的感情，所以发出这种似是而非的言论来。因为这个原故，所以章先生那个文学定义是无用的。

中国这几十年来，欧美的学术输入的很多，就如文学一项，那拥护礼教桐城派臣子的林琴南也大翻译外国小说，把素不为人重视小说的价值，也是特别提高。但中国人文学根本的改变发动处不能不数《新青年》杂志社的胡适之、陈独秀几位先生在“五四”前提倡文学革命的功劳了。我且举专和千多年来古文传统派“以文载道”作对的陈独秀先生的话来说：

> 古人所倡文以载道之“道”，实谓天经地义，神圣不可非议之孔道，故文章家必依附六经以自矜重；此“道”字之狭义的解释，其流弊去八股家之所谓代圣贤立言也不远矣。……何谓文学之本义耶？窃以为文以代语而已，达意状物为其本义，**文学之文特其描写美妙动人者耳**。其本义原非为载道有物而设，更无所谓限制作用，及正当的条件也。状物达意之外倘加以他种作用，附以别项条件，则文学之为物，其自身独立存在之价值，不已破坏无余乎？故不独代圣贤立言为八股文之陋习，即载道与否，有物与否，亦非文学根本存在与否之理由。……（六年四月《新青年》第三卷第二号《答曾毅》）

后来刘半依先生在《我之文学改良观》一文上就有很详切的解说，他这文里替文学下一个界说并举出实例：

> Literature is the class of writings distinguished for beauty of style, as poetry, essays, history, fictions, or belles-letters.

又说：

> 其必须列入文学范围者，惟诗歌戏曲，小说杂文，历史传记，三种而已。（以历史传记列入文学，仅就吾国及各国之惯例而言，其实此二种均为具体的科学，仍以列入文字为是。）酬世之文——如颂辞，寿序，祭文，挽联，墓志之属——一时虽不能尽废，将来崇实主义发达后，此种文学废物，必在自然淘汰之列。故进一步言之，凡可视为文学上有永久存在之资格与价值者，只诗歌戏曲，小说杂文二种也。（《新青年》第三卷第三号）

到了《新潮杂志》罗家伦先生的一篇《什么是文学》，然后才有一个比较完全明显的定义，他那个定义就是：

> 文学是人生的表现和批评，从最好的思想里写下来的，有想象，有感情，有体裁，有合于艺术的组织，集此众长，能使人类普遍心理都觉得他是极明了极有趣味的东西。

这样由欧美文学集合而成的定义，使我们中国人得有一个正确明了的观念，从此文学上的介绍和创作，在中国就辟了个新天地，将来中国文学能在世界文学占一位置，饮水思源，不能不感谢这几位先生。

（原载于《京报副刊》1924年第1—5期；后收入《中国文学杂论》，上海亚东图书馆，1928年。）

大思想家袁枚评传（节选）

此书在1927年由上海商务印书馆收入“国学小丛书”初版，1931年再版，再版时更名为《袁枚评传》；1971年，台湾文海出版将此书收入“近代中国史料丛刊”重新出版；1989年，上海书店将此书收入“民国丛书”第一编第84册；2010年，台湾文听阁图书有限公司将其收入“民国时期哲学思想丛书”重新出版。

全书共有11章：

第一章　导言

第二章　年谱

第三章　袁先生思想的根本

第四章　袁先生的人生哲学

第五章　袁先生的文学

第六章　袁先生的史学

第七章　袁先生的政治经济学和法律学

第八章　袁先生的教育学

第九章　袁先生的民俗学

第十章　袁先生的食物学

第十一章　结论

这里节选该书的第一章、第三章、第四章、第十一章。

第一章　导言

袁子才先生是一位中国罕有的大思想家,差不多没有几个人知道。一般的心理,不过以为他只有些小智而无学识,与他同时甚至到现在已经相隔二百多年的学者,对于他的了解或评判,仍旧是无甚变化。记得胡适之先生第一次给我的信有说:“我是爱打抱不平的,生平最喜欢表彰那些埋没了的学者和文人”,这话在这里可替我做开场道白了。

在袁穀芳的《答随园先生书》里有一段话,很可代表一般人对于子才先生的评判,他说:

> 先生(即指子才)弱冠筮仕,文章吏治之名震宇内,然耳所闻,未免卜氏小德出入之讥,凡老生腐儒,皆以先生为口实,即仆识先生二十年,究不能揭先生之行谊,执途人而一一告之也。前年晤铅山蒋心余编修,于近来名公中,雅敬先生,然亦仅品为六朝中人,维时仆亦以为当。及甲午秋,来金陵,重谒先生于小仓山房,相与往复者半月,觉议论丰采,有刊尽铅华,独存真实之意,进读新刻文集,凡碑志序记诸文,其大者皆有关于国家用舍是非之实,小者亦读书穷理心得之言,无苟作者,不觉推案而起曰:“文王既殁,文不在兹乎?”使果如向者老生腐儒所疑于先生者,而岂能言之有物如此?于是叹蒋君拟以六朝人者,亦不足以知先生晚年涵养之功,与知人论世之学也。因退自思念天下之知先生者,不过曰才子而已,其甚知者不过曰文人而已,乃若先生当重文之世,抱有用之才,而壮岁陈情,依依子舍,东山高卧,抗怀古人,上不借声援于公卿,下不要标榜于门弟子,事亲以诚,交友以信,和而不流,湼而不缁,此非身在金陵亲及先生之门,熟悉其立心行事之大端而不为老生腐儒之说所摇惑者,几何不因耳食之徒而并疑其立言也耶?……

子才先生自己也说:

> ……平昼闲居，小有述作，称心而言，自知为拘儒所呵，无疑也。就有好我者，不过赏其词华足矣。(《答和希斋尚书书》)

孙星衍(渊如)在所著的《平津馆文稿》卷六《随园随笔序》上也说：

> 先生弃官山居五十年实未尝一日废书，手评各史籍，字迹历历犹在，则亦未尝不时时考据，世之以儇薄轻艳诗托言师法随园者，非善学先生者也。

又说：

> ……先生始为强项令，继以才名倾动当路，而未尝先谒人。生平不信阴阳术数、宋人谈理语及释氏之教，以为佞佛者，且求福于无形，况其有形者乎？故其书言信时日小数者，无不破败。又言鬼神生于人心，皆合于圣人“知不惑，勇不惧”之义。又言宋学教人认喜怒哀乐未发时气象，皆是彼法也。凡所言皆非寻章摘句之儒所能几及者，岂非旷世之才，必有过人之识欤？

这样可见得先生不仅仅是个文人，但孙氏所恭维先生的几句话，也不免硬拉先生去翼孔子之道，最多也只算了解先生的思想之最小的一部分。即如现时的学术界，可算是没有什么偶像驾临在上面，可放胆讨论一切为从前有帝王政治势力和宗法的伦理观念所束缚的种种认为“大逆不道”“非圣无法”的问题了，但一般人只知道在近代提倡“情欲主义”以反抗宋儒的以片面的道德束缚弱者幼者的“理性主义”只有个戴东原(蔡孑民先生所著《中国伦理学史》最先提出)。但不知还有个时代稍前一点，并且比较着激进澈底的袁子才。一般人只知道反抗儒家垄断思想界稍古的有个王充，近代前有李卓吾，后有章太炎、吴虞、陈独秀，而不知袁子才曾做过攻击“道统”，解放思想、尊重思想自由的文章。一般人只知道怀疑大禹以前的史料，只有有科学的头脑的顾颉刚、钱玄同、胡适之诸先生，只知道自古以来最讲实证，从新审定古籍的有个崔东壁，而不知有个敢冒千万人之大不韪，怀疑《尧典》《禹贡》《金縢》……甚至《论语》《中庸》

《仪礼》《周礼》……的袁子才。(崔述的成系统的专门史考,子才固不曾有过,但他自上古史直至近代,都有批评和考证,只这一点,已经就比崔述的气派来得大,何况他的勇于"求是",过于"必信"的见解,远非崔述所能及)。梁任公先生是驳斥过历史上很荒谬的"正统之说"了,并且不满意孔子的"一字褒贬"的"春秋义法",但袁子才早在二百年前写了几篇极其明切犀利的文章,对此二事痛下针砭。在文学上,以文艺当为德育辅助,即为伦理的附庸而无独立性,差不多全世界占大多数的文论家都如此说,只有袁子才以为文学自文学,道德自道德,并把文学不朽的价值,抬高和政教功业等量齐观,打破中国的传统的说法以为"雕虫小技,壮夫不为"狭隘低卑的实利主义。又文艺里抒写男女爱情是中国礼教之邦所严禁,只有子才先生放言高论尊爱情为一切文艺的根本要素。这几点虽不能说后无来者,但可以称为前无古人了。先生的诗更有不少清新隽逸和沉郁动人的作品。先生又最看重技艺的价值,由此而生出职业平等的观念,在中国这个"学优则仕"的思想弥漫于社会,使一般人以官吏为最尊贵,而先生却只以少数受过严格教育的人可为执政者——其根本观念,亦不过为人民服务而已——因此,先生主张各人应因其所长而分工做事,只要各人把所做的事弄得精微美好,便可垂于不朽;这样见解,在今日欧美新思想输入之后,固不足奇,但以前二百年的中国而论,不是很值得佩服吗?先生既以一技一艺都和讲理学或建功立业有相等的重要,所以对于"满足口腹问题"的技艺,都郑重地当做一种学问研究,又富有为科学所宝贵的试验精神,弄出一本食物学雏形的《食单》出来。这些事都是我之所以不量力要替先生在以后的分论里明白详细的揭出来,希望读者看了之后,评判一下子才先生究竟是不是一个大思想家?

最令人气愤的便是先生同时的或后世的反对者,并没有把先生的重要的著作平心静气的浏览一下,以道理相辩胜,乃只找先生的行为的瑕疵处大施攻击,如:刘墉(石庵)就想用政治势力罗织先生于法。(见王昶的《湖海诗传》、《蒲褐山房诗话》和章学诚的《论文辩伪》)。王昶(兰泉)虽是先生同时的一位勋业家和学问家,但他反对先生的那种无聊的举动可就令人大失望了。江藩的《国朝汉学师承记》卷四王兰泉先生一条下说:"先生因袁大令枚以诗鸣江浙间,从游者若鹜若蚁,乃痛诋简斋,隐然树敌,比之轻清魔,提倡风雅以三唐为宗,而江浙李赤者流,以至吏胥之子,负贩之人,能用韵不失粘者皆在门下。"江藩不以此举为然,劝他说:"明时湛甘泉,富商大贾多从之讲学,识者非之。今先生以五七言诗争立门户,而门下士皆不通经史,觕知文义者一经粉饰,自命通儒,何补于人心学术哉?且昔先生谓笥河师太邱道广,藩谓今日殆有甚焉。"结果是默然不答,而一般"依草附木之辈,大怒造谤语,构怨,几削著录之籍。"最出人意表之外的便是子才先生死后,"攻之者太甚,大半即其门生故旧。"(据吴崇梁的《石溪舫诗话》所说)。章实斋也在先生死的这年开始加入攻击(胡适之所著的《年谱》第九十六页如此的考证),而所持理由,实皆不中肯。如云:

> 彼不学之徒,无端标为风趣之目,尽抹邪正贞淫,是非得失,而使人但求风趣。甚至《采兰》、《赠芍》之诗有何关系,而夫子录之,以证风趣之说。无知士女,顿忘廉检,从风波靡,是以六经为导欲宣淫之具,则非圣无法矣。

又说:

> 略《易》、《书》、《礼》、《乐》、《春秋》,而独重《毛诗》;《毛诗》之中,又抑《雅》、《颂》而扬《国风》;《国风》之中,又轻国政民俗而专重男女慕悦;于男女慕悦之诗,又斥诗人风刺之解,而主男女自述淫情;甚目言《采兰》、《赠芍》有何关系,而夫子录之,以驳诗文须有关系之说。自来小人倡为邪说,不过附会古人疑似以自便其私,未闻光天化日之下敢于进退六经,非圣无法,而恣为倾邪淫荡之说至于如是之极者也。

实斋所抨击在今日观之,正是子才的特识,此亦古今观点不同之一。总而言之,子才先生在那个时代勇于疑古,敢道人所不敢道的议论,自是一个富有革命性的男子。先生论诗专主性情风趣,立论并不错,但不能中“卫道”先生们的意旨,加以先生对于男女的性欲抱个解放的态度,自谓“无所愧于心,是以无择于口,风流自赏言过其实,惟恐人不知”(《答朱石君尚书书》),这样自然要受一般人——不只限于卫道的道学先生——的求全之毁了。

究竟子才先生的为人如何?姚鼐(姬传)是先生的朋友,所以《惜抱轩文集》卷十三的《袁随园君墓志铭并序》一文里比他人多述了子才先生的一些身世。王昶是和先生为敌的,所以在《湖海诗传》、《蒲褐山房诗话》里替先生作的一篇小传,全是冷嘲热骂,毫无好感。钱林(东生)的《文献征存录》卷六也有一篇“袁枚”,钱氏似只能了解先生的文学优点,所以比别人多录了先生的一篇《重修于忠肃庙碑》的骈体文。李元度编纂的《国朝先正事略》是偏重在政教功业方面的传记,所以那一篇《袁简斋先生事略》叙述先生在江南做县官的政绩最为详细,并且说及先生的孝友天性,接人待物的忠厚诚恳的地方。李桓辑的《国朝耆献类征初编》卷二百三十四“守令二十”东抄西凑的一些材料,也可供我们参考,如:杭世骏的《词科掌录》,可以知道子才先生在少年时代的得意;吴崇梁的《石溪舫诗话》可以知道先生的那一般趋炎附势的门人和朋友在先生死后的无良。但在上面所举的这许多长的,短的,详细的,简括的,完全的,残阙的,好意的,公平的,或甚至诬蔑的记载,都没有一个懂得子才先生的思想的真象和价值,先生在官固是有名绩,先生所享的一世虚荣,固足羡慕,但先生不以此自重,我们也绝不拿这些寻常琐事来恭维先生。这样说来,他们的叙述,不过给我们做一个参考而已。我现在将先生的全部著作——文集,诗集,尺牍,诗话,小说,骈文,八股文等——里面有关于先生自述生平的地方,钩稽出来,按年编谱,又将上所征引和别的与先生同时的名人文集里有关于先生的文章都尽我的力量搜求完全,都尽量加以考订和引用,我费的精力颇不小,所以有的材料似乎稍嫌重复,但我总不忍割爱,我希望读者也不要随便看过了事,若有挂漏或错误的地方,请随时指出。我编的这本《年谱》很有几层困难:一来呢,平地起楼台,毫无依傍;二来呢,子才先生的寿命过长,要指出他的思想所受于外界环境的影响以及变化的路径,很费考察,但我敢向读者担保,要了解子才先生的为人,我编的《年谱》实在够用了;要明白子才先生的思想,我在书里分章专论的事项,也可说"虽不中,亦不远矣"。

在未读下一章《年谱》之先,我要介绍子才先生的朋友赵翼(瓯北)所作的一篇纠弹先生的行为的妙文:

> 梁绍壬《两般秋雨盦随笔》卷一说:"赵云松观察戏控袁简斋太史于巴拙堂太守,……其控词云:'为妖法太狂,诛殛难缓事。窃有原任上元县袁枚者,前身是怪,括苍山忽漫脱逃,年老成精,阎罗殿失于查点。早入清华之选,遂膺民社之司。既满腰缠,即辞手版。园伦宛委,占来好水好山;乡觅温柔,不论是男是女。盛名所至,轶事斯传。借风雅以售其贪婪,假觞咏以恣其饕餮。有百金之赠,辄登《诗话》揄扬;尝一脔之甘,必购《食单》仿造。婚家花烛,使刘郎直入坐筵;妓宴笙歌,约杭守无端闯席。占人间之艳福,游海内之名山。人尽称奇,到处总逢迎恐后;贼无空过,出门必满载而归。结交要路公卿,虎将亦称诗伯。引诱良家子女,蛾眉都拜门生。凡在胪陈,概无虚假。虽曰风流班首,实乃名教罪人。为此列款具呈,伏乞按律定罪,照妖镜定无逃影,斩邪剑切勿留情。重则付之轮回,化蜂蝶以偿夙孽;轻则递回巢穴,逐猕猴仍复原身'"。

这篇文章本是一时游戏和先生开玩笑而作,我们丝毫无成见平心静气的把《年谱》和本书读完,我们就可了然这些话是否事实?就算是事实,是否就是不道德?我可最稳健的在先提示读者,子才先生的为人,至少可以足为我们少年做模范的两件事,即自动的研究的精神——姚鼐说先生"少学自成",看《年谱》便知——和继续不断的努力,此外如不苟信,凡事都要想一想合理或不合理,才成功了一个大思想家。

第三章　袁先生思想的根本

袁先生思想的根本,便是打破道统。"道统"是什么?简单的解说,即儒家因扩充学术上的野心，想统一并垄断思想界的一顶大帽子是也。孔子托古改制，言必称先王，但及其身并未奏何大效。到了孟子是天才卓绝，有点胆气的人，便气势凌人很不客气的说："世道衰微，邪说暴行，臣弑其君者有之，子弑其父者有之，孔子惧，作《春秋》，吾为此惧，闲先圣之道，我亦欲正人心，息邪说，距诐行，放淫辞，以承三圣者。"(《滕文公下》)。中间经过帝王为政治上方便的利用——如汉武帝罢黜百家，表彰六经——到了唐代就有韩愈出来，自命续孔子之道，排斥佛老说："斯道何道也？斯吾所谓道也，非向所谓老与佛之道也。尧以是传之舜，舜以是传之禹，禹以是传之汤，汤以是传之文武周公，文武周公传之孔子，孔子传之孟轲，轲之死，不得其传焉。"(《原道》)。这不啻说，孟轲虽无传人，到我(韩愈)然后此一不绝如缕的道脉，始有着落。往后一般宋儒变本加厉，程颐替程颢作《行状》，便说他是孟轲后一人。朱熹以为"自周衰孟轲氏没，而此道之传不属，至宋受命，五星集奎，开文明之运，而周子出焉，不由师传，默契道体，建图属书，根极领要，当时见而知之。"这段话简直带了宗教的神秘性。朱熹接着上文又说："有程氏者，遂扩大而推明之，而周公、孔子、孟子之传，焕然复明于时，非天所畀，其孰能与于此?"所以他在《中庸集解序》、《大学章句序》、《中庸章句序》文里都反复证明程夫子续千载不传之绪。他在《沧州精舍告先圣文》里又说："恭惟道统，远自羲轩；集厥大成，久属元圣；述古垂训，万世作程；三千其徒，化若时雨；维颜曾氏，传得其宗；逮思及舆，益以光大。自时厥后，口耳失真，千有余年，乃曰有继。周程授受，万里一原，曰邵曰张，爰及司马。学虽殊辙，道则同归；俾我后人，如夜复旦。某以陋凡，少蒙义方，中靡常师，晚逢有道。载钻载仰，虽未有闻，赖天之灵，幸无失坠。……"这却归到自己身上来了。自宋而后，元明的理学大为兴盛，孙奇逢的《理学宗传》就集这种因袭的道统论的大成，他说上古的道统宗传是：(元)羲皇，(亨)尧、舜，(利)禹、汤，(贞)文、武、周公。中古的道统是：(元)孔子，(亨)颜、曾，(利)子思，(贞)孟子。近古的道统是：(元)周子，(亨)程、张，(利)朱子，(贞)王子。

直到满清初年一些大学者才嫌厌他们一切的无根之谈，竖起叛旗，费密的《弘道书》上卷一便说：

> 道统之说，孔子未言也。不特孔子未言，七十子亦未言，七十子门人亦未言，百余岁后，孟轲、荀卿诸儒亦未言也。……流传至南宋，遂私立道统。自道统之说行，于是羲、农以来尧、舜、禹、汤、文、武裁成天地，周万物而济天下之道，忽然不属之君上而属之儒生，致使后之论道者，草野重于朝廷，空言高于实事。

费氏以为政治就是道，教育就是道，古往今来的一部中国历史就是道统史，所以他一面提倡实事实功，一面尊崇汉儒，提倡古注疏的研究，开清朝二百余年“汉学”的风气。袁子才先生虽不满意新起的这派专以考据名物，实事求是的汉学家，一面并且替宋儒说几句公道话，但对于宋儒的“道统之说”，却攻击得体无完肤，异常厉害！就先生的思想系统而说，差不多先生因否认道统而进一步来反抗儒家——虽然先生还没有完全摆脱儒家的思想支配——只以这一点而论，又远非一般汉宋学家和费密所能望其项背了。先生攻击道统的理由如下：

> ……道者，乃空虚无形之物，曰某传统，某受统，谁见其荷于肩而担于背欤？尧、舜、禹、皋并时而生，是一时有四统也，统不太密欤？孔、孟后直接程、朱，是千年无一统也，统不太疏欤？甚有绘旁行斜上之谱，以序道统之宗支者，倘有隐居求志之人，遯世不见知而不悔者，何以处之？或曰，以有所著述者为统也。倘有躬行君子，不肯托诸空言者又何以处之……？废道统之说，而后圣人之教大欤？（《策秀才文五道》）。

这“圣人之教大”一语，便是说解放思想界的束缚，尊重思想的自由，先生《代潘学士答雷翠庭祭酒书》发挥这层道理，最为酣畅淋漓，明切详尽：

> 夫道无统也，若大路然。尧、舜、禹、汤、孔子，终身由之者也；汉

唐君臣履乎其中,而时轶乎其外者也;其余则偶一至焉者也。天不厌汉唐而受其蒸尝,亦曰彼合乎道则以道归之,彼不合乎道则自弃于道耳,道固自在而未尝绝也。后儒沾沾于道外增一统字,以为今日在上,明日在下,交付若有形,收藏若有物,道甚公而忽私之,道甚广而忽狭之,陋矣。三代之时,道统在上,而未必不在下。三代以后,道统在下,而未必不在上。合乎道则人人可以得之,离乎道则人人可以失之。

昔秦烧诗书,汉谈黄老,非有施雠、伏生、申公、瑕邱之徒,负经而藏,则经不传。非有郑元、赵岐、杜子春之属,琐琐笺释则经虽传不甚明,千百年后虽有程朱奚能为?程朱生宋代,赖诸儒说经,都有成迹,才能参已见,成集解,安得一切抹杀而谓孔孟之道直接程朱也?

夫人之所得者大,其所收者广;所得者狭,其所弃者多。以孔子视天下才,如登泰山察丘陵耳;然于子产、晏婴、宁武子等无不称许。至孟子于管、晏则薄之已甚,此孟子之不如孔子也。孟子虽学孔子,然于伯夷、伊尹、柳下惠均称为圣,至朱子则诋三代下无完人,此朱子之不如孟子也。王通称孔明能兴礼乐,邵伯温作论驳之,康节怒曰"尔乌知孔明之不能兴礼乐?"此伯温之不如康节也。

夫尧、舜、禹、周、孔之道所以可贵者,正以易知易行不可须臾离故也。必如修真炼药之说,以为丹不易得,诀不易传,钟离而后惟有吕祖,愈珍密愈矜严则道愈病。

我皇上《文集》中,不远称尧、舜而屡举汉文帝、唐太宗,亦以言汉唐则年近代而政事易于核实,言唐虞则年代远而空言难以引据,先生来书尊皇上为尧舜,尧舜之言,先生又不以为然,何也?

书中斥陆王为异端,亦似太过。《周易》曰:"仁者见之谓之仁,智者见之谓之智。"子曰:"仁者乐山,智者乐水。"夫道一而已,何以因所见而异,因所乐而异哉?然仁者之乐山固不指智者之乐水为异端也。颜渊问仁曰"克复",仲弓问仁曰"敬恕",樊迟问仁曰"爱人",

> 随其人各为导引。使生后世，则仲弓必以颜渊为异端，颜渊又必以仲弓为异端矣。
>
> 士幸生宋儒争定之后，宜集长戒短，各抒心得，不必助一家攻一家。今有赴长安者，或曰舟行，或曰骑行，其主人之心，不过皆欲至长安耳。苍头仆夫各尊其主，遂至戟手嚷詈，及问其路之曲折皆不知，今之排陆王者，皆此类也……。

读者！如要了解袁先生思想的全体，这个非难道统的说法，千万不可轻轻看过，因为袁先生认合乎"道"的，不只一家一派的学说，这样便最尊重思想的自由——不惟不以孔子之是非为是非，并且先生因此更能够贡献出许多极有价值的非传统思想所有的新学说出来，先生把这个"道"的涵义，推广得不只限于书本上的学说见解方面，甚至不为"一命之士"所看得起的"技艺"，都当它是"道之有形者也"。先生的《与薛寿鱼书》发挥得很详细："'艺'即道之有形者也，精而求之，何艺非道？貌袭之，道艺两失。"又说："夫所谓不朽者，非必周孔而后不朽也，羿之射，秋之弈，俞跗之医，皆可以不朽也。使必待周孔而后不朽，则宇宙间安得有此纷纷之周孔哉？""夫学在躬行，不在讲也。圣学莫如仁，先生(薛寿鱼的父亲一瓢善医)能以术仁其民，使无夭札，是孔子老安少怀之学也。素位而行，学孰大于是？而何必舍之以他求？""仆昔病疾，性命危笃，尔时虽十周、程、张、朱何益？而先生独能以一刀圭活之，仆所以心折而信以为不朽之人也。虑此外必有异案良方，可以拯人，可以寿世者，辑即传焉：当高出《语录》陈言万万，而乃讳而不宣，甘舍神奇以就臭腐，在理学中未必增一伪席，而方伎中转失一真人矣，岂不悖哉？岂不惜哉？"这个根本观念，在中国真算得"前无古人"的破天荒的见解。

清代学者固有不少的敢对于"道"字加以新的解释，如：颜元就说："道者，人所由之也。故曰：'道不远人'，宋儒则远人以为道者也。"李塨也说："路从足，道从辵，皆由人所共由之义理，犹人所由之街衢也。《中庸》言行道，《论语》言适道，《尚书》言遵道，皆与《孟子》言由道由路同，遂亦可曰‘小人之道’,‘小人道消’,谓小人所由之路也。”李先生更从初民狩猎时代状况说明“道”之名所由立,而谓道不出五伦六艺以外。甚至如章学诚是很崇信朱子的人,在《原道篇》也用历史进化的眼光替“道”下了一个定义说:“道者非圣人智力之所能为,皆其事势自然,渐形渐著不得已而出之,故曰天也。”又说:“道者,万事万物之所以然。”这话何尝不有价值?只可惜他们都没有胆气魄力敢把自孔子已开其端,到宋儒而扬其波的“道统说”根本推翻,这样就可见得子才先生之所以成就一个大思想家的资格,其天才与造诣,毕竟有大过人之处。

第四章 袁先生的人生哲学

袁先生的人生哲学,和戴震最相似。第一,他们两人信奉的都是“情欲主义”;第二,他们两人都是主张要人用科学家求知求理的态度与方法来应付人生问题,现在分别比较论列于下:

第一 情欲主义

戴震明白的攻击宋儒的“人欲净尽,天理流行”的说法,袁先生对于宋儒采宽大主义,他的《宋儒论》说:“孔子之道若大海然,万流之所朝宗也,汉、晋、唐、宋诸儒皆观海赴海者也。”“后世学者未必能胜宋儒,要惟是其言而不必迂拘墨守,非其言而不必非薄诋诃。”但他却攻击与宋儒思想有渊源关系的佛法,这是他们两人大同小异的地方。现在举出他们两人的文章比较着证明。袁先生的《清说》:

> 天下之所以丛丛然望治乎圣人,圣人之所以殷殷然治天下者,何哉?无他,情欲而已矣。老者思安,少者思怀,人之情也。而老吾老以及人之老,幼吾幼以及人之幼者,圣人也好货好色,人之欲也。而使之有积仓,有裹粮,无怨无旷者圣人也。使众人无情欲则人类久绝,而天下不必治;使圣人无情欲,则漠不相关,而亦不肯治天下。后之人虽不能如圣人之感通,然不至忍人之所不能忍,则絜矩之道,

取譬之方，固隐隐在也……。

戴震的《孟子字义疏证》不是也说过“《记》曰‘饮食男女，人之大欲存焉。’圣人治天下，体民之情，遂民之欲，而王道备，人知老庄释氏异于圣人，闻其无欲之说，犹未之信也，于宋儒则信以为同于圣人”的话吗？袁先生的《书复性书后》就专门阐发“情”、“欲”，并非难佛法：

唐李翱辟佛者也，其《复性书》尊性而黜情，已阴染佛氏而不觉，不可不辨。夫性，体也；情，用也。性不可见于情而见之……

孟子曰：“乃若其情，则可以为善。”《记》曰：“人情以为田。”《大学》曰：“无情者不得尽其辞。”古圣贤未有尊性而黜情者。喜、怒、哀、乐、爱、恶、欲，此七者圣人之所同也。惟其同，故所欲与聚，所恶勿施，而王道立焉。已欲立立人，已欲达达人，而仁人称焉。习之以有是七者故情昏，情昏则性匿，势必割爱绝欲而游于空，此佛氏剪除六贼之说也，非君子之言也。孔子因性相近，习相远，继之曰上智下愚不移。性有上中下之分，斯情亦有上中下之别：见舟车焉，贤者曰可以济人，其次曰可以游息，不肖者曰可乘以作贼；见美色焉，贤者曰勿使怨旷，其次曰勿惑为戒，不肖者曰吾昵之而且鬻以取利。其情之动而不同者，皆随其性之昏明高下而流露者也，情何累性之有？

且夫子之言性与天道，不可得闻，夫子之情则无行不与矣！弗狃召则喜，馆人亡则悲，论战则惧，听韶则乐，思周公则梦，终其身循环于喜、怒、哀、惧、爱、恶、欲而不已也。尧举十六相，未必非喜？舜除四凶，未必非怒？喜怒不必为尧舜讳也。孟子不以好货好色为公刘太王讳，而习之乃以喜怒为尧讳，不已悖乎？文王赫斯，颜渊不迁，子路闻之喜，皆喜怒也。后世惟晋惠帝流乃无喜无怒，童然若初生之犊，其性学之深，果贤于尧、舜、文王、颜渊、子路乎？

袁先生攻击佛法，纯粹是从“情欲主义”的立脚点出发，而说得最详细的，还推以下二文，《佛者九流之一家论》：

……天下有非其力而可以美食者乎？佛知之，故茹素。有非其财而可以厚葬者乎？佛知之，故火化。有僇民而可以留种者乎？佛知之，故不娶。此皆佛之本意也。然其说则托之于慈悲矣，示寂矣，不婚矣。且虑其坐而食则病，乃体拜以劳之；死而焚则熄，乃塔庙以神之；无子孙则绝，乃招徒众以续之；取于人而自利则术破，乃为祈为祷以利益之；城市居则亵，乃踞名山胜境以崇耀之。曼衍其书，一波穷，一波又起，故聪明者悦焉；含宏其教，元恶大憝，立可忏免，故下愚者悦焉。嘻！使佛而果自信其说，则饮食男女可也，旌别淑慝可也，直指其理以示人可也，又何必左支右绌，广招滥受而为是汶汶者哉？（下略）。

《答汪大绅书》：

（上略）足下又谓慈悲戒杀，即圣人仁民爱物之心，不知天地之性人为贵；樊迟问仁，子曰："爱人"，不云爱物；厩焚则曰伤人乎？不问马；鲁昭公之马死，公将椟葬之，子家子请杀以食从者；圣贤贵人贱畜，大义昭然。朝廷立法，水旱断屠，可见屠杀者是天地之心，百姓日用饮食之常，而禁屠者，乃凶荒减膳撤乐之变礼也。孔子钓而不网，弋不射宿，孔子可钓之弋之而放生乎？抑亦食之而不厌精，脍之而不厌细乎？且子但知动物之有生，而不知植物之亦有生乎？子但知禽兽身上之赤者为血而不知草木身上之白者亦为血乎？今夫禾一穟之谷累累然，种之可生无万数谷，而一旦付诸朵颐，则一禾之生机尽矣。今大菜青青然数茎之摇，虽叶干根斩，而中心犹翘然而起，一朝烹为羹汤，则一菜之生机又尽矣。安知一禾一菜不隐隐呼号乞命乎？子以仁慈自居，将必不食粟不食菜而后于心安也？而吾有以料子之必不能也。仆常问彭尺木曰："佛戒嫁娶欤？"曰："然"。"人人可以成佛欤？"曰："然"。然则万国九州，不四五十年人类灭绝，盈天地间不过鸟兽草木，而佛之塔庙何人建造？佛之金像何人供奉？佛之经典何人传诵？岂非其说愈行，而其法愈坏？又何必周武帝之毁沙门、销佛像，韩昌黎之火其书、庐其居哉？即以佛之道还治佛之身,而佛穷矣……。

这样反对佛法的话,虽也有相当的理由,但不从佛家的根本教义上加以指驳,只举些枝节,恐不足以压伏佛徒之口与心。不过在此我们可以看出袁先生由"情欲主义"推到"以人为本位的享乐主义",这是戴震和其他的人所没有的。他那篇《爱物说》,解释这种思想最为详尽:

妇人从一而男子可以有媵侍,何也?曰,此先王所以扶阳而抑阴也。狗彘不可食人食,而人可以食狗彘,何也?曰,此先王所以贵清而贱浊也,二者皆先王之深意也。先王有治世之权,不必明言其故,而但定其制,使民由之,后世不察,见孟子训爱物,佛家戒杀,于是人与物几溷淆而莫分,萧子良之慧,苏子瞻之聪,皆惑焉。

夫爱物与戒杀者其心皆以为仁也,然孔子论仁曰爱"人",不曰爱"物";又曰:仁者,已欲立而立"人",不曰立"物";此意惟《吕览》得之,曰:仁于"万物",不仁于"人"不可谓"仁"。不仁于"万物",而仁于"人",可以谓"仁"。仁也者,仁乎其类也。此可谓善言仁者也。

然则孟子称数罟不入污池,《礼》:大夫无故不杀羊,士无故不杀犬豕,奈何?曰,此非爱"物",正所以爱"人"也。惧鱼之不繁,将不足于食;惧大夫、士之有故,将不得不杀羊犬豕,故俭惜畜养之,以待其食与杀耳。为"人"计,非为鱼鳖羊犬豕计也。然则君子何以远庖厨?曰,此非爱"物",亦所以爱"人"也,恐近庖厨,则不忍,不忍则不食;远庖厨则忍,忍则食……。

这种以"人为本位的享乐主义"推其极端,就要以人类中之"男子"为本位,女子差不多都有"媵侍"候补者的资格,便不免有"以人为菑"的弊病,袁先生侍姬众多,出入花丛,也不免受了这种见解的贻累。但他的人生哲学的长处,就是如戴震一样的看重"情"。"欲",在别一方面,他最痛恨最掊击得利害的,便是那般"矫情"的人。《清说》:

……民之初生,无不清也。茹毛而已,巢居而已。民之初生,又不能清也,不能不食而茹毛,不能不居而构巢。中有圣人焉,增之以

> 玩好,文之以器用,惧其过也,以礼节之。自夏桀酣歌恒舞,而伊尹有俭德之戒。周末文胜,三家者以雍彻,而夫子有宁俭之戒,皆有为言之也。后世不然,或无故而妾织蒲矣,或无故而与螬争食矣,彼所好者在乎矜名以自异,则不得不权其轻重,舍此以鬻彼,是俭其名而贪其中,洁其末而秽其本也,乌乎清?

又说:

> 自有矫情者出,而无故不宿于内,然后可以寡人之妻,孤人之子,而心不动也。一饼饵可以终日,然后可以朘民之膏,减吏之俸,而意不回也。谢绝亲知,僵仆无所避,然后可以固位结主而无所踌躇也。己不欲立矣,而何立人?己不欲达矣,而何达人?故曰:"不近人情者,鲜不为大奸"。

《读丧礼或问》:

> 有人问汉第五伦,公有私乎?伦举二端,以不自隐饰,相传为美。不知伦之私,伦以为自知之而卒未尝自知也。伦之言曰:"兄子有疾,一夜十往,还竟安寝。己子有疾,终夜不往,夜竟不眠。"盖以眠不眠为私,而不知伦之私,又不在此。《礼》:"兄弟之子,犹子也。"犹之云者,准子为言,而固已亲亲之杀矣。伦于兄子疾十往,则己子疾更宜十往,己子疾不往,则兄子疾亦不必往,伦贪爱兄子之名,而至于一夜十往则固已身往而心不随;且既悉其病状,加之劳苦,安得不眠?伦贪远其子之名,而至于夜不一往,则未悉其病状,情固未安,而欲往之情,卒难遏禁,又安得眠?伦不自知其矫情钓誉之私,而犹以为与人共有之私,是所谓一言而再过者也。且伦亦幸而不忘不眠,其友朋父子间天良犹未尽灭耳。若并此而无之,将遁天倍情,终其身为德之贼矣。

由此可知袁先生这样的痛恨"矫情",所以他的人生哲学积极方面的主张和他自身的实践伦理都是在于"适情"。

《清说》：

……然则奢俭宜何从？曰，圣贤以礼为归，豪杰惟情自适。徐邈当魏武崇俭时，不改其奢；当魏文崇奢时，不改其俭，此衷之以礼也。武元衡当杨绾朴素之时，盛饰如故。孔思远得珍玩，服用不疑，及其屡空，萧然自得，此自适其情也。此三人者，真清者也……。

《答卫大司空书》：

人之好善不能尽同文王嗜菖蒲菹，曾皙嗜羊枣，天下之嗜菖蒲菹、羊枣者，必不止文王与曾点也。因文王、曾点而菖蒲菹、羊枣特传，非菖蒲菹、羊枣之能传文王、曾点也。奢俭之适情，亦犹食味之适口而已矣……。

《俭戒》：

俭，美德也。自矜其俭便为凶德。蓼虫食苦而甘，彼自甘之，与人无与也，必欲率天下人而为蓼虫，悖矣！

袁先生这样的看重“适情”，所以说古人制“礼”，也是适情的，他《与从弟某论释服作乐书》，就是这个意思，现在引来写在下面：

先王制“礼”，贤者不敢过，愚者不敢不及。天下贤者少，愚者多，然如礼而除，其哀忘否，未可知也。未可知则礼外之意存，而先王教孝之心亦终不没……。夫衰麻苴绖，非先王以之苦人也，念孝子哀痛之心，诚于中形于外，其服食起居，有不至于是而不安者，故为之制，而又为之节，非若囚拘束缚，身受者得早脱一日为快……。

第二　应付人生问题的方法

袁子才先生的情欲主义已如上所述，有些地方或不免失之狭隘，而有流弊；或解脱不了礼教束缚，而自相矛盾；但他所说的应付人生问题的方法，却是至理名言，很值得表彰。原来袁先生与戴东原均生长在那个弥漫浸淫着科学精神的时代,所以他们两人都不谋而合的主张要人用科学家求知求理的态度与方法来应付人生问题。戴东原说过:“凡异说皆主于无欲,不求无蔽;重行,不先重知。”“圣人之言无非使人求其至当以见之行,求其至当,即先务于知也。凡去私不求去蔽,重行不先重知,非圣学也。”“圣贤之学由博学,审问,慎思,明辨,而后笃行,则行者行其人伦日用之不蔽者也。”换句话说:就是从知识学问入手,每事必求其“豁然使无余蕴”,逐渐养成一个“能审察事情而准”的智慧,然后一切行为自能“不惑于所行”。袁子才先生也是这样说的,试看他的《公生明论》:

> 或问:“公生明”,荀子之言非欤?庸医之治人也,覃精竭思,公矣,而人不治。庸相之治国也,引经法古,公矣,而国不治。以是观之,公安能生明欤?
>
> 袁子曰:“子亦知夫荀子所谓公,非今之所谓公乎?”夫公者,对乎私而言之也。必先知何者谓之私,何者谓之公。所谓私者,非货利而已也,自贤,自智,强不知以为知,私矣。矫俗,矜廉,避嫌,好胜,私矣。喜功名之己出,惧他人之我先,私矣。气质之粗,学术之偏,私矣。私即不公,不公则不明。货利之私,知其不可犯而犯之者也,其害于明也浅。意见之私,不知其不可而犯之者也,其害于明也深。
>
> 彼无私者非圣人耶?然而圣人不自知其无私,故迩言必察,昌言则拜,舍己从人,以求其明,其求明之心即公也。既公矣,焉得不明?彼有私者,非庸人耶?然而庸人不自知其有私,故不咨于人,不询于众,悻悻然惟所欲为。其自以为无私之心,即私也,既私矣,又焉得明?
>
> ……古之圣人不自讳其私,又惴惴焉若惧人之忘其私,而为之代遂其私。呜呼,何其公也!惟其无有己之见存,而万事万物无不文理密察以措之于至当,公之所至,明自生焉。
>
> 或曰:“子之言公,是矣。今之明者,多流于刻,何欤?”曰:“刻非

> 明也，即昏也。夫明者，明乎其所当明也。刻者，明乎其所不当明也……。”愦愦之昏浅，而察察之昏深。见于一偏之明小，而揽其全局之明大。仁而不明者，有矣，未有明而不仁者也。可以宽，可以严，可以生，可以杀，惟其当耳。当斯公矣，然则谓明生公也可。

《再与蕺园书》：

> 足下所引宋儒谬误者数端，皆昔人陈言，不必再摘，吾以此知足下之心得者少也。就中所称“格物宜兼窒欲”一语，仆又非足下而是宋儒。夫圣贤学问自有条次，所贵乎格致者，如人行路，必先问程途邮驿。当问路时，虽至恢者，有何成见？虽至贪者，有何越思？而何欲之可窒乎？窒欲即正心诚意也。若格物之功已兼窒欲，则诚意正心为赘语矣。要知圣贤格致之时，未尝非诚意正心时也，亦未尝非修身齐家时也。恐其误诚，误正，误修，误齐，故格物以致其知耳……。

《与湖北巡抚庄公书》：

> ……《大学》称知止而后有定。是定之不难，而知之难也。若无所知而先定，则其定愈甚，而其知愈蔽，其过愈深……天下义理之无穷，而执持之难定。伏愿公先致知而后诚意，先察吏而后立功。知果致，则意自诚矣；吏果察，则功自立矣……。

以上所引袁先生《文集》《尺牍》里的话，差不多都是和戴东原的《孟子字义疏证》《原善》等书一鼻孔出气，都是“英雄所见略同”。戴氏做学问的方法，一面重在“必就事物，剖析至微”，一面重在证实；子才先生也是笃信“先致知而后诚意”，“格物以致其知”，到了“万事万物无不文理密察以措之于至当”的地步，那么“公之所至，明自生焉”。这样的见解，在中国思想史上实在是难能而可贵，很值得佩服的。考他两人所以一致主张要人用科学家求知求理的态度与方法来应付人生问题的原因，不能不溯源到他们所心爱的科学上——即戴氏的律算和子才家传的刑名之学。这两样学问——数学与法学,可说是有清一代科学方法的总源头。清代最大多数的汉学家不是深懂得勾股开方,就是擅长刑律。数学之为科学方法,可无庸多说,而法律的本身最是讲究条理的明晰,而在审判案件应用它的时候,又最注重搜集及调查证据。子才先生的父亲即是一位刑名师爷,子才又是于此道极感兴味的,所以他的文集里许多传记、墓志铭和其他如《书悔轩观察五事》一类的文章,都是很有耐心,详详细细的把人家审狱判案的始末记录下来,可见他所以有科学方法的思想,实在是得力于法学。此外如孙星衍、王念孙诸人,也是如此。

第十一章　结论

在以前十章里,我们对于袁先生的人格方面已可如拨云雾而见青天了,不再因为只看过先生的一部无甚价值的《诗话》,就以为先生是轻薄无行的了。至于说到先生的学识方面,除非是有神怪魄力的天字第一号的大学者才敢说先生只有些微小慧,无甚学识的话。其余最大多数如著者一样的人早已经是五体投地钦佩无极的了。著者常有个玄想,假使先生迟生一二百年赶得上康南海、梁任公诸先生的变法维新的运动,以先生的法治的思想,当然是很有成就,最少也可与谭嗣同诸人相伯仲。倘先生还能够见得着陈独秀、胡适之、顾颉刚诸先生,那么首揭叛旗反抗传统的思想的人,恐怕当今天下,真是舍先生其谁与归?至如文学革命,提倡抒写性灵具有真实的生命的新诗,和大胆的揭破那般层层积累而上,披着神圣不可侵犯的符录的一些假古董,先生将不待招会,要说:“老夫行之有素矣,岂肯后人?”近代大戏曲家易卜生说他自己的思想,总跑过常人的十年之前,若以子才先生而论,则一般常人几乎追赶了百多年,到现在还不曾看到先生的影子哩!清代的大学者真不在少数,只是有点思想的人,可就难找了。在别的人只要有过如先生的思想的一部分——如戴震的情欲主义和以科学方法与态度应付人生问题,可就了不得了,而先生的思想如此的广大精透，反没有人觉察着，岂非大家都是“有眼不识泰山”么？至于我为子才先生写这篇《评传》，已经是十几万字，以我的学力对于子才先生现只能有如此的了解而已，况且参考搜求的力量又很有限，无聊的事又多，我的惟一希望，即在藉此唤起读者诸公对于“子才先生的研究”的注意和兴味而已，我的错误，我的挂漏，都请随时指示，并加以原谅。

悲观主义新说

引言——人生价值的否定——新悲观主义的建设——旧悲观主义发生的历史和旧有诸派悲观主义的批评——新悲观主义在人生行为上善恶的影响——结论

一、引言

人生在世究竟为的甚么？这个问题，在我心中盘旋了若干日；但我愈要问愈答不出来；愈问的紧，心里愈加悲哀，愈感受痛苦，愈觉得万念俱灰。记得胡适之先生有一篇小说叫做《一个问题》的，他记朱子平问他的话说：

> ……“小山，你是多识广见的人，请你告诉我人生在世，究竟是为什么的？”我说：“子平这个问题是没有答案的；现在的人最怕的是有人问他这个问题。得意的人听着这个问题就要扫兴；不得意的人，想着这个问题，就要发狂。……”（《胡适文存》卷四，第二百七十三页）

这是何等深挚沉痛的话。在美国詹姆士也曾发议过我们果值得活着么(Is life worth living)的问题；由此看来，那些历来大言不惭，自命解人生真义,认识人生目的的哲学家的说法便有狠大的动摇、狠大的缺陷了!这一层且留在下面去申说。

【附注】 前不多时张东荪先生在《时事新报·学灯》栏上说过:“我们对于生命,不能问为甚么,因为生命和下雨、流水一样,同是自然的事实。所以我敢说凡是问人生是为甚么的,必定含有一个误解的前提,以为我们是要生而后才生出来的,殊不知我们是因为生出来了才活着,因为生命是一个事实,我们不能左右他。……”张先生这话使我怀疑不信任极了!如果我们于人生只能问什么,不能问为什么,那就如美国哈佛大学教授洛伊士(Josiah Royce)所说:“假如一个人能在无计划的生活着,无目的并且十分的被动,那么他就和有机物一样……”(if a man could live with no plan at all, purposelessly and quite passively, he would in so far be an organism. 见他所著的 *The Philosophy of Loyalty*,P. 168)这种有机物的生活,是我们有理性,有最高精神生活的人类所能满意的么!并且张先生所说问人生在世究竟为的是什么这个问题是错误,我也有些不解,因为错误不错误的话,只能适用于判断上(judgement),而不能说问题是错误或是不错误。

现在我可以举解答这个“人生在世,究竟为的甚么”的许多学说,逐一的加以批评。(严格说来他们简直不敢正面的解答这个根本的根本问题。)

(1) 宗教家对于人生目的的意见 宗教里如波罗门教之所谓“大梵天”、“大自在天”,回教之所谓“真宰”,基督教之所谓“耶和华”,这些都是说那创造主宰的神,是宇宙的“本元”和“究竟”。人们都应该有此一神以为奉载,以为依归;以顺从“神”所以生“人”的神意,所以信从神的,灵魂就升天,不信神的,便魂归地狱,永无超生的希望。于是他们就积极的肯定人生的目的,是孜孜的做一个信顺“神”的人,以邀神的恩眷,冀得到与“神”一般永久一处快乐的效果。这样的解答人生目的,且不说严密完整的科学可以去掉他这种浅薄虚伪的理论;就以人的一点常识,在情意方面,也就不满意这种人为邀“神”的恩眷而生;这种解答实在是浅浮枯燥,我们可以不消理他。

(2) 哲学家对于人生目的的意见　在中国如孔丘、孟轲一流人物专以正心、修身、齐家、治国、平天下做一大道德家、大政治家为人生的最大目的。又像老庄的意见,以为万事万物都应当顺应自然;人生知足,便可常乐,万万不可强求。又像那墨翟主张牺牲自己利益他人,为人生义务。托尔斯泰也以人生的真幸福,先要把我自己忘却了;忘却自己是求真生活的第一步;能忘却自己才能为人服务。又像那杨朱主张尊重自己的意志,不必对他人讲什么道德。又像那德国尼釆也是主张尊重个人的意志,发挥个人的天才成功一个大艺术家、大事业家,叫做寻常人以上的"超人",才算是人生的目的,甚么仁义道德,都是骗人的话。以上所列举诸家的学说,我加一番考虑觉得如孔孟以人不过为希望成为一个道德家、政治家,其实人人都安能皆出人上,思想稍微透澈一点的人何能以"荣"、"名"为满足,如果人只为"荣"、"名"而生,那么人人都应该成为政治家、道德家了;实际上一方面有道德,即有不道德相对待,这一层老子早已说及。其次说老庄,如果人是为适应自然而生,那么人是自然的玩物,是自然的刍狗,简直没有些许的意味。其次又说墨翟、托尔斯泰,如果人只为他人而生,我既非负债者而却是与债权者相等的人,我何为而一世的当"还债老";还债是烦苦的事,人生不过为的是来世上还债,也就无味得狠呵。最后说杨朱、尼釆说法的错误,他们根本不承认别人有和自己〔一样〕的人格,尼釆就要望成"超人",真有如初生之犊不畏虎,糊糊涂涂的去做。像以前这些不同的人生目的的说法,我就要引用梁任公先生的:"人生的价值是在那里,岂不是最可恶的一件事吗?何苦来在世上当几十年烧面包的机器,何必怕面包无人吃,故意来愁眉苦脸的过一世?人生意义实在没有什么可以赞美的价值了!"这实在说得不错,他们那些所谓大哲学家的简直答不上人生究竟目的的问题。

(3) 生物学派对于人生目的的意见　这项本可归列在前项去说,但为叙述的便利,所以另分为一段。我们按罗素在他著的《哲学的科学方法》(*Scientific Methods in Philosophy*)里,他分现在哲学为三派,他把生物学和自然科学看为不同源的二物，所以我跟着他分的那达尔文以来因进化论而产生之哲学，所谓进化论派（Evolutionism）就是博格森和实验主义这一类；现且说实验主义他们解释一切问题，只认定有一个实体——就是人生——不认定有唯一的实体——就是超于人生；所有我们可以知应当知；以为要紧，应当以为要紧的，都是和人生有关，或者是人生的需要。供给人生的发达与成功的是有用的，有用就是真；损害人生的发达与成功的是无用（包括有害），无用就是假。他们既然发明人生是制定思想上、道德上一切标准的原料，就可以拿人生的福利和人生的效用，去解决人生问题，所以他们竟大胆地说“以人生论人生”为定则，拿人生解释人生，拿人生的结果解释人生的真义，从此就可使一切左道的人生观念和许多放荡的空议论失了根据。这样武断的态度是我所不能满足的，我以为他们简直没有感受到人生的根本的根本问题——即是人生在世究竟为的什么的问题——他们只晓得谈枝叶上的“发展”、“福利”的问题，而不知发展为什么，福利有什么意义，批评这派的话，在上几段中也可援来用；我固知他们的口头禅无非是那几句娓娓动听的什么维持小己，使种族的生命延续至无穷。我们且不问无穷而有穷的学说在他们本身已露出破绽——如一般生物家推断人类宇宙的将来同归于尽的话——即使这生命果真无穷，与天地同垂不朽，我们人类在这无尽长的路中走，承上续下，有个什么意义！这个根本的根本问题是以人生解释人生的答复得完善的么！我想这真是“挟泰山以超北海”断不能解答，因为以人生解释人生常犯连环推理的错误；所以我在此要打破以人生解释人生的谬说，因这实是不可能。

二、人生价值的否定

我们在以上许多说法里找一个人生究竟的目的，是“缘木求鱼”没有希望的事了！我们现在不妨鼓着勇气去探究或观察一下人生的究竟，去把“人生”的幕布揭开；那么我们除非是眼睛为物质主义的尘埃所蒙蔽，或是为宗教的乐土的青障所隔住，我们才感受不到“生之究竟”，因而才不知无目的的人生、无价值的人生呢！但是我们只要把宗教的信仰一打破，别的一面，又是不满足现状，只感着生之苦而不觉生之乐，何以故，因无目的、无意味故。现我且引几家对于人生的内幕，肯“打开窗子说亮话”的来证实这一番话。

(1) 自哲学上观之人生　人生是无目的无价值的，这话蔡孑民先生有一段话说得狠好，他说：

人不能有生而无死，现世之幸福，临死而消灭；人而仅仅以临死消灭之幸福为鹄的，则所谓人生者，有何价值乎！国不能有存而无亡，世界不能有成而无毁，全国之人民，全世界之人类，世世相传以此不能不消灭之幸福为鹄的，则所谓国民若人类者，有何等价值乎！

庄子也曾说过：

……一受其成形，不亡以待尽，与物相刃相靡，其行尽如驰，而莫之能止以亦悲乎！终身役役，而不见其成功，苶然疲役，而不知其所归，可不哀耶！人谓之不死，奚益！其形化，其心与之然不可谓大哀乎！人之生也固若是芒乎！其我独芒，而人人亦有不芒者乎！……(《齐物论》)

庄子这样的话竟和梁任公先生讲演的知其不可为而为的主义所说宇宙间无绝对成功的事的意思狠接近的了。再说近世纪科学进步以来，人生的目的越去找越没有目的；人生的价值，越去估量越觉得轻微不可说，我们看罗素在《梦与事实》一文里说：

照天文学所显示，宇宙本是狠广大的。在望远镜所见的以外，还可以有多么多，我们实不能说；但就我们所能知的，已是不可想象的大。在这个可见的世界里，天河不过一个狠小的碎片，在这个碎片里，太阳系不过一个无穷小的微点，而我们的地球，实只是个微点里的一个小到非在显微镜下不能看得着的小点子。在这个小点子上,不洁的炭气和水的,构造复杂的带着些有些希奇的物理和化学的性质的,许多狠小的块儿,爬来爬去爬几年,以至于再分解为构成他们的原质,这些块儿把他们的时间分去营为他们自己延续分解的时机的劳动,一部分去干发狂的争斗,以为他们同类的别个催促这个时机;自然的暴乱既按期的把他们毁坏几千几千千,疾病又不时的扫除得更多。这些事情是不幸的,但人当以他们自己的势力,成功于弄出同样的毁坏时,他们却乐起来感谢上帝,在太阳系的生命中,人之存在物理上能有的时期,不过全体的一微细的部分;但是却有理由去希望,便在这个时期终了以前,人以他的努力于相互灭绝,就要将把他自己的存在截止住,这种便是从外面看的人生。

哎哟!全部自然科学的成绩,被罗素先生用来轻描淡抹的把人生说得这般样的可怜,要使人不悲伤人生之无意味,还能够吗!

(2) 自生物学观之人生　陈兼善先生在《哀》的一文里,纯是用生物学的眼光去揭破人生之秘幕的,他说:

我们读过科学书的人,尤其是像我这样喜欢看生物学的人,决不相信人间有什么至高无上的目的,不过是些酒囊饭袋,搬运可以发生第二代个体的遗传物质的东西罢了!说得时髦一点,就是生存欲和生殖欲在那里作怪而已。"四书"、"五经",我只佩服一句话"饮食男女,人之大欲存焉";这十一个字,何等参透,何等干脆;什么耶稣教,什么佛教,什么……他们有所谓天堂,有所谓涅槃境,按之实际,既经作了人的人,总不喜欢这些的。有许多信徒他们是笃守教义的,但是他们信心的表现,只在祈福禳灾、求子卜利的时候;有时自知无可挽救之际,或者也乱嚷着什么菩萨上帝,却从没有见过好好活着的人,日夜祈祷弃去臭皮囊到天国享福去;其实就令他们愿意弃去臭皮囊,也不过是贪生的观念之放大而已。人家是明知必死而因贪生怕死之故,因循活着,他们却欲避去一死,以谋长生之道,然而其为生存欲和生殖欲所引起则一也。一般宗教如是,浅薄的哲学家所指示我们的,更卑不足道;厌弃人生,鄙视人生的,不过把一般人所感觉之苦痛,所推测之人生终极,结晶在他文字中发表出来罢了!持乐观者,鼓励后生者,好像父母哄孩子一般;为父母的说道,儿呀,你乖乖儿去念书,将来也像某某一般,只要有志气,保你有出山之日;其实何尝能出山,就令出山了,又有什么意思呢!乐观的哲学家所教训我们的,和这个有什么分别,我以为他们这一点引这人生活着的兴趣奋剂都没有懂得呢。……

这话真说得斩绝了。

除了从哲学、生物学观察人生外——这可以说成是自外的观察,物质的观察——现我还可再引自内的观察人生,即是自心理学观察的人生,现我可分述于下面。

(3) 自心理学观之人生　心理学家浩弗淀(Harald Hoffding)表面上虽不赞成悲观主义,他曾经批评过旧的悲观主义者叔本华的学说,但和我的新悲观主义,他批评的简直不相干,因为我觉得浅薄的悲观主义,才为人非难,这话说来太长,暂且不表;但说一说浩弗淀的心理学对于人生的观察,简直可悲极了!他曾说:

婴儿堕地的第一声,因为缺乏空气和循环的间断,所以生活实在是以苦痛开始。(Life begin with anguish,见英人 Mary E. Lowndes 的译本 *Outlines of Psychology*, P. 226.)

又说:

所谓实在,那只是吾人视为实在,虽极反对之力,也不能不承认;但这不能不承认的原素质,乃是实在的消极的或主观的标准(Criterion),而不能更有所要求。人在梦中,梦也是一实在,但是既醒之后,才知梦不过是一幻影的实在,而由更完全统一的实在加以限制;并且幻影的实在,也只有在此真实在中发见其说明,吾人在梦里,因不能够发见其中显著的矛盾,和与经验相矛盾的原故,所以信梦是实在。……凡观念不根据于实在的只可用经验来矫正;这类观

念的界限,终有发现的一天,然后知道天地间事物在吾人哲学之梦以外的是狠不少。(P.208)

他在别的几章上曾说过:"人生乃不过一幻梦"由此看来我们生活的本质,乃是在迷惑的大梦里头,这岂不伤心么!在旁的说法也狠多,但恐怕阅者不耐烦看,只好割爱了。

三、建设新的悲观主义

从以上几段看来,人生的本质,无论自何方面观察都是无目的无意味的,所以这个根本的根本人生在世究竟为的什么问题,没有解答的可能性,而我的新悲观主义到此却有深固的根据,可以安安稳稳的成立了!就是因为我们不能知道为什么我们要生,什么是我们的究竟的目的;我们的生活,有个什么样的价值。说到此我才明白历来之所谓人生哲学家如孔子、孟子、荀子、苏格拉底、伯拉图、亚里斯多得、康德、斯宾塞尔、泡耳森数也数不清的人物在他们以为人生哲学已经在他们手里完成了,其实自我看来,他们学说全部的根据狠有些"蹈空"的危险;因为他们大多数的人,还没有正面的来解答这个根本的根本问题,他们却用掠光浮影的手腕来兴高采烈的叙说这附带的第二个"人生应该怎样"的问题上去,仿佛说这个根本的根本问题是不成为问题的;尤其是那般最武断的"以人生解决人生"的哲学家,他们不知道这种解答是万不应该的。咳!我们想一想,我们既没有把"人生在世究竟为的是什么"一个根本问题解决得了,就来说什么快乐为人生的正鹄,什么至善,什么苦行,什么牺牲,什么良心,什么行事,在我看来,都是些"无根之谈"!而这个根本的根本却又无人能解答——也不能解答——于是人生悲观主义的成立,是没有疑虑的余地了!写到此处,或许有人疑心说:"你这种悲观主义,欧洲早就有的了,何待你说个不休呢!"其实这话完全错了!我这种悲观主义是根本的,元始的,欧土所有的悲观主义是枝叶的,浮浅的,请待我另辟一章来比较申说一番。

四、旧悲观主义发生的历史和旧有诸派悲观主义的批评

悲观的思想，那个时代，那个地方，那个人没有？如李太白那一类“人生若梦，为欢几何”；“抽刀断水水更流，举杯消愁愁更愁”的零零碎碎的话，真是多得不可胜说；但是这种思想能够成为一种主义，旗帜鲜明在哲学界树了一帜的，那就不能不说到欧洲大陆的悲观学派了。我们读《欧洲哲学史》就可知道在十九世纪后半期世界上有两个狠著名的德国思想家，他们的思想，入人极深；一个是叔本华（Arthur Schopenhauer，1788—1860），他著的书是 *The World as Will and Idea*；一个是哈德曼（Eduard Von Hartmann ，1842—）他著的书是 *Philosohy of Unconcious*，都公认他们是悲观主义者（Pessimist）；像这样达于高度的思想我们根据着去考察前此和他们悲观思想狠接近、又为过去的道德所规定的事物的绝欲主义（Asceticism）是有一个对于现世生活抱悲观的根据，他们是以为消灭前定的痛苦，超过快乐。叔本华的学说，除了名词的不同是狠接近纯粹的佛法，这个无论何人，只消知道点那种“寂灭宗教”（Despairing Religion）的教义，就可以承认的；至于他的学说怎样，我可以随后举来批评。哈德曼的思想，比较叔本华更进一层，他以人只为种族的将来若干时打算，而不为各个的现时打算；叔本华以快乐为痛苦的暂时的退避，哈德曼就以痛苦为积极的也如消极的快乐一样；在他这种悲观主义的论断方式，就引出一个算学的计量（Arithmetical Valuation）来表示痛苦方面的进行；他称引狠多的叙说，他那与其说为认知的，毋宁说为直觉的，以为动物的痛苦是在那被别的优胜的动物所豫定着要吃的。在叔本华所说的“生存的意志”（Will to live）和哈德曼说的“下意识”（Unconscions）意思是差不多的。（这一段是取材于 Thomas Hunter，*History of Philosophy*，P. 78 - 101. ）至于他们的说法对不对就留在后段去说。

现在我可以把欧洲所有的各派悲观主义提出来一一的加以批评；我

们如果按照泡尔森(Friedrich Paulsen)的分类就应该分为两派:(1)感觉界的悲观主义(也可以说是快乐主义的悲观派,Snsualistie hedonistic);(2)道德界的悲观主义(Moralistic)。如果我们依据美国薛蕾博士的《伦理学导言》(朱进译本)上的分类,就应该分为:(1)主观的悲观主义;(2)客观的悲观主义;(3)知识的悲观主义;(4)感情的悲观主义;(5)道德上的悲观主义;五种。现在把泡尔森的两种,加入薛蕾的(4)、(5)两项可暂定如以下的五种来分别批评。

(1)主观的悲观主义——主观的悲观主义,就是如我上所举的李太白的诗文的例了;又如倍根尝说:"人生如泡影耳,自襁褓以至丘墓,所经过者无非忧勤与惕厉。"莎士比亚也说:"甚矣惫世界之生活也。今日之世界,不啻一荒榛未辟之丘园,惟强暴得享其权利而已。"像这样零碎片断的话太多了!这不过一个人的感觉或态度,不在求实事的证明和理论上的叙说,我本可以不了了之。其中就是有思想的,也不过是叔本华一辈人的一枝一芽,我们擒贼先擒王,在后几段批评叔氏的学说又说像这些小喽罗,也就无须乎在此刻加以批评。

(2)客观的悲观主义——薛蕾博士引例说:"今有科学家或哲学家焉,宣言于众曰:'人生之虚幻,一如昙花泡影';又曰:'人之生也,与忧俱生,寿者惛惛,久忧不死,何之苦也!'如是则非感慨之辞,乃理论之谈,必俟证实而后可以论定者也。"这样一方面以人生命过促为可悲,一方面又以生命过长乏味为可悲;其实就前一种说,如果人生没有意义,那便虽与地球齐年,也未见得就好过;就后一种说,如果人生是有目的有意义,那么虽屈折过多也有如吃甘蔗的渐入佳境的情况,何可悲呢!而不知人生之可悲,乃不在此而在彼耳!

(3)知识的悲观主义——这一派以知灵为至善,而人的知识,却是有限,所以一生没有价值。格代(Goethe)说:"吾读哲法医且及神道学兮,用心至苦也!夜思昼诵以期豁然贯通兮,而愚闇乃如故也。"这也和庄子说的:"吾生也有涯,而知也无涯,以有涯随无涯,殆已!"的话差不多;拿普通一般的人生哲学家的话头来驳他便是说:"知识并非吾人的正鹄,不过达吾正鹄的作用，也不是至善，不过是至善的一部；因为吾人的希望在知识、情感、意志三部分同时的发展。……”其实在我看来，这派的悲观说，岂不是以人为知识而生，人只消能够有充分无遗的知识便是人生达到了目的，人生就有意义了么！这话在人的心理作用上说，实是大错特错；乃有人以此之不得而悲观，那真是不可思议了呵！

以上三派之所谓悲观主义，在我以为不应另为类别，因为这都是没有完整的理论和丰富的事实做根据，所以不用费我的力加以详细的批驳；这三派实在是当不住悲观主义这样鲜明的好题目。

(4) 感情的悲观主义——薛蕾说："此派谓吾人之至善，幸福也，快乐也，人生非惟不能达其鹄的，而且多苦恼，少安乐，此其所以为失败也。此类见解，以《旧约》为最多。"此外泡尔森书里征引叔本华的许多根本的重要理论，譬如说：

> 意志本来是无意识的，他常为无鹄的的努力；那是不动于鹄的的观念，而只表现为盲目的生涯，因此不能确指为满足的事。这个感情的内容，不过是苦痛、危险、失望和枯燥无味(Tedium)，为不可避免的结果。苦痛驱迫我们去动作，不实现那目的，苦痛就继长增高。假若这个目的实现了，虽有狠快的(Momentarily)去苦得乐的一刻，但不久也就消灭了，绝对没有保持的希望。所以一切快乐的究竟，都只是失望。如果要愿意去避免意志循环(Restless Striving)的苦况又不胜干燥无味之苦，所以与其久静，毋宁投入艰难困急的境地以自排遣，因为意志常常踯躅在感情的中间。而又不能脱了他的范围，好像行人在荆棘的丛里左右小心顾忌但没有一处能不受他的伤害。(这处引美人 Frank Thilly 的译本 *A System of Ethics*, P. 292—293.)

又说：

> 吾人所欲之事，无非梦幻，及其末了，终归要死。

又说：

> 凡人一生所为，无非一无时或息的生存竞争罢了，这竞争终归是失败。在那大海飓风吹来的时候，那航海的舟子，虽然奔走营救始终不停息，而势之所趋，人也无能为力，终归还是葬身鱼腹。

又说：

> 我们的幸福，常是负数，因为我们所感觉的只有痛苦；而有福的人，自己却不知其有福，比方说健康、壮年和自由是少年的三宝，但少年自己是不晓得，到了年纪将老，才觉得悲伤，所以说幸福常是负数。

像这一类的说法是有狠深固的根据的；但是照他们的话说来，那么人是为快乐、平安、成功而生的，解答这个根本的根本人在世上究竟为的甚么的问题，就可以说为的是快乐吗？为的是成功吗？为的是平安吗？其实大谬不然；如果为的是快乐、平安、成功，事实上人生没有快乐、平安、成功的话，那未免武断；况且许多人生哲学家如泡尔森、里勃士、薛蕾、浩弗淀都以快乐为至善的一部分，并非鹄的。假如人们能常有快乐、成功、平安，那么如叔本华之言，岂不是要把他那块悲观主义的大招牌收下，岂不是一场大笑话！至于他说凡人都常在"危险"、"失望"之中，也与事实相去太远，日本生物学家丘浅次郎曾经举过一个浅显和日常生活危险万倍的坐火车的事例来说，他说：

> 火车保不定什么时候要冲突颠覆的，然而总没有人从上车到下车时时刻刻愁着这个的；就以人寿无常来说，人是不定什么时候死的，然而天天想着这个抱悲观的人却一个没有。

这话以常见的事破常识浅薄的悲观主义是"游刃有余"的了。叔本华他想不到人类即使快乐了、平安了、成功了，于我究竟有什么好处，于人类又有什么好处，我们就有了快乐，一感受到这个根本的根本问题却也就嗒然若丧的了！我以为悲观主义完成如叔本华的人，还没有感受到人生的根本的根本问题，还只抓着点皮面，无怪乎经人指责，就露出破绽；甚至还被那般轻薄的编哲学史的人，加他些“精种异常”、“生活异常”不好听的名辞在他身上，这不是最倒霉不过的一回事么！其实人生之可悲，乃是在无目的无价值，悲观主义的真谛乃在此而不在彼。

(5) 道德的悲观主义——薛蕾博士说这一派以为：

> 居今之世，勇者未必获其赏，勤者未必食其果，仁者未必受其报，天下之无公理也久矣！今之人，不外奸猾与蠢愚，彼功业满天下者，实狡诈凌虐之尤者也；世之人不徒乏好善尊贤之德，而且嫉视善良，妨害功能者，比比皆是也。

这样的思想，和龚自珍在《定盦文集》里所描写的“衰世”的情况颇相类似(参看他的《文集·乙丙之际著议第九》)。薛蕾又引卢骚的话来说：

> ……古胜于今，世界常呈退化之象……邃古之民较为纯朴善良而多福，自文化之发达，人心始不古矣；社会之阶级日著，一切恶德，随之以生，良恶贵贱之观念，亦以之大变。譬如今人崇尚知识，非为知识之故，乃为由知识而沾社会上特殊利益之故，一如世人之宝藏金玉珠翠者然，金钱也，学问也，已成社会阶级之一标记，人之爱之，亦惟爱此标记而已；又富贵之人，日显其暴戾恣睢，骄蹇无状，而贫贱之夫则日趋于颛愚卑陋，怯弱无能，皆社会法制，有以致之也。

这样从历史着眼，在泡尔森书里叫他做“历史哲学的悲观主义”(The Historical Philosophical Argument)。现在再引叔本华的道德的悲观说如下：

> 彼等——指一般人——都是些粗制品，品劣价贱，产生的又多，因而多所弃掷，是自然的道理；像奸恶(Malice)、愚钝(Ignorance)是普通人的二特质。大多数的人，愚钝甚于奸恶，常濒于饥饿，而不知有高尚的精神生活，徒营逐于一身及子孙的糊口而已。他们只注目在地上，醉生梦死，一死也就无遗的了；他们的愚钝既是如此，而又搀杂些奸恶，他们见别人的精神或是体魄的优长，像财产名位的显

> 达，稍高于彼等，就仇恨他，嫉妒他；他们所以不敢侵犯他，是得警察保护之力，如同豢养禽兽的必定要铁笼来间隔着他；人类也是这样用恐怖的铁(Forged by fear)制成刑法的槛，然后才得阻其互相侵袭的行为。彼等苟一脱刑法的羁绊，马上就互相攻击；彼等自诩为道德，如果揭开内幕，都是“一丘之貉”。他好交际是由于夸衒，有同情心是由于自爱，重名誉由于恐怖，守和平由于怯懦，勉为慈善是由于迷信。间或有少数的人类，奸恶的特质超于愚钝的，必定是意志较强，知识较多，所以不为法律所限制，好像猛兽的出柙蹂躏他人，无所不至，那些多数怯懦、顽固、偏狭的像羊一样，少数狞恶、狡诈的像狼、像狐；超过这样范围而有智(Wisdom)、有德(Virtue)的就少极了。……(见 *A System of Ethics*, P. 297 所引)

总括这派的意思，就是以为人类没有道德，或是道德的退化，所以人生可就抱悲观了。假如人人都是有道德的，那就可以取消了他们的悲观主义；换句话说，他们是以人为道德而生，那么解答那个根本的根本问题人在世究竟为的甚么，就可以说为的是道德；殊不知道德只是意的生活，为生活的一部分；道德又没有“垂之百世而不惑，放之四海而皆准”的，那么人为道德而生这句话，是说人为已死的、虚伪的道德而生，还是为现在的、理论的、怀疑的道德而生，这话真不好讲。难道人生在世究竟是为的来做个好人，做个有道德的人就完了吗？我虽不能像杨朱那样极端的说：“仁圣亦死，凶愚亦死；生则尧舜，死则腐骨；生则桀纣死则腐骨”的话，但这种“头巾气”、“乡愿式”的人生观，着实非我们这般有点活气的人所甘受的。况且世人坏的固多，有道德的也不少，他们因此犯了“以偏概全”的弊病，他们偏偏从这点枝叶上去建设悲观主义，也未免有点出奇呵。

总而言之，旧悲观主义者他们都没有感受到人为何而生的根本的第一个问题，去建立一个基础稳固、内蕴宏深的悲观主义；他们只从些枝叶上“舍本逐末”、“零扯饾饤”，搔不着痒处的地方去说，才被那一般人生哲学家批驳得一个体无完肤。我相信我这种悲观主义，除非他感受不到人生的根本问题上去，那就罢了；如果感受得到，这个问题，他一定答不上来，也只得同我抱一样的态度的。

五、新悲观主义在人生行为上善恶的影响

在上几章内，我已经替悲观主义加一层更深的坚壁，我确信这样的悲观主义可以成立；但是这样的悲观主义于人生行为的影响怎样呢？在我未说我的意见之先，我且引几家对于悲观主义批评的学说——

(A) 薛蕾博士说："使此种思想——即悲观主义——流传国中，危莫大焉。苟夫人以此生为无聊，为无价值，则人伦道德之事，可以弃而不讲矣。"薛蕾是没有看着人生的正面，所以说这样狠浅薄的话，在我以上的论辩中，已可置而弗论；但是他说的悲观主义者弃人伦道德不讲的事，是否属确，且留待随后讨论。

(B) 泡尔森说："如果人类不能破坏那个像叔本华所说的生活欲望，那么一天怀抱着悲观，这实在是危险？我们的生活，免不了有狠大的奢望，但是能够知道愿望不能够完全达到，和旁的人未可完全信托，那么我们也可以防那失望的痛苦；然使一味的抉摘人类的弱点，那只能够养成轻蔑人类、嫌忌人生的习惯而已。……"(*A System of Ethics*, P. 305—306)像这样拿枝叶上的话去批评枝叶的悲观主义，在我这样向人生的正面去企图解答人生根本的根本问题而不能解答所成立的悲观主义的论辩里是早已挥之于题外；不过他以为悲观主义养成"轻蔑人类"、"嫌忌人生的习惯"倒是我以后要讨论的问题，现且不具说。

(C) 我以为真能了解悲观主义及其影响于人生的人，不能不说作《时事新报》评论栏《悲观》的题目，署名平的那位先生了！他说："惟有悲观的人，才有真正的觉悟；我尝和许多朋友说，对于人生不抱悲观的，狠难同他做朋友；因为不悲观的人，不是宗教的迷恋者，便是物质主义、现实主义的囚徒。但这也难说，在一方面，悲观主义固然可以产生许多革

命家,与澈底的觉悟者;但在其他方面,却同时也产生了不少的隐退者和堕落者,和自杀者;他们大概都是已经看见这'可憎恶'的'人生'的,因为生的秘密,已经被看见了;于是有便纵乐,以为'尧舜桀纣同为枯骨',生何必自苦呢!有的便万事灰心,退隐不问世事,做一个自食其力的人;略有勇气的,便欲一瞑了此恐怖之生,他们以为与其生而时时受心灵上凌迟之刑,还不如忍瞬刻之苦,可以得永久之长眠。"

归纳他们以上所说的话,便可知道悲观主义与人生行为的影响便是:(1) 弃人伦道德不讲;(2) 轻蔑人类,嫌忌人生的习惯;(3) 可以产生许多的革命家;(4) 产生澈底的觉悟者;(5) 产生隐退者;(6) 产生堕落者;(7) 产生自杀者。我以为薛蕾博士的第(1) 项可以包括在平先生的第(6) 项里,泡尔森的第(2) 项可以包括在平先生的第(5) 项里,然后由七项改成五项如下:(1) 产生许多的革命家;(2) 产生澈底的觉悟者;(3) 产生隐逸者;(4) 产生自杀者;(5) 产生堕落者。至于在我的悲观主义中所可推断的,绝不会产生堕落者、隐退者和自杀者。平先生说得好:

> 自杀固是狠好的避开"生之恐怖"的方法,但是悬在生之草原到死之草原的痛苦的帘布,终于把许多人吓退了;至于退隐与堕落,却决不是办法……退隐是免不了痛苦的,生之烦闷,决不在动的时候出现,而必在静的生活里得到威权;退隐正是给烦闷的黴菌以发展的最好机会。堕落更不是人所应做的,凡是实际曾与人生一面的,决不忍堕落。……

除此而外,就是能够使人成为澈底的觉悟者,勇猛的救世者,诚挚的泛爱者;所以悲观主义者在一方面是"非潜退者",因其既把生之秘幕揭开了之后,便觉得无数的同人,尚在那秘幕里攘攘抢抢的自寻苦恼,于是便要向前去解脱他们,使他们转迷启悟。离苦得乐,止恶修善;使他们的慧眼不为物质主义的尘埃所蒙蔽,不为宗教的青障所迷惑,这种精神真有如佛说:"我不入地狱,谁入地狱"的勇气,这还可以说悲观主义者是潜退的吗?人说大慈而后大悲,这却因大悲而后大慈了!悲观主义者又是"非自私自利者”，这一层看上文就可知道，无待多说了。悲观主义者又不是愚者，乃是慧者；我看薛蕾、泡尔森眼中的叔本华诸人乃是不明全般的人性，是缺乏实际的考察，其实他的思想之透，远过他们呢。总之，凡人能够了解“生之究竟”是这般样的无意味，他一定不是迷恋物欲取得的人，他一定是“学”、“修”俱善的良人君子，他的智慧既开，肉感的要求既少，人类的恶德就狠少要他表现；照此说来，世上多有一个抱人生悲观主义的人，就减少了无数的罪恶；由此递加，悲观主义影响于人生行为善的方面，还不重大吗！所以我以为以前的人生哲学家对于悲观主义简直是误解，简直是“无事自扰”；那么我们今后应该怎样呢？那就是本着人生悲观的原理，光明纯洁的向前活动，以行吾心之所安，这就是我们合理的生活态度。

一九二二·四·十日午脱稿于北京高师

（原载于《哲学》1922年第6期。）

说忏悔

“忏悔”这个名词从他发生的根源地方看来，和宗教狠有血统上的绵延的关系；谛闲大师说得好，他说：“忏者梵语忏摩，悔是华语；后人有解为忏前愆，悔后过者，实则忏时后过尚未发生，何从豫悔；可知已悔即是忏，乃梵汉双举，悔有惭愧之意，谓从前所造诸恶，今始知悔，誓不再造也，既忏已不必再悔。”在基督教和这个意思相当的如“康非省”(Confession)也是用来给信徒以一种自新之道。但我现在用这个名词的意思，却不如以上所说的狭，这是从宗教引申出来为人生哲学的一种说明的；我们再考中国关于这类思想的古书里面，如孔子曾说：“过则无惮改”和《易经》上所谓的“四动”，便是“吉、凶、悔、吝”，注解这四字的意思是：“吝者凶之原，而悔者吉之本也”；又如《论语》朱注上说的：“遽伯玉行年五十，而知四十九年之非。”由以上的话看来，便知忏悔的意思，只是一个“悔过自新”。

一、忏悔的起源

“忏悔”这事，是怎样起的呢，我们要解答这个问题，并不是冲口而出，就可以敷衍过去的，必须要打几个弯子，方才弄得明白；我们先从人性上来说，人性是善是恶，从孟轲、荀况和千余年以来一般自称为圣人之徒的也闹不清楚，章太炎先生在《国故论衡·辨性》上下篇从形而上学的眼光来探究，似乎太不着边际了！美国心理学家桑戴克氏（Edward L. Thorndike）著了三大本教育心理学，头一本便是《人类之天性》（*The Origin Human Nature of man*），也没有研究到性善恶的问题上去。但是可以举出最平稳可靠的说法，如孔子所说："性相近也，习相远也"，其性就是说人的心理原差不多，都是好恶与人同的，只有后来习惯渐偏，才乖违，才支离杂乱，俱不得其正；正以我们的天性易相习而益远，而我们一天差不多息息都与社会有关，社会又是最富有缺陷的，稍微疏忽一点，即堕落而不可振拔；至于能不入社会的陷阱，独往独来的，在社会上是绝无仅有的了！社会上往往有一部分极少数的人，曾经堕落，一旦因良心之发现，就发生觉悟，因觉悟而生忏悔，这就是忏悔的起源。

只说忏悔为良心之发现，而不说明良心是什么，则忏悔亦不易明白到底是什么一回事，所以我还少不了要从人生哲学史上找出良心说的沿革来。在欧洲十六、七世纪之际，有巴特拉（Joseph Butler，1672—1752）采用沙士勃雷（Antnony Ear of Shaftesbury，1671—1713）道德的感觉学说，与之以更高的权威名之曰"良心"，而以良心为道德的原理；沙士勃雷的道德的感觉就是说："吾人为道德之行为活动、博爱之感情之时，有一动特别之感觉焉；此感觉能下道德之判断，而感道德之愉快；吾人不仅受外界之刺激，感种种之事物而已，即道德之行为亦感觉之对象。凡爱之感情，深切之感情，感谢之感情，皆得为吾人感觉之对象焉，此即道德之感觉也"；巴特拉采用此说更予以最高的权威，遂反对曼德威尔悲观之道德观，谓人有自然。从此良心之声，图自己之利益与社会一般之利益之倾向。巴氏又说："良心者，乃反省之能力，有下道德之判断、之权威，非可与其他之感觉同一视之也。"此外如亚丹斯密（Adan Smith，1723—1790）说："良心为公平无误之判断者。"卢骚（Jean-Jacques Rousseau，1712—1778）说良心之起源是："社会成立，理性及言语发达，于是有德之人与不德之人生焉，吾人因为社会之生活，于是有良心之生活；人在自然状态之时,其爱自己人格之感情,决非简单者,人有精神与肉体,于肉体之一方面,此自爱之观念,为求感觉之快乐;于精神之一方面,此自爱之观念,为爱秩序之情,此爱秩序之情发展,乃为良心。”近世有德国大哲学家泡尔生(Paulson)说:“良心为礼俗之知识。”(Consciene is originally nothing but the Knowledge of Custom,见美人 Frank Thilly 译本 *Introduction to Philosophy*,P. 42.)日本生物学家丘浅治郎说:“动物的良心,不过是做了违背团体要求的行为之后,惧怕团体裁制的一种个体的感觉罢了;但是在这种时候,以上的关系,也随着团体的扩大,渐渐的不明瞭了,终久良心竟全然成了一种本能,存留在心底里了。”(刘文典译《进化与人生》第七十四页)这许多的说法,各有所偏全的地方,不妨同时参看,就中以巴特拉的为简短完好。

我们由上可以知道良心是一种狠复杂的经验的产物;在我们屏除小己利害嗜欲,与平生的成见,这个良心就呈一个清白透明的状态,同时就得一个极活泼公平,严厉的对于己身所有行为的判断,这就良心发现时的情状了!朱熹在《语录》上有几句话说得最好,他说:“心地本自光明,只被利欲昏了。”又说:“人性本明,如宝珠沉溷在水了,明不可见,去了溷水,则宝珠依旧自明,自家若知是人欲蔽了,便是明处。”良心复现的大用,便是使自家知道是人欲蔽了,在此时候如果反身而诚,则所行的事,经过公平无误之判断者,良心所称赞,那就真如亚丹斯密氏所说:“较得自己以外世间之称赞尤为可贵”一样了。如果所行的事,经不住这公平无误者良心的判断,时为良心所呵责,真有如亚丹斯密氏所说:“较受世之呵责,尤为可畏。”卢骚好做些不道德的事,有时想起来,便狂呼无已,双目直瞪不能下。李兹铭先生说他自己:“平生颇喜骛声气,遂陷匪类而不自知,至于接牍连章,魑魅屡见,每一展阅,羞愤入地。”(参看次一章文学与忏悔)这样“羞愤入地”的情状,良心惩罚的能力,谁敢小可他呢。正因人有良心惩罚之一日,所以就有忏悔罪恶的意向行为。忏悔的起源,说到此大体已经过得去,以后便说一说忏悔与文学、自杀、人生哲学、宗教等的关系。

二、忏悔与文学

吾人既因良心的惩罚而有所忏悔的法路就多了！或内惭而自杀，或堂堂的另做一个人，或皈依宗教，容后慢慢的说来；现在只说一说文学和忏悔有什么一个关系；在这点我想起一事，便是读者将要不满于我这文的组织法，因为自杀是纯乎为行为的，而我偏要把他放在不全为行为，属乎理智情感的文学、哲学、宗教之间，其实我另有用意，我以为使人忏悔后能得安心立命的，文学为力最少，远不如自杀、哲学、宗教之为愈，我是以能使人忏悔后得安心立命的效果来排比先后的，这一层也要先为提及。

我们都知道文学是以好的思想情感和美的形式构成的，由此可知文学是情感的产物，忏悔虽含有不少的理智分子，为良心之复现及其惩罚的作用，但到此田地，觉自己浑身都是罪恶，感情因而抑郁不伸，必定要找所以安心立命发泄郁闷的方路，于是一种暂时觅不着另一的人生观，或是皈依不着另赋与新生命的宗教，便不能不找最易宣泄郁闷、发抒情感的文学了！自己浑身的罪恶，索性把他赤裸裸的写下来，作为对人类的供状；所以这类文学的产物，其言也善，其情也挚，其感人也速！无怪乎卢骚氏的一部《忏悔录》成为空前绝后的浪漫派文学之巨著了！我从前看见过一部浙江李慈铭先生的《越缦堂日记》上的叙说："平生颇喜骛声气，遂陷匪类而不自知；至于接牍连章，魑魅屡见，每一展阅，羞愤入地。"又说"自誓此后不标榜，不诙嘲，不议论国事，不月旦人伦，有犯一者，即削其牍；而向所为二十八卷中，当取其考据、议论、诗文，踪迹稍可录者，分类存之，以待付梓；凡所余者，或投之烈炬，或锢之深渊，即收藏之凿楹，以为子孙之戒；自非忧虑之余，精神嘲丧，悔悟已迟，强进之功，绝非能任，孝标秋草，尽世同嗟，悲夫！"悔悟已迟是何等愤慨的字眼呵！在此处我又要说明一事，便是现时人所公认为纯文学的，差不多只限于小说、戏曲、诗歌三种，而我这里所说的《忏悔录》和《越缦堂日记》差不多纯为日记体裁，低与文学定义不合。其实文学的本质，只在乎富于情感，功于艺术罢了！其范围甚广，并不限于小说、戏曲、诗歌三种，何况我所列举的二种，都有文学的价值呢！——我们试又来考究文学都能否使忏悔者排除苦闷，得一个安心立命之地呢？如果按照卢骚在《忏悔录》上所说的："我本身所犯的罪恶，是谁也不知道的，但我一想起来，便瞠目不能下，使我狂跳烦躁不安；但是我拿笔来把他狠忠实的写下，我多写了我一分的罪恶，我的痛苦，便减轻了许多。"似此则文学是最好的给以忏悔者的安心立命的东西了！其实不然，我们拿他本身自杀的事和文学的效用来说，使我们在忏悔后能排除苦闷、安心立命的东西，决不是文学有此效力，也赶不上自杀哲学和宗教。因为吾人忏悔，便是从主观虚渺的精神上回想着就老大的不安，怎么经得住把他写在客观的、最易触目惊心的物质上，使人苦闷愧恨，不惟不能解脱，反因此而常触于心目而不可移。不过人不忏悔则已，忏悔而不求借文学以谋解脱则已（实则不能解脱），如果积心中苦闷愧恨难安之情，发而为文章，那一定是宇宙间狠有数的奇物了！我们读了吴梅的《绝命词》，也多少与之抱同情，这是就忏悔与文学本身上的关系来说；如就世界上茫茫苍苍恒河沙数日在罪恶中而不自知的众生来说，那就可因真切直诚的忏悔文学，使之能反省，察出许多的罪恶来，就最易有忏悔的机会了！这就是文学对于忏悔的大用了。

三、忏悔与自杀

我们知道凡人到发生忏悔行为的地步，那时他因作恶而自恨；如果他不自恨而已，当真自恨，真无法解救，这时他自己固不自恕，即自恕也若不算数，即他所负罪的人恕他，也却不算数；那时觉得自己是布满了郁闷罪恶，于是那狰狞可怕的死神，就暗示他，惟自杀可以解脱痛苦而无遗恨，于是自杀竟与忏悔发生极密切的关系。我们看社会上发生自杀事件的各种直接原因，除精神病外，关于情绪压迫的：如(1) 失恋的，(2) 羞惭的，(3) 忏悔的，(4) 名誉被损的，(5) 考试落第的，(6) 刑法痛苦不耐的，

(7) 虐待痛苦的,(8) 疾病痛苦的,(9) 愤恨的诸种,就中忏悔也就是狠显著的一项事实了!(1)、(2)、(3)、(4) 四种的自杀,都是因为情绪上受了道德习惯和舆论的压迫;人是社交的动物,一旦受了压迫,或自觉不足以见人,因而社会上无立足之地,像这种人自然毫无生趣;但是他们倘不受厌世思想、解脱主义的暗示,恐怕还没有自杀的决心。因为自杀多兼两种原因:一是社会的压迫,一是思想的暗示。蛮族无教育的人,少年,比较自杀的少,都是思想不发达,缺少第二种原因。倘若二种原因俱全,无论怎样勇于奋斗的人,一方面为社会的道德、制度所驱逐,一方面为厌世思想所引诱,还有不自杀的道理吗?况乎人在忏悔时所受内面良心呵责的痛苦,诚有如亚丹斯密氏所说:“较受世之呵责,尤为可畏。”加以密近的解脱主义的暗示,相逼而来,还有不谋自杀的事吗?据我平常研究历史及观察社会的情形,常有忏悔者想不出救济已往罪恶的一条合理的大路来,即使想出来,而自己又不能幡然改计去实行,如卢骚就是一个好例,他自忏悔之后,人生的正路,他已找到,如回归自然(Return to nature);但他不能如托尔斯泰革命洗心的去实行,遂至发狂自残。这因忏悔而自杀的事,若依据希腊禁欲的司多噶派(Stoics)的意见来说,自杀可以解脱一切痛苦;又如英国哲学家休谟(Hume)所说:“我若是没有力量为社会造福,或是为社会的累赘,或是因为我的生命妨碍别人为社会尽力,那么我若是自杀了,不但无罪,而且有功。”那么忏悔即属痛苦,又有负于他人,因忏悔而自杀,是极应该的事了!不过忏悔者常多能自辟一正确的人生观,及反皈依能赋与新生命的宗教,遂不至大家同走一路了。

四、忏悔与人生哲学

人生哲学多么宏达深厚,以我这样贫学的人,只能悔其大概;这种学问就是对于“人是甚么”、“做人为甚么”、“做人应该怎样”三个问题的明瞭的答案;吾人常如薜蕾博士所言:“对于诸行,或褒或贬,或张或弛,皆良心为之；吾惟良心之命是听，人苟有善行善志，莫不深自夷怿；即或有善志而行未尽善，亦未尝不可以自慰，其或引以为憾事者，则时机已失，驷马难追而已。不特是也，且亦有乐道之士，则既心公理道德，于是不辞迂远之嫌，而抗行违俗，以求道德之胜利者；即彼跅驰之徒，放废无度，颠倒错乱，然苟尚念未斩，绵绵不绝，方寸之间，必致忧恕交加，自怨自艾。总之，人常能追忆既往，痛悔前非，而自勘其过者也；此种情感，名之曰懊丧，名之曰良心之责备，良心之责备若为极严，则悔过者惶怖怔营。”（朱进译《伦理学导言》第四十六、七页）在这惶怖怔营的时际，我们明白我们怎样误解人生的真义、人生的目的、人生的行为，我们因此才有如许的罪恶，于是我们找出一条合理的大路来，即自辟一件正确的人生观，就大踏步狠热烈真诚的向前走去，堂堂的另做一个人，所谓“从前种种，譬如昨日死；从后种种，譬如今日生。”佛经说“放下屠刀，立地成佛”，就狠能代表这种意思。我们且举几个因忏悔而另辟人生观的例，如子张是吴国的驵僧，颜涿是聚鲁的大盗，因其能悔，故能受学孔子，成为大儒；晋国名士周处，幼年曾为三害之一，但后来刻厉自新，成为当世的名儒；又如……托尔斯泰，他一生奸淫，杀人放火，欺诈，诸恶德皆极全备，他以一个任气使酒的贵族，卒能感受人生之无意义，在他《忏悔》一书上，直剖心源，以获得理性、泛爱、为人服务的正确人生观，做那泛劳动、博爱人道的主义，他自己得着一个新生命，变换了原来的人格，人类也得着他提高前进的莫大利益，如斯之忏悔，方为正大。所以我说与其因忏悔而取自杀的行为，毋宁取人己两利，因忏悔而另堂堂地做一个人！我狠馨香祷祝世界多有几个像托尔斯泰一类的人，取积极的忏悔行为，那世界就少了多少痛苦，增加了许多幸福；所以感作这一篇《说忏悔》的长文，于忏悔后谋自新的方法，特重于此点。

五、忏悔与宗教

忏悔与宗教的关系，可以说极密切无比的了！前一章就忏悔的字面来说，也就可以看出他的渊源所自。我们既知忏悔为人的情志极烦闷痛苦之至，而宗教却又是“以超绝于知识的事物，谋情志方面之安慰勖勉的”（这个定义是采自梁漱溟先生的，许多中西学者的宗教定义都令我不满，只有梁先生这个定义，是先得我心的）。现在我先从忏悔与宗教的关系来说，然后以宗教的经典来证实。从前我狠浅薄的反对宗教，时来感受到人类有宗教的要求，又见有宗教心的人所行事和一般人有所不同，我慢慢的去研究宗教，才觉知宗教的内涵，决不如我昔日以迷信推究的这样浅陋。有暇我还可以把《以美育不能代宗教》一篇长文，写出来给大家指教。

自来忏悔与宗教的关系，阐发透澈的，莫如梁漱溟先生的一段话，他说：“我曾看过一位陈先生（陈靖武先生的儿子），他本是讲宋学的，后来竟奉了基督教，他把他怎样奉教的原故，说给我听，话狠长，狠有味，与时不及详叙，简单扼要的说，他不是自觉弱小，他是自觉罪恶；他不是怯惧，他是愧恨；他不求生存富贵，他求美善光明。但是一个人自己没有法子，没有力量将作过的罪恶湔除，将愧恨的心放下，顿得光明，别开一新生命，登一新途程，成一新人格，这如勇士不能自举其身的一样，只有丧呼上帝拔我，才得自拔。他说上帝就在这里，宗教的必要，就在与等处；狠狠信他的话出于真情，大概各大宗教都能给以这样的勖慰，不单是基督教，这在宗教以前所予人类帮助中是最大之一端，在以后狠像是必要，人类自觉弱小恇怯，可以因文化增进而改变，但一个人的自觉罪恶而自恨，却不能因文化增进而没有了（人类自觉生来就有罪恶，这是会改变的，但一个人作过罪恶而自恨，或且因文化之进而进）。除非他不自恨而已，当真自恨，真无法解救，这时他自己固不自恕，即自恕也若不算数，即他所负罪的人恕他，也都不算数，只有求上帝恕他一切，才得如释重负，恍若上帝在旁帮他自新，才觉得光明，几乎舍此无他途，也绝无比伟力神效。”（《东西文化及其哲学》一百二十六、七两页）这话真说得透辟入理。现在我们可引宗教上的经文来说明与忏悔的关系：

（A）关于佛教方面：佛教以吾等与佛无异，然吾身虽与佛同，而自顾其行，实觉可耻，此知耻之心，即为忏悔之心，此忏悔之心，即与佛一体之心，吾人忏悔之心一起，则自过去世所积之罪恶，悉如日出露消。曹洞宗之《修证义》说："三时之恶业报虽必当感受，苟能忏悔，则转重而轻受，又使之减罪清净。"《普贤观经》说："众罪如草上之露，慧日能消除。"

《四十二章经》说："人有过不悔，罪来趣身，如水归海；悔过行善，罪自消减，如病汗。"《大集经》喻："悔过如百年垢衣，一旦而浣，可得鲜净，如是百千劫中，所集诸不善业，以佛法力故，顺善思惟，于一日一时，能尽消减。"《未曾有经》云："前心作恶，如云覆日，后心起善，如炬消暗。"佛经又当分忏悔为二类：

(1) 理忏　忏悔者端坐念实相，众罪如霜露，慧日能消除。

(2) 事忏　事忏者，昼夜三时，三业清净，自披陈过罪，凡无始以来五逆十恶，及余一切随意发露，车不覆藏，毕故不迭新；如是则外障渐除，内观增明。

(B) 关于基督教方面："基督教以为凡属生民，莫不以负神之故，负有罪累，非敬天行善，力求自赎，决不足以超出泥涂，上承天休。"所以基督教的忏悔典礼极重，奥里苦拉忏悔(Auricular Confession)在罗马卡托里克派教堂成为狠神圣的消减罪恶的规定之部分，并且也是盎格里安族教曾自愿实行的；在路德派教堂承认忏悔之实行，但必纯为自愿的，主教者只有权力去背诵神的赦免。中世纪圣阿古士丁(St. Augustine)，他作有《忏悔录》，美国教育家豪恩(Horne)氏主张在宗教教育中用为教本我。仿佛记得从前看过一东《新约全书》上有一段事，一名叫马丽的妇人，伏在耶稣的脚上，她觉得她浑身都是罪恶，她只求耶稣拔救她，她拿眼泪去洗耶稣的脚，因此她竟得神赦，得安心立命之所了！

我对于宗教，研究得十分浅薄，本不敢乱谈，只就所能列举的，写点出来，证明忏悔与宗教的关系甚为密切罢了。又我以人在忏悔后另能辟一合理的大路去走，固最好不过的事，不过这只限于少数的人，不如宗教之易于皈依，解脱痛苦，因此我特为宗教多说了些话。

六、结论

在上几章内，我把忏悔的本质及其作用，和与忏悔有关的事物，算研究出个大概，画出个轮廓，但我一想在这个尘市野马、茫茫人海里头，处处都有陷井，吾人的罪恶，与日俱亟，诚有如《颜氏家训》所说："夜晓昨非，今悔昨失。"(《序致》)日日在忏悔之中，时时在忏悔之中，一方面受良心复现强烈的惩罚，固属痛苦；而一方面革新洗面，振拔自新，也是一种极大的快乐。而世人怎么大多数都永无忏悔之机，以减少人类的罪恶呢？这却不能不归到良心的盲钝了！亚丹斯密说得好，他说："良心不可不常醒觉之，自己以外之称赞呵责，恒与吾人以甚大之刺激，故轻视世人之断判，于实践上亦为非宜。要之，人能常警觉其良心，则良心之声实为最确实之指导者。虽然，此良心之命令，又有为情欲所蔽之时，又或为世间言论之所左右，欲防如斯之危险，势不得不依从来人类经验上得来道德上种进之法则而订正之。"说来说去，都不外一个知识问题，只有多增加知识便易促其忏悔之机了！唉！桃花源何处可寻？人类的罪恶，何日能免？苟不忏悔，何以为人！

一九二一，十一，十八脱稿北京高师。

（原载于《哲学》1923 年第 8 期。）

驳以美育代宗教说

中国学术界近年来有个很有研究价值的题目，就是《新青年》杂志第三卷第六号蔡子民先生的《以美育代宗教说》，大家都知道蔡先生是中国提倡美育的第一人，我们今天所以有点零碎片断的美学知识，饮水思源，我们实在不能不感谢先生！不过蔡先生这一篇文章，立论却有些疏忽的地方，既没有替美育定一个明了、具体、完全的界说，又没有指示出宗教与美育区别的地方，只是说了些知识作用、意志作用和感情作用附丽于宗教，而美育的普遍无人我的感情之陶养，就足以代替宗教。因此一般人附会盲从，甚至于把美学、美育、艺术都当做一样的意思，岂不令人好笑！所以我以为要解决这个问题，应该要有以下所列举诸项的充分知识：

A. 研究美育，宗教的本质的科学：

1. 美学。

2. 宗教哲学。

B. 研究美育能否代替一宗教，从二者关系上研究必备不可缺的知识：

1. 美感教育学。简单点说就是“美育”。

2. 宗教学。

所以我研究这个问题的步骤，第一步就在确定美育的含义、宗教的含义，然后才讨论美育能不能代替宗教，现在可以分开来说明。

美育的真义。前已说过，蔡先生没有把美育的意义诠释一番，所以令许多人竟误解美育就是美学，美育或许就是艺术教育，但是这三个名词范围的大小不同，弄来弄去，差不多全无是处了！我曾经为了这个美育的定义，看了上海出版许多的《美育》杂志，觉得美育的意义，应该如此这般的下一个来，但我始终没有成功；后来看孟禄博士著的《教育百科全书》也只叙述了些美学发达的历史，就如《教育上之艺术》那一章里，也是残阙不全。假如美育的定义说不出来，宗教与美育的区别也是指不出来的，那么万事休了！这个问题也无从讨论了！可是我从前自己曾下了一个很简单的定义说："凡以美的理论、方法、制作品，用来陶冶美的情操，就是美育。"又想起从前看过豪恩博士（Herman Harell Horne）著的《心理原理的教育学》（*Psychological Principles of Educntion*）第二十章"美育"里曾经下了一个精确完备的定义说："美育的意思是培养美的趣味，发展一切存在美的感觉，结果到美的享用、批评的尝鉴，有时还能创造美，为艺术的制造者。"（Aesthetic education is meant the cultivation of taste, the development of the sense of beauty inherent in all, resulting in the enjoyment, the critical appreciation, and sometimes the production of works of art. P. 23）

宗教的定义。关于宗教的定义，我从前费了不少的力去找一个比较完善的，结果完全令我失望！有人说"信神就是宗教"，但这话已被柯耶（Coe）驳得体无完肤了！就如大宗教家诗尔马哈（Schleiermacher）那个有名的定义说："宗教是一种绝对依赖的感情。"（Religion is a feeling of absolute dependence.）在柯耶看来，也是不对，因为一般都承认宗教是不能回复到一简单的精神生活的形式——宗教实在是包括全般的精神，但他也没有举出一个完好的定义来（参看他的《宗教心理学》，*The Psychology of Religion*，P. 59—61）。就是如梁漱溟先生所说："所谓宗教的，都是以超绝于知识某情志方面之安慰勖勉的。"（《东西文化及其哲学》第一一七页)似乎比较的少流弊了。又如法国人莫勒(Max Muller)说:“宗教是一个勉强的用力,拿来解释那些不可解释的事物和满足那些不可满足的热望。”(见他所著《宗教学导言》*Introduction a la science des riligions*)这个比较的可靠就暂时采用了。

我们已经明白了什么是美育,什么是宗教,那么我们就可以进一步来问为什么美育可以代替宗教?但是究竟能代替还是不能代替?现在列举以美育代宗教几项理由,一一的加以批评:

(A) 蔡孑民先生说:“纯粹之美育,所以陶养吾人之感情,使有高尚纯洁之习惯,而使人我之见,利己损人之思念以渐消阻者也;盖以美为普遍性,决无人我差别之见,能参入其中。”正因宗教也是有这种功能,所以拿美育代替宗教是可以的;这番话要是拿吕澄先生的话来说,就有些不可靠了!他说的好“……人生是种求知的,同时便是种实践的,那求知是无尽的,实践也是无尽的。一面要明白,一面去解释,这样使我们人生不绝的向上。……所以艺术的活动,直观的去求知同时表现的去求解释,自好概括人生的全部;还有宗教的活动信解行证,一时圆融,也自概括了全体的人生。但艺术的极致是认明各个分离独立的我,宗教的极致是舍去一切我的执着;一是人生的正面,一是人生的反面,正当的人生,便只曰有这两面,我始终不敢赞同美育代宗教的话,也是这种理由。……”(《时事新报》十六十一日)这是从美育和宗教的功能方面去否认以美育能代替宗教。

(B) 吾师傅佩青教授曾经搜集各家关于宗教的意见,其中一部分就是以美育代宗教说:

> 科学与道德均都不足以满足宗教的要求,因为宗教的要求,不是知的,也不是意的,乃是情的。情的动作,是难喻之以理的,所以马太阿两诺德说:“宗教是道德与感情之和。”科学家的能事在发见,发见时我们应服从外界的事实与法则。道德的生活在尽义务,义务往往与我们的感情冲突。我们有时应做心中所不愿意做的事,有时

> 我们心中愿意做的事却不敢做。所以科学的生活与道德的生活都不是狠自由的。这精神自由的要求是宗教发生的一个大原因。宗教之理想的生活是自由佛教的涅槃,基督教的永生,婆门教的梵人合一,都是如此。所以宗教以外,能满足宗教的要求的,惟有美术。美术不似科学受自然法的束缚,亦不似道德受道德法的束缚,美术家的生活是自由的生活。人可于美术任意发展其特性。美术以美为目的,正足以满足人之情的要求,所以应提倡各种美术,藉以代替宗教。(《哲学杂志》第一期)

总括这一说有两个要点,就是说美与宗教都是能满足人的精神自由的要求、情的要求,所以能用前者代替后者。但是这一说对于二者的本质仍然是"有见于同,无见于异",最好可说是他们分不出二者范围上的大小。我且举一个历史上鼎鼎大名的美学家哈托孟(Edward von Hrrtmann)的话来说,他以为:

> 宗教是人类对于宇宙绝对本体的关系,这本体是人类精神生活的根本,又是它进行的究竟目的。宗教是人类所以超越有限、有障碍的现象存在,而复归于精神生活的根本,所以信仰是人文发达最终又最强的动机,……若从美来观察,宗教意识的劣等的,虽得为感觉的对境,但其稍进到高等,便绝感觉之缘,而不能算为美的。

照他这样说来,那么美虽与宗教是满足情的自由的要求,而实际上美之所以为美,宗教之所以为宗教,仍然是有歧异高下之处,要是拿美来代替宗教便是拿有感觉对境之美而代与感觉绝缘的宗教,是有点牵强不合拍奏。我们又看哈托孟所说美的价值是

> 凡一切价值,均以适于大宇宙的究竟目的与否为断。能补哲学宗教之所不及的,即便是美。即于一方连结现象世界于其根本的超绝世界,而于他方则于感觉上表现全分之一致,以暗示差别世界与绝对世界之不难融合,以巩固人类的信仰与希望,这是美于人生世界所贡献的最高效果……。(日本高山林次郎编述的《近世美学》)

由此看来，美又是补哲学宗教之所以不及，那么宗教和美的范围是有大小的不同了。如何能代替呢？这是从美和宗教的本质及其范围来否认以美育代宗教。

(C) 蔡子民先生又说人的感情作用附丽于宗教，如："跳舞唱歌，虽野蛮人亦皆乐此不疲，而对于居室，雕刻图画等事，虽石器时代之遗迹，皆足以考见其爱美之思想，此皆人情之常，而宗教家利用之，以为诱人信仰之方法，于是未开化之美术，无一不与宗教相关联。"这仿佛是证明二者历史上的渊源密切如此，在现时人智大进，就可以用美代替那"与世不相入"的宗教了！但是我们既已说过美是独立的，美有美的价值，有美的限度，宗教也是独立的，有它的价值限度。我们由蔡先生的话看起来，就可知道美感是最先就有的，后来宗教家把它"生拉活扯"，利用来做信仰的方法，所以美之消失其独立性是由于人的利用，那么使他脱离宗教的关系而对立和宗教各有任内的界限怎么能够替代呢。

一九二二，五，十六

（原载于《哲学》1923 年第 8 期。）

史地新论（节选）

此书大概撰成于1923年12月，是杨先生在史学方面的早期作品，相关章节在1924年4月到7月间连载于《晨报副刊》，后由北京晨报社在1924年8月初版发行。

全书共有17章，后附6篇论文：

第一章　今日研究历史学和地理学的一个根本错误

第二章　历史家与地理家合理的态度

第三章　论历史家地理家的道德

第四章　论历史学和地理学的关系

第五章　论历史的真正目的之所在

第六章　论历史的分类

第七章　历史上诸种解释的批评和考古学在历史上的价值

第八章　历史与文字学

第九章　历史与文学

第十章　历史与心理学

第十一章　历史与社会学

第十二章　破除历史成见的几种科学

第十三章　论作史所应具有的两个要点

第十四章　历史的兴味在智力上的训练

第十五章　历史的感情的解释

第十六章　历史期久暂所型成之人性与时代之价值

第十七章　结论——历史学地理学与人类的希望

附杂论

一　中国的世事进化论与退化论在历史上的影响

二　中国伪书的研究

三　中国历史上贱商的事实在学理上的价值

四　历史上地理上看来的中国南北分合论

五　历史上野心家的演进观

六　智识阶级在历史上所表演的功罪谈

这里节选该书的自序、第一章、第二章。

自　序

这本《史地新论》是我两年来二十三篇论文综集而成的。我这书的立脚点，就是在推翻以前那些利用历史和地理来达某一目的的学派；我替历史、地理洗刷污垢，把它们的真面目、真作用、真价值和真目的显明出来；所以我这书在历史学、地理学上算是富有革命的色彩——不过地理学的客观性很大，所以不容易如历史主观性的常为人所利用，我在这书里，关于地理学方面的话说得较少，就是这个原故。我在消极的破坏方面，逐一的把以前利用历史和地理的学派，加以指责和批评，使他们如魑魅魍魉，见着秦镜温犀，一一现出原形；然后历史、地理的真面目，可以大白于天下。在积极的建设方面，就是要显示历史、地理的真目的、真作用；把以前狭隘的、记忆的、阶级的、于人生无益的史地知识，改变为广大的、实用的、平等的、有价值的话，自然是不少；不过他们的组织都很零乱，没有系统，材料也不见精审丰富，所以我读了很不满意。在我们中国从南朝的梁代刘勰起就有研究这种“历史学”的气象了！他在《文心雕龙·史传篇》就说:“居今识古,其载籍乎? ……按《春秋经传》,举例发凡,自《史》《汉》以下,莫有准的;俗皆爱奇,莫顾实理,传闻而欲伟其事,录远而欲详其迹;于是弃同即异,穿凿傍说,此讹滥之本源,而述远之巨蠹也。至于寻烦领杂之术,务信弃奇之要,明白头讫之序,品酌事例之条,晓其大纲,则众理可贯。”他这样只就普通泛泛的说来,已经开历史学的端绪了。但是要到唐代的刘知几,历史学才有了基础,他著的一部《史通》,就是因为“自汉以降,几将千载,作者相继,求其善者,盖亦几矣”的原故(参看《内篇·叙事》)。他又说:“呜呼,去圣日远,史籍愈多,得失是非,孰能刊定。假有才堪厘革,而以人废言,此绕朝所谓勿谓秦无人,吾谋不适用者也。”(《浮词篇》)。此外如《自序篇》说:“《史通》之为书也,盖伤当时载笔之士,其义不纯;思欲辨其指归,殚其体统。”《序例篇》说:“夫史之有例,犹国之有法;国无法则上下靡定,史无例则是非莫准。”像他这样的话,很明白的是要建设历史学的了。后来宋代的郑樵著了一部伟大的《通志》,单看他那篇《总序》上的话——本书也多有引用——他对于史学观念的正确,见解的超越,真是生乎其前的刘知几和生乎其后的章实斋,都为不及!此外他在《艺文》《校雠》《图略》几篇里,都于史学上有部分的贡献;不过他这书“旨在综天下之学术,百代之宪章”,所以只算一种革新体的史著,还不成为“历史学”的专著。到了清代章学诚先生著了一部《文史通义》,他以为:“自迁、固而后,史家既无别识心裁,所求者徒在其事其文。”(《申郑篇》)又说:“整辑排比,谓之史纂;参互搜讨,谓之史考;皆非史学。”(《浙东学术》)。他的“历史学”的观念更加明白透澈了!但是他们一般古人都为时代和环境所限,所以对于研究历史的目的和说明历史的功能的地方,许多都弄错了!这就因为他们没有如我们现在所凭藉的深厚的原故,我们也很可以不苛责他们。直到这几年来,有李泰棻先生编的《史学研究法》和梁任公先生编著的一部在中国史学界照耀万世的《中国史学研究法》出世,然后中国人脑里,才有比较明了的一个史学的轮廓。

但是我们国内这几年轰轰烈烈的新文化运动,对于思想上根本的改造，虽可以说收了出乎意外的效果，而大家对于这个文化运动的原动力的历史学却有很多都是茫然！他们都不明白正确的历史观念在文化运动上所占的价值，这不是很疏忽的一件事么？其实我们所谓的文化运动，详细说来，不过是用评判的态度去重新估定中国旧有学术思想的价值，使人对于本国学术思想的地位，产生自觉心，然后纳中国在世界思潮的正轨上；这样的一个运动，我们不言而喻的就可以认知正确的历史观念在文化运动所占的位置的重要了。举个例说，文化运动元勋的胡适之先生，一方面既有实事求是的深审的考据工夫，又有人所不及的正确的历史观念，所以他所做的哲学史、文学史和其他一切的关于考据的文章，在材料的去留和断定上，有很出乎一般旧学家意料之外的——如章太炎、柳贻徵诸先生就见诸文字上的攻击了，这就因为他们没有学术思想上普遍演进的正确的历史观念的原故，他们只求文字上的实证——就是以真伪尚成疑问的古书证古书——却不知道人类学术思想演进的情形，绝没有如他们所相信的那样例外神奇的一回事。而胡先生那样的办法，却是要纳中国于一般的学术的正轨之上，这就是胡先生要使我们对于本国的学术的位置发生自觉心，然后兼程猛进，也就是历史学在新文化运动所占的位置了！历史学的重要既如此，我们还可以不注意吗？

现在中国关于历史学、地理学研究的杂志，如南京东南大学的《史地学报》、北京师范大学的《史地丛刊》和中国地学会的《地学杂志》都是基础稳固，著有成效的出版物。至于我这书虽然比较的有系统，但浅学如我这样的人，论理不该拿出来献丑，但我很相信梁任公先生的一段话："学问之道，愈研究则愈自感其不足。必欲为踌躇满志之著作，乃以问世，必终其身不能成一书而已。有所见辄贡诸社会，自能引起讨论。不问所见当否，而于世于已皆有益。"所以我就借梁先生的话来壮胆了。

我这书在初写起十五章的时候，曾拿去请胡适之先生订正，承胡先生在病中匆匆读过一遍，并许可我修正后再读，这种厚谊是我应该感谢胡先生的地方。现在我将初稿改变增补了一些，就拿出来先发表，更诚恳的希望我素来最受影响的史学大家如梁任公先生、朱希祖先生、李大钊先生、徐则陵教授和其他诸先生都严厉的加以指正和批评,那我就感激不尽了!

第一章 今日研究历史学和地理学的一个根本错误

绪言——以史地为养成爱国心的学说的来源——批评这说的错误——确定史学、地学的真正作用——解答怎样才能提高史学、地学的价值的问题——史学、地学的革命

世界上范围最大的学问,莫过于历史学、地理学了。我们人类的知识,不是概括在时间、空间二者里头么?上下古今,历史就是完整的一个时间总计;中外四方,地理就是完整的一个空间统计。李白形容得好:“天地者,万物之逆旅,光阴者,百代之过客。”偌大的学问,才力蠢薄的人研究起来,就不知不觉的走了歧路。我们看现在一般所谓研究历史、地理愈好的人,国家观念就愈深,这种现象要欧洲和日本诸国才为显明,中国不过是后来的盲从罢了。他们既走了歧途,所以研究历史的,就一味的找夸大地方去研究,刺激人类兽斗的地方去研究;研究地理的,就偏在险要肥沃——就是偏在侵夺仇恨的地方去研究。笼统一点说,就是把历史、地理当做养成偏狭的爱国心的一种学问;详细点说,就不过是养成一种记诵的、狭隘的、阶级的知识罢了,把研究历史、地理的真目的完全失掉了!我们推源祸始,不能不说是德意志的学者为始作俑的了,别的国家,却是跟着摹仿。我现在且说一说这种思想在德国发生的来源。

德国自从在耶拿(Jena)被拿破仑打得个大败之后,国里受了这个刺激,就要发愤图强,那般政治家如:Stein、Hardenburg、Schanborst 一般人都起来改革。在学者里头如菲斯的(Fiohne)、恩德(Arndt)一些人看了本国地位的危险,他们就相继提倡国家主义,同时海智尔(Hegel)专门利用历史来达这个目的,他本来是中了唯心论大毒的人,他完成了那一派玄而又玄的历史哲学,一变就变到一种玄学的历史观。他在《历史的

哲学讲义》上说明历史是显示历史的民族的世界的精神(Weitgeist 英文译作 Universespirit),他所谓的历史的民族,指波斯、希腊、罗马和当时的日耳曼族。历史的民族都是能够驾驭全世界,统制全人类,所以他们具有世界的精神,因此之故,海智尔一派的历史家就都流于一种主观的国家主义的、狂妄的、骄恣的历史观。后来德国的历史学者都沾染了他的思想,如 Treitschke 可以说是他的高徒,于是所谓的普鲁士史学派也就成立了,于是朗开(Lanke)以来"嗜冷事实而恶热感情"的史风也扫地以尽了!英法因为国际间竞胜的刺激,也就跟着起来如法炮制,美国也因为留学德国的宣传大学校除了极少数的而外就完全为这种空气弥漫着。至于日本是有名的"小德意志",所以这种主义传到了他们国里就变本加厉的猖狂起来,他们的历史家、政治家及教育家,都说万世一统的国体如何完善,文化如何宾贵,国民性如何优美,他们的志士如何爱国,忠臣如何尽忠,武士如何侠义……,总之,是自己赞扬自己,自己夸张自己,以引起学生对于天皇的同情心及对于国家的爱国心为能事。白井规在他著的《历史教授诸问题》中就老实不客气的说:"小学历史教授的目的:一在国体优的拥护和发扬;二在对于国家责务心的扶植。"他不但夸张自己,进一步还要毁谤他人!他说:"支那建国之初,就有部落并立,没有君臣本末的关系;所以民为本,君为末,君主不过受天命而救民;这种道德规,不过是一种政策罢了,欧洲的历史,总离不开放夺杀伐。最奇怪的驱逐已国的君主,欢迎他人的酋头,这分明是大逆不道,偏美其名叫做名誉革命。他们和我们日本万世一统的皇朝比较,你看我光荣到了什么地步!"这总算是后来居上了,我们中国民性木钝,虽有不少的人提倡,但幸亏还没有发生显著的效果。总之,海智尔一般人是他们国家的大功臣,而却成了历史学的大罪人!至于利用地理来培养爱国心,下几段有一个极可笑的例,现在且暂不说出。

究竟历史学、地理学的真正作用在什么地方呢?说历史学和地理学的作用最简洁了当完全的,当然要推杜威博士的几句话了!他说:"历史、地理的职务,在扩充人类经验的意义(enlargement of the significance of a direct personal experience)……他们在教育上的价值,就是预备一条快捷方式,或最好的出路,使人类经验的意义可以发展至于无限;历史是把人类经验显明出来,地理是把自然界种种关系显明出来(history makes human implications exploit and geography natural connections),二者虽然不同,实际不过是人类生活全体的两方面,因为人在自然界活动,自然界的事物,并不是偶然的,乃是发展人类的一种媒介物(Medium of development)。”由此我们可以知道历史学、地理学的真义了!那么我们今后研究历史学、地理学的趋向,当然要从:1. 非记诵的;2. 非狭隘的;3. 非阶级的着手了。我的理由如下:

1. 非记诵的。我们要知道历史是把人类社会过去的进化的事实与生活增进的痕迹,文明发达的路程,来做我们现在或将来愈求进化、愈求增进、愈求发达的参考;地理是把自然界种种关系显明出来。所以要研究地理就是要了解宇宙间人为的、自然的现象,供我们怎样去适应环境,怎样驭制自然,以谋增进人类的幸福。这样的研究,是实用的,对于人生有益的,不是记诵的知识。梁任公先生说:“清代地理学偏于考古,故活学变为死学。”这就是记忆的地理学的前例了。

2. 非狭隘的。现在分两层说:

A. 历史学方面。现在这般爱国式的历史学家把人类进化的轨迹同经验不充分的显明出来,只是把正确的事实用颠倒错乱、隐匿收藏、逞臆妄谈的方法,去讲些人类兽斗仇恨的话。鲁滨孙(James Harvey Robinson)说得好:“许多历史家都疏忽了那人类最重大的进步开始的部分。”又说:“历史家谈消极的而不谈积极的,谈战乱而不谈和平。”(*New History*,P. 5)其实他们谈战争也是颠倒错乱、捏造事实的,如罗素先生在《社会改造的原理》举过一例说:“关于滑铁卢战争的事,大家知道得极详细、极精确,但是英、德、法三国初等学校内所教的事实,就差得很远很远。一般英国少年,想着普鲁士简直没有尽多大的力;一般德国少年,想着威灵吞实际上是战败了,后来被救于布鲁塞元帅的勇敢气魄。如果两国教授事实都是正确的,国民的自大心,必不至于养到这样高……个个都愿增高国民的自尊心，又觉得公正的历史不能实现这种愿望，于是教训自卫力的少年，用颠倒错乱的方法。……”(*The Principle of Social Reconstruction*，P. 56)这样就是和刘知几在《史通》上所说的一样，他说："国自称为我长，家相谓为彼短；而魏收以元氏出于边裔，见侮诸华，遂高自标举，比桑乾于姬、汉之国；曲加排抑，同建邺于蛮貊之邦，夫以敌国相仇，构兵结怨，载诸移檄，用可致诬，列诸缃素(指历史)，难为妄说；苟未达于此义，安可言于史耶?”又说："昔秦人不死，验符生之厚诬；蜀老犹存，知诸葛之多枉。……”(《曲笔篇》)此外如《正史篇》也有如此的例，不再引了。《唐史》上说："李延寿父太师，多识前世旧事，尝以宋、齐、梁、陈、齐、周、隋天下参隔，南方谓北为索虏，北方指南为岛夷；其史于本国详，他国略，往往訾美失传；思所以改正，拟春秋编年，刊充南北事，未成而卒。”像这样头脑清楚的历史家竟不能写出一部历史来，在文化上实在是很可惜的事了！郑樵在《通志·总序篇》也说："曹魏指吴蜀为寇，北朝指东晋为夷，南谓北为索虏，北谓南为岛僭。《齐史》称梁军为义军，谋人之国，可以为义乎?《隋书》称唐兵为义兵，伐人之君，可以为义乎? 房玄龄董史册，故房彦谦擅美名；虞世南预修书，故虞荔、虞寄在佳传；甚者，桀犬吠尧，吠非其主，《晋史》党晋，而不有魏，凡忠于魏者，目为叛臣，王凌、诸葛诞、毋丘俭之徒，抱屈黄壤；《齐史》党齐，而不有宋，凡忠于宋者，目为逆党，袁粲、刘秉、沈攸之之徒，含冤九原。噫！天日在上，安可如斯? 似此之类历世有之，伤风败义，莫大乎此！迁法既失，固弊日深，自东至江左，无一人能觉其非，惟梁武帝为此慨然，乃命吴均作《通史》，上自太初，下终齐室，书未成而均卒；隋杨素又奏令陆从典续《史记》，讫于隋，书未成而免官，岂天之靳斯文而不传欤? 抑非其人而不佑之欤?”咳！我们不能不痛恨那般中外胡闹的历史先生简直是利用历史，那点是作历史呢? 帕垂治(Partridge)说得好："无论在什么地方都有个成见，就是多少都要为政治上的目的来利用历史。”(everywhere there tends to be the prejudice in some degree that comes from the private need of using history for political ends——*The Psychology of Nations*，P. 177)这不是应当从根本上大大的改造一番吗?

B.地理学方面。研究地理既是养成适应环境、驭制自然、有益人类的正确知识,所以不是记些无用的地名,也不同现在流行的养成爱国心的地理学,只希望能鼓励人去侵占掠夺别国的土地财产,或是刺激人同别国争斗一块土地,我且引帕垂治所举的一个例来说:"丹尼尔(Daniel)所编的地理学教科书就是说德意志为欧洲的中心,那些别的国家是曾为德国的附属国的,并且将来还要再为附属国的。"(见所著《国家心理学》P.127引)又如日本人常常把中国的满蒙画在他们贵国领土的图内,都是这些伎俩罢了!这样的做法,实是大反乎研究地理学的本旨了!我希望现时所谓的历史家、地理家要澈底的觉悟,不要只管埋着头,读死书,搜罗了许多旧壤丧失证明,同些什么扩充领土、殖民地,什么军港要隘,言之不足,还画出些红一块绿一块的比较地图,引得许多人相互嫉恶兽斗,弄得叫苦连天。反倒将必需的利用自然,应付环境的正确有用的知识不去详细研究,只拿些无益有害的话来占篇幅。怎么是研究地理的本旨呀?我们要知道人满不得不殖民这句话是要向如何才能够把沙漠造成沙漠田、把旷土变成乐土上说,不是在人多的地方做那强盗式你杀我、我杀你的去殖民,土地的富源是很多很多的,可惜大家被那般资本家卵翼之下的地理先生欺骗着罢了。墨子说得好:"今万乘之国,虚城数于千,不胜而入;广衍数于万,不胜而辟。然则土地者,所有余也;士民者,所不足也。今尽士民之死,严上下之患,以争虚城,则是弃所不足而重所有余也。"(《非攻篇》中)。荀子在《王制篇》也有"地来而民去,累多而功少"和这样一类的话。本来自然界很多的荒地富源,只要大家互相帮助去制驭它,就可以欢欢乐乐的过太平日子,还讲什么国不国呢?侵略仇恨呢?我们只消了解种种现象,利用来服役我们,还有什么战争呢?还养成爱国心做甚么呢?

3.非阶级的。我们研究历史、地理,既是以公正的、实用的、有益于全人类的为前提,所以是平等的。凡是做个人都要知道自己和地理的关系,和现在、已往、将来人类的关系是怎么样的一个情形,这样说来,历史、地理是极有用、极平等、极其为人人所需要的学问。无奈以前和现在的研究,适得其反!历史、地理不变成有阶级的,所以亡国民无历史学、地理学,日本人对于朝鲜的学校,就没有他本国的历史、地理的科目,就是独立国家,也只有野心家和为他作伥的人利用得着历史、地理,所以历史、地理也弄成“枕中秘”了!一般社会上也不注意历史、地理是什么一回事了。现在既把历史、地理的真面目、真价值显出,那么大家都晓得历史、地理是有益人生的学问,不消你怎样的提高它的价值,人人自然而然的会提高了,要是仍然研究记忆的、仇恨的历史、地理学,那么无论你怎样的提高,毕竟是提不高,因为这是与人生无益的原故。美国克拉克(Clark)大学教授巴婼士博士(Dr. Harry E. Barnes)在《历史的过去和将来》(*The Pass and Future of History*)一文上虽然只专就那般以培养爱国心的历史学家说了几段极其恳切沉痛,以为历史快要死亡的话:“如果学者还不悟前失,改变眼光来接收新起的情势,那么历史的危亡,就在顷刻了,因为心理、经济、社会、法制这些科学都一天一天的发达,如果历史不为所满足,那么他们就要自由的取择一部分而去,历史学就被屏斥在生存世界之外,不久就可看它因瘠削而死了!”(*The Historical Outlook*, Feb,1921)但是在地理学也可以援用这样的话。所以我解答怎样提高历史、地理学的价值的一个问题,仍然是说还历史学、地理学的真面目罢了。

总而言之,现在同已往研究历史、地理的根本错误,就是偏在养成狭隘的爱国心,把研究历史、地理的真目的失掉罢了。罗素先生关于爱国心成立的根本原素说得最警辟:“从相同的习惯与风俗发生之本能的亲爱,是爱国心的根本要素,而且是一切情爱的基础。”他又说:“爱国心是一种极复杂的感情,成立在原型的本能与高等智信之上,对家庭,对家族,与及朋友的爱情,都使我们格外萦心于保卫祖国。本国人与外国人并着,我们对于本国人,更有一种温柔的本能的亲爱。我觉得我们所属的那个社会,如果有了成功,便要产生自大,还有一种由自大所暗示的,由历史所巩固的信念,以为自己的国,表现伟大的传统,并且有关人类命运的理想。还有一种要素,即崇拜的要素,即志愿牺牲的要素,即沉没个人生活到国民生活内的要素。……"(*The Principle of Social Reconstruction*,P. 150)至于要怎样免掉狭隘的爱国,罗素先生在这书上说得多了,我也不再说了。我全篇的意思,就是今后研究历史、地理的趋向,应当是做非记诵的、非狭隘的、非阶级的研究的工夫,在第二章《历史家、地理家合理的新态度》一文里就是从积极方面发挥这点,现且不说。总之,我对于现在流行的历史学、地理学都不满意,所以我要大声的喊道:"历史学、地理学革命!"

第二章 历史家与地理家合理的态度

在前一章我掊击狭义的国家主义的历史家和地理家,我从消极方面去指摘出他们不把人类进化的轨迹和经验充分的显明出来,也不去养成人人怎样的适应环境、驭制自然,使人类都得享有此一部分有益人生的正确知识,却是把正确的事实用颠倒错乱、隐匿收藏、逞臆妄谈的方法,去挑拨人类相互的仇恨和讲些无益有害的人类兽斗的事情,所以我要推翻他们的工作,提倡史学、地理学的革命。但是在积极的建设方面,我还应该表示一个态度,究竟今后的历史家和地理家对于研究史地,应该怎么样呢?这一章就是专为解答这个问题而设。

我解答历史家、地理家应该抱个什么态度的问题,最简洁了当的话,就是历史家、地理家应该把偏狭的国家观念和相为嫉恨的态度澈底的改变为宽大的、公正的、互为敬重的态度,理由如何,就待下面去说了。我之所以对于今日研究历史、地理的人,发生很大的不信任,不能不说是由于我在国内外旅行的结果了!我在那篇《二十一天旅行的日记》(《云南教育杂志》第十卷第四五两期)一文里有一段就是关于积极方面去确定历史家、地理家合理的新态度说:"中国早年被列强轻视,他们都是拿几个走马观花的旅行家所说的话做标准,或是看见一部分的人民,就判断全体人民的好坏,我以为这都是受了别人的暗示作用。……我们观察一个地方，一种人类，切不要草率，凭一点直觉，就说人家的好坏，至令他人受了一种心理的暗示，添起些无谓的障碍，遂令大同世界，迟迟不能实现。这样岂不是草率观察、直觉判断的旅行家的罪恶吗？所以我对于游记主张不轻易妄作，作得好自然是人类之福，因为人类都有同情心，那么感情沟通，互相提携，大同的理想，一定可以实现，这岂不是善作游记的大功劳吗？……"游记是历史学和地理学取材量重要的部分，所以暂以游记来做兼二者面有的性质的说明。胡适之先生在《美国的妇人》一篇讲演里也说："我平日的主张，以为我们观风问俗的人，第一的大目的，在于懂得人家的好处。我们所该学的，也只是人家的长处。……那些外国传教的人，回到他本国去捐钱，到处演说我们怎样的野蛮不开化。他们钱虽捐到了，却养成一种轻视中国人的心理，这是我最痛恨的。"从这两段话里面，便可推知历史家、地理家的正当态度，便是要从历史、地理上精密正确的考究各国家、各民族在时间上和空间上活动的价值，发生一种人类伟大的互重心，谁也不弱于谁，谁也不劣于谁，谁也有好处，谁也有不好处，正不宜以彼骄此。德皇威廉第二说"德人是人类中之最高贵者"，那句话只是代表他脑筋简单，他于历史、地理方面的正确知识，简直没有！反过来说，富于历史、地理知识的人——除非他昧了天良——他敬重厚爱别国别族的伟大绵延的历史在时间的价值和空间的活动的观念，一定很大！我从前以为狭义的国家主义的历史、地理家在养成人类的相互嫌忌心，在增加人类的痛苦；现在我可以大胆的加一句话说："养成这痼病的固然是错谬的历史、地理，而补救这痼病症的，却也是靠正确的历史、地理。"解铃人是系铃人，不过有广义狭义的分别，而因之差以毫厘，谬以千里了。现在也有人见到这一层的了，那就是历史家威尔士（H. G Wells），他在《历史大纲》（*The Outlines of History*）的导言一章里有几句话说："人类历史上普遍的事实，这样常识的需要，经过这最近几年世界的大悲剧发生以后，尤可证明，交通器械的便利使人们很密切的和好的坏的都相关。战争便成为普遍的灾害，盲目的可怕的破坏；那炸弹是加害于坐在摇篮里的婴孩，并且沉没中立国的船舰。现在是不有和平的,我们所希望的是全世界的和平,又是普遍的兴盛。如果没有共同的历史观念也就不能有普遍的和平及兴盛(there can be no common peace and prosperity without common historical ideas)。自来是没有这种观念,把他们集合在调谐的共同生活,他们所有的只是些狭隘的、自私的国家主义者斗争的旧习,种族及人民都为其所囿,趋于斗争和破坏方面(but narrow, selfish, and conflicting nationalist tradition, races and peoples are bound to drift towards confict and destruction)。……我们国内的政策和我们经济的社会观念是永久的受了错误及渺忽的原始观念及历史的社会阶级的支配。这样为全人类增进的历史在平时也如在国际间一样的需要。"(*Introduction*, P. 2)他这些话,总是说得痛快淋漓的了。

在一九二一年的除夕晚上,我在高师全体欢聚会看演新剧,时间还早,我枯坐着在那极强明的电光之下,看那微风吹荡着的万国旗,色彩鲜艳,我从第一以次的细细的认识,有五色灿烂的国旗,就想起我中华几千年来无数民族演进之伟观和历史上文化根底的深厚,不禁爱之敬之。又看那简洁明了赤、白、蓝的法国旗就想起格伊莎(Francois Pierre Guillaume Guizot)说的法国曾经是欧洲文化的焦点中心(France has been the center, the focus of European civilization),无论何处法国都播散文化的事业,激起新鲜的势力(Fresh vigor),藉着新的冲动,勇往极进,使别的国家也跟着上进(参看 William Hazlitt 所译的 *The History of civilization in Europe*, P. 3 - 4)也不禁爱之敬之。再看那红白相间的美国旗,就使我想起美国人民在历史上的光荣、博爱、平等、自由、牺牲的精神,真是有如罗斯福总统所说的:"一切的光荣都归于传教师、兵士、商人,因为他们在我们现世做了许多开化世界黑暗地方的事。"(all honour to the missionary, all honour to the soldier, all honour to the merchant who now in our own day have done so much to bring light into the world's dark places)这样伟大的人道精神,也使我爱之敬之。再看那日本鲜红的如日初出的国旗,就想起她不出几十年的工夫就由半开化锐进为文明国，替我们东方人民争气不小，我也是敬之爱之。旁的如英、俄、德、意……从他们时代使价值上如文学、科学的创作发明，制度的更新，也令我爱之敬之！绝没有一点偏私怨厌之情的，我觉得这如锦如荼人类不可思议的伟大能力，各民族各国都仿佛藉着他这样美丽异样的国徽，象征出历史上灿烂辉煌的价值和地理上山川异形饶博的富丽处来，使我敬爱各国家各民族，使我感着无限的美！

以上一段话，似乎只是我个人的故事和现在这个题目没有多大关系。其实一般历史家研究那绵渺无际的时间的长途，就觉得已往无限的国家民族对于人类的努力，是怎么可惊可敬的事呀！地理家研究那其大无外的空间上，考究那与我并存的国家民族，都有密切的关系，深固存在而不可骤灭的文化也就觉得有无限的爱敬！像这样的情形，只消于历史、地理稍有研究的人，必定是首肯的了。

我们都知道一个国家，不能拿共有的言语、宗教、种族来区别，要拿文化来区别，才是稳当，孟禄博士(Dr. Paul Monroe)在他那篇《教育上的国家主义和平民主义的序文》(*Introduction to Democracy and Nationalism in Education*)一文里就是以为国体最重要的特质不在别的事物，而在共通的文化，就是共通的理想、习惯和志愿是了。我们现在既要把历史、地理生命化，使他们能够充分的显明经验的意义，并阐发自然界的种种关系，那么历史、地理偏于文化方面的叙述研究，是不待言的了。我们研究各国家的文化，如欧洲的科学文明，物质幸福的进步，使我们敬爱，是意中事；就如被损害的印度，有她那博大奥微仿佛人类智力的活动进化到最高点发出来的一点灵光的佛法，也是我们人类受用不尽！我们是何等的敬爱他们！就如现时的欧洲人，举国若狂的欢迎泰戈尔，也可见虽是贪婪无厌的欧洲人和少数野心家现也有了史地的知识，互敬的习惯。以我们中国而论，实在是苟延残喘于列强均势之下，但是也幸得一般头脑清明的欧美学者鼓吹着保存四大文明古国之一而得独立。由此看来，我们研究历史学、地理学的人要抱一个宽大的、互为敬重的态度，这样不唯是理论上应该如此，事实上的趋势，也已经是如此了。威尔士的《历史大纲》就是这个好例，他对于五洲万国都是一视同仁，记载史事从没有畸重畸轻的毛病；他对于东西洋文明是一样的尊重，他记述孔子、老子和记述希腊大哲学家同样出力；唐太宗、成吉思汗、亚历山大、拿破仑在他眼中看起来，都是差不多的人物。又如陈玄奘的游西域和马可保罗的入中原，他说起来，都是津津不倦，他这书虽然有些不周到的地方，但是他这样新的、合理的历史家的态度，是很可为法式的了。不过像他这样的人，在现时只算是极少数的人罢了。

历史研究法（节选）

此书在1939年由商务印书馆(时迁至长沙)出版。全书共有10章：

第一章　历史研究法的意义

第二章　历史研究法的重要

第三章　初步工作——研究题目的选择

第四章　史料的人认识

第五章　史料的种类(上)

第六章　史料的种类(下)

第七章　史料的搜集

第八章　史料的伪误

第九章　史料的审订

第十章　史料的整理和批判

这里节选该书的第一章、第二章、第三章、第八章、第九章。

第一章　历史研究法的意义

“历史研究法”的意义初看去似乎很是显明，根本没有什么深奥隐晦的所在，其实“然而不然”。所谓“历史”，著者在《史学通论》[①]已解释的很

① 参看拙著《史学通论》第一章，商务印书馆出版。

为详明,至于"研究"和"方法"两个名辞还有另加解释的必要,一般人往往把"研究"和"欣赏"相混淆,所以密圈密点的看过一遍司马迁的《史记》或班固的《汉书》,寝馈既久,自然也许会有一些零碎的见解可供谈助,但这不能就算是"研究"。所谓"研究"这个名词来,在我国书籍里如《元史》说铁木儿塔识"伊洛诸儒之书深所研究",①在外国的学者里如康倍儿(W. W. Campbell)氏所著《大学与真理》(*Universities and the Truth*)一文曾说过:

> 一般人对于研究的性质与目的都没有确切的观念。其实所谓研究就是追求真理,通俗些说就是寻找出一个所以然的道理来。研究不是追求那些已有的、片段的、载诸典籍的真理,而却是追求未曾经人道破的已经存在的真理。所以大学教授从事于研究的工作只是追求已经存在的真理,他并不曾发明真理或制造真理,不过将已有的真理加以阐明使其子弟易于了解而已。②

照他的话讲来,是凡宇宙的一切的真理早已存在,只待我们去认识他们并加以阐发而已。在别方面如贾克布孙(C. A. Jacobson)氏所著《科学研究的几种观察》(*Some Aspects of Scientific Research*)另有主张说:

> 科学研究是一种费时而繁重的手续,须将宇宙间与论题的基本原理有关系的事实与真理一一显示出来,新的化学原素的获得、新的机械仪器品的制造和新的宇宙动力的发见都不一定可以称为研究,必须其结果对于基本原理有所贡献,方得称为研究。③

这样是所有零碎的新事理的发见都算不得"研究",惟有对于宇宙间伟大的原理原则有所贡献才算是"研究",和康倍尔氏所说相反,且陈义未免太高!大概说来,"不成系统的见解","无事实根据的臆说诡辩"与及"剿

① 《元史·铁木儿塔识传》。

② W. W. Campbell, *Universities and the Truth*, School and Society, XX, September, 6, 1924, pp. 289 - 296.

③ C. A. Jacobson, *Some Aspects of Scientific Research*, P. 598.

袭陈说”,“东涂西抹”等为我国文人传统的恶习都够不上说“研究”,尤其是历史。历史的研究必得要根据可靠的事实,必须加以精密的审查和鉴别,又必须由事实而得合理的、客观的推论。至于说到“方法”,就联想起唐代六文豪韩愈的文章里所说“为之奔走经营,相原隰之宜,指授方法”的话来,但他所说的“方法”不过指“办事的条理”而言;近世的科学里有所谓“方法论”(Methodology)是把研究学问的方法分而为二:

第一,方法特论,即以专门家的经验为后来研究这种学问的人指示途径,如哲学研究法、历史研究法为其好例。

第二,方法泛论,这是赅括一切学问的法则,即能将整个的东西如庄周所形容的像“庖丁解牛”那样“游刃有余”,又能将错综的东西整理得“有条不紊”,分解的东西还可以恢复原状,所以这是论理学的一部分。

历史究法宝兼上面二种“方法”而有之,但自来中外学者对“历史研究法”一词很少有下过定义的。司马迁的《史记·十二诸侯年表·序》说孔子作《春秋》是“约其文词,去其繁重,以制义法,王道备,人事洽”,这里所谓的“义”自然是“正名垂训”的“微言大义”,所谓“法”,是“方法”。孔子有他的、原始的、主观的“历史方法”,所以只能“约其文词,去其繁重”;司马迁有比较进步的“历史方法”,所以就能够“传信存疑”以鉴别史料,又能作八书,能排比列国的纪年,但可惜他们为时代环境所限制不会说出“历史方法”或“历史研究法”究竟是怎么一回事。近世因史学的发达如下山宽一郎氏的《史学原理》有说:

> 应用方法以区别实迹与虚状,评判确说与讹说,审断“大公无私”与“故意歪曲”等即所谓判决是非曲直的方法。①

这样还没有“彰明较著”的说是“历史研究法”并且也不能涵盖“历史研究法”的整个的范围。又如浮田和民氏《史学通论》有说:

---

①《史学原理》第二编,明治二十三年(光绪十六年)丸善商社书店出版。

历史研究之方法在举过去之痕迹而发见之,批评之,解释之。……①

梅耶尔(Eduard Meyer)教授所作《历史的理论及方法》(*Zur Theorie und Methodik der Geschichte*)又曾说:

历史家实地所行的方法,其方法自身里内在的命令,即是以原料(历史)做成形体(历史)必须遵循的命令。这样的命令在各种情形都能很好的履行出来,其做成如此结果的事业的过程怎么样,这些有关于今日进步的史学的经验,就成为若干多数的规则与技巧,即我们所总括称呼的历史研究法。②

以上两氏所说虽无大误,但还嫌陈旧且不完备。此外如福凌(Fred Morrow Fling)氏所著《历史的述作》(*The Writing of History*)有说:

历史方法是应用来寻求历史真理的方法。③

这话稍嫌含混笼统,不如斯克特(Ernest Scott)氏所著《历史和历史的问题》(*History and Historical Problems*)说的明切:

从一方面看来,历史的方法兼有搜集史料和著作历史的原理与及优越史家完成他们的大作的种种路径。④

他又主张"历史方法"应包括以下诸项:

第一,关于有事实根据和推想当然如此的过去的真象的考察;

第二,关于有权威的作家对于确定事实和其所推论的或然性所根据的证据的比较的评判;

第三,关于个性与动机的估量;

---

① 《史学通论》第八章,李浩生氏译本第八五页。

② Eduard Meyer, *Zur Theorie and Methodik der Geschichte*,植村清之助、安藤俊雄两氏共译本,第三、四两页。

③ Fred Morrow Fling, *The Writing of History*, *Introduction*, P. 15.

④ Ernest Scott, *History and Historical Problems*, P. 25.

第四,关于严密的年代学与事实次序的关系;

第五,关于原因的分析;

第六,关于以现状比拟古事的错误的避免;

第七,关于知人论世的训练,即不可以今日的眼光苛责古人;

第八,对于历史人物的行为上哲学的根据的了解,换句话说即是要了解那些能使他们"身体力行"的种种观念;

第九,叙述文体的构造的研究;

第十,"求证"的好习惯的养成。①

这十项未免太琐碎了!按普通一般所谓"历史研究法"的基本部分便只包括——

a. 搜集史料法,即德文的 Heuristik 或 Quellenkunde,法文的 Heuristique,英文的 Heuristic 或 the search for documents,都是研究搜集史料最完备无遗而极经济便利且最可信赖的原则或方法。

b. 审订史料法,即德文的 Quellenkritik,法文的 Opération Analytiques,英文的 analytical operations,都是很像我国旧日汉学家所最擅长的"校勘"、"训诂"、"考据"的方法。

c. 整理和批判史料法,"整理史料"即德文所谓的"综合工作"(synthese)包括"史料的解释"(auffassung)与"史料的表现"(darstellung)等,②法文也叫做 opérations synthériques,英文并称为 synthetic operations,都是组织"牛溲马勃,兼收并蓄"的零乱史料使成为"有机体的信史",好像常山的蛇,"击其首则尾应,击其尾则首应,击其中则首尾皆应"的一样,这是"化腐朽为神奇"的境界,也即是历史研究法的最后手段。此外如穆勒(John stuart Mill)氏在他的名著《论理学的系统》(A System of Logic)一书③曾说"历史方法"即为"逆演绎法"(the

① Ibid, pp. 35 - 36.

② 参看 Bernheim, *Lehrbuch der historischen Methode* 一书。

③ 严复译为《穆勒名学》,光绪二十八年商务印书馆出版。

inverse deductive method),[①]但一察其内容则并不是研究“历史”的方法,乃属于“论理学”的范围,所以此处可不加讨论。还有“唯物派的辩证法”也有说即是“历史研究法”的,按最先主张这种唯物论的辩证法的代表人物是马克斯,根据他的辩证法,凡一切社会的物资固然是在永远不断的新旧蜕化的程序中,而一切社会的思想也是永远在不断的新旧蜕化的程序中,所以任何物质,任何思想,他们的本体里都有“正”“反”两面(thesis and antithesis),例如所谓“良好”,就有“恶劣”和它对峙着,而“进步”便是这“正”“反”冲突的结果,这冲突的结果,又成为“合”(synthesis),简括的说,这个循环式的辩证法即是:“正”中有“反”,“反”归于“合”,“合”复成“正”,“正”又有“反”,余可依此类推。此法差不多已成为唯物派的知识方法论,同时亦可说是行动上的方法论,而且又是一个统一的世界观。其在自然现象方面的运用此处无暇提及,单就人类社会演进的历程来说,如经济组织即由原始共产变而为社会主义的共产,国家组织也是由封建制度变而为资本主义帝国主义,社会上更因之而成为被压迫及压迫的两个“壁垒森严”的阶级。马乘风氏《中国经济史》有说:

> 辩证法和进化论根本不同之点,就是进化论只主张“渐变”,它以为社会制度是一点一滴造成的,所以反对“革命”,反对“突变”;辩证法则与之恰恰相反,辩证法主张于“渐变”之外,又有“突变”,这就是“从量到质”之转变。……
>
> ……在生产力上达到了从量到质之转变,于是新的更高级的时代到来,我们所得以区划人类历史之发展阶级者,即是根据着生产力上底“突变”、“飞跃”、“质的转变”,而不是根据着“渐变”、“量的转变”,进化论者之所以漫无标准的割裂人类底历史,即在于他们只知道“渐变”、“量的转变”,而不知道“突变”、“飞跃”、“质的转变”。在人类历史发展阶段之区划上,无论其时间若干长?经历过程如何缓

---

① 参看 *A System of Logic*, Chap. Ⅹ, pp. 634, 640, 641, 642, 643, etc.

慢？如只是“渐变”而未达到“突变”，只是“量的转变”而未达到“质的转变”，则我们仍然不能称之为一新的社会阶段。①

推到极端如日本相川春喜氏所著《历史科学的方法论》一书，②即以凡一切社会的、经济的、政治的及其他许多“意识形态”的诸现象，接触到系统的历史的考察，且有一定史观的要求的算做是“狭义的历史科学。”③他还很“斩钉截铁”的主张“经济学即为历史科学的方法论。”④所以我们不应误解他这书就是普通一般的“历史研究法”，若“望文生义”去把它当做研究“历史”的方法去读，便要失望，一来其书所涉及的乃社会、政治、经济各方面范围很广；二来其书的重要部分在分析东洋社会的生产样式与日本封建制的基础过程，与“历史研究法”所讨论技术方面为多的根本即不相同。俄人布依克夫斯基氏所著《历史研究的方法学》一书⑤虽也说过“史的唯物论的理论即为历史学的方法论”的一句话，⑥但他这书的大部分都在讲述搜集、鉴别、整理史料的技术。⑦ 刘静白氏所著《何炳松历史学批判》一书曾有说：

……〔塞诺波(Ch. Seignobos)、朗格罗亚(Ch. V. Langlois)两氏〕的历史研究法是整个为何炳松所接受了的，这我们从他著的一书和一文(《历史研究法》)知道得清楚。作者对于史料是否认了实物及实迹的，他依赖于间接的，即经由撰人记述过来的史料，并由此搜集、鉴定而组织之，即完成历史的构造，所以他的历史研究只是史料研究，而历史方法又只是心理方法。除了在下篇“历史之构造”中

①《中国经济史》第一册第四三八至四四〇页。

② 昭和十年(民国二十四年)白杨社出版。

③《历史科学的方法论》第七页。

④ 参看前书第一章第二节第一一至第二六页。

⑤ 此书为列宁格勒国立物质文化史研究所《教科丛书》第二编，西雅雄氏译为日文，并改题为《史学概论》，昭和九年(国民二十三年)白杨社出版。

⑥ 日译本《史学概论》第二九页。

⑦ 参看前书第一部“历史研究的技术”，自第二八页至第六五页；又第二部“历史的批判”，自第七〇页至 一八六页。

有一小部分之外,我们可以说整个的书都是属于技术的研究,自然我们对于技术的研究也有相当的敬意,搜集、鉴定、编著,亦是我们所必需的。然而就把这些工作做得十全十美也只是供献给我们一些可用的史料,并没有比这更高的意义,而且这种可用性,还要受一定的社会条件所限制,不是任何时空都存在的。何况著者先摒弃了最可珍贵的实物与遗迹,又从而规定撰述的资料只是撰述者的心灵印象或反映,再从而去考订、去鉴别以审定其是否可靠、是否与“实相”符合,……这不足见鬼原于画鬼吗?即限于这儿,姑认其研究的成果甚佳,试问这就尽了历史学之能事么?历史学的研究法就是史料的搜集、鉴别、编著么?这恐怕只是史料家而不是历史学家的态度吧!……①

又说:

何炳松的错误,最大的是他把历史不认为外界事实之客观的存在,其次不能正当地把握方法去研究。因而第一他从心理动机出发,认为外物只是一些表象,又以为离了心理现象不能认识这些表象,遂确立历史研究只是心理方法之行使,去大做其间接推理与想象,以至于既达到方法了,复认为只是些技术的诠释与考证,以及甚么暗比(原注——我倒以为他是猜谜)类纂。把握相互关系及追求因果关系是研究中最重要的,他不知道著作应该是“纲纪天人,推明大道,通古今之变”(章学诚语)的,而何炳松却流俗到“文史、贯串、反省、叙事、利用成文、脚注”②等不关痛痒的琐事,真不免过于“愚见”了吧。至多我想何炳松的综合法就是著作法,写史事成史书的方法,并不是研究法。③

他所批评何先生把历史不认为外界事实之客观的存在是错误,著者

① 何炳松《历史学批评》第二二页。

②《历史研究法学》第二〇至二三页。

③ 何炳松《历史学批判》第七八、九两页。

可以同意，至于否认"搜集"、"鉴定"、"贯串"、"叙事"、"利用成文"等不在"研究法"范围以内就不免"所见太狭"，试看布依克夫斯基氏所著《历史研究的方法学》最后的部分也有不少讲到整理史料方法的话。还有一层，如果一味鄙弃"工具"、"手段"或"方法"而趋重由研究得来的"结论"，本末倒置，以"结论"为"方法"是很难使人"不违心"而无条件即加以承认的。天津《益世报》社会学附刊栏编者有《方法与理论》一文说：

> 我很荣幸，居然听到了一位名教授的谈话。我所见他对一班热心求教的青年说："如果要研究新社会科学(原注——按即马克思派社会科学)，马克思的《资本论》大可不必读，只要读拉比托斯的《政治经济学教程》足矣，因为读《资本论》会变成书呆子，何况理论只是一种方法论，至于其他学派的书籍自无一读的必要，因为读了会受其影响。"我听了之后的确是吓了一跳，过后把这句话细加玩味，又不禁暗地里自笑笨拙，觉得自己是少所见多所怪。实在说起来用理论去解释其他的学问的确是学术界所常有的现象，不但是在中国。撇开马克思派的理论不谈，即以德国的新康德派而言，许多的学者都是把胡塞尔(Husserl)的现象学拿来解释一切的学问。新实在论派如罗素等也是把关系的逻辑拿来解释一切！然而西洋的学者在他没有解释之前，必先对于理论先下一番批评的研究，等到他相信这个理论之后，他才拿来解释他的学问。至于不必研究《资本论》，只要读一读《教程》之类的东西，就可以拿来解释一切，这确是中国人所特有的本领。
>
> 中国人之所以如是者，误解理论就是方法实在是其中的一个原因。这位名教授说得很清楚，理论只是一种方法论。但在我看来，理论和方法确是两个不同的东西，理论是目的，方法是手段。一切的学问，其最后的目的都是要求得到理论。如何去得到结论的手段，则是方法。"方法"这个字是很糊涂的名词，平常对于方法大约有两种说法：从广义来说，一切在目的以外而与目的有关的东西都是方法；从狭义来说，凡能够用最简单、最敏捷、最正确、最有效的路

径去达到目的的就是方法。就是因为了这狭义的方法,西洋人才有方法论的研究。西洋的方法论(methodology)就是归纳的逻辑。方法论所以成为特殊的名词者,因为广义的方法实在太泛,而且既然在目的以外的东西都是方法,则这种方法实在也就不必说是方法,正如一切的东西都是东西……所以在学术的范围之内,方法只是归纳的逻辑。归纳的逻辑所以成为特殊的方法论,因为它没有给我们什么结论。它只教我们如何去求得结论。即因其不给我们结论,只教我们方法,所以用归纳的方法,没有预见的成见,才能得到正确的结论,才可以称为方法,这也就是归纳的逻辑所以可贵的地方。中国人把固定了的结论去解释其他的一切,而自称为方法论,真是妄人之谈。

理论是研究的结果,得到理论之后,我们自可以拿这理论去解释特殊的事实,然而这只是解释,不是方法。就是从广义的观点来说,这也不算是方法,因为所解释的仍旧是这理论之中的部分。所解释的也许可以使我们多得一些特殊的知识,但这知识既是由理论解释出来的,它的真确性自然是基础在这个理论之上。然而这理论到底靠得住靠不住呢?这理论到底是从什么地方来的呢?这理论还得用归纳的方法去建立起来的。辩证法逻辑家认为宇宙的原则是矛盾的统一,也许这的确是真的,然而如何知道这个原则呢?辩证法的逻辑家就不能不用归纳的方法了……中国的学者不肯用方法去求得真实的结论,只借用了现成的理论去解释一切,而自称为方法论,无怪乎中国的学术界终不能有长足的进步。①

这几段话所痛下的针砭,恐怕不只限于"中国的学者"吧!著者现又将话说回来,究竟"历史研究法"的意义是什么呢?著者以为——

凡人对于现在或过去社会上种种事物的沿革变化有了解的必要而即搜集一切有关的材料,更很精细致密的去决定其所代表或记

① 民国二十五年十一月十一日天津《益世报》副刊。

载的事实的真伪残阙、完全与否，然后再用极客观的态度加以系统的整理，使能解释事物间的相互关系和因果关系，以透澈明白其演进的真实情形及所经历的过程，这样便是所谓“历史研究法”。

这个定义虽不敢说完全，但较之前面所列举下山宽一郎、浮田和民、梅耶尔、福凌等诸氏既简单而且陈腐的，自信似可“稍胜一筹”。

第二章 历史研究法的重要

世上常有根本不懂得什么是“历史研究法”而却能在历史方面有优越的贡献和丰富的撰述的人，但“历史研究法”并不因此即成为“无用的长物”，可以任其“投置闲散”。雷海宗氏在《对于大学历史课程的一点意见》一文有说：

> ……专题课程目下中国各校所同有的就是史学方法，并且大半都是必修课，这在美国各校都是研究院的功课，且是专为要得高等学位的人而设，其他的研究生并无需选习。我们本科有此必修课，大概是希望历史学系毕业生将来都能成为历史专家，尤其是考据专家。关于这一点，我们并不一定要追随美国，为本科四年级生也未尝不可开这样一门功课，但似乎无需定为必修。历史学系本科的目的是要给学生基本的知识，叫他们明瞭历史是怎样一回事，叫他们将来到中学教书时能教得出来，叫他们将来要入研究院或独自做高深的研究时，能预先对史学园地的路线大略清楚，不致只认识一两条偏僻的小径。即或将来也不教书，也不继续研究，最少叫他们毕业后回想起来，还能知道人类已往发展的步骤与情形，可作他们应付人生的一种助力。至于训练专家，那是研究院的事。并且要作专家，也须先有基本的知识。偏枯的专家不只不能算为一个完备的“人”，在自己专门的范围以内也难以有很大的贡献。①

① 《独立评论》第二二四号。

他的话大体不差,但把“历史研究法”看做仅为“训练考据专家”之用,就不免对《历史研究法》犯了“认识不足”的毛病。“历史研究法”何尝只限于“考据”的“狭隘小天地”里?若单只有“考据”成为“历史研究法”的核心,像那样的枯燥乏味,应该只有“皓首穷经”的腐儒才能干得下来,忍耐得住。但“科学的历史研究法”的内容,著者敢负责保证说:“绝不如此”,所以美国把“历史研究法”作为研究院的课程实在未免太晚,若专为要得高等学位的人而设,这样就更过于“神乎其伎”,使人莫测其过深,殊不知“历史研究法”的本身涉及既广,而与历史系的学生在在都有发生关系的可能,延到快要毕业的四年级还不开班讲授,真难乎其成为一个历史系的毕业生了!福凌氏在中译本的《历史方法概论》作的一篇英文的《序》甚至有这样的话说:

> ……我一向相信“历史方法”的一种训练(兼理论和实习而有之),应该不只构成历史系的学生和教员的文化训练的一部分,就是所有我们(指美国而说)的高级中学和专门学校的学生也当如此。凡受过教育的男子或女人就都知道怎样运用许多在数学和自然科学与及历史的鉴别真理的方法。数学和自然科学的方法老早就成为我们(美国)的学校课程;最奇怪的事是很少或简直就没有注意到所有方法中最重要的关于历史的过去的方法的训练。这可成为一个例外,即要是一个历史教员很熟悉于鉴别过去历史真象的方法而却不能分辨于什么是一本很周密的科学的研究和一本是很通俗而却不可信赖的虚伪史籍之间。
>
> 每一文化很高的民族都认为一个历史的意识的发达,一个以人类过去整个的社会即为历史的意识是成为必不缺少的。在每一个时代里这个历史的意识必定要使其创造得面目一新。这就是历史的著述者和历史教员的工作。这样看来,他们要想使他们的工作有效,就必得要受历史方法的训练。……①

① 薛澄清氏译《历史方法概论》卷首(Preface)。

在大学研究院才讲“历史研究法”的美国竟有福凌教授出来“大声疾呼”警告一般人对“历史研究法”忽视的不当，那么我们中国自然更不应该盲从美国的大学，还有维持“历史研究法”为历史系必修科目的原状才好。在另一方面，如刘静白氏《何炳松历史学批判》又有说：

> ……方法第一是解剖的武器，整个的东西要花得零，错综的东西要理得清，分解了的东西要还得倒元。然而这不是任意的，这是基于我们对于被分解的东西、被清理的东西、被组成的东西的理解力与认识力，是存于物之本身的条理性、构造性，是我们对于物的条理与构造的知识程度，所以解剖本身是一个认识工具，是客观法则的把握。这只是把世界种种解释了，但重要的是在变革它。对于方法，这也是应该要求的任务。所以方法第二是变革的武器。变革不是自由的，但它可以由必然的认识转变而来，所以解剖及认识这儿还是很重要，离了它也就无从以言转变及变革，这是就主观方面言的。变革不是改革，虽然一点一滴的改革也可以推演于变革去。斗争是变革的本质，改革也只有在斗争的场合才免于妥协，而且不断的改革正是一种斗争，这是一种客观的过程。方法要成为一个变革的武器，必先是，也必然是一个战斗的工具，在这儿方法自身才真是一个武器，也才可以变成一种战斗力，所以方法第三而且最后的任务，是与战斗的最前线的(class)相结合，完成武器的变革。……①

这又不免把“方法”——即唯物辩证法、“历史研究法”自然包括在内——太万能化，拿去和前面所述美国要有得“博士学位”的人才须懂得的相对照，便令人有“霄壤之感”，相差实在太远了。但“历史研宪法”的重要性究竟在什么地方呢？马奢尔(R. L. Marshall)氏在所著《史料考订法》(*The Historical Criticism of Documents*)一书曾说及“历史研究法”的重要性是——

①《何炳松历史学批判》第六六、七两页。

> 所有历史工作(按即方法)之目的是在考察出现很复杂的世界社会的发展(the development of the existing complex world-society),自其凌乱不全的起始直止诸事大备之今日为止。[①]

这话稍嫌含混简单,再详细的说,"历史研究法"的功用大概如下:

第一,"历史研究法"最足以矫正社会上一般人士轻信盲从的习惯,我国从古以来就深中此毒,所以汉代王充在所作的《论衡·齐世篇》里非常感慨的说:

> 世俗之性,好褒古而毁今,少所见而多所闻,又见经传增圣贤之美,孔子尤大尧、舜之功;又闻尧、禹禅而相让,汤、武伐而相夺,则谓古圣优于今,功化渥于后矣!……

现在离王充的时代又是千多年了,但在中国各处仍然还有"林林总总"的相信古先帝王是"其仁如天,其知如神"!好到极处,高到极点!其实若将"史料鉴别法"略为运用,拿一部《诗经》来考订一下,《国风》、《小雅》描写古代人民流离怨苦的诗章就数见不尠。又如官撰的《尚书》里的《盘庚》、《大诰》等档案文字,所谓商、周的贤王也不过依天托祖的压迫着人民俯就他们的轨范,那时田亩都是贵族的私产,人民只成为奴隶,终年服劳尚不必说,连年不歇的征战使死亡的恐怖永远笼罩着,试问古代的快乐、美善在哪里?我们社会上一般所谓"士大夫"的知识阶级——甚至撰述《中国文化史》的专门名家,有几个能发觉"封建"、"井田"是理想的制度?黄帝、管仲的学说是后人的依托?"儒、道、墨并道尧、舜而取舍不同"是淆乱的传说故事?这样轻信盲从的不良习惯再加上教育的不普及、产业的落后,使虽拥有四万万的民众,而较诸欧、美、日本先进的国家的社会,其分子最不健全,我们从事"历史教育"的人实在应该负起责任来使"历史研究法"能发挥最大的效用,以强健最大多数为我国未来主人翁的"求信"、"求真"的心理能力,那么我国家才能奠基于磐石而永保安

---

① *The Historical Criticism of Documents*, P. 7.

全，且可与列强并驾齐驱，这虽然可以说惟“科学思想”可以疗治我国人精神上的缺憾，但“历史研究法”即为“科学方法的”一种，所以其功用也不在别种科学之下，不惟历史系的学生应为必修，即其他社会科学的学生也非必修不可。或许有人以为如此推论，是“考据家”都可以成为“社会改革家”了，不知“历史研究法”并不只制于“考据”，单以“考据”为孤立的追求的目标是我们所反对的，历史家在搜集并鉴定史料之后，即应很客观的考察史料所记载和代表的事实彼此间和其他社会现象的相互关系与因果关系，所以在他研究得到结论，贡献于世人，是很有相当的影响，不能因其埋头于故纸堆中而就一味漠视的。

第二，“历史研究法”的内容是几多世纪年代的历史家的经验的精华，[①]所以很能补助自己的天然任意“不自觉”的方法；我们自出生便受环境和社会的支配和影响，虽可以靠过去自己的经验在不断的体会的实验的过程中，往往无意间得到为学(研究历史自然为其一种)的方法，但个人的经验无论怎样广博，终属有限，且又缺少变化和连带关系等，“历史研究法”却能囊括古今中外历史家的种种经验加以提炼、批评、比较，总使于一切有用。尤其如那般“似是而非”的不合理的方法更应在严加排斥之列，例如法国著名史学家都诺(Daunou)氏在所著《历史研究讲义》(*Cours d'etudes Historique*)上说研究历史的方法第一步须读史诗里的杰作，因为叙事的方法是诗人创造的；第二步须读小说，尤其是近代小说，可以摹仿他们给予人物和事实以美态的方法，分配琐事的方法，联贯文字的方法，中断叙述的方法，继续叙述的方法，维持读者注意的方法和激起读者兴味的方法；既然有了美丽的文学的根底，所以第三步就要读史家的名著，注意他们的内容，因为要著作历史，显然要知道历史。[②] 其实文学和历史根本不同，诗歌、小说描写当时社会民情虽有史料的价值，但其结构组织也和历史不同，所以他所说的“历史研究法”实在是不合理

① 参看布依克夫斯基氏的《历史研究的方法学》，日译本《史学概论》第六页。

② 参看 James Harvey Robinson' *The New History*, *The History of History*, P. 36.

的方法,在今日的我们绝对不能信任。又如姚永朴氏所著《史学研究法》有说:

……若夫入手先宜知普通学,吾家惜抱先生(原注——鼐)言初学最急莫如《史记》、《两汉书》、《三国志》,以后便当读《通鉴》,若《晋书》以下可从缓(原注——尺牍),此就尽人必致力者言之也。既知此矣,则进以专门学,即《二十四史》言之,精力有余者,或研究三四史,不足则一二,史其或用力于《正续通鉴》或“九通”,或近世掌故,可任所好为之。……①

这也是我国从古代以来的“老师宿儒”教人读史的方法,但充其量不过只是认识中国几千年来历代的史事,并非真正的、一般的“历史研究法”,故我们实不应尚为旧日的陈说所囿。

第三,“历史研究法”的知识的普及可以促进历史的著述,使其水平逐渐提高,因为一般读书界若能在阅读一历史书籍的时候知道这书是怎样构成的,就不难分别出高低好坏来,但可惜在我国“书评学”太不发达,很多都是“党同伐异”、“信口谩骂”,宋代大史学家郑樵在《通志·总序》上即痛诋班固所作的《汉书》说:

……自《春秋》之后,惟《史记》擅制作之规模,不幸班固非其人,遂失会通之旨,司马氏之门户自此衰矣。班固者,浮华之士也,全无学术,专事剽窃。……《史记》一书功在《十表》,犹衣裳之有冠冕,水水之有本源,班固不通旁行邪上,以《古今人物》彊立差等,且谓汉绍尧运,自当继尧,非迁作《史记》厕于秦项,此则无稽之谈也。由其断汉为书,是致周、秦不相因,古今成间隔;自高祖至武帝凡六世之前,尽窃迁书,不以为惭;自昭帝至平帝凡六世资于贾逵、刘歆,复不以为耻;况又有曹大家终篇,则固之自为书也几希!往往出固之胸中者,《古今人表》耳,他人无此谬也。后世众手修书,道旁筑室,掠人

① 《史学研究法》第二九页。

之文，窃钟掩耳，皆固之作俑也；固之事业如此，后来史家奔走班固之不暇，何能测其浅深？迁之于固，如龙之于猪，奈何诸史弃迁而用固？……

这样“喜笑怒骂”的文字虽唐代“批评史学”的大家刘知几也作不出来，但班固的《汉书》自有其优良之点存在，所以毕竟不曾被郑樵骂倒。我们很希望今后中国懂得“历史研究法”的书评家能本其“不偏不党”、“大公无私”的良心一方面对史籍的佳著广为推扬奖励，一方面对“滥竽充数”的劣史却痛下针砭，这样就可使史籍著作的水平提高，而学术界的进步，也就可以急起直追欧、美、日本诸先进国了。

从以上三点看来，“历史研究法”的重要性已经可以明白“一斑”了。

第三章　初步工作——研究题目的选择

“历史研究法”的开始即在讲述题目的选择，我们对于现在或过去社会上种种事物的沿革变化若有了解的必要，就可去阅读与那些事物有关的很完备精审的通史或各种专史及论文等类的著述，也许就可满足我们的求知欲；但若这些著述还有不能一一解答我们所蕴蓄的疑问，或简直就没有提到这些疑问，又就算提到了，而搜集或以之为立论的证明的材料不怎么充分齐全，须得加以补充订正，也足以引起我们“自动研究”或“重新研究”的兴趣；这样，在开始研究历史之前，题目的优劣适当与否，很能影响全部研究工作的成功与失败，所以在题目的选择上我们实在不能不特别注意。著者暂写出选择题目应该注意的几个要点如下：

(a) 新颖的探索　凡“历史研究”的题目最好是还未经人着手研究过的，因为说到要研究历史就好像那些动植物学者们不怕“跋山涉水”的痛苦要爬到人迹罕至的密林峻岭里去探求稀罕的标本，又或像那地理学家和其他科学家到南、北两极和非、澳等洲的“穷乡僻壤”去探访新的地域，历史的境界直到今日大部分都还是像荒山旷野一样，正待我们持着工具埋头去向四面经营拓殖，绝对不愁“英雄无用武之地”，试以中国的历史为例,从纵的时间来说,由远古而至民国时代的现在,是何等的悠久长远?从横的空间来说,由内地而及于匈奴、鲜卑、突厥、回纥、契丹、女真、蒙古、朝鲜、日本、琉球、安南……等四裔,范围是何等的渺茫广大!再具体的举出实例来说,如关于中西交通史的题目:“希腊的艺术如何影响中国的佛教艺术”、“中央亚细亚的文化成分如何影响到中国的事物”、“中国文化的成分如何由安西西去”等等,欧、美的汉学家对这方面特有贡献,日本如白鸟库吉博士等学者也是以此为终身事业,我国研究历史的人因为语言学、民俗学、人种学等的知识工具不充分的原故,所以竟拱手让人,敬谢不敏。著者在日本留学三年,废寝忘餐的搜集关于中国法律在朝鲜、日本、琉球、安南等国所发生的影响,居然著成二十几万字的一部专史,①对发扬光大中国文化和从新建立东洋文化系统与及开拓东洋史的新园地的方面自信颇费苦心,很希望我国人此后从这方面再有更大的成就。此外在中国的历史上如唐、宋两代在“中古”和“近古史”上当然占中心的位置,但我国人对唐、宋的社会史或经济史的研究反不如日本学者的注意;又知近年中央研究院、北平研究院等机关的发掘不能说不努力,但我们所见到的单就金石文字说,不是什么“跋”,便是什么“释”,还都在清代学者的方法中徘徊,闭着眼在书斋里咬文嚼字,似乎考古学与文字学才有关系,而与历史是没有关系的。其他如陶器纹样等的比较考古学的题目更是绝无仅有。以上是就中国史或东洋史而说,若提起西洋史来,一般人总以为绝好的大题目早给欧、美人抢光了,所以中国人能勉强做到第二流的工作便算是“登峰造极”,但在这方面也不必太抱悲观,如西洋的教会史,欧、美人常被教派、教义种种的拘束麻醉,“当局者迷”,到现在仍有不少需要重新考释的地方;又如西洋的思想史也还有再加整理的必要,现有思想史大都是形而上学史和几派形而上学的对抗史,所留下的空隙为数尚多,这样我们中国人虽比较落后,但何必太过妄自菲薄呢?这些从东西洋历史上所略举的几个例都是用来说明现在还

① 参看拙著《中国法律在东亚诸国之影响》,商务印书馆出版。

有许多等待着我们中国有志研究历史的去做的开荒的工作。其次若有些题目虽已经人研究而成绩却不满人意，还需要补充订正，也不妨重新研究，福凌教授关于“选择题目的方法”曾说：

（一）它有没有人研究过？（二）它是否给人家研究得不完全？（三）人家是否没有用过批评的方法研究过？（四）一个新的而又有价值的研究是否可能？（五）有没有新的材料发现，可以给人家再去研究？在这些情形中如果有一个或一个以上的情形存在，那么这个题目就值得人家再去研究。①

这段话说的很扼要，著者现在介绍以下各书使研究历史的人可检阅那些题目是已经有人研究过的，为说明便利起见分成两大类：

甲、东洋史研究题目的参考

子、《国学论文索引》，北平图书馆编。

丑、《国学论文索引续篇》，同上。

寅、《国学论文索引三编》，同上。

卯、《东方学论文篇目》，燕京大学引得编纂处编。

辰、《西文东方学报论文举要》，金陵大学中国文化研究所贝德士编。

巳、《东洋史论文要目》，日本东京大塚史学会编

乙、西洋史研究题目的参考

子、《美国历史杂志》（*The American Historical Review*）有以下几篇值得参考的文字：

汤卜逊（J. W. Thompson）氏所作的《中古史里有益于研究的领域》（*Profitable Fields of Investigation in Medieval History*）XVIII，No. 3.

鲁滨孙（J. H. Robinson）氏所作的《法国革命研究新近的趋势》（*Recent Tendencies in the Study of the French Revolution*）XI，No. 3.

丑、《历史综合杂志》（*Revue de Synthése Historique*）这种出版物曾

① *The Writing of History*，II，pp. 36－37. 薛澄清译《历史方法概论》第二一页。

搜集关于各朝代和各国家的许多有价值的论文,并很殷切的说明那些历史的工作是已经做得完好,那些历史的工作是还等待着人去做的。

以上略举英、法文杂志的几个例子,此外还有德文、意大利文、俄文等等的出版物,我们有志研究西洋历史的本可以去查阅那许多“汗牛充栋”的杂志索引,惟西洋史里头的任何一个题目究竟有没有人研究,却是不容易得知的,因为各种杂志的书目虽然可以找到,但是书目中所开列的也许不完全,也许不是最近才刊行的,这些都得要留意①。

我们既检阅了像这一类网罗题目很多的书籍又寻觅着原著,如果实在作得很好,就不必再白费功夫,否则研究者的精力和时间便不免两俱损失,殊属不值。

(b) 浓厚的兴趣　研究的题目既为别人所未曾着手,或虽着手而作得不满人意,那么我们对所选择的题目自然应该具有浓厚的兴趣,凡百事业都是兴趣程度愈高的,努力完成的希望就愈大。司马迁为了李陵投降匈奴的事,触犯汉武帝致受极不人道的“宫刑”还要“咬紧牙关”完成他的“不朽大作”的《史记》,所以他在答复老朋友任安的信上说了这样沉痛的话:

> ……行莫丑于辱先,而诟莫大于宫刑,刑余之人,无所比数……今仆不幸,蚤失二亲(荀悦《汉纪》作“父母”),无兄弟之亲,独身孤立,……所以隐忍苟活,函(《汉纪》作“幽于”)粪土之中而不辞者,恨私心有所不尽,鄙没世而文采不表于后世也。古者富贵而名摩灭,不可胜记,惟俶傥非常之人称焉。……仆窃不逊,近自托于无能之辞,网罗天下放失旧闻,考其行事,稽其成败兴坏之理,凡百三十篇,亦欲以究天人之际,通古今之变,成一家之言。②

这样可见他对所作的《史记》的兴趣是如何浓厚的了!在相反方面,要是一个人对所选择的题目虽很新颖,但却没有多大兴趣,如福凌教授

① Ibid. pp. 38 - 39, 190 - 191.

②《汉书·司马迁传》。

所说的：

> ……学生对于某题目没有自然的兴趣，也不好叫他去研究。从经济的、宗教的、美术的历史中所选择出来的题目，如果他没有这种嗜好或是同情心，那也是不好叫他去研究的①。

那么要怎样才能使学生对新颖的题目发生浓厚的兴趣呢？据著者的经验，研究者必须养成下列两种的良好习惯，即：

甲、从事研究工作的习惯。

乙、发表研究结果的习惯。

俗语说："习惯成自然"，一点也不错；既成为"自然"，研究的兴趣就不自觉的会日趋浓厚了。

(c) 相当的学养　既有新题目，又有浓厚的兴趣，研究历史就无问题吗？不然！不然！福凌教授曾说：

> ……因为平日阅读历史的结果，某个学生或教员，也许对于希腊史或俄国史中的某一个题目，发生了兴趣，他们喜欢研究，喜欢根据史料写成它的历史。可是他会不会阅读希腊文或拉丁文或俄文呢？他不会。他愿意不愿意学习这些文字，使他能够做这一种工作呢？他没有这种的意思。并且觉得学习那些文字很困难，困难的工作勉强做下，那是不聪明的。或者他对于中古史某一个题目也有兴趣，可是要研究这些史料，先要明白中世纪的拉丁文、古物学和古文字学。这些工具，他都不懂，那个题目，他自然不会研究的②。

诚然！研究历史的人应该反省自己的学力如何，切不可好高骛远，致一无所成！中国旧日学者主张史家应有的学养的条件即甚严格，刘知几就说过：

> 有学而无才，犹良田万顷，黄金满籝，而使愚者营生，终不能致

---

① *The Writing of History*，Ⅱ，P. 36.《历史方法概论》第二〇页。

② Ibid. Ⅱ，P. 35. 前书第一九页。

于货殖者矣;如有才而无学,犹思兼匠石,巧若公输而家无楩楠斧斤,终不果成其宫室者矣;尤须好是正直,善恶必书。……①

这样可知研究历史的人"相当的学养"是必不可缺少的,从前是这样,现在尤其是这样!

(d) 有限制的范围　凡人既非"全知全能",而时间精力又不是无穷尽的,所以研究的范围过于广大就不容易成功,若草率了事,拿二三千字去讲述世界通史或中国文化史就不免是"大题小作",于己于人,都无益处!所以开始研究历史的人最好能限制研究的范围,著者在民国十三年曾以十几万字替袁枚作过一部《评传》②,可算是"小题大作",段玉裁曾说:

> ……为学嗜琐固所讥,若恶琐而肆意阔略,亦非积小以臻高大之义,况学问门径自殊,既不相谋,远而望之,皆一丘一壑耳,身入其中,乃皆成泰山沧海,涉历甘苦,皆无尽也。……③

齐思和氏《研究历史问题之方法》一文也有说:

> ……所选之问题须于专题研究(monograph)或论文(thesis)所能范围内论列者,既不宜过于宽泛,亦不宜过于复杂。须范围窄狭,自成段落之题目,然后作者对之始能作穷源竟流之探讨。盖专题研究不惟须根据原料,并须用尽所有原料辅料。如问题过于宽泛,则此种理想即不易作到,至少非短时间之所能作到。如农民变乱史一题,未尝非极饶趣味之问题,然苟以严谨之方法研究之,则势须将中国所有史料详审一过,然后所获得之结果,始属可信,此岂一人有涯之生所能作到者?故惟窄狭之问题始能作深刻之研究也。无研究经验者,每恐材料不足,故选题恒失之宽泛。……④

---

①《旧唐书·刘知几传》。

②《大思想家袁枚评传》,商务印书馆出版。

③ 见徐祖武《定盦先生外纪初稿》卷上所引(《国学论衡》第九期)。

④《食货半月刊》第四卷第三期。

但题目的范围太过专门狭隘也有流弊，福凌教授就说过：

……要是研究生所选定的题目是太专门了，太独立了，那么他就会像硕士和博士论文一样，论文成功，研究就宣告结束的危险①。

张东荪先生在《教育与中国出路》一文很“疾首痛心”的指出我国——

现在大学教育于无意中走入制造专门家的一条路上去。试检阅各大学的毕业论文便可明白，有些论文题目真是很小，现在教授们好像以为题目愈小，便愈得精，其实这个趋势亦不是中国人自动地想出来的，依然是美国的流风所扇。

林语堂先生在他的《大荒集》中有译述英国人论美国大学的一篇，我以为中国的大学教授们不可不一读。……

……中国大学教育不是向专门化，乃是趋于支离割裂，尤显明的实例就是关于国学。现在国学的研究显然有变为“古骨之学”的情形，所有琐屑考据无异于西方人研究埃及石器与巴比伦文字，这些研究未尝不精，无奈对于现代人的生活直不发生关系，我实在看不出这样的国学研究和坐在家里种兰花与养画眉有甚么区别，为甚么大学里不聘请养金鱼与种菊花的教授？同是玩的茶余酒后的消遣品，为甚么会尊之为专家？……

老实说，种菊花、养金鱼只是自己消遣，似乎比这一类的玩古骨式国学还要稳当些，因为这个东西至多不过害己，并不致于害人，而这样的国学却就难言了，外国人以已死的文化来看中国文化，这是当然的，中国人自己于不知不觉中亦走上外国人研究东方文化的态度那一条路上去，而自命为时髦，这实在是一个“不自觉”的现象。外国人研究东方的刺绣与印度的美术不过想在他们的文化多添一

① *The Writing of History*, Ⅱ, P. 36.

些点缀而已,中国人研究自己的文化如采取这个态度则国学决无前途,可以断言,所以我说关于国学方面更可看出现在大学所教的日趋于支离破碎与琐屑了。……①

张先生所说虽稍"富于情感",但却"切中时弊"。

总而言之,在我们研究历史选择题目的时候即已注意到"新颖"、"兴趣"、"学养"和"范围"等,那么我们在研究的工作上已操必胜之算了。

第八章　史料的伪误

我们中国最大多数研究历史的人因没有受过严格的历史科学的方法的训练,所以都很怕麻烦,只想把现成的史料拿来编比成章,即为尽责,这本是一般人的惰性使然,因为我们平常听人讲述或看书得来的事实和从他处得来的印象多半含糊不清,若要想加以辨别,就非得特别努力不可,但这种努力常和我们天然的习惯相反,所以人类普通的倾向都是"轻信",先入为主,对一切事物均不愿分别什么是自己的亲见确闻,或竟是"道听涂说",这样在研究历史上是最应该避忌或改除的,记得姚际恒在所作《古今伪书考·序》里就曾说吾人自然之倾向常不怀疑古籍,"以为由古传今必无甚误,实则造伪书者古今代出其人,伪书滋多于世,学者于此,真伪莫辨,而尚可为之读书乎?是必取而明辨之,此读书第一义也。"张之洞《輶轩语》也说:"一分真伪,而古书去其半;一分瑕瑜,而列朝书去其十之八九。"韩姆尔(Arthur W. Hummel)氏在《中国史家现在对本国史的工作》(What Chinese Historians are doing in Their Own History)一文也以为:

我们虽仍可以说中国已有三千年的纪录,却再不能说她有四五千年的历史,像普通一般人。那样最早的文字,一八九八年在河南出现的甲骨文字,或者可以使我们回溯到纪元前一千二百年去。最

①《新民月刊》第一卷第三期。

早的经典《诗经》里面所含的诗有一部分也许是纪元前十世纪的遗书。至于希望把中国的历史拉长到比这时代要更早更早的时代去，那还得全靠将来科学的发掘所得的结果究竟是怎么样，现在一点把握都没有。

又说：

中国学者最先遇到的一个难题就是材料太多。自然，像中国这样在世界上有最长的连续的历史，并在六世纪末，远在欧洲有印刷术之前，就已开始印刷书籍的一个国家，这原是意料得到的事体。……甚至于一千年前中国的通儒就已被困在书本的重压之下，一千年前已有一位本国的学者喟然长叹说："十七史该从何处读起?"现在中国已有二十六个朝代的历史，差不多有四千卷；再不必说那数量更多的私著历史以及含有历史性质的其他著作。……不过还有一个问题，就是他们的缺乏系统，因此要用科学方法来对付他们。①

其实欧洲在旧时也是这样，所以有句很流行的话说："历史不过等于一篇假作的小说"(L'histoiren'est qu'une fable convenue)，鲁滨孙(James Harvey Robinson)教授就列举许多的实例说：

我们所有比较完备的历史材料，不过三千年；这三千年的材料里面有二千年还是异常不完备不可靠。关于希腊、罗马的历史，我们虽然有几部异常残缺的而且有文学臭味的著述，同许多碑文及重要的古迹；但是对于许多重要的事实我们仍旧在黑暗里面。罗马帝国史的数据如此的坏，所以曼姆森(Mommsen)不愿意去叙述他。自从十二同十三两世纪以来，我们才有一种中古编年史，再加以各种杂乱的公文书，能够使我们同当时生活直接的接触。但是读历史的人往往有一种印象，以为我们历史的材料二三千年以来，多寡同深浅是相等的。当他看见一部大的《古代教会史》或者《罗马帝国

① *The Historical Review*，第二十四卷第四期。

> 史》,或者看见丹恩(Dahn)或荷节恳(Hodgkin)所著的好几卷《野蛮民族侵入史》,他以为这班著书的一定费了多年的苦心孤诣,才能将这许多年搜集而来的材料好好整理起来。很少人知道从前历史家的职务,并不是将许多材料删繁就简着成一部很有条理的历史,他们往往将他那片浅薄的知识鼓吹成泡,他的光辉颜色可以吸收最轻率的读者的注意,同激起他的赞美。荷节恳所著的八卷《意大利和侵犯她的人》(*Italy and Her Invaders*)假使将材料好好的整理起来,差不多有一卷书就够容纳了。①

最极端的例子如柏恒(Dr. E. Bernheim)氏《史学导言》(Einleitung in die Geschichtswissenschaft)所述一千七百零八年(康熙四十七年)出版的休布诺尔(J. Hubner)《世系表》(*Genealog Tabellen*),颇为世人所推许,其中如以捷罗德维格(Chlodwig)第一为祖先的佛朗克王国创立的祖先,并列举锡康姆布勒尔(Sikambrer)的诸王,西佛朗克部的诸王及东佛朗克部的诸公等的多数人物,又详密记载其统治的年龄与系谱上的关系,但其全数六十名以上的君主,没有一个人是实在可靠的,据新近的考证,这里全部的记事,一半是从传说而来,一半是学者们次第所捏造出来的产物。② 又在"书籍以外的史料"这种情形也是很多,孙诒让《宋政和礼器文字考》有说:

> 若乃懵厥本原,张其题品,商鬲周盉,同论共实,斯犹唐固诂语援莽币以释周泉,子邕论《礼》,信齐尊而破郑谊,殆亦考证之疏,通博之蔽乎!

这是因"古器杂出",所以"真伪间出"。此外如龟甲骨文、石刻、瓷器……甚至死人尸骸等都有伪造的出现,所以我们必得要明白作伪的动机,然后才能有合理的处置方法,按产生"虚伪书物"的根本原因大概如下:

---

① *The New History*, Ⅳ, *The History of History*.

② *Einleitung in die Geschichtswissenschaft*, 阪口昂、小野铁二两氏合译本第一二二页。

第一，在旧日科学未进步，“进化观念”未阐明以前，中外各地的最大多数的人均以“一代不如一代”，所以“崇古”、“好古”的心理非常旺盛，于是便事事托古，著者旧作《中国的世事进化论与退化论在历史上的影响》一文曾说：

世界上最出名的守旧国家保守性最大的民族，除了那有宗教信仰上的关系的旧日的土耳其而外，有荒谬的历史观念为之根据的，大概要数我中国为首屈一指的了。我们中国人都是承认唐、虞、三代为黄金时代，中国的最古时候就是最好的时候，这样便养成一种牢不可拔的贵古贱今的普通思想。这种思想造端于儒家和道家，孔子虽曾说“周监于二代，郁郁乎文哉，吾从周”带有进化论口气的话，但是他老先生却常常的喜欢“言必称先王”，常说什么“大哉，尧之为君也！唯天为大，惟尧则之，荡荡乎民无能名焉！巍巍乎其有成功也！焕乎其有文章”等等类似的话头。后来如孟子一般人所谈的王道、井田……等也都是把自己脑里的“乌托邦”当做古先圣王已经施行过的史迹；下至如《大学》、《中庸》里就没有一篇能摆脱了一个“古”字，如什么“古之欲明明德于天下者，……”和所谓参天地化育的君子圣人都是些理想的古头古脑的人；在一部《孝经》里就把古人当做宗教式的神明崇拜，所谓“服非先王之法服不敢服，言非先王之言不敢言，行非先王之行不敢行”，简直成了古人的奴隶。至于在道家方面，如所谓老子的《道德经》就时时说起“古之为治者”的话头来，例如：“古之为治者，非以明民，将以愚之。民之难治，以其智多，故以智治国，国之贼；不以智治国，国之福。”“大道废，有仁义；智慧出，有大伪；六亲不如，有孝慈；国家昏乱，有忠臣。”“绝圣弃智，民利百倍；绝仁弃义，民复孝慈；绝巧弃利，盗贼无有。”总括这书的用意就是要返乎那“其政闷闷，其民醇醇”，将一切交通利器，守卫甲兵，代人工的机械，行远传久的文字等等的制度文物回复到古代那无知无欲，老死不相往来的境地。到了汉代的《淮南鸿烈集》的《俶真训》

就从历史方面明白的大唱其世事退化的理想,如说:“至德之世,甘瞑于溷澖之域,而徙倚于汗漫之宇。提挈天地而委万物,以鸿蒙为景柱,而浮扬乎无畛崖之际。是故圣人呼吸阴阳之气,而群生莫不顒顒然仰其德以和顺。当此之时,莫之领理,决离隐密而自成。浑浑苍苍,纯朴未散,旁薄为一,而万物大优,是故虽有羿之知而无所用之。及世之衰也,至伏羲氏,其道昧昧芒芒然,吟德怀和,被施颇烈,而知乃始,昧昧晽晽,皆欲离其童蒙之心,而觉视于天地之间。是故其德烦而不能一。乃至神农、黄帝,剖判大宗,窍领天地,袭九窍,重九熱,提挈阴阳,嫥捖刚柔,枝解叶贯,万物百族,使各有经纪条贯。于此万民睢睢盱盱然,莫不竦身而载听视。是故治而不能和下。栖迟至于昆吾、夏后之世,嗜欲连于物,聪明诱于外,而性命失其得。……”儒、道两家的话如是,此外还有战国时代研究学问的人和所谓“游说之士”,都喜欢引用故事以证成他们的说话,而那时古书甚少,又不容易看见,得不到什么证据,所以只得杜造古典,以为迁就之计,于是古代的事实就跟了说话人的意想而发生变化了。那时常被称道的古人,有好有坏,好人就放在好的模型里,你今天代他想一段好事,我明天再代他想一段好事,积了几年,好好人的好就登峰造极,不能再好了。尧、舜、禹、汤、文、武、周公都是好模型里的人物,为托古改制的人所必须依附和赞叹的,于是唐、虞、三代的文化,更弄得美备到了绝顶,至今犹能使得我们一闭目,即觉得那时全世界的聪明智慧都聚集到几个圣人的身上。……①

清代的大辨伪家如崔述在《考信录》的《自序》上就说:

盖自周道既衰,杨、墨并起,欲绌圣人之道以伸其说,往往撰为尧、舜、禹、汤、文、武、孔子之事以诬之而绌之,其游说诸侯又多嗜利无耻之徒,恐人之讥己也,则伪撰为圣贤之事以自解说,其他权谋术

① 参看拙作《史地新论》附《杂论》第一至第四页。

数之学,欲欺世以取重,多托之于古圣人,而真伪遂并行于当世。

康有为《孔子改制考·序》也有说:

荣古而虐今,贱近而遗远,人之情哉!耳目所闻睹,则遗忽之;耳目所不闻睹,则敬异之,人之情哉!……敬异则传矣。

这是很实在的话。在十八世纪以前的欧洲和中国同有"好古而薄今"的情形,试看鲁滨孙教授所著《中古与近代史》(*Medieval and Modern Times*)一书即以当时的欧洲人都有尊古的习惯:

每以为现在的状况不如过去的好,因为他们对于过去的缺点知道的很少,而对于现时的陋习却知之甚审。当时他们所想念企慕的一些事情即:打战要如古人一样的武勇,著作要如古人一样的精善,绘画要如古人一样的美丽,他们永远没有存过超轶古人事业的心思。他们求知识不在当日世界之上,只是向古人著作里去钻研。在中世纪时,他们以为亚里斯多德的科学著述已是包罗万有,详尽无遗的了。大学校重要的职务就是在解释他的意义并且传授给学生,不在乎因新的发现而增加或改正旧有的。人的许多理想都集中在过去,所谓"改良"似乎就是要返于"好的古代"(good old days)。①

可见那时不分东海、西海,都是"此心同,此理同。"

本于"崇古"、"好古"的观念而伪造书籍的例不胜缕举,从《汉书·艺文志》起就著录《神农》二十篇,班固的自注即以为"六国时诸子疾时怠于农业,道耕农事,托之神农。"又著录《黄帝》四十篇,自注也说:"迂诞依托";《杂黄帝》五十八篇,自注说:"六国时贤者所作",就是好例。还有一种的托古,并不就"莫须有"的神农、黄帝时代去建造空中楼阁,但只就古人的著述去勉强附会硬加在上面,如《隋书·经籍志》所说:

孔子既叙六经,以明天人之道,知后世不能稽同其意,故别撰纬

① *Medieval and Modern Times*, pp. 461-462.

及谶以遗来世。其书出于前汉,有《河图》九篇,《洛书》六篇,云"自黄帝至周文王所受本义";又别有三十篇,云"自初起至于孔子九圣之所增演,以广其意。"又有《七经纬》三十六篇,并云孔子所作。并前合为八十一篇,而又有《尚书中候》、《洛书纬》、《五行传》、《诗推度灾》、《汜历枢》、《含神雾》、《孝经钩命决》、《援神契》、《杂谶》等书。其文辞浅俗,颠倒舛谬,不类圣人之旨,相传疑世人造为之。起王莽好符命,光武以图谶兴,遂盛行于世。

此外在"经"、"史"、"子"、"集"里像这样的伪书真是要和张之洞所说"一分真伪,而古书去其半!"

又中国因"崇古"而伪造"古器物"的,在"铜器"、"玉石"方面如宋徽宗,据翟耆年《籀史·上徽宗皇帝祀圜丘方泽太庙明堂礼器款识》三卷说:

政和癸巳,帝获周罍于镐京;秋,获兕敦于长安,又获黄目尊于浚都。后复幽燕,获耶律得光所盗上古宝玉尊,形制与黄目尊等,莹然无少玷缺。在廷莫知所用,帝独识其为灌尊,实为周人之重宝,诏礼官圜丘祭天之器,仿古尽用古玉。然后知古人之祀,不特止于玉几、玉爵、玉豆也。其明年获周錞,越三月甲子,获宝簠,帝承天体,宪三代,稽古象物,晤德于彝器,凡祀圜丘、祭方泽、享太庙,及祢宫诸器,命我先人典司制作,肇新宋器,匹休商、周,铭功以荐神祇祖考,罔有弗格,于是徽宗皇帝圣明述作之盛,一时文物,比隆三代。……

计当时所伪作的牺象、鼎汇、尊罍、壶豆凡二十八款,其铭辞见于翟汝文《政和礼器铭》的就有十七章,可见数目也不算少,而制作的精巧"又足以乱真",所以孙诒让《宋政和礼器文字考》有说:

爰在政和,修定礼典,新仪缉简,综汉唐之缛文,吉金作品,放子姬之故范。冶铸之精,铭勒之伦,遐稽前古,厥制靡忝焉。

又如明宣宗时，据《宣德鼎彝谱》说：

> 初，暹罗国王刺迦满霭贡风磨铜，宣宗以堪铸鼎彝以供郊坛太庙内廷之用。着礼部会同太常寺司礼监诸官参酌机宜，勒铸鼎彝，自上用之外，以及颁赐各王府两京文武衙门。数目多寡，款式巨细，悉放《宣和博古图录》及《考古》诸书。……于《古图录》诸书中选得八十八种。……后复补铸鼎、彝、壶、尊、俎、豆、簠、簋、卣、簿诸器一万五千六百八十四件。其初次所用物料，风磨铜三万一千六百八十斤，作铸造鼎彝诸器用。……

此外在"石刻"方面，如《金石学杂》有说：

> 石鼓……五代之乱……而亡其一，并有伪为一鼓者，皇佑四年向傅师搜访民间足之，盖至是真鼓始复。①

这可见"好古"的一念在"伪造史料"上的影响很大了。

第二，在昔时有一班抱有垄断学术界的野心的人，因徒恃口舌不能取胜，便造作或改窜古籍以为武器，如英语所说的"以文自显"(literary notoriety)，即伪称向来为人所不觉知或疏忽遗忘的珍秘古籍经其发现编订，这种事件在中国颇不乏其实例，所以崔述《考信录·自序》说：

> ……谶纬之书继出，而刘氏向、歆父子及郑康成皆信之，复采其文以释六经。兼以断简残编，事多缺佚，释经者强不知以为知，猜度附会。……晋、宋以降，复有妄庸之徒，伪造古书，以攻异己，亦往往援杨、墨子言，以入《尚书》《家语》。

按不只晋、宋以后如此，从刘歆起即已如此，他想建立《左氏春秋》及《毛诗》、《逸礼》、《古文尚书》于学官(即设置讲座)，汉哀帝曾令他和五经博士讲论其义，诸博士有不肯置对的，他写了一封信责备太常博士，据康有为《新学伪经考》一书的意见，刘歆所力争的几部书都是"伪经"，因为西

---

①《金石学杂》卷二"司马池"条。

汉经学并无所谓“古文”的那么一回事，凡古文都是刘歆所伪作；又秦始皇焚书，并未厄及六经，汉十四博士所传，都是孔门的足本，并没有什么残缺；孔子时所用的文字，即秦、汉间的篆书，所以就从“文字”而论也绝对没有“今文”、“古文”的分别；刘歆是因为想帮助王莽篡位，所以才伪作经著，藉以溷乱孔子的微言大义。这样看来，刘歆确是“气魄伟大”的一个伪书制造者，但钱穆《刘向歆父子年谱》一文却替刘歆辩护说：

> ……南海康氏《新学伪经考》持其说最备，余详按之皆虚，要而述之，其不可通者二十有八端。

最重要的质疑如：

> 歆徧伪诸经，将一手伪之乎？将群手伪之乎？一手伪之，古者竹简繁重，杀青非易，不能不假手于人也；群手伪之，何忠于伪者之多，绝不一泄其诈耶？
>
> 且歆亦何为而徧伪诸经哉？歆之争立古文诸经，王莽方退职，绝无篡汉之象，谓歆伪诸经将以助莽篡乎？……
>
> 谓歆伪经媚莽，特指向《周官》为说，然《周官》后出，方争立诸经时，《周官》不与；……且莽据《周官》以立政，非歆据莽政造《周官》，谓歆以《周官》误莽则可，不得谓以《周官》媚莽也。……若歆自有专政改制之心，知莽好古，因伪为周公，以肆其意，则井田见于《孟子》，分州见于《尚书》，爵位之等详于《王制》、《公羊》，其他如郊祀天地，改易钱布之类，莽朝改制，元、成、哀、平以下多已有人言之，此皆有本，何歆之不惮烦，必别伪一书以启天下多疑耶？……谓歆之伪经将以媚莽助篡，未见其然也。且歆伪《周官》以前，已先伪《左氏传》、《毛诗》、《古文尚书》、《逸礼》诸经，《周官》所以媚莽，《左氏传》诸经又何为哉？谓将以篡圣统，歆即得意为国师公，莽加尊信，而莽朝六经祭酒，讲学大夫多出今文诸儒，此又何说？……①

① 《燕京学报》第七期。

这些问题都“极中肯綮”，所以这桩悬案，一时还不易判决，但刘歆自身的“嫌疑犯”的性质却不因钱氏有力的辩护即归于消灭。此后如魏、晋间的王肃因见东汉末以来的“经神”郑康成的经学拥有绝大势力，其及门弟子在数千人，遂专门和郑康成立异作对，撰了百余篇的文章论驳朝廷典制郊祀宗庙丧纪轻重等，又伪造《孔丛子》、《孔子家语》以为其“圣证论”的根据，此外如《伪古文尚书》、《孔安国传》据说也被他改窜，主名虽未完全确定，十成之中总有九成可信。他在学术界的野心颇不亚于刘歆，而又是晋武帝的外祖父，所以在魏时即把他所著《尚书》、《诗》、《论语》、“三礼”、《左氏解》等列于学官，几有“取郑康成而代之”的气势。其不凭借政治势力而造作伪书比较为世人所知道的如明朝杨慎，平生最喜欢“夸渊炫博”，一心要看他人所未看之书，《太平御览》总算是中国现存很大的一部类书，这书本是以《修文殿御览》为根据，《修文殿御览》是北齐时官修的书，在伯希和氏发见敦煌唐人抄本类书残卷和罗振玉、洪业两氏考证未确定以前是否全部存在，大有检讨的余地，但杨慎却自矜亲眼看见过；又如《杂事秘辛》这本书说的是汉桓帝时候的事，但究竟是什么人所伪作？沈德孚《敝帚斋余谈》很肯定的说是杨慎所戏作而托言王充得之于土酋家者，这是根据《杂事秘辛》后面杨慎的跋语说的；姚际恒《古今伪书考》则谓为王世贞所伪撰，当然另有所见，著者以杨慎“专以博学为贵”，似乎此书即是他作伪的成绩之一。还有丰坊也是一个怪物，丰氏本为明朝的大藏书家，范氏天一阁所藏的书多半从丰氏得来，丰氏屡代收藏，购置极富，到了丰坊好书尤酷，他家里所藏秘本诚然很多，足以自豪，但他犹以为未足，偏要添造些假的，如什么《晋史乘》、《楚梼杌》、《古易世学》、《春秋世学》、《鲁诗学》、《子贡诗传》、《申培诗说》、《石经大学》等，大多数都是窜乱篇第，为训诂，冒充古本，尤其如《大学》、《诗传》、《诗说》三书全以篆籀体的文字书写，在当时很能“欺世骗人”。

儒家作伪的能手暂以刘歆、王肃、杨慎、丰坊四人为例，此外如所谓道家，《庄子·天下篇》说是出于“古道术”，《汉书·艺文志》说出于“史官”，杜光庭《道德经广圣义·本易》说出于“《周易》”，老子说出于“黄帝”,《淮南子·缪称训》说出于“商容”,崔述《洙泗考信录》说出于“杨朱”,《列仙传》说出于“容成”,大概从中国学术发展的趋势看来,杨朱却是道家的创始者,[①]但须注意“道家”和“道教”不可混为一谈,道家原为哲学思想上的一种派别,道教从秦、汉“方士”起,到了后汉末的黄巾贼张角假称奉黄、老之道,教授符咒等妖术,后来愈演愈厉,成为江西龙虎山张天师一派道教,自后汉末起二千年来在社会上有极大势力,那部《道藏》,即道教经典的集成。据道教的说法,道教有三尊,即天宝君、灵宝君、神宝君,都是元始天尊的显现。天宝君所说的经典为《洞真部》,又叫做“上乘”;灵宝君所说的经典为《洞元部》,又叫做“中乘”;神宝君所说的经典为《洞神部》,又叫做“下乘”;此外更有四辅:如《太元部》为《洞真部》的辅助,《太平部》为《洞元部》的辅助,《太清部》为《洞神部》的辅助,《正一部》则总括正副诸经。道教初起的时候本只以符咒煽惑人心,说不上有什么奥妙的深义,到了后来愚民信仰的日有增加,这才野心勃发,想树立一大宗派,恰好佛教也自印度输入,道教欲与之争胜,就伪造出许多无聊的书籍,我们现在若拿《道藏》来看,其中假托黄帝著作的几达百余种,老聃、庄周亦各有十几种,诸如此类的伪书很多,其“目的”不过在与佛教或儒家争胜,年代愈久,书目愈增,到今日已不可胜数了。在别方面如佛教的本身因“陈义过高”,不易为一般人所理会,佛教徒为“增进自己势力”或与“大师争名”起见,不惜割裂假造伪书,如所谓“佛教入门宝籍”的唐译《大佛顶首楞严经》,自称为阐明心性的本体,《楞严集注》且说:“首楞翻一切事竟,严者名坚,谓一切事毕竟而得坚固也”,这书的思想虽很接近中国,其实根本就不可靠,此外东拼西凑掺杂佛语和周秦诸子文句使人易读,尚不如《大佛顶首楞严经》的为数还是很多,若误认为佛经的原本,就要“上当”了。

第三,因古代记载的工具很残阙幼稚,而书籍遗物又常遭受人为的或自然的如战争、水火、地震等的破坏摧残,所以余存无几,到后代成了

---

① 参看拙著《中国法律思想史》上册第三章第六二至六七页。

"物以稀为贵",有的人"利欲熏心"便不惜假造古书物以求善价,如英文所说的"取得金钱的欲望"(desire of gain)便是这种动机,在别方面历代公私的收藏者又常贪多务博,兼收并蓄,不能加以精密的鉴定,于是就虽最粗恶的伪造书物也不愁没有销路,这样伪造的书物就常能"猖獗一时"。据铿荣(Sir F. Kenyon)氏说:"无论在近东埃及、巴比伦、叙里亚等的古代文明中,在中国或印度树立已久的文明中,甚至希腊、罗马,我们都没有发现以搜集遗物的形式出现的兴趣,虽然那些地方在任何情形之下,都是有古物存在的。每代都依其本身方式充分发展,除了他们先人遗留在地上的那建筑物以外,对于先人在艺术方面的成就,只有很少的知识,并且甚至对于建筑物也是不大注意保存的。"①别的地方且不说,单以中国而论,如春秋时鲁国的季子就曾"以所得于齐之兵作林钟,而铭鲁功焉";②又"人郓,取其钟以为公盘。"③战国时如《孟子·万章下》所说:"诸侯恶其害己也,而皆取其籍";《史记·封禅书》又说:"周之九鼎入于秦,或曰宋太邱社亡,而鼎没于泗水彭城下。"另据《始皇本纪》说:"二十八年始皇还过彭城,斋戒祷祠,欲出周鼎泗水,使千人没水求,弗得",其实始皇就是史料的破坏者,文化的大罪人!他在"二十六年收天下兵聚之咸阳,销以为钟鐻金人十二,重各千石,置宫廷中。……丞相李斯乃上言,非《秦纪》皆烧之,非博士官所职,天下敢有藏《诗》、《书》、百家语者,悉诣守尉杂烧之。"刘大櫆《焚书辨》却以"博士之所藏具在,未尝烧也,迨项羽人关,……烧秦宫室火三月不灭,而后唐、虞三代之法制,古先圣人之微言,乃始荡为灰烬。"但秦始皇、项羽不论谁只要焚烧着书籍就算是"罪大恶极"!到了汉朝,高祖以一流氓起身,所以不好儒生,惠帝时始废止挟带书籍的法律,景帝的儿子河间献王以亲王的身份,而又如《汉书》本传所说他是"修学好古,实事求是,从民得善书,必为好写与之,加金帛赐以招之,繇是四方道术之人,不远千里,或有先祖旧书,多奉以奏献王

①《欧美博物馆史略》,万斯年氏详载《国闻周报》第十三卷第二九期。

②《左传·襄十九年》。

③ 前书《襄十二年》。

者。”他尤其喜欢秦、汉以前的古文书籍，搜罗不遗余力，所以《周官》、《尚书》、《礼》、《礼记》等古文经都是从他而出，汉朝经师所以有“今文”、“古文”的论战，其来源即在于此。他所得的遗书真的固然不少，但他常“加金帛赐以招之”或“购以千金”，于是使一种人看了眼热，为钱财起见，便“利令智昏”，有意的伪作古书，而“利之所在，人争趋之”，伪书就层出不穷。且还有因赏钱的轻重以卷数的多寡标准，所以有的人便敢于割裂他书的篇幅，勉强充数以求赏赐的增加，如周、秦的诸子百家，在同一篇文章里，往往就彼此雷同，举例来说，如《韩非子》的头一篇就与《战国策》里的一篇相同，要不是献《韩非子》的人盗窃《战国策》，就是献《战国策》的人盗窃《韩非子》，此类作品，秦、汉之间有很多都是如此，所以像《管子》书里的《弟子职》、《内业》两篇那样与全书的体例不大相同，也许就是献书的人因牟利邀赏而随意窜入的。秦、汉以来如牛弘、胡应麟所说：“书经十厄”历代搜求，使嗜利者假造古书的机会加多。此外如《格古要论》所说：“元杭州姜娘子、平江路王吉铸铜器皆得名，花纹却粗，姜铸胜于王吉，俱不甚值钱。”[①]秦东田《宣炉说》：“明末国初间，有周文富、汤子祥二家……亦称好手。”商承祚氏《古氏彝器伪字研究》一文并列举近日作伪的在山东潍县有范寿轩等，济南有胡麻子等，陕西有苏亿年等，苏州有顾湘舟等，[②]还有如南京经古舍古玩店主张熙园伪造“谓山窑”碑，杭州古玩商伪造大批太平天国的铜钱，尤其如“字”、“画”两项，不特是古代有名的人，即现在生存的人，也都成为那些假造者的招牌。试看北平每次新年时候的厂甸，便是一座极大的假字画陈列馆。一般购买字画的人大都只认得名字，而不能十分鉴赏字画的本身。有的人作品虽然够好，但因缺乏名气，所以假如能够冒充名人的真迹而不会给人识破，就可以得到极大的报酬，一言以蔽之，都是“金钱的作祟”！这种情形在外国也是“数见不鲜”，马奢尔(R. L. Marshall)氏曾说有一个亚剌伯人名叫塞里姆

---

①《格古要论》卷六《新铜器》。

②《金陵学报》第三卷第二期。

(Selim)的是造假古董的能手,他伪造古希伯来人的石刻两千斤卖给耶露撒冷的商人斯贾庇拉(Schapira)。德国学者竟为所欺,买了不少预备陈列在柏林的博物馆,直到考兹克(E. Kautzsch)和梭新(A. Socin)两人在一千八百七十六年(光绪二年)写成一本书才断定其全属伪作。① 又说另外一个人叫做卢卡维伦丹尼斯(Vrain-Denis Lucas)的在先假造蒙台尼(Montaigne)的信函,小试成功,随后竟放胆伪造巴斯卡尔(Pascal)给波以耳(Robert Boyle)的许多信函,后来卖给查斯尔(M. Chasles)君计二万七千封假造的信,获价差不多有六千镑之钜!② 卢卡真可算个大骗子!福凌(Frede Morrow Fling)氏也说:"无论是'遗迹'或'传说'都有伪造的东西。每个旅行家都很愁叹于伪造的美术品分布既广而且很难鉴定。古代的地毡、花瓶、油画、模型、铜器都有很精细的伪造品,有经验的鉴别家有时候也不免受他们的欺骗。有一次,一个著名的法国雕刻家,他是希腊花瓶的搜集者,他告诉我,现代流行的假造的东西,弄得很好,他也不能鉴定真伪,如果他光把那花瓶的土挖出来看。"③又说:"替名人伪造书札,如果假得'不露马脚'的话,确是一种厚利的营业,因为它常常可以卖出许多钱。具有法国皇后玛丽安东那脱(Marie Antoinette)的签字的书札不少,而其实多是伪造的,真伪难别,所以要替玛丽安东那脱做一部详细的传记不是容易的。"④此外如曼罗氏(Munro)所著《考古学与假古董》(*Archaeology and False Antiquity*)一书列举有趣的实例还是很多,现在都概从省略了。

以上三种"作伪"的动机,"崇古"和"以文自显"都还算清高,惟"骗钱"最下流,但所造出的"伪古书物"都于历史一样的有弊害,因其最能"失却历史的真象",历史的"目的"原不过是在求得真象,"伪造书物"只能"淆惑是非,弄假成真",如中国远古所谓的三皇、五帝本是一些人脑里

① *The Historical Criticism of Documents*, P. 13.

② Ibid, P. 15.

③ *The Writing of History*, pp. 50－51.

④ Ibid, P. 57.

想出来托古改制的偶像,但经久便成为"像煞有介事"的黄金时代,使世事退化的思想深入人心而不可振拔,因此信史的产生,极为困难。王充说得好:

> 儒者说五经多失其实,前儒不见本末,空声虚说;后儒信前师之言,随旧述故,讲习辞语,苟名一师之学,趋为师教授,及时蚤仕,汲汲竞进,不暇留精用心,考实根核。故虚说传而不绝,实事没而不见,五经并失其实。①

应劭也说:

> 天地剖分,万物萌毓,非有典艺之文,坚基可据,惟当今以览太古,自昭昭而本冥冥,乃欲审其事而建其论,董其是非而综其详言也,实为难哉!故《易》纪三皇,《书》叙唐、虞,自是以来,载籍昭晳,然而立谈者人异,缀文者家舛,斯乃杨朱哭于歧路,墨子悲于练素者也。②

伪书既乱了历史上真实的情形,其弊害除上所说的而外,还多得很!如梁任公师所举的几个例子:

> ……现存之《本草》称神农作,《素问》、《内经》号称黄帝作,《周礼》号称周公作,《六韬》、《阴符》号称太公作,《管子》号称管仲作,……假使此书而悉真者,则吾国历史便成一怪物,盖社会进化说全不适用,而原因结果之理法亦将破坏也。文字未兴时代之神农已能作《本草》,是谓无因;《本草》出现后若干千年,而医学药学上更无他表现,是谓无果,是无进化,如是则吾侪治史学为徒劳。③

这样便也如胡适之先生所说:

> 《管子》书里的《心术》、《白心》几篇在老子之前忽然有那样详细

---

①《论衡·正说》。
②《风俗通义·皇霸》。
③《中国史学研究法》初版第一三四页。

的道家学说，《内业篇》、《弟子职篇》在孟子、荀子之前数百年忽然有那样深密的儒家心理学，法家之前数百年忽然有《法法》、《明法》、《禁藏》诸篇那样发达的法治主义，若果然如此，哲学史便无学说先后演进的次序，竟变成了《灵异记》、《神秘记》了！①

还有征引伪书来考证某事某物便是徒费精神，自寻烦恼，例如伪《古文尚书》有《胤征》一篇记载着夏仲康时日食的事，前几十年曾成为欧洲汉学家争辩的一个问题，殊不知《胤征篇》纯属东晋晚出的伪古文，经过清代学者阎若璩、惠栋一般人的考证，老早就成了定谳，所以仲康这个人究竟有没有，尚不可知，还能够说那个时候的史迹是怎样吗？但欧洲和汉学家竟有不知道这桩公案的，所以犹"刺刺论难"，伪书之为害真是"无远弗届"了。

中国从上古以来有特识的思想家即不欲为伪史所骗，如《墨子·非儒篇》有说：

儒者曰："君子心古言服然后仁。"应之曰："所谓古之言服者，皆尝新矣，而古人言之服之，则非君子也！"

其实儒家里头也不能说全是如此，《孟子·尽心》的下篇就说过"尽信书则不如无书，吾于武成，取二三策而已，仁人无敌于天下，以至仁伐至不仁，而何其血之流杵也"的话。《荀子·非相篇》也说：

五帝之外无传人，非无贤人也，久故也。五帝之中无传政，非无善政也，久故也；禹、汤有传政，而不若周之察也，久故也；传者久则论略，近则论详；略则举大，详则举小，愚者闻其略而不知其详，闻其细而不知其大也，故文久而灭，族久而绝。

此外，如法家的《韩非》更能澈底的反对那般托古的人，所以《显学篇》有说：

---

①《中国哲学史大纲》卷上第一七页。

孔子、墨子俱道尧、舜而取舍不同,皆自谓真尧、舜,尧、舜不复生,将谁使定儒、墨之诚乎?……不能定儒、墨之真,今乃欲审尧、舜之道于三千岁之前,意者其不可必乎?无参验而必之者,愚也,弗能必而据之者,诬者也,故明据先王必定尧、舜者,非愚必诬也。

这些话都已开启了中国疑古的端绪,此后情形,据崔述《考信录·释例》说:

……秦火以后,汉初诸儒传经者,各宥师承,传闻异词,不归于一,兼以战国之世,处士横议,说客托言,杂然并传于后;而其时书皆竹简,得之不易,见之亦未必能记忆,以故难于检核考正,以别其是非真伪。东汉之末,始易竹书为纸,检阅较前为易;但魏、晋之际,俗尚词章,罕治经术,旋值刘、石之乱,中原陆沉,书多散轶;汉初诸儒所传《齐诗》、《鲁诗》、《韩诗》、《齐论》、《鲁论》陆续皆亡,唯存《毛诗序传》及张禹更定之《论语》,而伏生之《书》,田何之《易》,邹来之《春秋》亦皆不传于世。于时复生妄人伪造《古文尚书经传》、《孔子家语》以惑当世,二帝三王孔门之事,于是大失其实,学者耑已守残,沿讹种谬,习为固然,不之怪也。虽间有一二有识之士,摘其疵谬者,然特太仓稊米,而亦罕行于世。直到于宋,名儒迭起,先后相望,而又其时印本盛行,传布既多,稽覈最易,始多抉摘前人之误者;或为文以辨之,或作传注以发明之,盖至南宋之后,六经之义大著。……

诚然!宋儒疑古的成绩是很大的,但宋以前有识之士也不能只说是等于"太仓稊米"、"罕行于世",如前汉刘向的《别录》有说:"《神农》二十篇,疑李悝、商君所说。"又如后汉王充的《论衡·齐世篇》也有说:

世俗之性好褒古而毁今,少所见而多所闻;又见经、传增圣贤之美,孔子尤大尧、舜之功;又闻尧、禹禅而相让,汤武伐而相夺,则谓古圣优于今,功化渥于后矣,夫经有褒增之文,世有空加之言,读经览书者所共见也。……世常以桀、纣与尧、舜相反,称美则说尧、舜,言恶则举桀、纣,孔子曰:"纣之不善,不若是之甚也",则知尧、舜之德，不若是其盛也。

又如唐代刘知几在所著《史通·疑古篇》将向来为一般人所崇信的高尚完美的圣人尧、舜、禹、汤、文、武、周公都骂得一个狗血淋头，使著名于全世界“迷古成性”的大多数我国人的偶像根本推翻，实在很有胆气；他在《惑经篇》又把那部为中国旧日史学界奉如天经地义——孔子“正名垂训”主义大本营的《春秋》加以深刻、周至、很严厉的批评，搜寻出许多“挂一漏万”、“前后冲突”、“褒贬失当”的地方来，越见得他的魄力不小。别的人如李翱、韩愈的对于《论语》一书，柳宗元的对于《列子》、《文子》、《鬼谷子》、《晏子春秋》、《鹖冠子》诸书，啖助、赵匡、陆淳的对于《春秋》，都能不为旧说所蒙，开宋、明以来对于所有古代书籍很广泛的加以怀疑的先路，所以也是值得特加注意的。宋儒疑古的工作在“经部”方面，如欧阳修、李觏、司马光、程大昌、朱熹、杨简、赵汝楳的对于《易经》，欧阳修、王安石、吴棫、朱熹、杨简、赵汝谈、蔡沈、王柏的对于《书经》，欧阳修、苏辙、晁说之、郑樵、林谦之、程大昌、朱熹、杨简、王柏的对于《诗经》，欧阳修、孙复、晁说之、叶梦得、胡安国、刘夙、朱熹、魏了翁、吴仲炎、吕大圭的对于《春秋》，李觏、王安石、苏辙、晁说之、胡宏、朱熹、魏了翁的对于《周礼》，李觏、司马光、冯休、王安石、胡宏的对于《孟子》，朱熹的对于《孝经》，刘敞、程大昌、叶适、车若水、叶大庆的对于“群经”；在“史部”方面，如欧阳修、苏洵、王安石、朱熹、叶适的对于《史记》；在“子部”方面，如朱熹的对于《孔丛子》，王柏的对于《孔子家语》，叶适的对于《管子》、《孙子》、《司马法》、《六韬》，魏了翁的对于《素问》，朱熹的对于《山海经》，还有洪迈《容斋随笔》、晁氏《郡斋读书志》、陈氏《直斋书录解题》、高似孙《子略》也是有最多怀疑子书的文字；在“集部”方面，如朱熹的对于《楚辞》。这样看来，宋人疑古的精神不能说不广远伟大了，明代胡应麟所著《四部正伪》一书也是考订“四部书之伪者：子为盛，经次之，史又次之，集差寡。经之伪：《易》为盛，纬候次之；凡史之伪：杂传记为盛，琐说次之；凡子之伪：道家为盛，兵及诸家次之；凡集全伪者寡，而单篇列什，借名窜匿甚众。”此外如梅鷟的《尚书考异》虽“见闻稍狭，搜采未周”，但却是辩证《古文尚书》之为伪作的专著。宋景濂的《诸子辩》专门考订了子书的真伪。清代阎若璩的《尚书古文疏证》把东晋晚出的《古文尚书》十六篇及同时出现的孔安国《尚书传》都判定为伪书，所以在古史的研究上就发生极大的影响，梁任公师曾说：

> 此伪书者，千余年来，举国学子人人习之，七八岁便都上口，心目中恒视为神圣不可侵犯；历代帝王，经筵日讲，临轩发策，威所依据尊尚，毅然悍然辞而辟之，非天下之大勇固不能矣。自汉武帝表章六艺罢黜百家以来，国人之对于六经，只许征引，只许解释，不许批评研究，韩愈所谓“曾经圣人手，议论安敢到！”若对于经文之一字一句稍涉拟议，便自觉陷于“非圣无法”，蹙然不自安于其良心，非特畏法纲惮清议而已。凡事物之含有宗教性者，例不许作为学问上研究之问题；一作为问题，其神圣之地位固已摇动矣。今不惟成为问题而已，而研究之结果，乃知畴昔所共奉为神圣者，其中一部分实粪土也，则人心之受刺激起惊愕而生变化，宜何如者？

到了那个为任公师在《清代学术概论》里所斥为“类无行”的袁枚，简直怀疑得更进一步，如在《金縢辨》上说：“《金縢》虽今文亦伪书也。”《论语解》四篇说：“诸子百家冒孔子之言多矣，虽《论语》吾不能无疑焉。”《六宫辩》说：“尝考《礼》而不觉失笑也！”他所著的《小仓山房文集》里像这样疑古的话真多得很。① 姚际恒所著《古今伪书考》一书是“以世所传伪书分经史子三类”加以考证，他和胡应麟《四部正伪》不同的一点，便是不考证伪集，他说，“四部有集，集者‘别集’人难以伪，古集间有一二附益伪撰，不足称数，故不之及。”还有“子类中二氏之书亦不及焉。”崔述的《考信录》是“不敢以载于战国、秦、汉之书者，悉信以为实事；不敢以东汉、魏、晋诸儒之所注释者，悉信以为实言。务皆究其本末，辨其同异，分别其事之虚

① 参看拙著《大思想家袁枚评传》第二一六至二三八页。

实而去取之。”又说：“今《考信录》中，凡其说出于战国以后者，必详为之考其所本，而不敢于汉人之书者，遂真以为三代之事也。”“大抵战国、秦、汉之书多难征信，而其所记上古之事尤多荒谬。”他在这部书里就扫空了一切传记谶纬之书，只留下了几部“经书”。在这一点上他远不及袁枚的澈底，袁枚《答(惠)定宇第二书》说：

> 仆之疑经，非私心疑之也。……六经者，文章之祖，犹人家之有高曾也，高曾之言，子孙自宜听受，然未必其言之皆当也。六经之言，学者自宜参究，亦未其言之皆醇也。疑经而以为非圣者无法，然则疑高曾之言，而为之干蛊，为之几谏者，亦可谓非孝者无亲乎？

这是很有“求是”的科学精神，在别方面，崔述虽“专以辨虚实为先务”，但是他的“目的”却是要替古圣人揭出他们的圣道王功，辨伪只是手段，所以他的疑古的精神无论如何炽烈，只要碰到那几部为他所深信的“经”，他就不敢再往下去疑了。他虽说过“但论是非”的话，却不能如袁枚的“求是”胜过于“求信”。[①] 近十几年以来，顾颉刚氏所编纂的几厚本《古史辨》搜集不少辨伪学者的论文和信函，据他们研究的结果，有的经是完全推翻了，有的是部分的推翻了，而新史学的古史料有很多已从地下发掘出来，所以中国的科学的历史的成立，大概为日不远了。

以上所说为伪造史料的原因与其在历史上的弊害及鉴定的必要，此外还有传述史事者的错误，在历史上所发生的坏影响也不亚于“伪造的史料”，所以此处应该略提及。章学诚《文史通义·史德篇》有说：

> ……事不能无得失是非，一有得失是非，则出入予夺，相奋摩矣，奋摩不已，而气积焉。事不能无盛衰消息，一有盛衰消息，则往复凭吊，生流连矣，流连不已，而情生焉。……史之义出于天而史之文不能不藉人力以成之；人有阴阳之患，而史文即忤于大道之公，其所感召者微也。夫文非气不立，而气贵于平；人之气，燕居莫不平

---

① 参看前书第二一三至二一六页。

> 也，因事生感而气失则宕，而气失则激，气失则骄，毗于阳矣。文非情不深，而情贵于正，人之情虚置无不正也，因事生感而情入则流，情失则溺，情失则偏，毗于阴矣。阴阳伏沴之患，乘于血气而入于心知，其中默运潜移，似公而实逞于私，似天而实蔽于人，发为文辞，至于害义而违道，其人犹不自知也。

这虽不能说是“不道德”，但却是一种无意的错误。此外的错误如对一切书籍文字都予与过度的尊重心，甚或竟至完全相信，都是不对的，在中国古代的书籍里关于记载战争的事，十有八九不尽可靠，例如《后汉书》说光武帝率领五千人在昆阳地方击败王莽的四十二万人，我们总认《后汉书》为“鼎鼎大名”的“正史”，绝没有错误的，但试拿王充的《论衡》来看，才知道王莽不过用了三万兵，《后汉书》竟给他凭空增加到十四倍！不惟古书多是如此，即在近代，我们对于报纸杂志也常以为凡用文字传达的思想或事实，每有一种不可抵抗的权威，这种心理的错误也是非痛加改正不可。又如我们常慨叹中国向来是一个没有统计的国家，所以要问中国全国有多少男女，有多少方里的土地，有多少亩的耕地，每年有多少人生，多少人死，每年有多少的出产，都不容易寻出数字的答复，因此我们便常以“数目”为绝对的正确，殊不知世界上往往有消息愈切实而可信的程度愈低的事，如德国穆尔豪尔(Mulhall)所著《世界进步》一书即曾以极切实的数目叙述各国的财富，实际上只是一种未曾证实，纯凭幻想的统计，但居然能够取信时人，风行一世！民国二十一、二年的《中国经济年鉴》的编辑者就曾声明“本年鉴系学术著作性质，与公报性质不同，故所有统计图表并非负责公布，亦有根据私家统计或估计者。……”①是我们在采用时不得不加一番细心考查，以免错误。这些都是我们本身最容易蹈犯的错误，还有从旧时以来，即“一误再误”的递传到现在，如古代书籍里因其篇中有了某人的姓名而历代的读者就“漫不经心”的即误认为是某人所著作的，章学诚曾举例说：

---

①《中国经济年鉴·编辑凡例》第九条。

余览《汉书·艺文志》儒家者流则有魏文侯与平原君书，读者不察，以为战国诸公子何以入于儒家？不知著书之人自托儒家而述诸侯公子请业质疑，因此所问之人名篇居首，其书不传，后人误于标题之名，遂谓文侯、平原所自著也。

这样的情形，不只限于"不传"的书，即已传流到现在的古书也大多数是如此，例如《素问》一书，陈振孙《书录解题》就以为是"医书之祖"，王祎《丛说》也以为"其言质奥，而议宏深，实医家之宗旨，殆犹吾儒之六经乎？"可见其书的价值很高，古代医学知识还可考见都多赖此书，但因原著者的姓名不传，于是有的便主张是黄帝时的，如褚澄《褚氏遗书》说："《素问》之书成于黄歧。"沈作喆《寓简》说："《内经》、《素问》，黄帝之遗书也。"顾从德《重雕素问·序》说："今世所传《内经》、《素问》，即黄帝之脉书。"高承《事物起原》说："黄帝命雷公、歧伯教制九针，著《内》《外》经，《素问》之书咸出焉。"这般人因为看见《素问》的起首有"黄帝问于歧伯曰……"的话，就不加思索的说是黄帝所著作的，其实这书的原著者本来不想作伪，不过假设为黄帝、歧伯彼此问答的口气，以发挥其医学上的道理，但后代的人不懂得这个道理，就误会说是黄帝所作，试看司马光《传家集·与范景仁第四书》就说：

谓《素问》为真黄帝之书则恐不可，黄帝亦治天下，岂可终日坐明堂，但与歧伯论医药针炙耶？此周、汉之间医者依托以取重耳。

《四全库书提要》也说：

其书云出于上古，固未必然，然亦必周、秦间人，传述旧闻，著之竹帛。

又如《周髀算经》为中国一部最古的算书，价值亦极可宝贵，也是因为原著者的姓名不传，后人看见起首有"周公问于商高曰……"的话，就误认为是周公所作，据李俨氏《中国算学史》说：

《周髀算经》……其言盖天，初见于扬雄《法言·重黎篇》，《晋书·天文志》称汉灵帝时蔡邕于朔方上书,言"《周髀》术数具存",《隋书·经籍志》记《周髀》一卷,赵婴注。宋本《周髀算经》题汉赵君卿撰,宋鲍澣之《周髀算经·跋》称"赵君卿名爽,君卿其字也",赵婴、赵爽正是一人,因《周髀算经》"八节二十四气"经文中有"此爽新术"一语也。但赵婴或赵爽是否确为汉人,则尚乏明证。①

可见这书无论如何绝对不是周公所作,其称周公、商高亦不过是原著者假借古人的名字以发挥其算学上的见解,初非有意作伪,但后人竟硬派它为周公所作。这种错误在外国也不乏其例,如法国拔利(Bailly)的《回想录》第三册,据福凌氏说:

我们不相信拔利的《回想录》(*Memoires of Bailly*)是拔利本人的著作。它的书名是《拔利回忆录附本》(*Supplement aux Menioires de Bailly*)第一次在一八〇四年(嘉庆九年)加上《导报引论》(*Avant-Moniteur*)这个书名的附印在大本的拔利《回想录》里头。一看封面就知道这一本书的材料是从那死了的某会员的未刊行的杂记抄袭而来的。……一八二二年(道光二年),《回想录》由柏维尔(Berville)和巴里勒(Barriere)两人重印时,一共是三本书,名叫做《拔利回想录》,第三册没有书名。从此以后,凡著述法国大革命历史的人都去引用这本没有书名的《回想录》,以为此书即是拔利的著作。……究竟这本书是谁写的?并且是什么时候著作的?……有人找出这一本没有著者的姓名的书曾于一八〇四年(嘉庆九年)附印于大本的拔利《回想录》,题名《导报引论》,这一个复字《导报引论》可做我们知晓全部情形的钥匙。《导报》是一种日报,创刊号在一七八九年(乾隆五十四年)十一月二十四日出版。在一七九五年(乾隆六十年)时,这种报纸或许是最重要的,前后编集起来,就等于一部革命的历史。……一八〇四年(嘉庆九年)拔利《回想录》印行

①《中国算学史》第二章第一五页。

> 的时候，这本《引论》已经绝版，重行排印，又未免太不经济。于是编者乃附印在《回想录》，给它《导报引论》这个书名，原意就是《回想录》的引论。《导报引论》这种报纸创刊号是十一月二十四日出版的，而拔利《回想录》所记录的事，最后一天是十月二日。这中间空缺，怎么样补起来呢？就是从当时的报纸编录事实出来，好像《导报》这种本来的引论一样。如果摘录出来的事实，编者仍保留原状，那么进行程序或以井井有条，绝不纷乱，可是编者把原文改写做日记，且认为这是大会中一个已死了的会员的日记，那么这编者便犯了作伪的罪。①

按编者如果不是"有心作伪"，只因读者认为是拔利本人的著作，那么也就很像中国历史以黄帝著《素问》，周公著《周髀算经》等同是错误罢了。其在"书籍以外的史料"也往往因伪物的熏染，反将真物认为伪物，这些错误都是我们应该和防止"伪造史料"一样，时时加以警戒，不可稍微疏忽的，尤其是在中国这样史料"浩如渊海"而历史的科学方法才开始工作的时候更应特别予以注意。

第九章　史料的审订

有的人看过姚际恒《古今伪书考》、崔述《考信录》、康有为《新学伪经考》一类的书就感觉到他们那样一味痛骂伪书，以为凡一切鉴别史料的工作都和司法官审判案件一样，但仔细一想却不尽然，因为——

第一，凡司法上的案件必定要有"原告"、"被告"两造，法官无论如何必定要判断"原告"或"被告"的"是"与"非"，"无罪"或"有罪"。我们研究史料的却不如此，除有充分确实的证据可以判断"是"、"非"而外，遇着某一种"行为"或"证据"不足以为判断的根据，就不妨明白的宣布"现在只好阙疑"，但一般的司法官却不能"犹豫不决"。

---

① *The Writing of History* , Chap. Ⅲ, pp. 52 - 55.

第二,凡司法上的案件,一造提出证据,另一造必须提出一种相反的证据,否则最先提出证据的就占了上风,得到便益,我们研究历史的却不完全如此,所有未曾证实的意见,不拘先后,都在排斥之列。

第三,凡司法官对“法式行为”——即合法律形式的行为的证据只能整个的接受或完全加以排斥,我们研究历史却不能这样,就是对伪造的史料假若其中也有确实可信的部分,也可以采用为史料。

从这三个要点看来,若把研究史料的人所做审订史料的工作拿来和司法官审理案件相比拟,未免“似是而非”。此外还有一个很根本的问题,即审订史料的工作如“校勘”、“训诂”、“考据”等从明末清初的汉学家即能以求真的精神,致密的方法,进窥古代书籍的真面目,既不囿于宋儒的臆说,又不拘于汉儒的穿凿,如顾炎武、胡渭、惠栋、戴震、段玉裁、王念孙、王引之诸人都是代表人物,有的说他们是受西洋天主教、耶稣会教士来华的影响,但如顾炎武、王念孙父子根本就不是懂得西洋算法、天文学的人,而西洋考据历史的方法是在十九世纪才发达起来,远在自然科学发达之后,所以中国的考据方法来源很古,到了清代更为发扬光大,但也有一派反对他们的人,如袁枚一方面既株守汉学的方法(见《与惠栋论学书》),一方面他的理解却虚崇宋儒(见《与是镜书》),但他在《答惠定宇书》说:

> 古之文人孰非根柢六经者?要在明其大义而不以琐屑为功。即如说《关睢》,鄙意以为主孔子哀乐足矣,而说经者必争为后妃作、宫人作,毕公刺康王所作。说明堂,鄙意以为主孟子王者之堂足矣,而说经者必争为即清庙,即灵台,必九室,必四空,必清阳而玉叶。问其由来,谁是秉《关睢》之笔而执明堂之斤者乎?其他说经,大率类次。最甚者秦近君说《尧典》二字至三万余言,徐遵明误康成八寸策为八十宗,曲说不已,一閧之市,是非烦起,烦称博引,自贤自信,而卒之古人终不复生,于彼乎?于此乎?如寻鬼神搏虚而已。……

章学诚所作《博约》中一文也有说:

……王伯厚氏搜罗摘决,穷幽极微,其于经传子史,名物度数,贯串旁骛,实能讨先儒所未备。……今之博雅君子,疲精劳神于经传子史,而终身无得于学者,正坐宗仰王氏,而误执求知之功力,以为学即在是尔。……俗儒且憾不见夫子未修之《春秋》,又憾戴公得《商颂》不存七篇之阙,自以为高情胜致,至相赞叹充其癖见,且似夫子删修不如王伯厚之喜搜逸焉。盖逐于时趋而误以襞积补苴为尽天地之能事也,幸而生此世也,如此秦火以前,典籍既存,无事补缉,彼将无所用其学矣。

这样和那个曾被他攻击的袁枚都一致以汉学家的"捃扯饤饾"为诟病。此外如方东树《汉学商兑》关于《尚书》所说:"人心惟危,道心惟微……"四句话是不是尧、舜也会谈"心学"的争辩,汉学家黄震引《论语》上"尧曰"云云证明舜未尝言"心",但方氏以为这是谬论,所以说:

……必若前圣所未言,后贤不许增一辞,则后来安得有六经?前书所未及,后书所有不可信,则此《论语》之文,亦今文《尧典》所未有。(原注说:"古人引书多易原文,为训诂之辞,《孟子》、《史记》尤可见。世之俗士,执字句异同,以疑古书,陋矣。")愚尝反复究思之,无论伪古文足信与否,荀子所引足重与否,只此二语,即出于巷说里谚,亦当平心审谛,断然信其精粹无疵,不诡于道,足以质古圣而无疑,而无庸代为周防也。何基有言:"治经当谨守精玩,不必多起疑论,有欲为后学言者,谨之又谨可也。"此足为黄氏、顾氏乐矣。……①

平心说来,汉学家的工作在秦始皇、项籍焚烧古书之后实万不可少,因为真伪淆杂,古籍茫昧,要是没有汉学家出来爬梳擶剔,那么古代的书籍简直没有法子可以阅读,惟汉学家所努力的还只限于书籍方面,书籍以外的史料还很少着手,我们现在将这两种史料的审订法分别叙述如下:

①《汉学商兑》卷中之上。

(甲) 书籍以外的史料的审订法　所谓“书籍以外的史料”范围极广，而审订的方法也是最为专门，如“原始石器和动植物化石”一项就得要运用地质学上与地史学上的方法，如所谓“地层学法”、“岩石学法”、“古生物学法”都不是一般人所能通晓；此外如金石土木等器物和图画装饰品等在考古学里又各有特殊的鉴别的方法，都不是本书所能囊括而无遗漏的。现在参酌中外学者关于“历史方法”的著作[①]暂定两个标准于下：

(子) 应先考察史料的“外形”和“内容”与同时代同地方所出现并已被鉴定为确实的物品是“很能符合”或“并不一致”。

如在河南安阳的殷墟地方，凡是未经扰乱的地层就同出有残铜器、绳纹陶片或陶器、石刀、骨镞、贝蚌制器等都可确认为是商代的遗物，且土色的层次为显然，故一望而知，而此处甲骨出土的记载亦极为重要，因同时可根据甲骨文字以证明他种器物也都是属于商代。至于其他地方在发掘时其甲骨之间羼杂得有铁片及宋瓷残器，就可知其地层已被扰乱，所属时代显有不同。

又如鉴别“殷周铜器”，商承祚氏《评宝蕴楼彝器图录》一文有说：“鉴定彝器不难而难，若商周之重宝，金光夺魄，花文朴茂，文字凝重，此种鼎彝耀眼即知其真质，此辨别之不难也。历朝翻铸之器最精良者厥为赵宋，好古之风，人君倡之于上，士夫风从于下，此端一开，而后狡狯之工匠争相仿铸，拙者摹其器形，巧者兼其文字。……然而对于此种铜器当何以定之乎？可分三目以绳之：一、文字；二、铜质；三、颜色。文字能摹其形而不能得古朴之韵，平淡无神，笔气疏泄者，伪也。铜质轻浮，冶炼之术不精，器身多有稀疏之气孔者，伪也。青绿班烂，浮于器面，乃人工之涂泽非发于内者，伪也。(若有花文之器，视花文之法如文字。)执此三者，以窥中下之彝器，虽不能尽是，不中不远矣。”[②]郑师许氏《吉金彝器之辨伪方法》一文所述尤详，如(A) 从器物入手：(1) 铜质，(2) 花纹，

---

① 如日本坪井九马三博士的《史学研究法》卷之三第三六七至三七〇页，虽定有四个标准，但并不限于“书籍以外的史料”，且四项亦嫌太多。

② 中山大学语言历史学研究所《周刊百期纪念号》。

(3) 色泽,(4) 装饰,(5) 手法,(6) 成分;(B) 从款识入手:(1) 铸法,(2) 部位,(3) 书法,(4) 款式,(5) 后刻,(6) 铭伪;(C)特殊鉴别法:(1) 调查来历,(2) 参稽载籍。① 梅原末治氏《中国青铜器时代考》另有主张说:

> 关于器物之年代,中国金石家往往由其款识立即区别其为商(殷)器或周器,而对于周器更相信由铭文之内容,且能考定其局限之年代。此种解释,一方面依铭体,他方面由其内容而研究,其中固含有相当之成果。然由实际观察,所谓尊彝,若后来之汉器,并无示吾人以绝对不动之确实年代者。又按其器之性质,铭辞只限于某类,亦有因器而附以同样之铭者,则由此自不能充分的推量其年代,而且因人异其解说,亦难遽以为据也。试举一例,如爵在中国古代流行甚广,此自经典可以知之。然若按此种铭辞之解释,则体多古拙,当只限于殷商,岂不谬误?……更转而考之,铭辞为阳铸者,自然即与器物同时。然铜器中常见有阴文之铭者,若以此种铭款为器物本来所有,则是已确定铜器在铸铭之外,此种乃于器物铸成之后,随即刻铭者,但如中国尊重文字之邦,观其对于器物之玩爱珍藏,则于古来本无铭文之器,后代随时附加铭文,乃极容易之事。征之实际,古器于出土后追刻新辞之例,亦并不少。……由此以组立铜器之年代观,则其铭文虽多有明示其年代,而危险即随之。反而言之,三代尊彝,其铭文本身,极少有如此之明确者,则其难遽以为据也自明。中国之著录往往见有同一器形及图文,而一以为商器,一以为周器之矛盾年代观,则因不但未曾观其外形,即铭文之自身,亦且未加省察也。……铭文,吾人相信自有其价值,然器形之图文,亦为尊彝构成部分之所不可缺,则在研究上亦自当重视。而在考古学上根本数据极感缺乏之今日,吾人以为当先以选择确实器物为第一条件——所以必以此为第一条件者,盖因中国铜器中模古之遗品,以

① 《学艺杂志》第十二卷第六、七两号。

及赝作之伪品极多。——关于铭文,加以如上之确定,然后再对于器形、图文、铜质、铭文等器物所有之部分加以考察。在此等集积之上,余相信必能组立一古铜器之新的性质观及年代观。……①

这可见鉴别"殷周铜器"已渐渐有很精密的科学方法了。

又如鉴别"瓷器",有署名乘骏所作《中国古瓷之研究》一文说,

瓷有四要素:曰质,曰色,曰画,曰式,欲鉴辨古瓷者,必置重乎是:(甲)质,质以坚厚而重或轻薄而透亮者为佳。(乙)色,我国瓷色当以翠绿为最古,宋成宗尚蓝色,犹不过油面蓝而已,底粗,微带黄色。至明则红、白、黄、紫、黑等色均用,而彩釉亦以是始。康熙时各色较光亮分明,茶褐色、棕色渐多采用,无论瓶盘其缘辄有光耀之棕色,然是时尚无黑红彩釉,故康熙之黑地常敷绿油,与乾隆之黑釉截然不同。胭脂红色彩雍正时始有之,其影由淡红入紫,亦有用全红色作釉者。(丙)画,瓷所常画者,为长寿老公、八仙、西王母、三真、三宝佛、十八罗汉、观音佛、二十四孝。……我国古瓷向不讲究,惟大内或外人定制者,始有新样。康熙时尝聘法人(Belleville)、意人(Gherardim)专司御窑绘事,但所作不常采用。(丁)式,瓷之种类不一,式亦各殊,其特异者为回教徒所用之三式。……②

是可见鉴别"瓷器"的标准还很不严密。

又如鉴别"书画"等,姚华氏《艺林虎贲》有说:

……京师故有琉璃厂,即海王村旧地,二三百年积为市廛,文人玩好咸萃于此,而书籍、书画、碑帖、拓本尤投众好,故其业特甚。……其中赝品十常七八,余者二三,殆真鼎矣。……近年以来,……与肆人日习颇察其情伪,乃知若辈之所恃以自存,不在真迹之多少,甚且于其有无,而不相关,惟视求者鉴别之高下而已。以余

①《中国青铜器时代考》,胡厚宣氏译本第二二至二四页。

②《东方杂志》第十一卷第五号。

所见，二三之例未免过宽，严律纠绳，或千百之十一，除其太劣，仅得于赝品次第之，佳书名画，率赝品之上第也；时之远近，誉之隆杀，人之显晦，又常与真赝之数为反差，故求之巧者慎而又慎，时宁近也，誉宁杀也，人宁晦也，但不善鉴别，虽由此术，亦当为所蒙，盖厂肆书画无在不售其伪迹充塞。……惟是真迹既不易访求，伪迹亦非尽虚造，就其躯壳犹见。规模虽工力气味未可强为，而结构骨干相去不远，且赝笔疵谬，最易攻击，以其所短，昭我之戒，所谓三人同行，必有师焉。……伪迹之成不外三事：一出影摹，神情虽离，形迹未失，草稿在手，变化从心，譬之观贴，其佳者只下真迹一等耳。二出临仿，虽有出入，犹见师承，具体而微，非尽优益，常有能品，直堪入室，有茗似圣，亦可圭臬。三出假托，或与并世，或属后时，岂尽才殊，当缘望浅，遂藉羽仪，俾增声价，昱之于犟，其尤著也。……①

这虽只是个人多年的经验，但也以"被鉴定为确实的物品"做鉴别真伪的标准。

（丑）应考察史料的大体精神和产生史料的时代的风俗情况是否适合，例如中央研究院历史语言研究所考古组在河南安阳发掘得古代"俯身葬"的全副人骨，身旁尚有显席纹，似当时尚未知道使用棺椁。此外还有历代的习俗，有掘及黄土方葬的，有未及黄土就埋葬的种种不同。在埃及上古埋葬死人的时候，也常使尸骸拳曲不伸，到第五朝才参用新法，使尸体伸而不曲，并建造小屋藏棺，不再埋葬在土里，至于富贵人家更使用香料防腐然后才放置在棺材里，这就是所谓"干尸殓法"，有的还能保存到现在。其建造的房屋，小的叫做"坟屋"，大的叫做"坟堂"，意思就是能使死后的居处一如生前所享用。现在假设有以"坟屋"、"坟堂"的制度指为第五朝以前的事物，就可断定其为赝品，这就是因为和当时的风俗习惯不相符合的原故。

又如郭沫若氏因读穆尔刚（Morgan）的《古代社会》（*Ancient*

①《论衡》第一号。

Society)和恩格斯(Engels)的《家族私有财产》及《国家之起源》(*Der Ursprung der Familie, des Privateigentums und des Staats*)两书所述在氏族社会的初期是纯粹的血族结婚,就是在同一母系之下的一切男女自然成为配偶,后来因发生不良的种子,于是才渐渐的加以限制,起初大约以年龄为限,就是在侪辈同一的男女彼此配合,即同胞的兄弟姊妹自然成为混合的夫妇,更进便成了有名的"亚血族结婚",这在穆尔刚和恩格斯二氏的书中是称为"彭那鲁亚家庭"(Punaluan family: Punaluan familie)。郭氏因悟到中国"从黄帝以来的五帝三王祖先的诞生传说都是"感天而生,知有母而不知有父",那正表明是一个野合的杂交时代或者血族群婚的母系社会,特别有趣味的是尧、舜的传说。……尧皇帝的两个女儿同嫁给舜皇帝,舜皇帝和他的兄弟象,却又共妻这两位姊妹。《孟子》上有象说的话,要"二嫂使治朕栖",《楚辞》的《天问篇》上竟直说是"眩弟并淫"。所以舜与象是娥皇、女英的公夫,娥皇、女英也就是舜与象的公妻,他们或她们正是互为"彭那鲁亚"。"此彭那鲁亚家族的亚血族结婚制,自男女而言为多妻多夫,自子女而言则为多父多母,而卜辞中则确有多父多母之征迹。"[①]郭氏虽也深信商代还在文字构造的途中,所以唐虞时代绝对做不了甚么《帝典》、《皋陶谟》、《禹贡》,[②]但关于舜皇帝二妻的传说因与美洲土人和其他野蛮民族的风俗情况相适合,所以敢断定在商代以前的原始未开的野蛮社会里,这种婚姻制度是很真确的事实。

其余各种史料也都带有在产生当时的显著的风气,如姚华氏所说:"一代之艺术常囿于一代之风气,习俗移人,由来久矣,大约风气,每五十年必有一变,至于百年则人事迥非,濡染不同,笔墨缣素,类多殊异,外观内感,划然今昔,加以名流操纵,嗜好酸咸,此中转轴,冥不之觉百年以往,更相远矣。"[③]这是很可靠的话,试看别的如各种服饰、器具等那样不

---

① 参看《中国古代社会研究》第一〇、一一、一七、一八、二六三、二六四诸页。

② 参看前书第一六页。

③《论衡》第一号。

是各随时代的风尚为转移？那样能不受当时群众心理的支配而“自鸣独异”？所以拿这个来做鉴别时代的标准，是不会有多大错误的。

（乙）书籍以内的史料的审订法　中国几千年来传统的重视“书写的文件”的史料，所以学者们一向只研究如何审订“书籍以内的史料”的方法，对于“遗物”、“传说”等的审订是不大注意，因此就没有什么进步和发展；但即在审订“书籍以内的史料”里也只想把史料文字的意义训诂得明白，校勘得正确，或考证出史料的真正著作者就算完事，这些工作大部分都是属于西洋历史学家所说的“外形的鉴定”(external criticism)的范围(按他们把训诂史料的工作划入“外形鉴定”是没有充足理由的，参看下面就可明白)，至于审订史料的著作者的诚伪和正确的方法，如西洋所说的“内容的鉴定”(internal criticism)在中国虽也略有一二，但是很为残阙，布依克夫斯基氏所著《历史研究的方法学》叫“外形的鉴定”为“下等的批判”，“内容的鉴定”为“高等的批判”，[①]这所谓“下等”、“高等”在中国是很容易含有道德上“褒”、“贬”、“善”、“恶”的意味，所以著者以为这等字眼应该避免，还是暂为沿用普通常用的名词，著者现将“史料外形的审订”和“史料内容的审订”分别为两大纲领叙说于下：

（子）史料外形的审订　这个名词是德文 Aeussere Kritik 的翻译，我们中国人初看起来仿佛不很顺眼，其实不过就是校对史料的字句，考证史料著作者的时代及其来源的一种工作，换句话说，这种工作最后的“目的”是在恢复史料的原来面目。中国古代的书籍因为经了多少次的传写，遭遇了多少兵火虫鱼的劫难，往往就有脱误、损坏的种种缺点，于是便产生所谓“校雠之学”以资补救。这种学问从周、秦以来儒、墨诸家即很重视，汉、魏、晋、南北朝、隋、唐、宋、元、明各朝也有相当的进步，但总不如清朝王念孙、王引之、卢文弨、孙星衍、戴震、段玉裁、顾广圻、俞樾、孙诒让诸人的完密谨严，合科学的方法。惟历代学者对“校雠”一辞的解释有广狭的不同，如梁昭明太子的《文选·魏都赋》里李善的注援引

---

①《历史研究的方法学》，参看西雅雄氏译《史学概论》第二部第七〇页。

刘向《别录》有说：

> 雠校，一人读书，校其上下，得谬误为校；一人持本，一人读书，若怨家相对为雠。

又如洪亮吉《北江诗话》有说：

> ……得一书必推求本原，是正缺失，是谓考订家，如钱少詹大昕、戴吉士震诸人是也。次则辨其板片，注其错讹，是谓校雠家，如卢学士文弨、翁阁学方纲诸人是也。次则搜采异本，上则补石室金匮之遗亡，下可备通人博士之浏览，是谓收藏家，如鄞县范氏之天一阁，钱唐吴氏之瓶花斋，昆山徐氏之传是楼诸家是也。次则第求精本，独嗜宋刻，作者之旨意，纵未尽窥，而刻书之年月，最所深悉，是谓赏鉴家，如吴门黄主事丕烈、邬镇鲍处士廷博诸人是也。……

他们诠释“校雠”的意义都未免太过于狭隘，事实上如洪亮吉所说的“考订”、“收藏”、“赏鉴”等等的分别也完全是属于“校雠”的范围，试看范希曾氏《校雠学杂述》一文就有说：

> 校雠学者，治书之学也。比勘篇籍文字同异而求其正，钩稽作述指要以见其凡，综乎群书而明其类之学也。故细辨乎一字之微，广极夫古今内外载籍之浩瀚，其事以校勘始，以分类终。……①

胡朴安、胡道静两氏合著《校雠学》一书也有说：

> 校雠学者，治书之学也。自其狭义言之，则比勘篇籍文字同异而求其正，谓之雠校。……自其广义言之，则搜集图书，辨别真伪，考订误谬，厘次部类，暨于装潢保存，举凡一切治书事业，均在校雠学范围之内。②

由此可见“广义的校雠学”即相当于“史料外形的审订”，关于审订史料的

①《史学杂志》第一卷第一期。

②《校雠学》上卷第一页。

外形的工作,最重要的大概可分为两部分,即(一)史料本子的校勘方法(methods of textual criticism),(二)史料的真实著作者或大概的著作者的考证(critical investigation of authorship),现在分别列举中外历史上最显著的实例说明于下:

(一)史料本子的校勘方法　现在所有古代传留下来的书籍都是抄本的抄本,印刷本的印刷本,所以这样"间接而又间接"的转抄翻印,其错误自然难免,甚至错得完全违反史料著作者原来的本意,史料本字的校勘实在就是相应于这种需要而产生的。现在假设司马迁《太史公书》(即《史记》原名)的原稿还保存得好好的传留下来,那么凡一切为后人所"补作"、"窜乱"和抄印时错误的部分都只消拿他的原稿来细心校阅,就不难完全恢复《太史公书》原来的面目,用不着钱大昕著《二十二史考异》(《史记》为其一部分),梁玉绳著《史记志疑》,崔适著《史记探原》了,但不幸因"代远年湮",司马迁的原稿已不知消灭于何处,这样,麻烦的问题便很多了。原稿不惟在现时不能够梦想复现,即在后汉班固作《汉书》时已说《太史公书》的十篇是"有录无书",可见丧失得很快,惟日本还收藏有时代较早的《史记》抄本,如宫内省图书寮有《五帝本纪》的古钞本,求古楼有《夏本纪》的古钞本(今归岩琦文库),高山寺藏有《殷本纪》的古钞本(今归内藤文库)和《秦本纪》的古钞本(今归岩琦文库),崇兰馆藏在《周本纪》的古钞本(据《经籍访古志》所说),罗振玉氏的《吉石庵丛书》有高山寺藏古写本《史记·殷本纪》残卷,又有《跋》说:

> ……其每帝皆跳行别书,又卷中所载太丁、太甲、太庚、太戊,字皆做"大",与殷墟《卜辞》合。与今本互勘,多有异同处,如"有娀之女也",今本无也;"字简狄,取而吞之",今本无"而"字;"殷道复兴",今本无"道"字;"盘庚乃徧告谕诸侯大臣曰",今本无"徧"字。……"帝祖甲崩,立帝沃甲之子南庚",今本"帝沃甲"作"弟沃甲",考祖辛传沃甲,沃甲传祖丁,沃甲为祖辛弟,祖丁为祖辛子,祖辛焉能为弟沃甲乎?此字之误,自宋本已然,惟此本作"帝沃甲",足正刊本之失,岂非人间之秘

笈乎?……①

按古钞本虽是珍贵,但都不过是些残遗的零编,并非全豹。从印刷术发明之后,古代书籍翻印的很多,以"正史"而论,张元济先生就曾比较过各种版本说:

正史汇刻之存于今者,有汲古阁之"十七史",有南北监之"二十一史",有武英殿之"二十四史",南监本多出宋元旧椠,汲古开雕亦称随遇宋板精本考校,然今皆不易致;北监本校勘未精,讹舛弥甚,且多不知妄改,昔人有定评;其为是最所通行者莫如武英殿本,数十年来重梓者,有新会陈氏本,有金陵、淮南、江苏、浙江、湖北五局儳配汲古合刻本;活板者有图书集成局本,石印者有同文书局本,有竹简斋本,有五洲同文局本,先后继起,流行尤广。惟是殿本校刻虽号精审,而天禄琳琅之珍秘,内阁大库之丛残史部,美不胜收,当日均未见搜讨,仅仅两汉、三国、晋、隋五史依据宋、元旧刻,余则惟有明两监之是赖,迁《史集解正义》多所芟节,《四库提要》罗列数十条,谓皆殿本所逸,若非震泽王本具存,无由知其妄删,然何以不加辑补?琅邪章怀两汉旧注,殿本脱漏数字乃至数百字不等,宋嘉佑时校刊"七史",奉命诸臣刘、范、曾、王皆绩学之士,篇末所疏疑义,备极审慎,殿本留贻不逮其半,实则淳化景佑之古本,绍兴眉山之复刻尚存天壤,何以不亟探求,任其散失?是则检稽之略也。《后汉续志》别于范《书》,殿本既信为司马彪所撰,而卷首又称刘昭补《志》,且并为百二十卷,则《八志》于纪传之间;《国志》鼎立,分卷各殊,殿本既综为六十五卷,而三《志》卷数又仍各为起讫,其他大题小题之尽废旧式者,更无论矣,是则修订之歧也。薛氏《五代史》辑自《永乐大典》及其他各书,卷数具载原稿,乃锓板之时悉予刊落,后人欲考其由来,辄苦无循溯。又诸史均附考证,而《明史》独否,虽乾隆四十二年

①《吉石庵丛书》第四集。

有考核添修之诏,而进呈正本,迄未刊布,且《纪》、《志》、《表》之百十六卷犹从旧阙,是则纂辑之疏也。……南齐巴州之《志》,桂阳、始兴二王之《传》,蜀刻大字曾无阙文,果肯访求,何难拾补,然此犹可曰孤本罕见也;宋孝宗之《纪》,田况之《传》,至正初刊均未残失,而何以一则窜合二字充以他叶,一则脱去全叶,文理不贯,然此犹可曰初板难求也;《金史·礼仪志》、《太宗诸子传》初印凡阙二叶,嗣已由内府藏本梭补矣,而后出之本,一乃补自他书,一仍空留素纸,其他少则一二句,多至数行数十行,脱简遗文,指不胜屈。……犹不止此,缺文之外更有复叶,如《宋史》卷三十五之《孝宗纪》,《元史》卷三十六之《文宗纪》是,复叶之外更有错简,如《元史》卷五十三之《历志》是。……①

由此可见研究历史的人版本的知识最不可少,但校勘版本的方法朗格罗亚、塞诺波两氏合著的《历史研究法·导言》论之颇详,②我国学者如清朝的戴震在他的《与是仲明论学书》自述校书的方法是"识字"和"博征",如说:

经之至者,道也;所以明道者,词也;所以成词者,字也。由字以通其词,由词以通其道。考诸篆书,得许氏《说文解字》,三年得其节目,渐睹圣人制作本始。又疑许氏于古训未能尽,从友人假《十三经注疏》读之,则知一字之义,当贯群经,本六书,然后为定。③

他的弟子段玉裁在《与诸同志论校书之难》说的更为详细,如:

校书之难,非照本改字、不讹不漏之难也,定其是非之难。是非有二:曰底本之是非,曰立说之是非,必先定其底本之是非,而后乃可断其立说之是非。二者不分,如治丝而棼,如算之淆其法实,而瞀

① 参看民国十九年四月商务印书馆出版的《百衲本二十四史》的样本,全书共辑得宋版十五种,元版六种,《元史》用明洪武本,《旧五代史》尚在访求旧本。

② 参看英译 *Introduction to The Study of History*, Section Ⅰ. Chap. Ⅱ. pp. 75-83.

③《东原集·与是仲明论学书》。

乱乃至不可理。何谓底本？著书之稿本是也；何谓立说？著书者所言之义理是也。

又说：

校经之法，必以贾还贾，以孔还孔，以陆还陆，以杜还杜，以郑还郑；各得其底本，而后判其义理之是非，而后经之底本可定，而后经之义理可以徐定。不先正注疏释文之底本，则多误古人；不断其立说之是非，则多误今人。①

胡朴安、胡道静两氏合著的《校雠学》曾归纳：

清儒言校读古书，当审识十事，通训诂一也；定句读，二也；征故实，三也；校异同，四也；订羡夺，五也；辨声假，六也；正错误，七也；援旁证，八也；辑逸文，九也；稽篇目，十也。

又引：

元和孙先生撰《刘向校雠学纂微》阐明刘氏所用之方法凡二十有三：备众本，一也；订脱误，二也；删复重，三也；条篇目，四也；定书名，五也；谨篇次，六也；析内外，七也；待刊改，八也；分部类，九也；辨异同，十也；通学术，十一也；叙源流，十二也；究得失，十三也；撮指意，十四也；撰序录，十五也；述疑似，十六也；备经义，十七也；征史传，十八也；辟旧说，十九也；增佚文，二十也；考师承，二十一也；纪图卷，二十二也；存别义，二十三也。②

这样是中国所谓“校雠之学”比朗格罗亚、塞诺波两氏所述的内容还要复杂得多，但大概说来，校勘古代书籍有以下几种的根据：

(1) 以书籍以外的史料如龟甲、兽骨、卜辞和古金刻石等为根据的，如卜辞里有十七个帝王的名谥，其中的一个叫做“大乙”的大概就是司马

①《经韵楼集·与诸同志论校书之难》。

②《校雠学叙论》第三页。

迁《史记·殷本纪》的“天乙”，因为拿殷初诸王大丁、大甲、大庚、大戊做例子，所以“天乙”应当是“大乙”的错误。还有如卜辞里数见“大庚”，但《竹书纪年》里都作“小康”，现在也可由《史记》的前例推测这是《竹书纪年》的错误。① 在周、秦时代的鼎彝款识和汉、魏的碑版里有可以补正古代书籍的，如金文[illegible][illegible]二字的字形很为近似，所以《尚书》里的《大诰》、《君奭》等篇的“弗吊天”，《多士》篇的“弗吊昊天”，的“弗吊”二字都是“不尗”二字的错误，“尗”字现在写成“淑”，即是良善的意思。② 又如“崇高”二字汉碑都是如此，并没有作“嵩高”的，可见汉时还没有“嵩”字，后来的人才在经典里改窜“崇”字为“嵩”字或“崧”字。③ 此外如皮锡瑞《汉碑引经考》说的更为详细。

(2) 以书籍以内的史料为根据，如历代发现的竹木简与古代的手抄本及最初的刻本等，卢文弨《跋抒经楼北宋本白虎通》有说：

> 书所以贵旧本，非谓其概无一讹也。近世本有经校雠者颇贤于旧本，然专辄妄改者亦复不少。即如《九经》小字本，吾见南宋本已不如北宋本，明之锡山秦氏本又不如南宋本，今翻秦本者更不及焉，以斯知旧本之为可贵也。

这条原则确是近代历史方法的一条通例。还有如他书所引用的文字也可作为校勘的根据，如《北堂书钞》、《艺文类聚》、《初学记》、《白孔六贴》、《太平御览》、《册府元龟》、《山堂考索》、《玉海》等类书者有根据旧本，足为考镜的资料的固不可胜数，即如三家的《史记注》，颜师古的《汉书注》，李贤的《后汉书注》，李善的《文选注》及诸家著述，群经注疏里所引用的古书古语可以校勘原文的也往往而有。又本书上下文通用的义例也可作为校勘的根据，如《墨子·小取篇》有说：“辟也者，举也物而以明之也”，毕沅删去第二个“也”字，便无意思。王念孙读书异常精细，所以能

① 参看罗振玉氏《殷商贞卜文字考》。

② 参看吴大澂《字说》。

③ 参看王昶《金石萃编》“嵩岳大室石阙铭”。

够这样的解释说:"'也'与他同,举他物以明此物,谓之譬。……《墨子》书通以'也'为'他',说见《备城门》篇。"由上面所列举的种种书籍内外的史料都足为校勘"古代书籍"的最重要的根据。

又中国所谓"校雠之学"常包括"通训诂"一项,陈澧《东塾读书记》有说:

> 时有古今,犹地有东西南北,相隔远则言语不通矣。地远则有翻译,时远则有训诂。有翻译则能使别国如乡邻,有训诂则能使古今如旦莫。

这话是很实在的,如《尔雅》说:"夏曰岁,商曰祀,周曰年,唐虞曰载";《孟子》说:"夏曰校,殷曰序,周曰庠",这是言语因时间不同而变更的,所以能够互相解释。又如《说文》说:"楚谓之聿,吴谓之不律,燕谓之弗,秦谓之笔";《左传》说:"楚人谓乳,穀;谓虎,于菟";《国策》说:"周人谓鼠未腊者朴;郑人谓玉未理者朴",这是言语因空间不同而变更的,但也能够互训。宋儒解书往往妄用己意,所以常失古义。清代的"训诂之学"所以能超过前代,正因为从戴震以下的汉学家,注释古书都有法度,都用客观的佐证,不用主观的猜测。三百年来,周、秦、两汉的古书所以有小部分可读,是不单靠校勘的精细,还靠训诂的谨严。胡适之先生曾说:

> 训诂学的大要,约有三端:(一)根据古义,或用古代的字典(如《尔雅》、《说文》、《广雅》之类),或用古代笺注(如《诗》的毛、郑,《淮南子》的许、高)作根据,或用古书中相同的字句作印证。……(二)根据文字假借声类通转的道理,古字通用全由声音,但古今声韵有异,若不懂音韵变迁的道理,便不能领会古字的意义。自顾炎武、江永、钱大昕、孔广森诸人以来,音韵学大兴。应用于训诂学,收效更大。……(三)根据文法的研究,古人讲书最不讲究文法上的构造,往往把助字、介字、连字、状字等都解作名字、代字等等的实字。清朝训诂学家最讲究文法的是王念孙、王引之父子两人。他们的经传释词用归纳的方法,比较同类的例句,寻出各字的文法上的作用,可算得《马氏文通》之前的一部文法学要书。这种研究法,在训诂学上

别开一新天地。……以上所述三种根据,乃是训诂学的根本方法。①

按近人关于"训诂古书"的著作如胡光炜氏之于殷虚甲骨的文例,王静安师之于《诗经》、《书经》、《尔雅》,李翘氏之于《楚辞》的方言,林语堂氏之于扬雄《法言》等都有相当贡献,尤其如何仲英氏所著《训诂学引论》一书更能囊括诸家,为有志研究中国历史的所不可不参看的。

(二)史料的真实著作者或大概的著作者的考证　大凡史料的著作者有的"明明白白"的写着姓名,有的却不署姓名,但我们审订他们的根本方法,却只是在分析史料的内容去发现里面所包含的有关于"真实的"或"大概的"著作者和他所生存的时间与地域的知识。② 再详细的说,凡审订有著者姓名的史料,最先入手便应该考验史料的纸张和文字文体等,福凌氏曾说:

> 如果一种史料还存有原稿,我们要鉴定真伪,比较没有稿本的容易。因为有了原稿,我们拿出它的原本手迹校勘一下,在一九一三年(民国二年)要假做一百年前的东西,单是纸张就不能假到一样。同时要模仿某人的手迹也不是容易的。总说一句话,欲假造原稿,无论多少,总是不可能的。只要拿原稿和伪作比较一下,真伪便可立见。③

在中国近年如顾炎武的《天下郡国利病书》的原稿和顾祖禹的《读史方舆纪要》的底本都经人发现,而且考证的结果也断定"确实无伪"。④ 此外如齐召南《汉书考证》对梁朝发现的那部所谓"古本《汉书》"的也说过:"所谓真本,必非实也。意者好事之徒所为耶?永平中何由有纸?即此足破其妄。"这些考证的方法都与"纸"有关涉,但中国一般审订史料真伪的人大多数都着重在"史料的文字、文体"方面,如朱熹的《语类》有说:

---

①《中国哲学史大纲》卷上第二六至第二九页并可参看。

② 参看英译 *Introduction to The Study of History*, Section Ⅰ. Chap. Ⅳ. P. 87.

③ *The Writing of History*, Ⅳ. pp. 59 - 60.

④ 参看《禹贡半月刊》第四卷第六期。

孔壁所出《尚书》,如《禹谟》、《五子之歌》、《胤征》、《泰誓》、《武成冏命》、《微子之命》、《蔡仲之命》、《君牙》等篇,皆平易。伏生所传,皆难读。如何伏生偏记得难底,到于易底全记不得?此不可晓。(万人杰录)

又说:

《书序》恐不是孔安国做。汉文粗枝大叶,今《书序》细腻,只似六朝时文字。(黄义刚录)

他又疑《孔丛子》文气软弱不类西汉文字,都很能善用"文字文体"以为辨伪的工具。此后如胡应麟《四部正讹》也有说:"凡核伪书之道,……核之文以观其体。"顾炎武《日知录》说:"经典无'骑'字,《曲礼》有之,因为汉世书。"①阎若璩的慧眼尤不可及,他的名著《尚书古文疏证》引经据史,区分为一百二十八条(计阙二十八条,实只百条),其中如说《胤征》这篇乃是魏、晋间的伪作,因为"安得有'火炎昆冈,玉石俱焚'如后世檄文以兵威恐敌之事?……伪作者偶忘为三代王者之师,不觉阑入笔端。"②又如说:

邹平马公骕,……予以己丑东归,过其署中,秉烛纵谈,因及《尚书》有今文古文之别,为其述先儒绪言,公不觉首肯,令隶急取《尚书》以来,既至,一白文,一《蔡传》,置《蔡传》于予前,曰:"子阅此吾当为子射覆之。"自阅白文,首指《尧典》、《舜典》曰:"此必今文";至《大禹谟》,便眉蹙曰:"中多排语,不类今文体,恐是古文",历数以至卷终,孰为今文,孰为古文,无不立验,当分今古文为二类。……③

崔述的《考信录提要》更能阐发这种道理说:

唐虞有唐虞之文,三代有三代之文,春秋有春秋之文,战国、秦、

① 《日知录》卷二十九。
② 《尚书古文疏证》卷第六十四。
③ 前书卷第一百十五。

> 汉以迄魏、晋亦各有其文焉。然非但其文然也,其行事亦多有不相类者,是故战国之人称述三代之事,战国之风气也;秦、汉之人称述春秋之事,秦、汉之语也;《史记》直录《尚书》、《春秋》之文,而或不免杂秦、汉之语;伪《尚书》极力摹唐虞、三代之文而终不能脱魏、晋之气,无他,其平日所闻所见皆如是,习以为常而不自觉,则必有自呈露于忽不经意之时者,少留心以察之,甚易知也。

这话很对,试看孙星衍虽相信黄奭《汉学堂丛书》辑得的李悝《法经》是最古的刑典,但对"此六篇内有'天尊'、'佛像'、'道士'、'女冠'、'僧尼'诸文",也认为是"后世加增"。① 在相反方面,戴名世却曾拿"文体"来证明《左传》确为春秋时代的著作,如他的《左氏辨》一文有说:

> 《左氏》初出于张苍之家,显于刘歆,而或遂谓为汉儒之文。……且夫文章之体制,与时为升降:宋之文不及唐,唐之文不及汉,汉之文不及六国,六国之文不及春秋。《左氏》之文,奇质古奥,已非六国所及,其叙事为千古史法之宗,而谓汉儒能执笔为之,其说迂谬不通之甚者也。②

我国学者如此,外国研究历史的也是如此,那位作《左传真伪考》的珂罗倔伦(B. Karlgren)氏在所作的《中国古书的真伪》(*The Authenticity of Ancient Chinese Tests*)一文有说:

> 一部书(所用语言)的文法系统有某种特点,这特点赋予它以独有的性质,而决非后代伪造者所能想象或模仿的,那么这部书是可信的。我用这个考据的原理于古书中很长很重要的《左传》,我说明助词与代词的应用异于其他著名的古书,尤至异于鲁国的书(《论语》、《孟子》及《礼记》的某部分),本来鲁国的书应该与《左传》相符合的。我把这种现象认为可以证明古中国有许多不同的方言,《左

---

① 参看《嘉穀堂集·李子法经序》。

②《南山集》卷一。

传》用一种方言写,而鲁国的书则用另一种方言写。……①

以上诸家阐发“文字文体”足为考证“古代书籍”的证据的理由总算很是“明切详尽”,但文森特氏却以为

> 凡人的生活常有不同的时期,而文笔又随所作的题目改变,所以要想定出一个普通原则使著作者的人格和他的文章完全相合,这虽不是不可能,但困难极了。②

马奢尔氏也说:

> 一个作家的文体因年龄及其主题或彼所发表意见的读者的身份而有变化。且因同一时代的作家有极相同之点,所以我们也不能过于深信其为绝无仅有。③

其实这样只是个人的情形罢了,至于普通的“文字文体”却是一代不同一代,刘知几就说过:

> 夫天地长久,风俗无恒,后之视今,亦犹今之视昔,……苟记言则约附五经,载语则依凭三史,是春秋之俗,战国之风,互两仪而并存,经千载其如一,奚以今来古往质文屡变者哉?④

又说:

> 古往今来,名目各异,区分壤隔,称谓不同,所以晋、楚方言,齐、鲁俗语,六经诸子载之多矣。自汉以降,风俗屡迁,求诸史籍,差睹其事。或君臣之目,施诸朋友;或尊官之称,属诸君父;曲相崇敬,标以处士王孙;轻加侮辱,号以仆夫舍长。亦有荆、楚训多为伙,卢江目桥为圯,南呼北人曰伧,西谓东胡曰虏;渠们底个,江左彼此之辞;乃若君卿,中朝汝我之义;斯并因地而变,随时而革,布在方册,无假

---

① *The Authenticity of Ancient Chinese Texts*,陆侃如氏夫妇有译文,载《师大月刊》第二期。

② *Historical Research*, Chap. Ⅸ.

③ *The Historical Criticism of DoCuments*, P. 30.

④《史通·言语篇》。

推寻，足以知畦俗之有殊，验土风之不类。①

由此可见“文字语言”实在可以做鉴别“古书”真伪的标准是没有“疑惑之余地”的了。

除前说的“史料的文字文体”而外，我们若比较“史料的思想的系统”，也可得判断史料的真伪，如欧阳修的《易或问》有说：

或问曰：“今之所谓《系辞》者，果非圣人之书乎？”曰：“是讲师之传，谓之《大传》，其源盖出于孔子而相传于易师也。其来也远，其传也多，其间转失而增加者，不足怪也。故有圣人之言焉，有非圣人之言焉。其曰‘《易》之兴也，其于中古乎？作《易》者其有忧患乎？其文王与纣之事欤？殷之末世，周之盛德欤？’若此者。圣人之言也，……河出图，洛出书，圣人幽赞神明而生蓍，而仪生四象，若此者，非圣人之言，凡学之不通者，惑此者也。”②

又如朱熹《语录》说：“《孝经》疑非圣人之言，且如‘先王有至德要道’，此是说得好处。然下面都不曾说得切要处着，但说是孝之效如此。”又如崔述《尚书辨伪》说：“余年十三，初读《尚书》，亦但沿传说，不觉其有异也，读之数年，始觉《禹谟》、《汤诰》等篇文义平浅，殊与三十三篇不类，然犹未敢遽疑之也。又数年，渐觉其义理亦多刺谬。”《丰镐考信录》辨伪《泰誓》说：

“时哉弗可失”本《春秋》传吴公子光语而少改之。夫武王之伐纣，以救民耳，岂富天下哉？使纣改过，或纣死而嗣君贤，武王之所深幸也。今如此言，则是武王幸纣无道，惟恐过此以往，后人改纪其政，而不得灭之耳，正与斗伯比策随之意略同，岂圣人之心乎？

近人如胡适之先生的《中国哲学史大纲》有说：

凡能著书立说，成一家言的人，他的思想学说总有一个系统可

① 前书《杂说篇》中。

② 《欧阳文忠公文集》卷十八，又《外集》卷十。

> 寻,决不致有大相矛盾冲突之处,故看书里的学说是否能连络贯串也可帮助证明那书是否真的。最浅近的例,如《韩非子》的第一篇劝秦王攻韩,第二篇劝秦王存韩,这是绝对不相容的,司马光不仔细考察,便骂韩非请人灭他自己的祖国,死有余辜,岂不是冤杀韩非了!大凡思想进化有一定的次序,一个时代有一个时代的问题,即有那个时代的思想,如《墨子》里《经》上下、《经说》上下、《大取》、《小取》等篇所讨论的问题乃是墨翟死后百余年才发生的,决非墨翟所能提出,因此可知这六篇书决不是墨子自己做的。不但如此,大凡一种重要的新学说发生以后,决不会完全没有影响,若管仲时代已用《管子》书中的法治学说,决不会二三百年中没有法治观念的影响。又如《关尹子》说:“即吾心中,可作万物。”又说“风雨雷电皆缘气而生,而气缘心生,犹如内想大火,久之觉热;内想大水,久之觉寒。”这是极端的万物唯心论,若老子、关尹子时代已有这种唯心论,决无毫不发生影响之理,周、秦诸子竟无人受这种学说的影响,可见《关尹子》完全是佛学输入以后的书,决不是周、秦的书,这都是用思想来考证古书的方法。①

这是受过科学训练的历史家所说的话,当然要比欧阳修、朱熹、崔述还要精密周到得多。

又“史料产生时的社会状况”也可作为审订史料真伪的标准,如袁枚《随园随笔》怀疑《尚书·禹贡》说:

> ……幅员之广,三代实不如秦、汉也。考唐、虞之时,雍州之地犹为导河,导弱所经,冀州之北,并无治水之迹,此二方者,有何侯卫之可设?贡赋之可稽乎?且依其说,则王者之都必长在天下之中,如嵩、洛、汝、颍地方,然后均齐方正而五服九服可以环而向之;若虞、夏之都偏于北,周人之都偏于西,其北则沙漠苦寒,西则戎、狄流

① 《中国哲学史大纲》卷上第二三、四等页。

沙,又安得有五千里之侯卫耶?至于东南二面,又岂止于五千里耶?①

这全是"实证之谈"。郭沫若氏也曾说过:

中国古代的疆域只在黄河的中部,就是河南、直隶、山西、陕西一部分的地方。直隶、山西的北部是所谓北狄,陕西的大部分是所谓西戎,黄河的下游是所谓东夷,一直到周宣王的时候,长江流域的中部都还是所谓荆蛮、所谓南蛮,淮河流域是所谓淮夷、徐夷,而在《禹贡》里面所谓荆州、青州、扬州、徐州等等居然已经画土分贡了,这是绝对不可能的事实;并且所画的土如像甸侯绥要荒的五服,每服规规整整的五百里,这除最近世有以经纬度为疆界的近似的办法之外,任何民族的历史上都不会有这样的事实;所分的贡也有许多不近情理,譬如中国的铁器时代一直到周初才萌芽的,而在梁州的贡赋上便已经有"铁",这和《山海经》的《中山经》上假托夏禹王的话,说是"出铁之山三千六百九十"是一样的荒唐,同时正是一样的为后人所假托。②

这样更较袁枚怀疑的理由更加详细。如梁任公师说:

各时代之社会状态,吾人据各方面之资料,总可以推见崖略,若某书中所言其时代之状况与情理相去悬绝者,即可断为伪,例如《汉书·艺文志》农家有《神农》二十篇,自注云:"六国时诸子托诸神农。"此书今虽不传,然《汉书·食货志》称晁错引神农之教,云有石城十仞,汤池百步,带甲百万而亡粟弗能守也,此殆晁错所见《神农》书之原文,然"石城汤池"、"带甲百万"等等情状决非神农时代所能有,故刘向、班固指为六国人伪托,非武断也。③

①《随园随笔》卷六《五服》条。

②《中国古代社会研究》第一〇二页。

③《中国历史研究法》第五章。

这也是最能说明以“当时社会情况”考证古代书籍的真伪的实例。

此外还有许多“旁证”,其重要有时不在以上所说的几个标准之下,如西洋哲学史家审订伯拉图(Plato)的著作,凡是他的弟子亚里斯多德(Aristotle)书中所曾称引的书就都断定为真是伯拉图的书。泰勒(Isaac Taylor)氏的《古代书籍的传变》(*Transmission of Ancient Books*)一书曾列举出许多从征引别种书籍的文字里可以帮助证明史料著作者的形式如下:(1) 直引原文并注明原著者的姓名或竟略去姓名;(2) 偶然援引着的一些典故;(3) 明白的说出一个著作者并附与批评或并略述其内容;(4) 在研究特殊题目里所参考着各个时代研究同样性质的题目的许多著作者;(5) 为论辩而援引的文字;(6) 在和著作者相去不远的时候的翻译。① 这六种形式很为详尽,我国学者考证古书几乎大部分都是用“旁证”的方法,胡应麟《四部正讹》就有说:“凡核伪书之道:核之《七略》以观其源,核之群《志》以观其绪,核诸并世之言以观其称,核之异世之言以观其述。”这几个标准都没有什么很大的错误,但珂罗倔伦氏却有“更进一步”的见解,如说:

> 追溯书籍历代流传情形的方法,曾经中国考据家很精巧地应用了,而且得到很有价值的结论,……但是用法要谨慎,今举一例为戒,关于哲学家公孙龙子,姚际恒《古今伪书考》说:“《汉志》(原注——即《汉书·艺文志》同于《七略》)所载,而《隋志》无之,其为后人伪作奚疑?”但是我们在《旧唐书》的《志》里找到公孙龙子,所以姚氏的判断只是根据一种古志的缺载!一个人的著作里,于数百种书名中漏掉一种也无足怪,例如《康熙字典》还是一群学者所作,而王引之列举其误竟写了七大卷的书!

又说:

> 篇数或卷数在各种古代记载里,尤其在书目里是不同的;那么

① *Transmission of Ancient Books*, P. 28.

> 这书一定被窜乱过，增加过，甚或重制过的。这是中国考据家所爱用的论证，而且我们要知道这论证常被滥用，下列很可注目的例子，是姚际恒讨论哲学家慎子的话：“《汉志》法家有《慎子》二十四篇，《唐志》十卷，《崇文书目》三十七篇，今本止五篇，其伪可知。”姚似乎不懂书的一部分会亡佚的——在中国古书半数的命运是如此的！……①

他虽是一个瑞典人，但研究中国的古代书籍颇有特识，所以有在志要做审订史料的工作的人实在应该参看他的这篇论文。

以前所述是审订署着姓名的史料的著作者的真伪，现在要说的是没有著者姓名的史料应该怎样推知其“真实的著作者”或“大概的著作者”，如果我们有一种稿本，从稿本的亲手笔迹就可以给我们认出著作者，那就没有什么问题。刘师培是晚近的一位“著作等身”的大学者，他的论文发表的固然不少，但遗存在家里和散佚各处的也还是“为数很多”，但他的文体和潦草的书法很容易被我们认出。若在别种情形，根本就没有“特别的文体”和“潦草的书法”两项来提示我们，那么我们又应该怎样办呢？文森特氏曾说我们应该发现著作者人格的特点和兴趣或比较许多疑似的著作者选择其最接近的而减除其不相干的人。② 如描写清代豪华生活的《红楼梦》一书的著作者前后有王梦阮、沈瓶庵、钱静方、蔡元培、胡适、俞平伯、寿鹏飞诸氏的考证，聚讼纷纭，没有一定的结论，但从胡氏购得一部《脂砚斋重评石头记》的残钞本知道脂砚斋即《红楼梦》的假定作者曹雪芹极亲近的族人，《红楼梦》所记宁国府的事即脂砚斋家里的事，这部残抄本的底本是乾隆十九年脂砚斋亲向曹雪芹抄出其已作成的稿子(其时曹雪芹还活着)，并亲加眉评与硃笔题语，所以从前诸家所辩争“《红楼梦》的作者是谁”的问题已得最后的解答，即《红楼梦》的真实所作者确是曹雪芹，他的这书纯是记载曹家的旧事，并非影射当时政治上

---

① *The Authenticity of Ancient Chinese Texts*.

② 参看 *Historical Research*, Chap. Ⅸ.

的人物。[1] 由此一例,可以推知审订别的"不署姓名的史料著作者"的方法也不过如是。

除"校勘史料的本子"与"考察史料的著作者"而外,在审订"史料的外形"上还有辨别那些和史料原文不同的"附加物"(additions)的工作,所谓"附加物"有"增入物"(interpolations)和"续成物"(continuations)两种的不同,"附加物"如《庄子》一书的《内篇》虽是庄周所作,但《外篇》却系后人注解《庄子》的书,抄书的人抄了《内篇》,又把注解一并抄下,统名为《庄子》,但是《内篇》、《外篇》的内容和文体都不相同,一看就可以明白。在中国古代书写的工具很为笨重,如用竹简的时候,正文是用刀刻或用漆书,注解也是用刀刻或用漆书,这样就很难区别,《礼记・王制篇》最末一段就有"自恒山至南河千里而近,……"下面又有"古者以周尺八尺为步,……"的话,简直和正文没有关系,这或者是后人"增入"的东西,所以和正文接连不起来。"续成物"如司马迁的《史记》一百三十篇,现存的本子有一部分记载着司马迁死后十几年乃至一百年的事情,这些即是如刘知几《史通・正史篇》所说刘向、刘歆、冯商等后人所续作的东西。鉴别这些"附加物"的方法有二:第一,是在一种史料有多种钞本存在的时候,就可把其中一切和原文相差异的"附加物"不费多大的气力就能够分辨出来,因为多种钞本若在不曾被人增入一切"附加物"以前便已传钞过,那么一定就是"史料原来的面目。"[2]第二,在所有各种钞本都被人增改续作的时候,那便怎么办呢?柏恒氏曾说若无史料的原本,就可搜求最古的写本,以检查其有无搀入的部分;又或研究其言语与文体等和其他部分的言语与文体等是否一致,或所述事实是否相符合。[3] 这些方法和以前所述的也都是大约相同。

最后,从事审订"史料外形"的人当尽其可能发现史料所记述事实的来源,如孙星衍的《尚书马郑注》辨伪古文尚书说:"今考梅赜《书》篇数与

---

① 参看《考证〈红楼梦〉的新材料》一文,载《新月杂志》创刊号。

② 参看英译 *Introduction to The Study of History Section Ⅰ*, Chap. Ⅳ, P. 88-89.

③ 参看 *Lehrbuch der Historischen Method* 和野野村戒三《史学概论》第二〇二、三两页。

古不相应,采会书传又多舛错,或非经文而以为经——水、火、金、木、土穀四句乃却缺之语;德乃降,庄公之语;于父母,长息之语;兼弱攻昧,随武子引武之善经,下云兼弱也,随武子释仲虺之言,……而皆误作经文。”

或非传义而以为传——孔安国注《论语》,予小子履四十五字云,此伐桀告天之文;《墨子》引《汤誓》,其言若此,伪传以为《汤诰》。……

或以此篇为彼篇——舜往于田,号泣于旻天,《舜典》文而以为《大禹谟》;惟彼陶唐四句,贾服解为夏桀之时,而以为《五子之歌》。……

或以此言为彼言——《孟子》言“舜舍己从人”,而以为舜称尧;《太平御览》引《尸子》曰:“舜云从道必吉,反道必凶,如影如响”,而以为禹言。……

又如顾颉刚氏《纣恶七十事的发生次第》一文有说:

> 从前人作史,每喜把古人传下的话整齐排比成为总清账,这样做去,粗看确是很完备,但来源还没有弄明白,骤然结清开的虚账,也就混过去了,我们因为不甘心承认这些虚账,所以要检齐所有的文券另立流水簿,加以审查,标出按日开进的虚账,现在就用了这个方法把纣的故事试验一下。①

诚然!这确是审订史料最好的方法。

以上所述“史料外形的审订”其结果大概都是纯粹属于“消极的”方面,因为这种工作不过是在努力剪除史料里恶劣与羼杂可致伪误的文字和一切不可征信的伪托,所以除掉希望能够恢复史料的“本来面目”和“真实的来源”而外,更不能发现什么大了不得的珍秘,所以竟有人根本怀疑这种工作的意义的,如梁园东氏就说:

> 中国的古史到了现在,差不多已无法攻究,因为“伪书”的观念甚盛,研究历史的对于古书上的记载大都在敢信不敢信之间。

又说:

---

①《语丝》第二、三两期所载,后又收入《古史辨》中。

> 后世的人实在并未把古书上的记载真正懂了,不惟不懂,而且往往给与误会的解释;因为误会了,遂把古代的真象弄不清爽,无端给与“不可信”、“伪造的”、“托古改制”等等武断的批评,说一句国粹话,“这实在是罪过!”比方古代传说“尧舜禅让”的这回事,原先孔、孟一班人已经远在千余年后没有弄清楚,以为是“天下为公”、“选贤与能”的“至德”所致,到了近来如顾颉刚先生就更顺水推舟,说当然不会有这样圣德的人,那是由孔子假造的,这不是既误今人,又诬古人么?这种漫不加察信口批评的态度那里又能说求历史的真呢?这种“不了解”、“误会”的结果,实在是后世所以把“古书”都当成“伪书”的主要原因!

又说:

> 前几年胡适之先生曾替我们特别介绍出一部崔述的《考信录》来,我们大家已经很受了《考信录》的一番洗礼。但是《考信录》实在没有多大的价值,他不惟没有好的历史方法示给我们,而且他也并没有一点发见,他的长处只是一副谨严的“经学家”和“汉学家”的面孔,但是这副面孔,实在是要不得的!虽“谨严”两字可训,但是研究历史的人,若不谨严已经根本不是历史的,何况崔述的谨严,又根本只是对经学的谨严,而并不是对历史的谨严!……①

这些话未免有“言之过甚”的地位,其实“审订史料”的重要著者在前面已说的很为详细,梁氏对“审订史料”的人“期望过甚”,以为要能得“别探未发之秘”,这是对所谓“审订史料的结果”认识不足的证明。至于说崔述只是一副谨严的“经学家”的面孔,诚然不错,著者前已说过,很不佩服他那样一味痛骂“伪书”的“卫道”态度,其实不只崔述如此,一般旧时辨伪的学者都是把“辨伪”当作他们“卫道”的手段,近人如胡适之先生所著《中国哲学史大纲》卷上凡汉代以前的书如《左传》、《周礼》、《尚书》等可

---

① 见所著《清俞正燮的史学》一文,载《人文月刊》第四卷第二期。

疑的书也都一概不加征引，其实伪书的价值正未可一概而论，乱抄乱说的固然不少，至如《易经》的《彖》《象》《系辞》《传》，如《小戴礼记》的《礼运》、《中庸》、《大学》诸篇，如《春秋》的《公羊传》与《繁露》，如《周礼》等都是极有价值的“托古”著作，但不能因其有价值便说是姬旦、孔丘所作，也不能因其非姬旦、孔丘所作便说是无价值。梁任公师曾批评《中国哲学史大纲》卷上说：

> ……如《管子》这部书，胡先生断定他不是管子所作，我是完全赞成；若说管子这个人和后来法家思想没有关系，我便不敢说。……《管子》书中许多奥衍的法理，我绝对承认是由后人引申放大的；但这种引申放大的话，为什么不依托令尹子文，不依托狐偃、赵衰，不依托子产，独独依托管仲？便可以推想管仲和这种思想渊源一定有些瓜葛。……①

梁园东氏也有说：

> 比方伪书的“伪”，平常都是根据从前“经学家”和“汉学家”的观念，经学家和汉学家的所谓伪，实在说起来并不能当作“历史学”上的伪，他们所看的伪，在历史上看来也许实在是真的。比方《山海经》这一类的书，向来无不认为是荒谬怪诞的，谁敢把它当成史料看？但是近来王国维先生曾用《山海经》上的帝夋解释甲骨文中的先王夋，法国的一些“中国学”者，也拿《山海经》中所载的神话，考证古代东方的国度，虽他们的持论也许有的可议，但是谁能说他们这种研究方法是荒谬无道理呢？……②

格兰诺特（M. Marcel Granet）氏所著《古中国的跳舞与神秘故事》（*Danses et Legendes de la Chine Ancienne*），即以：

> 古中国的历史的成功全靠一些史材的制造，这些史材被制造得

①《哲学杂志》第七期。

②《人文月刊》第四卷第二期。

来将所有神话的成分中一切地方故事、小说和英雄诗(legendes locales, romans ed gestes)都一扫干净。这种洁净的扫除办法,如果是记述圣贤豪杰或古名人——国家文化的创造者的时候,更是抱着一种坚强的和有方针的志愿:他们的生平是不应该有污点的,如果有种作品,他还侥幸的保存着一点神秘故事的片段,都被惩罚算为不正派的著作,算是充满了寓言和杜撰……至于我们西方人……或者……忍耐的暂且不急于要知道中国过去的历史意义,对于每件故实都迟疑一下,以便在这中间寻着历史,而且同时猜想着一种故事遗说的背景,努力着去真伪并存。……①

著者在旧作《史地新论》就主张:

我们应该更进一步将所有伪书像废物似的利用来丰富史料的内容,设法把所有伪书造作时代的"或然数"考证出来;我们虽因其托古作伪而排斥于他们所依托的那个时代的正确史料之外,但不能把他们摈斥于他们作伪的自己所处的时代的史料之外;因为他们虽不能代表他们所依托的时代的生活与思想的真实状况,但却有资格可以代表他们自己的时代的生活与思想的真实状况,所以我们把既经考证出伪书产生的真确时代——或是或然的时代——拿来做他们自己时代的史料,是极其合理的事。②

在"书籍以外"的"伪造史料"其价值也不可一概抹杀,如滨田耕作氏所说:

……一种全新制作的伪物,一种模仿真物的,前者由于全无知识的工匠所造,后者既然有所本,我们虽然明知其假,但在数据的使用上,尚不无若干学术的价值。伪造的又一种名变造,是对于真物的一部分加以变化,故意变他的原状,例如器物上后刻的铭记,或修

① *Danses et Legendes de la Chine Ancienne*, P. 33.

②《史地新论·杂论》二第四〇页。

> 补缺损等,此处变造的遗物我们要是已经明瞭他,也不能说是没有价值。

又说:

> 伪造模造的遗物与真物也是一种对照比较的好资料,以此为目的,也可以把他们搜集起来。在希腊雅典的国立博物馆内将伪造的遗物一概都陈列出来,使旅客可以比较研究并可与以搜集古物上的注意,亦颇有趣。①

这可见太过褊狭的"辨伪"是于历史的研究上会产生弊害,若能抱持合理的科学态度,对一切从古以下"伪造的书物"也多少加点为垂眷怜爱之心,使他们能够化朽腐为神奇,那么也就不致把祖宗的遗产荡去大半了。

(丑)史料内容审订　关于"史料内容的审订"如朗格罗亚、塞诺波两氏合著的《历史研究法·导言》便说过,在积极方面分析史料内容是为确认史料著作者的命意所必需的,按这即是"训诂"的工作;又说在消极方面分析史料产生时的情形以实证著作者所陈述的程度。② 长寿氏所著《新修史学概论》更明白的说史料内容的审订即为一种解释的学问,Hermeneutik这个字源是从希腊而来,相当于所谓"注解训诂之学",他又区别其内容为四部分即(一)记述的注解法,(二)心理的注解法,(三)推论的注解法,(四)技方的注解法。③ 著者以为史料都是人类语言文字的记载,所以若不通其语言文字怎么能够"校勘其本子"或"鉴别其著者的真伪"呢?中国学者一般的言语都是说"训诂校勘",西洋的史学家却"本末倒置",因此所谓"史料内容的审订"当只限于如柏恒氏所说"检查考虑证据彼此间相互的关系。"④或如文森特氏所说:"内容鉴定是衡量史料所述与事实真象的关系,凡人必须决定史料所述是否真确或可能,有

---

① 《考古学通论》,俞剑华译本第六五、六两页。

② 参看英译 *Introduction to The Study of History*, Section Ⅱ, Chap. Ⅴ, P. 141.

③ 参看《新修史学概论》第四章第八八至九七页。

④ *Einleitung in die Geschichtswissenschaft*,参看坂口昂、小野铁二氏译本第一七〇页。

时因其不真确或不可能的缘故,就完全不加采用。"①再明白具体的说,除掉审订史料著作者的诚伪和正确的程度而外,不管朗格罗亚、塞诺波、柏恒、文森特、长寿吉……诸人怎样说,著者都不承认是在"史料内容的审订"的范围以内,因为这样比较能够和"史料外形的审订"有点显明的区别,否则就要使研究者观念混淆,常是"辨别不清"的。

"史料内容的审订"何以很是重要? 第一,因为就是真实不假的史料也有靠不住的记载,傅维鳞《明书·叙传》有说:

> ……史亦难言矣,或生不同时,年久则事实多舛;或生与并世,地远而传闻未真,凭空结撰,无本易乖,依据葫芦,波靡不断,不得不依据囊牒,旁采遗逸。国家传信之书,莫如实录,古者史职咸出世官,……后世则不然,官无定员,职无定人,疏逖人主,邈隔九重,不特宫中之动静迥不相关,即殿上之谟谋瞢不相及,而各曹政务又全不与闻,及易世之后,始取所贮奏章及起居敕谕,以次誊书;又总领以勋臣,提调以宰辅,无论执笔者之邪正,改窜者之公私,而追书旧事,茫昧者多;国忸衮阙,表之有吠主之嫌;冒功伪名,暴之有操戈之衅,或夺于权势,或隘于见闻,或怵于利害,或徇私情面;孝子慈孙每委曲欲掩覆其祖父之短,富豪权要陵竞欲矫饰其一日之长,致使孤而无援者之谋猷勋业灭没不彰,而奸险情态则无以发其微而垂戒后世,嗟乎! 明之《实录》大概如此矣!

又说:

> 而野史之弊则又甚焉:或有为而作,激烈成编,图报畅荣,挟憾污蔑,寄雌黄于睚眦,彰黻绣于党同,妄肆贬褒,谬厥圣喆;或人品粗率,才识平庸,轻听惑滋,据为坚确;陋巷妄述廊庙之事,下市偶闻传说之言,遂信为真,裒然成帙。或诡诞偏僻,好为其创;本前代之事而辄作时人;实风影之谭而妄云果有,务为可惊可愕,以取媚听闻;

① *Historical Rescarch*, Chap. Ⅱ.

总之各抒胸臆，不顾传疑，是非混淆，真赝相半；而家乘又颂扬之辞，碑铭皆谀骨之作，岂可尽信哉？况合而观之，有此誉皋夔，彼讥共鲧，年月不同，姓名互异，龃龉违错，千状万端，而欲以一之，此其所谓难也。……①

这种情形不只明史是这样，各时代各国家的历史也多半是如此，马奢尔氏《史料考订法》有说：

报纸(newspapers)当从某一党派的立场发见，这种成见可影响到事实的记载上面。《政治的小册子》(*Political Pamphlets*)充满了有偏见的叙述，《政治的传记》(*Political Biographies*)也常是有和此同样的情形。旧日的《演说录》(*Records of Speeches*)常常为辞锋而多少有些做作。比较是近年的《国会议事录》(*Parliamentary Speeches*)从记忆而来的报告必定掺入很多可疑的部分。《铭刻文字》(*Monumental Inscriptions*)常为表张夸耀死者而作。《谱系》(*Genealogies*)有时为社会虚荣或争夺遗产而伪造。所有《传记》当为一种"英雄崇拜"或"存心毁谤的精神"所濡染。《战事报告》(*War-bulletins*)从摭掩事实与军事上和政治上的理由而伪造事实是出名的不可深信。《外交的情报》(*Diplomatic Correspondence*)也是讳莫如深！②

这样就很有"内容审订"的必要。第二因史料著作家所记述的有常非其所自信而造作"假话"，或者就是他所自信而又不是真的"亲身见闻"，所以有时陷于错误，这样也很需要"内容的审订"。至于审订的方法，戴名世的《史论》有说：

呜呼！所见异辞，所闻异辞，吾将安所取正哉？《书》曰："三人占则从二人之言。"吾以为二人而正也，则吾从二人之言；二人而不

---

①《畿辅丛书》本《明书》卷一百七十一《叙传》二。
② *The Historical Criticism of Documents*, pp. 44 - 45.

> 正也,则吾仍从一人之言。即其人皆正也,而其言亦未可尽从,夫亦惟论其世而已矣。一事也,必有一事之终始;一人也,必有一人之本末。综其始终,核其本末,旁参互证,而固可以得其十八九矣。子曰:"众好之必察焉,众恶之必察焉。"察之而有可好,亦未必遂无可恶者;察之而有可恶,亦未遂无可好者。众不可矫也,亦不可徇也;设其身以处其地,揣其情以度其变,此论世之说也。

又说:

> 吾既论其人之世,又谙作野史者之世,彼其人何人乎?贤乎否乎?其论是乎否乎?其为局中者乎?其为局外者乎?其为得之亲见者乎?其为得之遡听者乎?其为有所为而为之者乎?其为无所为而为之者乎?观其所论列之意,察其所予夺之故,证之他书,参之国史,虚其心以求之,平其情而论之,而其中有可从有不可从,又已得其十八九矣。……①

这些话都是很"精当名贵",惟不甚详细,事实上史料的著作家所以肯说"假话"的原因很多,最显明的如为某种自身上的利益,不惜颠倒事实以欺骗世人,特别是"官文书"一类的东西,如孟森氏《清朝前纪》的《叙言》有说:

> 清一代在入关之初,以关外事实为忌讳。……清之先世在明受建州卫指挥之职,自讳其曾受明官至抹杀建州之名,而捏造满州为国名。至太祖建国,自附于金之后,而称后金,后改为清,其实与前称后金,并无妨碍,乃又必抹杀后金之名,不见国史。……
>
> 清代禁书不但禁近世直接记建州之书,并禁及古代凡言夷夏防闲之书,其业已行世久远之正史,亦加改窜,最少亦刊落其胡字虏字等清室所讳之字。……

---

①《南山集》卷一。

这书第一篇《满洲名称考》又说：

> ……(清)官修《明史》，全部不见建州事，《外国传》既无建州，亦无女真，《本纪》亦尽削嘉隆以前辽东之兵事，至万历以后，清太祖已崛强，明驭夷之威信亦一蹶不振，乃始张其开国之武功焉。……

谢国桢氏《清开国史料考·叙论订补编》也有说：

> ……征诸档册，建酋对于明廷本极恭顺，有金国汗谕军人等知悉，我祖宗以来，与大明看边，忠顺有年等语。又朝鲜国观察朴化《报太祖书》称太祖为建州卫马法(即女真语酋长之意，又言大明为君，吾二国为臣，后皆删去。《清太祖实录》稿本，其《七大恨誓师》之原文本极驯顺，尚不敢有叛明之辞。……
>
> ……据日人内藤(虎次郎)博士《清开国期史料》一文，清太祖之妃大福晋赐死一事，似于太祖之子争立有关，《实录》本纪其事，而修改之本则无。又如太宗之嗣位，将帅之拥立世祖诸事，其内政颇不能和穆，朝鲜记载曾记其事，而《实录》反无。至于人名官名，其初则质野无文，至修改之书则一归于雅驯，如"獐鹰"改作"章京"，"猛哥帖木儿"改作"孟特穆"之类是也。
>
> ……明廷征服辽东，北至黑龙江、库页岛诸地，为自唐征服辽东以后武功仅有之事，《明史》则云明代疆界仅北及开原铁岭，清光绪间曹廷杰发现明永乐间《奴儿干永宁寺碑》，而后知明代边疆远及塞北荒寒之地，而明人记载如彭孙贻《山中闻见录》等书亦记其事，使无此记载，则后人将不知明代武功之远及索伦诸部矣。①

这些例证都可以说明清朝是因为对付一向在文化上、政治上地位很高的汉民族，所以一方面"强辞夺理"的说是取天下于闯贼李自成之手，一方面又说出原来并不曾臣属于明朝的假话，此外别的所有史料，我们都得要研究其著作者自身，或所隶属的团体、党派、阶级等的利益，就不难审

① 《清初史料四种·附录》。

订其“说假话”的原因。还有史料的著作家因其当时所处的环境困难，不能不被压迫而说些假话，例如汉、魏、六朝权臣篡位的事件很多，但与儒家“忠君”的传说根本冲突，所以当时的史家措辞非常困难，试看陈寿的《三国志·魏志·武帝本纪》的记载说：“天子以公领冀州牧”；“汉罢三公官，置丞相，以公为丞相”；“天子使郄虑策命公为魏公，加九锡”；“汉帝以众望在魏，乃召群公卿士使张音奉玺绶禅位”。这些都是“假话”，我们如果拿范晔的《后汉书·献帝本纪》来看就可明白，如说：“曹操自领冀州牧”；“曹操自为丞相”；“曹操自立为魏公，加九锡”；“魏王不称天子，奉帝为山阳公”。按陈寿生在比范晔还早的时代，何以记载汉、魏更易朝代的经过事实，陈寿反不如范晔的可靠？这不能不说是因为他二人所处的“时代地位”不同，换句话说，就是在陈寿的时代，关于曹家篡汉的真象，还不能尽情宣布，所以只好拿“假话”来敷衍，我们研究历史的人对于这类性质的史料是不能不要特别加以审订的。又有的史料著作家因有所同情，或有所不同情，于是曲为改变事实以优厚于其所友好的人或故意刻薄其所仇视的人，记得《庄子》有说：“两善必多溢美之言，两恶必多溢恶之言”，王充《论衡》里的《语增》、《儒增》、《艺增》所举的实例不少，且又说：“俗人好奇，言不用也。故誉人不增其美，则闻者不快其意；毁人不益其恶，则听者不惬于心。”这是很实在的话，如春秋战国时代的人说话最喜欢举出极好的好人和极坏的坏人作议论的材料，极好的好人是舜、尧、禹、汤，极坏的坏人是桀、纣、盗跖，所以战国时有一句成语叫做“誉尧非桀”，在前引《韩非子·显学篇》就怀疑尧、舜的“过誉”，《论语·子张篇》又记载子贡的话说：“纣之不善，不如是之甚也，是以君子恶居下流，天下之恶皆归焉。”《荀子·非相篇》、《正论篇》也有说：“古者桀、纣……身死亡国，为天下大僇，后世言恶，则必稽焉。……”这都是怀疑桀、纣的“过甚的恶名”的表示。又有的史料著作家因其为某种虚荣夸耀所炫惑而说假话，如隋末的王通因羡慕孔子就将当时的将相，如贺若弼、李密、房玄龄、魏徵、李绩等都攀认为其门弟子，乃自作或假手于其子弟以作《文中子》一书历叙王通和诸人问答的话，仿佛真有其事。又如吴缜《新唐书纠缪》即怀疑《新唐书》——

《刑法志》云:"贞观六年亲录囚徒,闵死罪者三百九十人,纵之还家,期以明年秋即刑,及期,囚皆诣朝堂,无后者,太宗嘉其诚信,悉原之。"又《太宗纪》云:"贞观六年十二月辛未虑囚,纵死罪者归其家。七年九月纵囚来归,皆赦之。"今案《太宗纪》"贞观四年天下断死罪者二十九人",是举天下一年止断死罪二十九人,何其少也!今六年十二月太宗躬自虑囚,而京师死罪系者已三百九十人,又何其多也!举京师一月,以推一年之数,不亦又多乎哉!以京师一年之数,而推天下之数,则可胜言哉?四年之距六年未远也,而多寡如是之辽邈,愚谓此盖出于史氏归美太宗之故,而实则不然也。夫太宗聪明仁智之主也,兴义兵,除暴乱,救民于涂炭之中,而措之仁寿之域,天下之人欣然如获再生而见父母,其心方安生而乐业,向善而畏罪,故即位才四年,天下死罪岁止二十九人,此其效也。自四年至六年,太宗求治之意,宜未怠也,政亦四年之政,民亦四年之民,何其善恶薄厚,遽有殊绝,不啻百倍之远哉?况京师乃风教之所先及者,而死罪尚如此之多,则夫幽荒遐僻蒙化未孚者,又将奈何?愚谓此三百九十人乃录囚之时举京师轻重系者之数,非实皆死罪也。太宗以其盛冬缧系,故矜而纵之,使明年就刑,如期既至,则怜而宥之,以四年天下死罪之数而推此,则事理人情,较然明甚,若谓三百九十人实皆死罪,而太宗释之,事必不然也;况死罪法之极者,其数又如此之多,其间必有巨奸极蠹,众所仇疾,其情至重,而为政者所宜亟去者;亦有过误愚儒,穷迫株蔓,其情至轻,而为政者所宜矜贷者;是二者狱事之所常有,讵可一概论哉?今也抵是罪者,仅四百人,其间岂无等差?一旦不问其情之轻重,举而释之,以太宗之聪明仁智,必不为也。以是观之,其理岂不甚明哉?而史臣皆以死罪书之者,盖欲归美于太宗,故夸大其数,以见其仁心感人之至云尔,自是秉笔者但知传其文,不复推其实,后之学者亦相承而未悟,故白居易元和中为

> 诗,犹云"死囚四百来归狱",盖亦取信于史而已,然则修《新书》者,固宜辨析其事,使昔之史臣归美,而今之史臣纪实之意,两得其真,如是乃称修史之职也欤?①

这也是为虚荣心所骗使用以抬高唐太宗的身份,事实上在古今中外的司法的历史上,绝对不会有这么多的老实的犯死罪的囚徒,所以可以知其为"假话",而不可随便轻信。又有的史料著作者因欲取悦于群众,或至少也要求群众的不惊怪而致开罪,所以他表出的情感意志都竭力求与其同群的信奉趋尚相融合调和,这样就要失掉历史的真象。如中国从秦、汉以后的历史家都听信《孟子》和司马迁《史记》的话把个伯益、伊尹早已看成是神圣不可侵犯,在晋朝发现的《竹书纪年》里竟记载着"启杀益,太甲杀伊尹"的话,他们不惟不根据着订正从孟子、司马迁以来的历史记载,到反说《竹书纪年》是部伪书,不可信赖,殊不知孟子不过是和魏安釐王时的史官同时,孟子不在史职,所闻见的根本就赶不上史官的确实,司马迁又不及见秦始皇时所焚毁的诸侯史记,他的记述不过是沿袭孟子,何况伯益、伊尹既不是"超人",那么逼位篡逆的事也在所难免,启和太甲或许因为自卫而把他们杀掉,也非"不可能"的事,但秦、汉以后的历史家因儒家的理想学说已成为一庞大的社会势力,所以就竭力求与群众的信奉趋尚相融合调和,就牺牲事实"将错就错"的敷衍下去,甚至今本的《竹书纪年》索性就将这一类记载删削,于是本来不假的《竹书纪年》也就成了"伪书。"

以上为史料著述家所以说"假话"的许多实例,还有因为"胸有成见"而致"错误"的,如孟森氏《清朝全纪》所说:

> ……清太祖母为王杲之所出,……以王杲为建州著酋,故不称太祖之祖父而名其为某人之裔,但称其母之所出,以表其为杲之余孽,于是后人遂附会世祖之母与山东人王杲奸生世祖,此口耳相传

① 《新唐书纠谬》卷第二"似实而虚"、"放死罪囚"条。

> 之误，亦由清世讳忌已甚，不容人道其真象，则流言自益多矣。《明史》有《王杲传》，杲山东汶上人，嘉靖时为户部尚书，此则山东亦有王杲，为当时名臣，要与流言所指为无涉。①

又有因"观察的方法"不妥当而致"错误"的，如因缺少精确的调查就陷于错误，《明史·兵志》三有说："正统元年……总兵官谭广言自龙门至独石及黑峪口五百五十余里"，按从龙门（即现在察哈尔省龙关县）到独石及黑峪口（居庸关东永宁城北）仅二百余里，和《明史·兵志》"五百五十余里"的里数相差一倍。

又如《后汉书·郡国志》说："卷有长城，经阳武到密"，按卷、阳武、密这几个地方都在今日河南省的北境，而注引《史记》的话说："苏秦说襄王曰：'大王之地，西有长城之界'，"考苏秦所说的长城，远在陕西省的内地，和卷的长城相距不下六百里。

又如司马光《资治通鉴》有说："开皇五年，使司农少卿崔仲方发丁三万于朔方灵武筑长城，东距河，西至绥州，绵历七百里。"《纲鉴易知录》的著作者把这段话读成"东距河西，（原注说："今陕西行都凉州卫等地"）至绥州，（原注说："今陕西延安府绥德州）绵历七百里"，这样，方向里数都完全弄错，这些都是"空间观念"错误的例子。

又如顾炎武所著《日知录》曾说长城的兴筑是由于"废井田，开阡陌，车化为骑"的缘故，事实上齐、赵、魏、中山诸国所筑的长城虽以魏国为最晚，但魏筑长城在惠王十九年，秦开阡陌在惠王二十一年，是比较还早了两年，这是"时间观念"错误的例子，像这样的实例在历史上多得不可胜说。

此外还有史料著作家记载其所观察的事件时，不欲劳神注意，所以由于怠惰及轻忽的原故，他的报告虽然看去很是详细，但实际上纯然是出于他的推度及随机的想象，因此遂成为错误。又有的史料著作家所记载的事实，因为其性质根本就不是一个人所能完全观察，就不知

---

①《清朝全纪》第十篇《显祖纪》（他失或塔失）第九、第一〇五页。

不觉的改变了事实陷于错误,这些也是“数见不鲜”的事,所以应该特加审订。

以上将审订史料的方法“提纲挈领”大略的说了一些,但研究历史的人还得要有长期的训练,谨严的指导,工作才能美满。

史学通论（存目）

此书原为杨先生在1930年代的教学讲义，1939年由商务印书馆初版发行。1990年，上海书店将其收入"民国丛书"第二编第70册；2012年，岳麓书社将其列入"民国学术文化名著"重新出版。这里存其目录，内容可参看岳麓书社2012年版。

中国法律发达史（存目）

此书原为杨先生在清华国学研究院的研究专题，大概撰成于1927年夏；后由上海商务印书馆在1930年初版发行，1933年再版；1967年，台湾商务印书馆重新出版此书，1988年再版；1990年，上海书店将此书收入“民国丛书”第二编第29册；2009年，中国政法大学出版社将其列入“二十世纪中华法学文丛”重新出版。这里存其目录，内容可参看中国政法大学出版社2009年版。

第一章　导言

第二章　上古——胚胎时期

第三章　周

第四章　春秋

第五章　战国至秦

第六章　西汉——成长时期

第七章　新莽

第八章　东汉

第九章　魏(附蜀吴)

第十章　晋(附后赵等五胡)

第十一章　后魏

中国法律思想史（存目）

此书在1936年由上海商务印书馆初版，同年12月再版，到1937年5月已至五版；1984年，上海书店将其收入“中国文化史丛书”重新出版；同年，台湾商务印书馆将其收入“中国文化史丛书”重新出版；1992年，上海书店将其收入“民国丛书”第四编第25册；2004年，中国政法大学出版社将此书列入“二十世纪中华法学文丛”重新出版。这里存其目录，内容可参看中国政法大学出版社2004年版。

(午) 肉刑复兴问题;(未) 以赃定罪问题;(申) 赦罪当否问题

乙、民法方面

(子) 婚姻问题;(丑) 别籍异财问题;(寅) 亲子关系问题

第五章 欧美法系侵入时代

中国法律在东亚诸国之影响（存目）

此书原为杨鸿烈先生在东京大学的博士论文，大概撰成于1935年底，后由上海商务印书馆在1937年初版发行；1971年，台湾商务印书馆重新出版此书；1999年，中国政法大学出版社将其列入“二十世纪中华法学文丛”重新出版；2015年，北京商务印书馆将其收入“中国现代学术名著丛书”重新出版。这里存其目录，内容可参看商务印书馆2015年版。

(一)摹仿唐宋律时代——李太祖及陈太宗两朝

(二)摹仿唐宋元明律时代——黎太祖一朝

(三)摹仿明清律时代——阮世祖一朝

第六章　结论

后魏司法上因种族成见牺牲的大史案

中国法律的史料真多，所谓"汗牛充栋"还不够形容！著者在旧作《中国法律发达史》所列举过的，[①]为数已足惊人！但当时著者还未曾注意到英、法、俄、德、日的探险队在新疆一带所发现搜集的一些《汉律》的木简和唐代《律》、《令》、《格》、《式》的断简与及唐宋各朝所残遗下来的诉状、户籍、家产分单、借钱契约等法律文件，[②]至如《今古奇观》、《红楼梦》一类的小说，《盛明杂剧》一类的戏曲，《江苏歌谣集》一类的民间文学都居然有丰富的法律史料保藏在里面，更是"意想不到"！此外如《嘉庆广西通志》、《光绪顺天府志》、《兰溪县志》、《周庄镇志》一类的地方志里的"风俗门"和《武林掌故丛编》等性质的书竟可发现不少足资民法上间接参考的资料，尤其如《福建省例》、《湖南省例成案》等书的《刑政例》、《人口》、《户律》等更多属于各地方法制的直接史料。由此可见所谓"中国法制史"粗看去似乎其范围很是狭隘，但不知我们若要想有点贡献，便不能不下很大的决心去追摩昔人"皓首穷经"那样艰苦卓绝的精神！著者本文是着手研究中国历史上几千年以来"轰动一时"的司法上的大案件，所

① 参看拙作《中国法律发达史》上册第一章第十四至第十八页。

② 参看拙作《中国法律在东亚诸国之影响》第二十七、八两页。

谓"因种族成见牺牲的大史案"既是法制史的问题,又是史学史的问题;还有一层,中国历史上因种族成见牺牲的大史案为数不少,但这回却算是"破天荒"空前的"第一次";总括一句话说,著者在本文的区区微意,是要想替研究中国法制史的人另辟一条研究司法的重要成案的门径。

这次大史案发生在北朝的后魏,按后魏是中国历史上第一次以外来的鲜卑民族统治中国北部的人民,他们原始的司法情形确不脱野蛮幼稚的状态,如《魏书·刑罚志》所说的"置四部大人坐王庭,决辞讼,以言语约束,刻契记事,无囹圄考讯之法,诸犯罪者皆临时决遗之",都是一般游牧部落民族的普通现象,但是他们历代的君主却异常努力要同化于汉人,所以编纂法典的事业前后竟有九次以上,而设官管理人民的欣讼,其制度尤觉完密。虽"君主之尊"也常常出庭裁判并派使者四出巡察州郡,[①]惟这次因修纂《魏史》竟演出牵连多数无辜的"文字狱"的惨剧出来,使鲜卑好杀的"蛮性"重演一回,现在为眉目清醒起见,将此案的经过分述如下:

罪名:"大逆不道"。

被告人:修纂《魏史》的崔浩等。

终结:"犯大逆者,亲族男女,无少长皆斩。"

刑的执行:在今山西省大同地方。(按,大同即后魏的首都平城,据《魏书》卷二《太祖纪》说太祖道武皇帝的"天兴元年——即晋安帝隆安二年,西历三九八年——秋七月迁都平城",到孝武帝太和十九年——即南齐武帝建武二年,西历四九四年——才迁都河南省的洛阳。)其时为后魏世祖太武皇帝托跋焘太平真君十一年(据李兆洛《纪元编》卷中即为南朝宋文帝元嘉二十七年——西历四百五十年)。

此案的事实为修纂《魏史》,刘知几的《史通·古今正史》有说:

《元魏史》道武时始令邓渊著《国记》,惟为十卷,而条例未成,暨乎明元,废而不述。神麚二年又诏集诸文士崔浩、浩弟览、高谠、邓

① 参看拙作《中国法律发达史》上册第十一章第二百四十五页。

颖、晁继、范亨、黄辅等撰国书为三十卷。又特命浩总监史任务从实录，复以中书郎高允、散骑侍郎张伟并参著作，续成前史，书叙述国事无隐所恶，而刊石写之，以示行路，浩坐此夷三族，同作死者百二十八人，自是遂废史官。

从这段话看来，自修史起到史案的发生为止实已经历三朝：太祖道武皇帝托跋珪——太宗明元皇帝托跋嗣——世祖太武皇帝托跋焘。

又太祖在位建号登国共十年，皇始二年，天兴六年，天赐六年；太宗在位建号永兴共五年，神瑞二年，泰常八年；世祖建号始光共四年，神䴥四年，延和三年，太延五年，太平真君十一年。所以从后魏开始修纂本期历史起计算到史案发生的时候为止大约相隔有六十六年（以上根据《魏书·本纪》，但李兆洛《纪元编》卷中则与此稍有不同，即从晋孝武帝太元十一年起到南朝宋文帝元嘉二十七年——西历三八六年至四五〇年——只共六十四年）。若从神䴥二年（宋文帝元嘉六年，西历四二九年）崔浩修史起到太平真君十一年（元嘉二十七年，西历四五〇年）被杀止，其酝酿期间也在二十一年左右，这位所谓“主犯”的崔浩是怎么样的一个人？《山东通志》很简单的说：

字伯深，武城人。①

其余的记载便与李延寿的《北史·崔宏列传》（子浩），并同于《魏书》的《崔浩传》，②按《魏书》说：

崔浩……少好文学，博览经史，玄象阴阳百家之言，无不关综，研精义理，时人莫及。弱冠为通直郎，天兴中给事秘书转著作郎。……初，太祖诏尚书郎邓渊著《国记》十余卷，编年次事，体例未成，逮于太宗，废而不述，神䴥二年诏集诸文人撰录国书，浩及弟览、

---

①《山东通志》卷之二十八。

②《北史》第二十一卷《崔宏列传》（子浩）。

高谠、邓颖、晁继、范亨、黄辅等共参著作，叙成《国书》三十卷。……①

这部所谓《国书》的《后魏史》的内容和被人告发的经过就如前书所述：

初，郄标等立石铭刊《国记》，浩尽述国事，备而不典，而石铭显在衢路，往来行者，咸以为言，事遂闻，发有司按验。

原来在这惨案发生之前——

著作令史太原、闵湛、赵郡、郄标素谄事浩，乃请立石铭刊载《国书》，并勒所注"五经"，浩赞成之，恭宗善焉，遂营于天郊东三里方百三十步，用功三百万乃讫。……

同书《高允传》也说：

是时著作令史闵湛、郄标性巧佞，为浩信待，见浩所注《诗》、《论语》、《尚书》、《易》，遂上书言马、郑、王、贾虽注述六经，并多疏谬，不如浩之精微，乞收境内诸书藏之秘府，班浩所注，命天下习业，并求敕浩注《礼》、《传》，令后生得观正义，浩亦表荐湛有著述之才。既而劝浩刊所撰《国史》于石，永垂不朽，欲以彰浩直笔之迹。允闻之，谓著作郎宗钦曰："闵湛所营分寸之间，恐为崔门万世之祸，吾徒无类矣！"未几而难作。……②

是崔浩一时为虚荣心所驱使，才采纳属下宣传的建议，这是何等的愚笨！所以李延寿的《北史·崔宏传》(子浩)说：

……国事备而不典，而石铭显在衢路，北人咸悉忿毒，相与构浩于帝③。

① 《魏书》卷三十五《崔浩传》。

② 《魏书》卷四十八《高允传》，又《北史》第三十一卷《高允传》并同。

③ 《北史》第二十一卷《崔宏列传》。

这是说他老实不客气的记载鲜卑人的幼稚鄙野，所以才引起种族间重大普遍的恶劣感情，不过原书的内容究竟如何，已在不可知之数，现只就在史案发作大屠杀之后北齐魏收所撰的《魏书·序纪》来加以推测，如说：

……昌意少子受封北土，国有大鲜卑山，因以为号。……

黄帝以土德王，北俗谓土为“托”，谓后为“跋”，故以为氏。……

初，圣武帝尝率数万骑，田于山泽。欻见辎軿自天而下，既至见美妇人侍卫甚盛，帝异而问之，对曰：“我天女也，受命而偶。”遂同寝宿，旦请还曰：“明年周时，复会此处。”言终而别，去如风雨。及期，帝至先所田处，果复相见，天女以所生男授帝曰：“此君之子也，善养视之，子孙相承，当世为帝王。”语讫而去，子即始祖也。①

又说：“积六七十代至成皇帝”，又五传而至宣帝，“南迁大泽，方千余里，厥土昏冥沮洳，谋更南徒，未行而崩。”据吕思勉氏的解释如下：

如今的西伯利亚从北纬六十五度以北号为冻土带；自此以南，到五十五度为森林带；更南的平地号为旷野带；又南为山岳带，就着西伯利亚和蒙古的界山。冻土带极冷，人不能生活的地方极多；森林带多蚊虻；旷野带虽沃饶，然而正是《北史》所说“昏冥沮洳”之地；拓跋氏最初所居，似系冻土带；因不堪生活的困难而南徙，又陷入旷野带中；后来才越过山脉，而到如今的外蒙古就是所谓“匈奴故地”了。②

这自可备一说，惟后魏人自称为黄帝的后裔，当然出于假托附会，沈约的《宋书》却另有说明：

索头虏姓托跋氏，其先汉将李陵后也，陵降匈奴有数百千种，各

---

①《魏书》卷一《序纪》第一。

②《白话本国史》第二篇第三十五页。

立名号，索头亦其一也。[1]

这话出自敌国史家之口，恐不免出于误传，所以两说都不可靠。总而言之，以“多忌讳”、“善粉饰”的魏收记述后魏的历史尚且如此的“言不雅驯”，何况是“不迷信”、“排斥佛老”的纯粹儒名的崔浩，当然要“据事直书”，无所隐讳。原来崔浩的见完全是汉朝的儒家的思想，据《魏书·崔浩传》说他：

性不好庄老之书，每读不过数十行，辄弃之曰：“此矫诬之说，不近人情，必非老子所作，老聃习礼，仲尼所师，岂设败法文书以乱先王之教？袁生所谓家中筐箧中物，不可扬之王庭也。……”[2]

他和天师寇谦之的交情颇好，所以很出力的排斥佛教，于是就发生太平真君七年——宋文帝元嘉二十三年，西历四四六年——大毁佛法的举动[3]。据本传说：

浩非毁佛法，而妻郭氏敬好释典，时时诵读，浩怒，取而焚之，捐灰于厕中！

又说：

浩既不信佛道，（崔）模深所归向。每虽粪土之中，礼拜形像，浩大笑之，云持此头颅不净处跪，是胡神也！

何况他的“种族之见”又很强，李延寿的《北史》记载他父亲的事实：

始（崔）宏因符氏乱，欲避地江南，为张愿所获，本图不遂，乃作诗以自伤，而不行于时，盖惧罪也。浩诛，中书侍郎高允受勅收浩家书，始见此诗。允知其意，允孙绰录于允集[4]。

---

① 《宋书》卷九十五《列传》第五十五。

② 《北史》大同小异。

③ 参看《魏书》卷四下《世祖纪》第四下“七年春三月”条。

④ 《北史》第二十一卷《崔宏列传》。

这些话是不见于魏收的《魏书》，即以《魏书》的本传来说，崔浩对于北征每次就都决胜，对于南征每次都加阻挠。又形容他：

纤妍洁白如美妇人，而性敏达，长于谋计，常自比张良，谓己稽古过之。

所于这位“张良第二”的惨死，《焦氏笔乘》就以为他有政治上的阴谋，如说：

浩修《国史》，直笔乃其职耳，惟是刊石衢路，若为可罪，然何至赤其族哉！及阅《宋书·柳元景传》云：“柳光世为索虏折冲将军河北太守，其姊夫为司徒崔浩，虏之相也，虏主拓跋焘南寇汝颍，浩密有异图，光世要河北义士为浩应，浩谋泄被诛，河北大姓坐连谋，夷灭者甚众。”然后知浩受祸之酷，自有其故，特因史事发耳。

考沈约《宋书·柳元景传》说：

柳元景字孝仁，河东解人也。……

元景从祖弟光世，先留乡里，索虏以为折冲将军，河北太守，封四陵男。光世姊夫为司徒崔浩，虏之相也。元嘉二十七年，虏主胜跋焘南寇汝颍，浩密有异图，光世要河北义士为浩应，浩谋泄被诛。……①

宋文帝元嘉二十七年即为太平真君十一年，是崔浩的死，或与此项阴谋不无关系。又据前书《文帝本纪》说：

元嘉二十七年二月辛巳，索虏寇汝南诸郡，陈、南顿二郡太守郑琨，汝南、颍川二郡太守郭道隐委守走，索虏攻悬瓠城，行汝南郡事陈宪拒之。……②

《索虏传》叙述此次战役较为详细，如说：

---

①《宋书》卷七十七《列传》第三十七。

②《宋书》卷五《本纪》第五。

二十七年焘自率步骑十万寇汝南,(中略)攻城四十二日不拔,死者甚多,……乃委罪大将,多所斩戮,倍道奔走,太祖嘉宪固守。……①

大概崔浩等的惨死,也不过是出于托跋焘战败迁怒,因而演成人类屠杀的一幕悲剧罢了。这次大屠杀是怎样开始的呢?《魏书·崔浩传》说:

……及浩幽执,置之槛内,送于城南,使卫士数十人溲其上,呼声嗷嗷,闻于行路,自宰司之被戮辱,未有如浩者!……

浩收秘书郎吏及长历生数百人意状,浩伏受赇,其秘书郎吏已下尽死。……

真君十一年六月诛浩,清河崔氏无远近,范阳卢氏、太原郭氏、河东柳氏皆浩之姻亲,尽夷其族。

李延寿《北史》所述并同,惟《魏书·世祖本纪》只简单的记载:

太平真君十一年六月己亥诛司徒崔浩②。

这样就不曾提及"族诛",据前书《刑罚志》说:

昭成帝建国二年,犯大逆者,亲族男女无少长皆斩③。

又说:

神䴥中诏司徒崔浩定律令④,……大逆不道腰斩,诛其同籍,年十四以下腐刑,女子没县官。……

是崔浩所受的刑事处分并非是依据自己所起草的比较有限度的"连坐"的新法律,乃是最原始、最野蛮的"恶法"的复活与作祟。致使崔氏全族都成"馁而"的鬼魂,并且株连到卢、郭、柳的三大民族,甚至"以苦工谋

---

① 《宋书》卷九十五《列传》第五十五。

② 《魏书》卷四下《世祖纪》第四下,又《北史》卷二《魏本纪》第二并同。

③ 《魏书》卷一百一十一。

④ 另据《魏书》卷四上《世祖纪》第四上说:"神䴥四年冬十月戊寅诏司徒崔浩改定律令。"

生活”的秘书郎吏也都要“斩草除根，一网打尽”！真是全无一点人性！直到满清盛时，还有三番两次的“《明史》案”，也是杀到“母老、妻壮、子幼”的刻字匠头上！是所谓“神明华胄”的汉族，其生命真是“鸡犬之不如”！

这次大史案的一百多个牺牲者的姓名事迹在今日还可考见的已寥寥无几！除崔浩已在上面说过之外，如——

崔恬　据《北史·崔宏传》说：“浩弟简，……简弟恬，字叔玄，小名白位，豫州刺史，爵武阳侯，坐浩伏诛。”

闵湛　《山西通志·文学录》引《太原府志》说：“闵湛太原人，为著作令史，崔浩荐有著作之才，拜中书，博士，后与浩同被难。”①

宗钦　《魏书·宗钦传》说：“……崔浩之诛也，钦，亦赐死。……”②

其有虽参与撰述而却在案发前“先死”且还幸不曾遭遇像满清那样“戮尸”的惨酷刑罚的如：

邓颖　据《魏书·邓渊传》说：“子颖，袭爵为太学生，稍迁中书侍郎。世祖诏太常崔浩集诸文学撰述《国书》，颖与浩弟览等俱参著作事。……延和三年(宋元嘉十一年)从征胡贼白龙还，卒于路，谥曰文恭。”③

张伟　《魏书》本传说：“张伟字仲业，小名翠螭，太原中都人也。伟学通诸经；讲授乡里。……世祖时与高允等俱辟命中书博士，……卒赠征南将军，并州刺史。……”④

又有完全“邀天之幸”得保头颅的如：

崔颐　《魏书·崔逞传》附子颐说：“颐字泰冲。”⑤

崔模　《魏书·崔玄伯传》说：“崔模，字思范。”⑥据《崔浩传》说：

---

①《山西通志》卷一百五十四《文学录》。

②《魏书》卷五十二《宗钦传》。

③《魏书》卷二十四《邓渊传》。

④《魏书》卷八十四《儒林·张伟传》。

⑤《魏书》卷三十二《崔逞传》。

⑥《魏书》卷二十四《崔玄伯传》。

始浩与冀州刺史颐、荥阳太守模等年皆相次，浩为长，次模，次颐，三人别祖，而模、颐为亲，浩恃其家世魏晋公卿，常侮模、颐，模谓人曰："桃简正可欺我，何合轻我家周儿也！"浩小名桃简，颐小名周儿，世祖颇闻之，故诛浩时，二家获免。

崔宽　《魏书·崔玄伯传》附传和李延寿《北史·崔宏传》都说：

清河崔宽……字景仁。……初宽通款见浩，浩与相齿次厚存接之，及浩诛，以远来疏族，独得不坐，遂家于武城，居司空林旧墟，以一子继浩。……

柳光世　《宋书·柳元景传》说："光世姊夫崔浩……谋泄被诛，河东大姓坐连谋，夷灭者甚众，光世南奔得免，太祖以为振武将军……"①

高允　《山东通志·人物》②和《畿辅通志》③并节录《魏书》本传说：

高允字伯恭，渤海人也。……年十余奉祖父丧，还本郡，推财与二弟而为沙门，名法静，未久而罢。……

凉州平，以参谋之勋，赐爵汶阳子，加建武将军，后诏允与司徒崔浩述成《国记》，以本官领著作郎。……

初，浩之被收也，允直中书省，恭宗使东宫侍郎吴延诏允，仍留宿宫内，翌日恭宗入奏世祖，命允骖乘至宫门，谓曰："入当见至尊，吾自导卿，脱至尊有问，但依吾语。"允请曰："为何等事也？"恭宗曰："入自知之。"既入见帝，恭宗曰："中书侍郎高允自在臣宫同处，累年小心密慎，臣所委悉，虽与浩同事，然允微贱，制由于浩，请赦其命。"世祖召允谓曰："《国书》皆崔浩作不？"允对曰："《太祖记》前著作郎邓渊所撰，《先帝记》及《今记》，臣与浩同作，然浩综务处多，总裁而

①《宋书》卷七十七《列传》第三十七。

②《山东通志》卷之二十八《人物》。

③《畿辅通志》卷一白九十七《列传》五河间府。

已，至于注疏，臣多于浩。"世祖大怒曰："此甚于浩，安有生路?"恭宗曰："天威严重，允是小臣迷乱失次耳，臣向备问皆云浩作。"世祖问："如东宫言不?"允曰："臣以下才，谬参著作，犯逆天威，罪应灭族。今已分死，不敢虚妄，殿下以臣侍讲日久，哀臣乞命耳，实不问臣。臣无此言，臣以实对，不敢迷乱。"世祖谓恭宗曰："直哉！此亦人情所难，而能临死不移，不亦难乎？且对君以实，贞臣也，如此言宁失一有罪，宜宥之。"允竟得免。于是召浩前使人诘浩，浩惶惑不能对，允事事申明，皆有条理，时世祖怒甚，敕允为诏，自浩已下僮吏已上百二十八人皆夷五族，允持疑不为，频诏催切，允乞更一见然后为诏，诏引前，允曰："浩之所坐若更有余衅，非臣敢知，直以犯触罪，不至死。"世祖怒命介士执允，恭宗拜请，世祖曰："无此人忿朕，当有数千口死矣！"浩竟族灭，余皆身死，宗钦临刑叹曰："高允其殆圣乎！……"①

此外还有能在崔浩盛时不"趋炎附势"而得"明哲保身"的如——

张湛　据《大清一统志》甘肃省安西府《人物》说："张湛字子然，一字仲元，敦煌人，弱冠知名凉土。…… 司徒崔浩识而礼之。……湛至京师，家贫不立，操尚无亏，浩荐为中书侍郎，湛知浩必败，固辞，每赠浩诗颂，多箴规之言。……"②

平心讲来，后魏君主对这次大史案的裁判实在是"借题"发挥其鲜卑至上主义而已，所以崔浩等人死的实在是冤枉，高允就说过：

……夫史籍者帝王之实录，将来炯戒。今之所以观往，俊之所以知今，是以言行举动，莫不备载，故人君慎焉。然浩世受殊遇，荣曜当时，孤负圣恩，自贻灰灭，即浩之迹，时有可论；浩以蓬蒿之才，荷栋梁之重，在朝无謇谔之节，退私无委蛇之称，私欲没其公廉，爱憎蔽其直理，此浩之责也；至于书朝廷起居之迹，言国家得失之事，

① 《魏书》卷四十八《高允传》。

② 《大清一统志》卷之二百十三甘肃省安西府《人物》。

此亦为史之大体，未为多远……①

又这次族诛连坐的范围过于广大，愈显露其鲜卑族“残忍嗜杀”的蛮性。本来就在汉民族的春秋战国时代也就很为流行，所以孙星衍《周书罪不相及论》有说：

考族诛连坐之法起于秦文武公②。

到了前汉，这种“恶法”竟取得理论上的根据，如桓宽《监铁论》的《周秦篇》记“御史”的话说：

……一室之中，父兄之际，若身体相属，一节动而知于心。

这是家族关系密切的理由，还有“族诛连坐”足以实现恐吓主义的理由，如说：

……彼以知为非罪之必加，而戮及父兄，必惧而为善，故立法制辟，若临百仞之壑，握火蹈刃，则民畏忌而无敢犯禁矣。……

这些理由“似是实非”！前书就记“文学”驳“御史”的话说：

……今以子诛父，以弟诛兄，亲戚小坐，什伍相连，若引根本之及华叶，伤小指之累四体也，如此则以有罪诛及无罪，无罪者寡矣！……

丘濬《大学衍义补》所说尤极沉痛！如——

古者五刑极于大辟死，一身之外无余刑也，至秦人始有三族之法，罪及于妻子同产，夫以一人之有罪，而其妻子固无罪也，况一族乎？父之族同一气脉之相传。且犹不可，又况于母族妻族乎？是人家以一女子适人之故，而累及其一家一族，无辜而至于绝宗殄祀，若推其类而至于义之尽，则生女可以不举矣，使家家皆惩之而不举，则

①《魏书》卷四十八《高允传》。

②《平津馆文稿》卷上。

人类不几于绝乎？……①

这种道理就在史案发生的后魏时代也就感悟得到，如《魏书·高祖本纪》就记载：

延兴四年六月诏曰："……下民凶戾，不顾亲戚，一人为恶，殃及合门。朕为民父母，深所愍悼，自今以后非谋反大逆干纪外奔，罪止其身而已。"

这样，所以从秦汉以来直到满清，"族诛连坐"始终不曾废除，就成为"中国法系"莫大的污点②。还有从崔浩惨案之后，历代史家的忌讳更加深刻，如刘知几《史通·直笔篇》所述：

……齐史之书"崔弑"，马迁之述汉非，韦昭仗正于吴朝，崔浩犯讳于魏国，或自膏斧钺，取笑当时；或书填风坑窖，无闻后世。夫世事如此，而责史臣不能申其强项之风，励其匪躬之节，盖亦难矣！③

由此可见，后魏这次崔浩大史案的影响至为深长久远了。

（原载于《中华法学杂志》1937 年第 8 期。）

---

①《大学衍义补》卷之一百十三《戒滥纵之失》第三、四两页。

② 参看拙作《中国法律思想史》下册第一六八至一七五页。

③《史通·内篇》卷七《直书》。

清代庄史案之重鞫

清人为私撰、私刻或批评明代的历史，不知杀了多少人，流了多少血。重演北魏崔浩所蒙受的惨劫！现在先述那桩“凄绝人寰”、“冤沉海底”的《庄史案》，为眉目醒豁起见，暂分以下数节说明：

被控时间：在清圣祖康熙元年——西历一千六百六十二年。（或说在世祖顺治十八年，较前说早一年，也有说在康熙二年，现暂定为元年。）

被诬罪名：“大逆不道”。

无辜受害者：浙江吴兴县南浔镇人庄廷鑨父子及其他二百余人。（此据钮玉樵《临野堂别集》所述，另据顾炎武《亭林文集·书吴潘二子事》说：“所杀七十余人”，全祖望《鲒埼亭集·江浙两大狱记》说：“死者七十余人”，《查东山年谱》附刊翁广平《书湖州庄氏史狱》也说：“死者七十余人”，似“七十余人”较确。但当时“一鼎同沸”，牵连很广，恐怕还不只此区区之数，但以浙江南浔和江苏吴江籍的人为多，因“南浔镇在浙江吴兴县东运河滨，与江苏吴江县接境，水陆四达”——《中国古今地名大辞典》第五九九页）。

执行地点：浙江杭州。

本案事实的经过：

按《庄史》一案，王先谦编的《东华录》顺治康熙朝固然不见记载，就是北平故宫博物院出版的《文字狱档》、《文献丛编》等也只发表乾隆朝以后的事，稻叶君山《清朝全史》材料最称丰富，但对此次史案不提一字，萧一山《清代通史》沿袭全祖望以来的错误，简略已极！汪荣宝《清史讲义》更只有寥寥的五行，现根据各书详述如下：

庄廷鑨：杨凤苞《秋室集》卷五《记庄廷鑨史案本末》说："庄字子襄，先世吴江人，其祖始迁居乌程之南浔。父允城(一作胤城)字君维，廷鑨其长子也"。顾炎武《文集·书吴潘二子事》说他"目双盲，不甚通晓古今，以史迁有'左丘失明，厥有国语'之说，奋欲著书。其居邻故明国辅朱国桢家，有旧史稿本，廷鑨得之，乃招致宾客，日夜编辑为《明书》"。

这位以"左丘明第二"自命的庄廷鑨又像那位以"张良第二"自命的崔浩掀动了滔天的大祸。另据《痛史》第四种《庄氏史案》所收陈寅清《榴龛随笔》说："乌程朱文肃国桢致政家居，留心史事，所著有《大事记》，其已付剞劂者，谓之《史概》，未刻者尚多也，秘藏于家，后因寇盗，有庄氏赁朱氏之居，其子子相、廷鎏偶见此书，窃为己有，招集知名之士，妄以己意增损于其间，而朱氏原本遂汨没矣"。

按"廷鎏"或"廷銮"都是"廷鑨"之误。全祖望《鲒埼亭集·江浙两大狱记》说：

> 明相国乌程朱文恪公尝著《明史》，举大经大法者笔之，已刊行于世，未刊者为《列朝诸臣传》，国变后，朱氏家中落，以藁本质千金于庄廷鑨，廷鑨家故富，因窜名己作刻之。(《清稗类钞》、柳诒徵《中国文化史讲义》第三册七十五页并同)

《国粹学报》第二十二期陈去病《吴节士赤民先生传》也有说：

> ……庄胤城者，家富居乌程之南浔，与故相朱国桢府第邻，相国生时，故撰史稿殊众，殁后其裔贫不自存，则举而质之庄，庄子廷鑨得之喜甚，因更予千金市其书，益聘名士足成之，为《明书略》。

按以上所述，都不尽确，据《榴龛随笔》说：

……子相既死，乃父君维胤城于镇北圆通庵召匠刻之，凡五年而告成，号曰《明书》，不知利害，冒昧从事，且自以为不世之业，夸张其事，一时趋附，厕名于其间，岂知遂召大祸也？先君子每扼腕太息曰："可惜文肃公一生心血，付之东流，然取非其有，立名非真者，定有奇祸，天理昭昭，可畏也！"

谢国桢《顾宁人先生学谱》有说：

先是朱文肃公国祯撰《明史》既成，有《明大政记》、《大训记》、《大事记》及开国、逊国诸臣二列传，阙天启崇祯二朝史事，南浔庄廷鑨乃招积学之士，续天启、崇祯两朝事，名曰《明书辑略》。（第一百四十四）

按《明史》卷二百四十《朱国祚传》附："朱国祯字文宁，乌程人"，官至文渊阁大学士，崇祯五年卒。《四库总目》"史部"、"编年类存目"有明朱国桢撰《大政记》三十六卷，《提要》说：

是书始洪武元年戊申，终隆庆六年壬申，编年记载，繁简多有未当，殊乏史裁。

谁料得这位朱相国的遗著，竟成为庄廷鑨等人"杀身灭门"的张本呢？

庄廷鑨等所编《明书辑略》的内容怎样呢？

据全祖望说：

补崇祯一朝事，中多指斥昭代语。

费之穉《恭庵日记》说：

廷鑨购得此书稿，乃聘诸名士，群为删润论断，其未备采乡先达茅瑞征《五芝纪事》及明末《启祯遗事》。

杨凤苞说：

……仍署朱史氏，又续参天启、崇祯两朝事。

《研堂见闻杂记》说：

其所续烈皇帝朝诸传，于我朝龙兴事有犯。

《榴龛随笔》说：

朱氏之书，至启、祯两朝而止耳，窃之者子相也，续之者所聘诸子也。……

或问逆书致罪之由，余不知其细，但闻之前人曰："如书中所云王某孙壻，即清之德祖；所云建州都督，即清之太祖也，而直书名。"又云："长山衂而锐士饮恨于沙磷，大将还而劲卒销亡于左衽"，如此之言，散见于李如柏、李化龙、熊明遇传中；又指孔耿为叛；又自丙辰迄癸未俱不书清年号，而于隆武、永历之即位正朔，必大书特书；其取祸之端有如此，况无志、表、帝纪、世家，止有列传，即王阳明一传有上下卷，共三百余页，其冗长无体裁可知已，所谓三长五难者安在也。

朱邦彦《庄史案辑论》说以上各家——

所见既互有出入，又未得确切指证，皆不敌《榴龛随笔》之足供研究。虽榴龛于无帝纪之下，详及隆武、永历之即位正朔，又谓朱氏之书至启、祯两朝而止(并见《随笔》)，亦自有可疑之处，而其更无所据以辨正，则惟有疑以传疑矣。

孟森《清朝前纪·叙言》又有说：

清一代在入关之初，以关外事实为忌讳，如清太祖名奴儿哈赤，夫人而知之也，然而南浔《庄史案》则以载入《奴儿哈赤》之名，为大逆不道。……

第一篇《满洲名称考》又说：

……南浔《庄史案》以有王杲之名，为罪状之一端。……(第二页)

第二篇《清朝前纪之纲领》说：

……王杲为建州都指挥，在明嘉靖间，其女为太祖之母，明人多称清太祖为王杲余孽。……（第六页）

第十一篇《显祖纪》（他失或塔失）第九说：

显祖为王杲女夫。……

又南浔《庄史案》一书，中言或问逆书致罪之由，余不知其细，但闻之前人曰，如书中所云王某孙婿即清之德祖，所云建州都督即清之太祖也，而直书名云云，此为庄廷鑨罪状之一，记史案者颇恍忽其辞，德祖自即显祖，王某自即王杲，显祖为王杲壻，而云孙壻，以王杲之子阿台为景祖孙壻，则论其辈行，景祖之子亦当为王杲孙壻，但不必然也。……（第一百五页）

第十三篇《王杲阿台纪》十一说：

嘉靖中叶以后之女真，海西为盛，建州则清之景祖始见纪载，而尚役属于同部后起之悍酋王杲。……（第二百十三页）

据谢国桢《晚明史籍考》卷十六说：

庄氏原书，闻江南巨室藏有吕葆中钞本，藏残书本，安得重发其原书，其快为何如耶？……

实在的！我们都有这样的同感，很盼望江南藏书家不要再把此书作为“枕中秘”，使这个二百多年来的“谜”早点揭穿了。

这书何时始被人告发呢？

据陆莘行《秋思草堂遗集·老父云游始末》记她父亲陆圻和此事的关系如下：

康熙元年壬寅春二月，父友王于一者，自闽至浙，寓昭庆寺，忽疾作，父亟为调治，昼夜不息，王竟不起，父为敛资棺殓，并出床头十金，令其仆扶柩归里，偕同人送至江浒，有为父言湖州庄姓者，所著秽史，抵触本朝，兼有查、陆、范评定姓名，大为不便，父曰：“风马牛不相及也，何得有此?”归家，自思范君文白远隔海昌，不及相闻，查君伊璜，住居不远(所居俗名黄泥团)，何不一询？因往查，查适他出，父入书室，见案头果有此书，查归，父谓之曰：“此何物？尚置是耶？若不早图，祸将作矣”。因即具牒文宗，行文湖郡教谕赵君宋查验，赵至庄，始知作书者名龙，系瞽目，已故，无子，父某，弟廷月，即碎其板，计六十四叉口，贮于府库，板虽碎而书已行矣。

另据费之稺《恭庵日记》说陆圻因“即以三人列名参订不相闻，且未见书，其检明呈于学道胡尚衡，批湖州府学查报”，“时教授温州赵君宋极生事害人，即刻买书一部，命本学廪生某，为之检阅磨勘，摘出数十条，榜学门，又为通详”。这回庄允城着了忙，据杨凤苞《记庄廷鑨史案本末》记说：

允城上下行贿，窜易书中忌讳处，改刊数十页，仍然印行。

这是此书第一次惹起社会人士的注意。但一波未平一波扬，随后又出两个坏蛋——李廷枢、吴之荣，藉此“恐吓取财”，据《庄史案本末》说：

初，廷枢任督粮道，之荣任归安县知县，以对揭赃款，各坐绞罪系狱，遇赦得出。

《恭庵日记》说：

廷枢闻赵君宋发庄事，亦买书一部。

会湖州知府陈永命其分房所取士也，以书授之，谓奇货可居？永命得贿，命将《明书》版贮库，检原书还李，而李竟无所获，复以书授之荣，盖赦后复相好结姻也。吴挟以诈庄，庄不应，遂构镇浙将军柯奎，庄托府诸生徐秩三名典者，转央松江提督梁化凤致书馈礼于柯，事竟解。(参阅《记庄史案本末》)

这是人类最耻辱的阴谋史之一页，也是中国《官场现形记》的缩影！吴之荣“一不做，二不休”，离开湖州，往北京告御状，据《老父云游始末》

说他“抱书击登闻鼓以进”，但《书庄氏史狱》却说他“上之四大臣”，于是清廷便派满侍郎罗多等到湖州查办。另据全祖望说：

……岁癸卯，归安知县吴之荣罢官，谋以告讦为功，藉此作起复地，白其事于将军松魁，魁移巡抚朱昌祚，朱牒督学胡尚衡，廷鑨并纳重赂以免，乃稍易指斥语重刊之，之荣计不行，特购得初刊本上之法司，事闻，遣刑部侍郎出谳狱。

按朱襄廷《庄史案辑论》有说：

李廷枢闻赵君宋发庄事，亦买书一部，后由廷枢转交之荣，……则之荣此书，并非计不行之后始购得也。盖谢山已合允城、廷鑨为一人，合君宋榜门通详与之荣索诈为一事，而又不知之荣之书所由来故耳。（第二十五页）

总之，赵君宋是掀动这一大冤案的负责人，后来他也被杀，殊不足惜。吴之荣诚为“无耻小人之尤”，所以才肯干这样的下流勾当。

这幕悲剧是怎样开演呢？

这样案子如果发生在康熙主持国政的时候，那么以“圣祖称”的康熙必不致处分得这样的残酷恶辣！可惜那时康熙还在七八岁的幼龄，一切事件的处置都在四个满人摄政手里，所以朱邦彦《庄史案辑论》就有说：

是时康熙初改元，暴戾恣睢之鳌拜实长国政，其余顾命大臣亦不尽通晓文字，兼之满汉之见尚未泯绝，祸机一发，我汉人之有立于朝者，皆噤若寒蝉，惟恐波及。

因此便“小题大作”，成为“星星之火，可以燎原”之势！据清朝“谋反大逆罪”在《大清律》卷二十三《刑律·贼盗》所规定的全同《大明律》卷十八《刑律·贼盗》，原文如下：

凡谋反及大逆，但共谋者不分首从皆凌迟处死；祖父父子孙兄弟及同居之人不分异姓及伯叔父兄弟之子，不限籍之同异，年十六以上不论笃疾废疾皆斩；其十五以下及母女妻妾姊妹若己之妻妾，给付功臣之家为奴,财产入官;若女许嫁已定,归其夫;子孙过房与人及聘妻未成者,具不追坐。……(参看拙作《中国法律发达史》下册第九百五十九页及八百零三页)

依据这款残酷法律的规定,其执行的结果怎么样呢?现先说作史的庄家——

本案的主要人庄廷鑨在被告发时早已死去,依中国法律的惯例,还要“剖棺戮尸,灰其骸骨”。(见《浙江南浔县志》采善田《张氏族谱》,又见《庄史案本末》、全谢山《鲒埼亭集》)《老父云游始末》也有说:

……发庄龙冢,冢前有坊曰“才高班马”,棺内富丽之甚,衣寿字绛衣,颜色如生,刽以刀碎其首,脑出,溅刽喉中,立死,是时天昏地暗,日色无光。

其父“庄允城瘦死北京,剉尸”。(见《恭庵日记》)

其弟庄廷钺凌迟。《榴龛随笔》为之鸣不平说:

受其子临终之嘱,而必欲刻之者,君维也,与其幼子左黄钺无与也。左黄一纨袴少年耳,当科试不得意,其妻为买妾以娱之,建百尺楼于后圃,杂蓺花木,日与文士豪饮于其中,刻《百尺楼诗草》,乃父闻之,弗善也;后为兵备使者所赏,相见留茶款语,父乃大悦。及父就逮,左黄随护维谨,及见司败,已喑不能言,乃头触狱门而死。

“触狱门而死”的话恐不甚确,另据《老父云游始末》说:

庄龙父服毒先死,弟庭月凌迟,月妻潘氏给边,幼子亦斩。

按光绪三十一年《修订法律大臣奏请变通现行律例内重法数端折》有说:

……凌迟之刑唐以前无此名目,始见于《辽史·刑法志》,辽时刑多惨毒,重刑有车轘炮掷诸名,而凌迟列于正刑之内。

……戮尸一事惟秦时成蟜军反,其军吏皆斩戮尸,见于《始皇本纪》,此外无闻,历代《刑志》并无此法,《明律》亦无戮尸之文。……

刑至于斩，身首分离，已为至惨，若命在顷忽，菹醢必令备尝，气久消亡，刀锯犹难幸免，揆仁人之心，当必惨然不乐。谓将以惩本犯，而被刑者魂魄何知？谓将以警戒众人，而习见习闻，转感召其残忍之性。（参看拙作《中国法律发达史》下册第九百四十五页第六百五十二、三两页）

这话说得很好。此外庄允堺和他的儿子廷镳、廷鎏、廷镜、廷铣等十八人皆论死（见《查东山年谱》附刊的翁广平《书湖州庄氏史狱》）。至于庄家侥幸生存的据上文说：

廷钺三岁子绳武，乳母朱姓，或曰谢姓，以珠笼匿之，遁迹松江。马要、沈修若匿廷钺一子于家，其外孙也。吴楼、马价人从槛车夺廷镳少子，认为己子，逻卒并逮价人三，受三木之刑无异辞，遂率以去。廷鎏长子遣戍沈阳，零泽、沈镰至戍所，设奇策归之。

据《大清会典》卷五十三“刑部”有“发遣”的规定如下：

发往吉林、黑龙江、伊犁、迪化等处酌量地方大小均匀安插，分别当差为奴（参看拙作。《中国法律发达史》下册第九百三十五页）

这是庄家的结局，次说作序的李家——

李令晳　他的生平据陆心源纂的《归安县志》（《陆潜园汇刻》）卷第四十九《杂识》说：

字霜回，归安人，有能文声，以长兴籍中天启四年举人，……崇祯十三年成进士，授江阴知县。……宏光时擢礼部仪制司主事，史阁部开府扬州，设礼贤馆，令晳与焉，国亡归里。……

又据《恭庵日记》和《记庄史案本末》说：

庄允城薄（费）韫生无文名，属意李霜回令晳，令晳之次子宏士礽焘系左黄（即庄廷钺字）同社，以四币十二金乞礽焘转为之请，礽焘减其半呈父，乃假手陶子固铸代作焉。

令晳当狱急时，人皆嗾其指陶，令晳曰：“无益于我，徒损彼耳”。

遂坚自认。

结果——

李令皙以撰《序》坐凌迟,并僇其子四人。(见全祖望《江浙两大狱记》)

其二弟,次名云木,……三某素有疾,赤贫,李之家人豚犬视之,亦同诛夷。(《恭庵日记》)

其幼子年十六,法司令减供一岁,例得免死充军,对曰:"余见父兄死,不忍独生!"卒不易供而死。

这样的凄惨壮烈,简直和董康的《书舶庸谭》卷四所译日本《名人辞典·丰臣秀次传·秀次被诛家族名册》一样的同为"人类不如禽兽的大屠杀",如说:

文禄四年八月二日清晨聚乐城中,秀次之子女及姬侍三十余人,载以槛车,辞昔居之华邸,赴广漠之郊原。……

行刑之时,先斩子女,后及姬侍,诸姬皆咏《辞世歌》,镇定如常时,毫无儿女子惊惧之色,知其已达觉悟之程,凄怆之极也!……

刽子年约五旬,有须状颇狞恶,见姣好之世子,提之若狗,刺以二匁!……凡戮三十余人,河流皆赤。……(第三十至四十页)

李家侥幸生存的,据《恭庵日记》说,共有二人:

令皙长孙书垂,年二十余应斩,陈紫崧与费恭庵谋,费赀改名王纶,又买金佩源假姓王,认之为侄,令其母姚氏认为继子,佩源数受刑讯,死不改口,得免死充军。又宏士一子,方五六岁,为王大才妻所乳,当捉时幸逃出。

次说毫无关系平白受诬惨死的朱家——

朱峋字佑民,据《榴龛随笔》说:

峋湖滨人,家故微贱,以入赀贡,凡商贾经营,无不贷其金,冀三倍之息,以此自雄,其视令长蔑如也,言利析秋毫,而于文墨之事则无涉也，亦以得罪。归安令指为逆书有名，并其三子俱就逮，家人鸟兽散，封椿库廐，尽入于官，左黄知事不可为，恐累及亲党，遂自呈身，是时部抚司道郡县守令僚佐，俱在浔镇，以民居作公馆者十有二所，闻左黄归，蜂拥之去，绝无他言，惟皈命投诚而已，惟力辨与朱峋父子无涉，始终无异词，当事者莫不伟之。

原来吴之荣“索贶于庄及朱佑明，……两家男子走避，令仆妇婢女群出辱之”。“吴既入都，……补刻‘朱史氏即朱佑明’一条添入书内”。（见《记庄史案本末》并参看《恭庵日记》）

所以庄廷钺虽“力辨与朱峋父子无涉”，但吴之荣却一口咬定这书版心署“清美堂”，并指其家堂匾以证，据陈去病《五十脂》（见《国粹学报》第二十一期）说：

初朱文肃刻书，皆署“清美堂藏版”，庄氏因之，于《纪略》亦署是名，盖欲其画一也。会廷鑨外甥朱佑明以白屋起家，大兴土木，而无钜公长德为之题署，因觅得董思白所书文肃“清美堂”旧榜，款署朱老年亲台，天然巧合，遂加髹而悬焉。逮史祸既作，之荣竟以是额为口实，又以文肃原称之“朱史氏”，谓即佑明也，其实佑明一丁不识，安所得而妄居柱下乎？惟渠渠夏屋，案定后为浙抚范承谟移建万松书院，即今敷文遗构云。

按朱家除“房舍没官”外，其主人翁——

佑明坐凌迟，子念绍、彦绍与克绍及侄绎先皆坐斩。（《记庄史案本末》）

佑明妻徐氏吞金以殉。（见同上）

据《老父云游始末》说：

朱右民临行，妻命婢进参汤一盏，饮之出，凌迟。三子斩。妻闻惊怖立殒，三媳给边。

朱家所以得此灭门惨祸的原因，实在是由于吴之荣“恐吓取财不遂”，但《老父云游始末》却说：

……又朱右明者湖州人，富倍于庄，所生三子，其第三媳苏州申相国家女也。庄索朱货，右民欲不与，长子劝之再三，父命中子以二百金付之，中道而复，庄不遂意，仇口诬扳，故右民见督抚之际，以手自批其颊曰：“老奴悭吝，以至于此！”谓长子曰：“吾害汝”。谓次子曰：“汝自为之，勿吾怨也”。

这话是靠不住的，所以《庄史案辑论》就反驳说：

或是佑明悔不与吴因而误会为悔不与庄耳。庄氏家巨富，无取索货，前则两家共谋绝吴，后则同时被逮，更无所谓仇，此其较然易见者也。

又据《查东山年谱》附刊翁广平《书湖州庄氏史狱》说：

湖广商人某置银桐油簏中，寄诺寺僧，期以五年来取，时朱佑明给使寺中，时市中桐油增价，命佑明售其值以待，佑明发簏视之，取其金骤富，诳僧以掘窖得金。后湖商来索，佑明竟以计杀湖商，兼诣僧，僧曰：“吾为德于尔，杀之不祥！”佑明曰：“大恩难报，舍之不祥”。僧曰：“二十年后与汝了此公案！”说者谓吴即僧也。

这是一段神怪报应的小说，所以菅廷芬即有《书后》一篇说：

佑明之害湖商与僧，僧曰：“二十年后与汝了此公案！”然史案为吴之荣发于顺治辛丑，相传之荣后身即前之僧人，其年数亦相符，则害僧当在崇祯十四五年间，岂有一市侩杀人，人皆侧目而无敢入告有司，任其漏网，则可疑者一。

商之寄银七年，而后来取，则寄银当在崇祯七八年间，时湖湘尚无兵燹，不至道梗难行；至辛巳壬午间，流寇充斥，反欲载宝言旋，此可疑者二。（下略）

这话驳得很有理。总之，“象以齿焚身，朱以富灭家”罢了。按朱姓幸存的只有——

佑明幼子一人得戍边,当定谳诸罪人之昆弟子孙十五以上者均斩决。(见同上)

所以《庄史案辑论》说:

天祸朱氏,既以“朱史氏”诬陷于前,复以“清美堂”定谳于后,……尤其冤之冤者矣!

(原载于《中华法学杂志》1934年第8—9期。)

教育之行政学的新研究（节选）

此书在1939年由商务印书馆出版。全书共有10章：

第一章　导言

第二章　立法机关与教育行政

第三章　司法机关与教育行政

第四章　内务行政与教育行政

第五章　外务行政与教育行政

第六章　军务行政与教育行政

第七章　财务行政与教育行政

第八章　党务行政与教育行政

第九章　各行政机关附设学校侵害“教育行政权”之讨论

第十章　考试制度与教育行政

这里节选该书的第一章、第十章。

第一章　导言

著者自民国九年(公历一九二〇年)至民国十五年(一九二六年)，在旧时北京高等师范学校本预科及升格后之北平师范大学研究科专攻教育学科目者前后凡七年，毕业后在天津南开大学、吴淞中国公学、省立云南及河南大学、北平师范大学执教鞭者又凡八年，深感教育实为社会事业之一部分，与其他机关息息相通，断未有只凭教育者一人或少数人之瞑想独行而即能使教育发挥其固有之最大效率，以促进人类生活之向上及臻于善美之境界者，而平日所阅读中西各国学者关于"教育行政"之著书，千篇一律，殆惟详于讨论其"内容"、"性质"及"功用"方面，盖属于逻辑学上之所谓"内包"者是，故对于社会上纷错复杂而有极密切关系之种种事业仿佛如熟视而无睹者焉，乃发愤以数年之时光搜集资料，一方面固尚略述如普通之所谓"教育行政之内包"也者，一方面则尤注意探究教育行政与"立法"、"司法"及其他内务、外交、军事、财政、交通、党部、考试等之行政关系，盖属于逻辑学上之所谓"外延"，因著者此书实以"教育行政之外延"为主要之基干者也。而似本编性质之书籍以著者所知，无论中国、日本、欧美之教育界出版物中尚难有先例焉。

近世以来，东西先进诸国对于一般行政事务固多加以科学的研究者也，如英国之伦敦经济与政治科学学校(School of Economics and Political Science)，德国之柏林大学，法国之巴黎大学，美国之公私立大学，日本之东京帝国大学等，皆以"学校"为研究"行政事务"之一种机关；此外如英国临时设立之皇家调查所(Royal Commission)，美国之纽约研究局(New York Research Bureau)，华盛顿行政研究所(Institute for Government Research)及其他常设之二十以上之调查所，则又以"调查所"为研究"行政事务"之一种机关也；至如英国之公共行政研究所(Institute of Public Administration)等类性质之机关实为行政官公吏所组织之团体，而英、德、法各国政党所附设之调查机关，其搜集之资料尤称丰富，故在以上所述诸国中，不惟能产生为我国所无之"行政法学"(Administrative Jurisprudence)，且能更进一步组织所谓之"行政学"(Science of Administration)。著者不幸，生长于学术落伍之今日中国，既未获高明之权威之启示，又未得公共研究机关之援助，徒凭一手一足之烈，草成斯编，区区微意，亦不过欲以我国及日本、欧、美关于教育行政之法规及教育行政作用之是非得失等为研究之对象,企图能于“行政学”上有些微之贡献而已,知我罪我,则不暇计及矣。

夫欲透澈明了教育行政与“立法”、“司法”及其他普通行政之关系为如何?盖必先应明了“教育行政”之意义,按“教育行政”一辞英语为 Educational Administration,法语为 Administration Educationalle,德语为 Bildunge Wesen,今日言教育行政之专书自以美国出版者为多,然如孟禄(Paul Monroe)博士所编辑之《教育百科全书》(*A Cyclopedia of Education*)第一卷第三十九页仅有“学校行政”一目,其他散见全书各条均无“教育行政”之定义,惟第二卷“城市学校行政”一目始有“学校行政”之定义如下:

> 学校行政一辞普通用以包含公共教育之管理与指导机关运用之全体范围与及其组织之形式。此名词不只表示学校管理之属于行政方面,且涉及监督、考察与管理。[①]

日本建部遯吾博士所著《教政学》亦谓“教育行政即学校行政”,[②]然皆不免失之过于狭隘,盖“学校行政”只限于一校以内之教育事业之计划及实施,而“教育行政”则为一地域区划以内各种教育事业之计划与实施,故自其范围观之,实较“学校行政”为大;且也,在种类方面,亦较“学校行政”所涉及者为广,因在一地域区划以内各个学校之行政不能任其各自为政而不相为谋,故其对于区划以内之各个学校行政均必出以积极之参与;又其所管辖者并不限于学校教育,其于学校教育以外,有时关涉家庭及社会教育,有时且与“立法”、“司法”及其他内务、外交、军事、财政、交通、党部、考试等行政机关均发生交涉,是“学校行政”一语实远不如“教育行政”之妥切周圆也,奈何如美国号称教育行政专家科白勒与伊里阿特(Cubberly and Elliot)两氏竟以《州郡学校行政》(*State and County School Administration*)名其书也!科白勒氏单独自撰之书亦标名为《公

---

① *A Cyclopedia of Education*. Vol. Ⅱ, P. 17.

②《教政学》第二六〇页。

立学校行政》(*Public School Administration*)及《州立学校行政》(*State School Administration*)等,而始终不悟"学校行政"之名为不正,则其言终为不顺也,况其取材既多偏于美国,于所谓"教育行政"之诠释概付阙略,无已,则就著者所见诸书中之"教育行政定义"列举于后。夫孟禄氏之"学校行政"一定义,言既不简,意亦不赅,而如——

商务印书馆编纂之《教育大辞书》云:"关于教育之政务,于中央及地方专设机关以司其事,是曰教育行政"。①

日本川村兼五郎氏所著《小学校之实际经营与管理法》云:"教育行政者即关于教育之行政也。"换言之,即国家实施教育事务之作用之谓也。更自行政法上之意义言之,教育行政者,在立法及宪法上大权之下,教育行政机关所通行之统治权之作用也。②

斯二者立言皆无差谬,惟稍嫌空洞耳。周太玄氏《我国教育之集中统一与独立》一文有云:

> 所谓教育行政者,其最大目的在监督或担保学制之实现与其改良,及综理与此相关之事务。而所谓学制者,不过为由广义至狭义之对于课程之一种规定。盖必达到课程,始直接与被教育者相接,而为教育者之主要工具。……③

此则过于"偏而不全"。其他如——

泰东图书局出版之《教育行政讲义》云:"教育行政亦行政学之一部也。其主旨在研究关于教育制度之本质;就一般教育制度或分析之,或综合之,或比较而对照之,以及国家对于教育事业,究应取如何之方针,立如何之主义,教育机关之组织如何,及其作用如何,国家可以强力干涉教育事业之程度界限又如何,皆不可不力为叙述者也。"④

---

①《教育大辞书》第一〇二〇页。

②《小学校之实际经营与管理法》上卷第一编第二章第一〇页。

③《教育丛著》第三十五种第四六页。

④《地方自治讲义》第六种第二页。

李建勋氏《中国教育行政讲义》云:“教育行政系指研究、讨论、计划、指导及处理关于教育一切活动而言也。”①

杜佐周氏《教育与学校行政原理》云:“教育行政乃是包括教育的学理、教育的经验及教育的艺术三者而言;不过借形式与方法而现诸实际,以求达到教育的理想目的而已。”②

庄泽宣氏《新中华教育概论》云:“国家对于教育政务,于中央及地方设立主管机关,主持计划、组织、监督、指导、改进一切教育事业,以最经济手腕,实现国家教育目的而增进立国要素,是为教育行政。”③

程湘帆氏《中国教育行政》云:“何谓教育行政?泛言之,国家对于教育之行政也。国家为求教育设施之便利,代价之经济,效果之圆满,所制定之计划、执行、督察、指导之制度也。”④

日本下村寿一氏云:“教育行政者,国家为其人民开启其智能,涵养其德性,增进其健康,使公共生活向上发展之行政,即属于内务行政之一部分也。”⑤

以上诸条,其内容均属“大同”而“小异”,然皆可谓之为“教育行政之内包的定义”,若更自其“外延”方面合而观之,则著者以为所谓“教育行政者乃国家于其所属之人民,不别贫富,不分智愚长幼,以公力悉使身受教育,俾其能力增进,尊重社会秩序,了解对于国家及全人类之责任之行政,与司法、财政、军务、外交等之属于特殊性质之行政不同也。”

虽然,仅凭上所列举之诸定义,吾人对于“教育行政”之内容及范围犹未可谓已“一目了然”,无何疑义,故尚有待于较详细之说明。庄泽宣氏云:“教育行政的任务在根据国家目的、社会需要、教育理论,尽量施之于实际,如确定教育宗旨、行政组织、课程标准,励行视导制度,聘任职教

①《中国教育行政讲义》第一编第一章。

②《教育与学校行政原理》第二页。

③《新中华教育概论》第二二九页。

④《中国教育行政》第二页。

⑤ 岩波书店出版《教育学辞典》第一卷第四三〇页。

人员，筹划经费，及建筑校舍等皆是。其性质属于全国，必须统筹全局而后始能使各地发展比较平均的，则归于中央教育行政；其必须就地斟酌施行而后始能一面不违全国通例，一面尽量适应地方的，则归于地方教育行政。”①此种解释较之杜佐周氏所云：“教育行政的范围，专就形式及方法做标准，可分为下列数种：(1) 教育行政的组织及学校系统的规定；(2) 教育事项的监督及管理；(3) 教育事项的视察及指导；(4) 学校行政及管理；(5) 教室的管理。”②为能提纲挈要，不涉琐屑者也(杜氏之第5项与其他项并列，巨细差别过甚，殊为失当)，然尚未得谓之为已“囊括无遗”。夏承枫氏所著《现代教育行政》有云：“我们……对于教育行政事业的内容，可以总归纳起来分成几类：(一) 教育员工——标准、任务、任用方法、考核、保障、辅助等。(二) 教育经费——宽筹、支配、监督、稽核、财产保管及增加、效率估量等。(三) 教育制度——学制、行政制度、各种教育机关制度、各项教育业务标准、适应个别问题之命令等。(四) 教育计划——区域分配、年期分配、事业分配、政策、进行方案、改进步骤等。(五) 教育结果——测量、判断、估计、调查、比较性质的活动等。(六) 教育辅导——人员、技术、准备、实施等。(七) 教育改进——统计报告、一切计划之修正等。……”③此诸要目以视庄、杜二氏所述者固为加详数倍，然对于“教育行政上诉愿之裁决”等未曾列入，是亦“千虑之一失”也。陈骧氏《什么是教育行政》一文谓：“……一般人向来对于教育行政的范围都没认识得正确，大半失之狭隘，不特中国人如此，外国人亦未始不然，他们之中，有的把‘地方教育’行政机关之活动便当着教育行政，有的把学校管理便当着教育行政，从没一个下过整个的解释的，故为更正这种错误的认识起见，我们只有进一步去具体的指出教育行政的范围之必要。正确的教育行政的范围，它应当是包括一切教育活动的指导与推行，它所管辖的教育事项，应该包括家庭教育、学校教育、社会教育三项，

①《新中华教育概论》第二二九页。

②《教育与学校行政原理》第三页。

③《现代教育行政》第一讲第一三、四两页。

且宜平等重视,而不宜偏重一方,若过细分析起来,则有下列各方面:(1) 从教育种类分,则有家庭教育行政、学校教育行政、社会教育的行政……等。(2) 就学校种类分,则有大学教育行政、中学教育行政、小学教育行政、幼儿教育行政。(3) 就行政区划分,则有全国教育行政、省教育行政、县教育行政。(4) 就其功用分,则教育行政范围内应包含立法、司法、行政、诊察、领导诸方面。……"①此则较以前诸说尚稍胜一筹也,然就著者本编之性质而论,则如商务印书馆之《教育大辞书》所列举教育行政问题:"关于教育法律及法规者——如宪法对于教育之规定,教育法律成立之手续,教育法令及规程之执行与运用等。关于教育行政制度及组织者——如中央与省及地方教育行政权之划分,教育部官制与职掌,教育厅组织大纲,县教育局组织大纲;教育总长之权限与责任,教育厅长之权限与责任,县教育局长与董事会之权责,学校系统,视学制度,教育行政人才之训练等;关于教育经费者——如公家对于教育经费之责任,教育经费独立,教育基金,教育基金之给与教育税,预算与教育等。关于师资训练者——如国家对于师资养成之方针,教师检定,检定委员会之组织,在职教师之训练与考绩,教师之待遇等。关于私人主办及特殊教育事业者——如私人主办之教育事业,私立学校,教会学校,平民教育,补习教育,教育会与教育学术团体之组织等。"②又如日本冈田怡川氏所著《最新教育行政法论》云:"教育行政自其实质上观之为(1) 关于教育之制法事业——即一般的抽象的教育法规之制定作用;(2) 关于教育之执法事业——即于法规之范围内处理特定之事实之作用。又自其形式上观之则为(1) 关于教育之立法——制定国家负担义务教育经费案及教员养老金及遗族抚恤经费等案;(2) 关于教育之大权作用——制定各种学校体系及各种学校令之作用;(3) 关于教育之行政——于教育的立法及大权作用之下,关于教育行动之一切统治作用。教育行政之范围虽仅属

①《师大教育丛刊》第一卷第一期。

②《教育大辞书》第一〇二一页。

于国家行政之一部分,实包括教育行为之全部。行政法上之教育即因一定之目的而助长他人之发展,传达其思想,陶冶其品性,除学校教育、军队教育而外,家庭教育、社会教育等亦均不外此。现行教育行政(指日本而言),文部大臣(即教育总长)所管理之部分为最多,其他并分属于农林大臣、商工大臣、递信大臣(即交通总长)、陆军大臣、海军大臣、内务大臣、内阁总理大臣、朝鲜总督之权限以内。"①凡此所谓"教育行政"之内容及范围,均在在与本编后此所讨论之诸节目有不少之关涉,故不能因其亦属"非完全无若干缺失"而竟不特加之注意也。

教育行政之内容及范围既略经释明,现请再将"教育行政"与"普通行政"相异之点一一为之比较,然后复阐述其彼此间相互之关系。按学者间有误以"教育行政"与所谓"教化行政"一名词相混淆者,如建部遯吾氏《教政学》一书所列举"教化行政之分目"计有:第一,教育行政;第二,宗教行政;第三,学术行政;第四,美术行政;第五,国语行政;第六,礼仪行政;第七,风俗行政;第八,教导行政;第九,变的教化行政(指流行、感化、催眠的暗示等类而言)。② 是"教育行政"仅为所谓"教化行政之一分目",故氏将文部省(日本之教育部)及内务省(内政部)皆作为教化行政之中央机关,地方官厅及地方自治团体即为教化行政之地方机关。③ 氏又曾作图以表明其地位:④

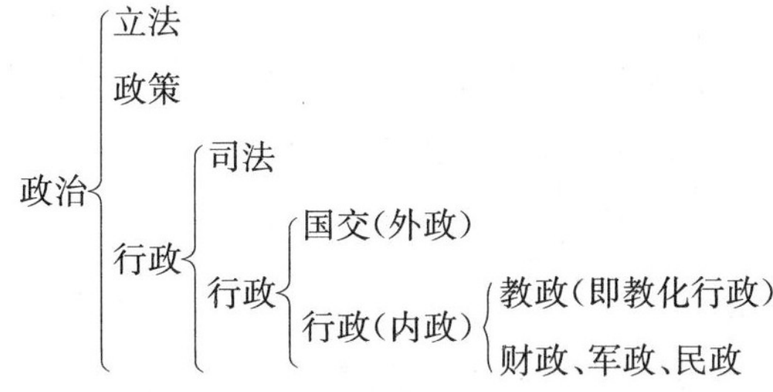

① 《最新教育行政法论绪论》第四章第一三、四两页。
② 《教政学》第二四二至二四五页。
③ 前书第二五二至二五五页。
④ 前书第一七六页。

氏所谓“教化行政”其涵义实未免失之过于狭隘，而所谓“教政”则又与本编所谓之“教育行政”之范围有大小之不同，本编以研究“教育行政”与立法、司法及“普通行政”之关系为主，苟若以图表示之则应如下：

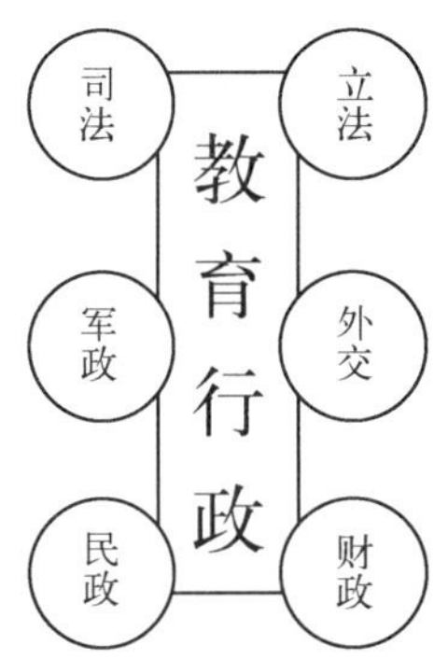

今于详论其相互关系之前，首当揭出其歧异之点：第一，自“性质”上言之，教育行政据中华书局出版之《中国教育辞典》云：“内务行政分为：（一）消极的行政，以维持公共安宁为目的。（二）积极的行政，以增进国民福利为目的。教育行政属于积极的行政之内，与土木、交通、劝农等项行政相似。”①实则□不尽然，因军政、警察、交通、卫生等等均为履行国家任务之一特殊方面，但教育则关于国家之最根本的任务，此与普通行政不同者一也。夏承枫氏有云：“一般的解释，认教育行政为内务行政的一种。从历史上看各国的中央教育行政机关未成立以前，亦多属于内政部，或和与内政有关的卫生、宗教、礼俗等合并成部。教育行政如果勉强归纳于内务行政，亦是内政中最重要的一部分。但教育行政确有他的特性，不应隶于任何行政部分。无论中央或地方行政制度中的各项行政，他们的任务多注重‘现实’。除了卫生行政外，更属完全把目光放射在成人生活的福利上。从时间说，其效力不过在最近的将来。从年龄说不过管理到人生三分之二有生命期中的成人生活。尤其是现在都市的勃兴，市政建设往往顾及成人的便利，增加儿童的危险，减少儿童的生趣，牺牲

①《中国教育辞典》第六五四页。

儿童的幸福。教育行政的任务是管理学术和教育的行政。在教育方面自婴儿至未成熟的青年,教育行政实负其生活的全责。成人而失学或学习不满足,教育行政亦有相当的责任。这是很特殊的任务,为其他行政中所未有的。教育的责任尚不仅如是。在学术方面又具有保存和发扬文化,使继续而悠久;直接影响到社会的生存,和将来的民族。一个知识荒废、身体羸弱、道德沦丧的民族,就是表示在前一时代没有'健全教育'的结果。教育行政的关系这样的重大,自有独立存在的可能。"[①]更自世界所有一切国家政务演进之阶段加以观察,如奥国古姆普罗维赤(Ludwig Gumplowicz)氏所著《社会学的国家观》一书,述国家第一阶段之行政为军务、财务、外务之三行政,因国家最先以保持国家本身之存在为急务,换言之,即外抗强权,内平祸乱之军务是也。其次则国家宜筹备军费,乃发生财务行政;再次国家之文化渐有进步,可不一味凭借武力以兼弱攻昧,取威定霸,而利用纵横捭阖,不战而胜之外交手腕,是为外务行政。国家第二阶段之行政为户籍,地方管理及交通诸行政,国家生存既经确定,自宜从事于内部秩序之整顿,而欲整顿内部秩序,必先调查人口,户籍事务遂应运而兴;其次作奸犯科,势所必禁,而管理司法事务继之以起;再次欲使户籍与管理事务能圆满进行,则必区划省县,整理交通,交通事务亦因之而起。国家第三阶段之行政为民业、卫生与教化等。国家秩序大定,则当务之亟为振兴,以图富庶;注重卫生,以谋健强;提倡教育,以增文化。此诸种行政中,教育行政较之其他助长性质之行政其程度尤形积极,故教育行政实为所有行政中最重要最根本之行政,不能与其他"普通行政"等量齐观也。复次就最显而易见之性质再加比较,"普通行政"极易陷于官僚化,"教育行政"则应特别注重学术化,中国过去数十余年之教育行政则只有污浊之官僚化而无清明之学术化,故朱有光氏于所著之《中国教育制度之研究》(*Some Problems of a National System of Education in China*)一书不胜慨叹中国之教育机关充满对于

---

① 《现代教育行政》第一讲第五、六两页。

教育无甚兴趣,且无多大行政才能之政客,致产生一种官僚之空气。① 殷芝龄氏之《现代中国教育行政》(*Reconstruction of Modern Educational Organizations in China*)一书攻击教育行政之官僚化最力,并列举排斥官僚之八大理由,大意以中国从来未能自官僚之管理而获得些小利益,过去数年所蒙政治攘夺之害极大。德国人民在世界大战时社会之崩溃,殷鉴实属不远。而因政局不安定之故,教育及其他公务人员均怀"五日京兆"之心,致随时均以敷衍了事。中国现已非独裁政治,官僚管理教育则实为独裁政治之遗迹。况中国旧日重"士",故现当使人民对学校发生兴趣,官僚管理则不克臻此。又以官僚决定教育政策,惟只求划一整齐,故不知社会之种种需要云云。② 民国十一年蔡元培氏发表《教育独立建议》一文,十七年一月《大学院公报发刊词》又载蔡氏一文云:"十余年来,教育部处北京腐败空气之中,受其他各部之熏染;长部者又时有不知学术教育为何物,而专务营私植党之人;声应气求,积渐腐化;遂使教育部名词与腐败官僚亦为密切之联想,此国民政府所以舍教育部之名而以大学院名管理学术及教育之机关也。"此种主张固无可非难之处,惜其力法不佳,采用大学区制,以省政府委员兼任教育厅长及校长之名职,因此不但不能使"教育行政"学术化,乃实促成为一种官僚化,故此制施行未久,即遭反对而中止。然"教育行政"之终必改弦更张,澈底学术化,则为"势所必至,理有固然"者也,不观夫英国之教育部设有调查报告司(Department of Special Inquiries and Reports),德国设有中央教育院(Zentral nsitute für Erziehung und Unterricht),美国内政部设有教育局(Bureau of Education),以专力于调查、测验、研究、统计、报告之诸种工作乎?且不仅"教育行政"为然,其他一切"普通行政"殆无不以学术研究为出发点,因无研究之工作,则事业必致无良好有效之方法以产生美满之结果,"教育行政"原为一种学术事业,故其自身之性质即较其他"普通

① *Some Problems of a National System of Education in China*, Chap. Ⅵ, P. 257.

② *Roconstruetion of Modern Educational Organization in China*, Chap. Ⅶ, P. 112 - 118.

行政”最富于学术化之条件也。

第二,自“范围”上言之,“教育行政”与“普通行政”亦时有大小之不同,“普通行政”所管辖及者几遍于各国之人民,故范围大;“教育行政”则只以学校及其他学术机关为主,即所谓家庭或社会教育亦仅为社会组织之一部分,故范围比较为小。其在欧、美诸邦,往往又有教育行政区划与普通行政区划不同其范围者,如意大利区划普通行政地域为七十五省,而教育行政区则为数仅一十有九;法国区划普通行政地域,为八十九府,而教育行政区(或称太学区)仅一十有七;此外如美国之市区与学区(school district)亦常多不同疆界。周太玄氏《我国教育之集中统一与独立》一文即深慕法制,欲以之施行于我国,谓:“(一)地方教育行政区域之区分,不必全依政治及军事上之区域。(二)地方教育行政应与国立大学合作。因此,吾人主张将全国划分为十学区;例如第一区为直隶、河南、山东及三特别区;第二区为奉天、吉林、黑龙江三省;第三区为陕西、山西;第四区为江苏、安徽;第五区为湖北、湖南、江西三省;第六区为浙江、福建两省;第七区为两广;第八区为云南、贵州;第九区为四川、川边;第十区为甘肃、新疆。(原注)十区之中以第一区为最大,因其与中央教育行政机关相接近。其次第二区,因地理上之特别情形。其次为第五区,因其交通便利,且武昌亦颇适中。……”[1]常道直氏于所著《教育行政大纲》亦以施行“教育行政区制”可有四种优点,即(一)使教育行政不受他部分行政之牵制;(二)以自然的教育区代替为他种行政利便而设之省区;(三)得依据本教育区之自然环境、居民生活、方言及文化需要,决定本区之教育设施方针;(四)利于教育之专业化。[2] 常氏又在所著《比较教育》一书有云:“我国……中央教育行政机关之权能不易伸张及于边远疆域,固不待论;即一省(大小几与欧洲一国相当)以内,交通不便、方言、习俗、出产及职业等互异;事实上,即以省为单位之透澈的集权制,亦至

---

① 《教育丛著》第三十五种第五〇至五一页。

② 《教育行政大纲》。

困难;他日教育事业发达以后,此种困难,当愈显著。我国现在之教育行政区划,虑否保持不变,抑应酌量变通,以增行政效能,此为我国教育行政组织上问题之一。”[①]准此以谈,则上引周太玄氏所拟第四区江苏、安徽等实欠妥当。盖江苏一省有江南、江北之分,江南方言歧出,山川秀美,人物柔靡而甚聪明,且生活较为优裕,江北为国语区域,地势平坦,居民强悍,生活甚苦。安徽亦有皖北、皖南之分,其差异与江南、江北大率相同,故江北、皖北或可合为一区,而江南、皖南又另可合为一区,鄙意以中国一省之大既大约相等于欧洲之一国,今江、浙两省之“大学区制”之试行虽云失败,他日苟有较好之“教育行政区划”出现,则当出于现有数十省“普通行政区划”之扩充与分割之一途,由是可知两者在“范围上”诚时有大小之不同也。

第三,自“官制”上言之,如庄泽宣氏《西洋教育制度的演进及其背景》有云:“促成教育专业化的原动力,其一便是教育行政的独立。这也以德国为最早,……普鲁士邦在一八一七年(嘉庆二十二年)即设宗教教育及公共卫生部为全国教育行政最高机关。……法国在拿破仑时代以大学为教育行政最高机关。……第三次共和政体后,设教育部而以最高会议监督之。英国的教育部直到一八九九年(光绪二十五年)方成立。……”[②]是诸国者于其本国之“官制”上皆确认“教育行政”之有特殊的独立性而不视之为普通行政系统之一部分也。此外如西班牙政府于一八五七年(咸丰七年)虽曾颁布法令云全国教育行政事务均隶属教育长官之下,而受内务部之管辖,[③]葡萄牙之教育行政事务亦由内务部管理,荷兰情形并同,[④]美国联邦政府亦不设置教育部,惟内务部(Department of the Interior)中有一教育局(Bureau of Education)掌理研究及宣传等事,似“教育行政”仅为“内务行政”之一附庸而终不能蔚为大国也,闻美国前

---

① 《比较教育》第二〇六、七两页。

② 《西洋教育制度的演进及其背景》第二二〇、二二一两页。

③ *A Cyclopedia of Education*, Vol. Ⅴ, P. 381.

④ 吴家镇氏《世界各国学制考》第八十三,八十六及一百三十四页并可参看。

此联邦议会已有设置“教育专部”之提案，虽尚未得表决通过，[①]然以“教育行政”与“普通行政”之在“性质”及“范围”上均有彰明较著之差异，则西班牙、葡萄牙、荷兰、美国等之官制上终必有“教育专部”之出现，殆可断言者也。

第四，自“功效”上言之，前引龚普罗威齐氏所描写一切国家演进之阶段，如第一阶段之军务、财务、外务及第二阶段之户籍、自治、交通与第三阶段之民业、卫生等诸普通行政其效果皆属易见，而所谓“百年树人”之大计之“教育行政”，则如日本之为世界上最能适应时势环境之民族，其进步之神速为全球之冠，然自明治维新，澈底施行西洋教育，其功效亦需待数十年后始为显著，夫人情皆只留意于近功而忽于远效，故若将“教育行政”强令合并于全部行政之范围以内，则将易被遗忽，而尚欲求如日本之突飞猛进者殆不啻“刻舟求剑”、“缘木寻鱼”者矣，故“教育行政”在功效方面实有与其他“普通行政”差异之处也。

自以上所述之“性质”、“范围”、“官制”、“功效”四要点言之，“教育行政”之应独立于“普通行政支配”之外，盖有强固之理论与事实的根据者也。然所谓“独立”者乃设置“专门管理教育之机关”之意，并非与其他“普通行政机关”即断绝往来，惟离群索处，以清高傲人致“百事俱废”、“一筹莫展”也，我国学者间有激于世变，主唱此种“教育行政独善论”之人，如周太玄氏云：“……政治易于变迁之国家，因恐其教育受政策更迭频繁之影响而根基不固，因此其教育对于政治常保持有相当之独立，……如法兰西是。……以我国之政体，……不但在理论上教育对于政治应保持相当之独立，而在事实上尤须有真正之独立。……然就吾国

---

① 按美国原有教育部，据勒思诺（E. H. Reisner）氏所著《法德英美教育与建国》（*Nationalism and Education Since* 1789）一书云：“美国在一八六七年（同治六年）国会创设了教育部（Department of Education），它的目的是收集各州或各省的教育情况和进展的统计及事实，帮助美国人民组织和供给一个有效的教育系统，如报告学校的组织、行政系统和教授法等以推广和促进全国的教育。”“法律规定教育部设一教育部长（Commissioner of Educstion）和其他助手数人，部长每年要向国会作一报告。到一八六九年（同治八年）教育部因不能直接管辖各州教育行政，就变为教育局，它直传至现在。”（参看崔载阳氏等译本第三二七、八两页）。

教育制度之现状言之则何如?第一,……一切教育行政以及学术事业、文化事业既全统属于一教育部。……教育部在行政上既占一不重要地位,而实际上又穷冷可怜。……今则江河日下,……不免为下等政客之接足地。……第二,……一国教育之最高机关既深受政治之拖累,不能自拔,而其对于地方应有权力之行使,则又因其本身信用日减之故,不能收身臂之效。于是一国教育界渐呈一苟且衰散之象,而尤以中初级教育界受其影响为最大。……在理论上、事实上,教育均有不可不自异于普通行政之处,且与司法相同,应有相当独立之价值。……故教育部在国家政务之中,虽仍可包括在内阁以内,但其位置性质,至少应与现行政体中之参谋部相等;即教育总长应由大总统特任,其去留应以教育行政本身为标准,不当与其他之国务联带负责。……”①周氏著论于我国教育濒于破产之时,故其言之明切犀利如此,虽然,教育事业终为社会事业之一种,而社会事业之本质固为“整个的”而互为关系者也,其分部执掌不过为“分工”之便利及易于发生效率而已。吾人不独只谋“教育行政”之改造,且应使政府全部皆能发挥健全之机能,教育特其一端,故应彼此共同协力以求改善,而断不能脱离一般行政以“独善其身”者也;何况即使“教育行政”居然能“超脱俗流”,迈步前进,独立自成一系统以睥睨其他凡庸腐朽之行政机关矣,然亦只不过趋向于片面之发展,不能完全适应社会各方面之需要,则所谓“教育”者不几成为“无用之长物”?请以实例为言,近年吾国各地“建设”之呼声实甚嚣尘上,乃教育部或教育厅当局诸公惟一味根据已颁布之学校系统及法令办理一切,而未曾顾及社会新兴事业之需要,致应时而生之骈枝学校机关森然并列,此建设厅有所谓路工学校者矣,财政厅有所谓清丈人员养成所矣,此种学校本可以附设于各国立或省立大学之工学院与法学院,然执政者“各行其是”,不相为谋,致由此种速成学校之出身者,其谋事就职者反属容易,薪水报酬亦甚丰富,故常较由正式学校系统——专门、大学——毕业者为扬眉吐气,惟俟

①《教育丛著》第三十五种第三十九至六十六页。

公路修齐，清丈完毕，则此等“现蒸热卖”之学生之出路又成问题，此固社会之一新问题，而“教育行政”之难于与“普通行政”完全脱离关系者，此其第一理由也。复次，“教育行政”与立法、司法及其他普通行政机关实为有机体的关系，如立法机关有对于教育之立法行为、教育经费予与同意之权，又有质问教育行政之权，受理教育请愿之权，建议教育之权；司法机关有监督与特许设置法律学校之权，设置儿童法庭之权；此外如施行义务教育，禁止童工，感化恶少年，取缔所谓“危险思想”，维持学校之治安，皆有赖于警政机关；又如教育品运输之减价，学生团体旅行车船费之优待等皆操纵于交通机关；至如参与庚子赔款之兴学，经理海外侨民之学务，介绍与监督在外之留学生等事又非与外交机关联络不可；每月所仰给以维持及发展之教育经费之来源、预算、决算与审核每年度之教育经费，教育品之免税等则在在须与财政机关发生关系；其他类似之例殊属繁多，不胜枚举，故教育行政机关之当局者苟不明了与其他行政机关之关系，固步自封，一意孤行，则将与其他行政机关引起龃龉，致阻碍横生，一事不克办，是岂国家设置“教育行政机关”之初意也哉。须知国家行政实属整个一体，痛痒相关，应有通盘筹划之必要，此“教育行政”之难于与“普通行政”完全脱离关系之第二理由也。且也，教育行政机关严格独立，则一般行政皆将感觉不经济，今略举一例，如各省之有实行教育经费独立者，自设征收及保管经费之机关，致所耗费者为数不资，若能确立会计制度，由财政厅代为征收，如数转解教育厅，则所节省者岂在少数？其他如此例，皆可推想而知。呜呼！近世国家殆无有不以教育为传播发扬民族精神与特性（换言之即“共同文化”），及其对于解决社会人生问题所有贡献之结晶也者，故均认教育事业即为国家之事业，因置全国一切教育活动于国家监督下，特为设置“管理教育行政之专门机关”，同时又使其他行政机关与之积极协作，予与种种之援助及便利，俾旧文化赖以保存，人民生活亦日新而月异，国脉得以绵延至于无穷，是岂“文盲充斥”，教育败窳如我中国者所能望其项背也哉？

本编所述普通之所谓“教育行政之内包”及著者所亟亟于阐明“教育

行政之外延”,其原则的简单说明暂止于此,今于本编导言之末再为申明著者所根据以研究“教育行政之外延”之资料之来源,盖本编之内容,“学理”与“事实”并俱重要,而所谓“事实”者即以历来中外教育行政机关所颁布之法规及纪事为主;又自科学的“教育历史”之眼光言之,则严格的所谓“教育行政机关”实发生于欧洲,盖自沙尔大帝(Carlus Magnus)欲使日耳曼人吸收希腊、罗马文明之精华,乃定宗旨,使此事业为国家之任务,于是教育与国家之关系告成。迨彼崩逝,其帝国虽分裂无遗,而其既定之方针,则不因此而消灭,其后竟发生三大纲领,即教育事业不可委之于个人,须为国家之任务,至是所谓“教育行政”者乃发其曙光。其后职掌道德之宗教与国民知识之活动相冲突,乃有私人兴办之大学及都市学校崛起,及十六世纪国家主义思想盛行,二者竟亦被置于国家保护与监督之下。其在德境,因路德宗教革命之影响,萨克森、普鲁士各邦自十六、十七两世纪已将向来附属于寺院之学校逐渐直接收为国家行政所掌握。法自大革命后,于一千七百九十一年(乾隆五十六年)之宪法中,明定学校教育与宗教分离,使其完全受国家权力之支配。其教育部发端于一千八百二十四年(道光四年),确定于一千八百三十年(道光十年)。英国于一千八百七十年(同治九年)虽即有教育部,但须至一千八百九十九年(光绪二十五年)其长官始为内阁之一员,于是始执行全国教育行政,不似曩者仅掌管初等教育事务。至东亚之日本,其教育行政实起自明治五年(同治十一年)颁布学制,封闭藩学,收各藩之教育费为国有,自是教育事业始成为日本国家任务中之一要图。言及我国,说者谓教育行政机关之设立,远在世界之前,《尚书·舜典》即有:甲,司徒,主宣布五教;乙,秩宗,主持三礼;丙,典乐,教导诗歌音乐。然《舜典》乃自《尧典》分割而来者,《尧典》经考据家之鉴定,确为战国晚期人之所伪造,故其可信之点甚少。或又谓《周官》之记载有云:“地官,大司徒,掌教化万民。”按大司徒之职:甲,修冠、昏、丧、祭、乡、相见六礼,以节民性;乙,明父子、兄弟、夫妇、君臣、长幼、朋友、宾客七教,以兴民德;丙,齐饮食、衣服、事为、异别、度、量、数、制八政,以防邪淫;丁,一道德以同俗,养耆老以致孝。是大司徒以化民成俗为其职志，学校之事不过其执掌之一部而已。然《周官》一书历代皆深致怀疑，其果为有周一代施行之典制与否，犹属未可知之数也。春秋战国，天下分崩割据，教育除私人讲授外，殆无可言。至汉犹无专长教育之官，虽举“明于经传，通达国体”者充“太常”，使统“五经博士”，但教育方面则渐趋于科举制度，故汤寿潜氏所作跋《学校考》曾引司马迁语谓“教化之行也，建首善自京师始，故国綦学重，而党庠行序，亦世主所当加意作兴者”，虽大学小学均应设立，而先后缓急已不免彼此轩轾之嫌，其于教育与国家之关系，及国家何以必须有教育之大旨，则毫未想及，故虽有学校之设立，与现在所谓之教育行政，其趣不同，①诚哉是言也。自汉以后，唐之教育有所谓“举士”、“举官”之分别，因引起礼部与吏部之争执，而宋、明数百年以来，所有各府州县督学之官，纯为选举官吏而设；至各省之“书院”，各府之“府学”，各州之“州学”，各县之“县学”，虽有学校之名，已无学校之实，只有考试而无学业，意在选举，非为教育。试以有清一代为例，其对于满族自身之教育诚如戴传贤氏所作《教育立国之前例》(《清代之教育方针》)一文所述：一，在于先实行而后文艺，以植纲扶伦为本，以经方致用为要，以弧矢之利威天下；二，民为国本，地为民用，故以人民之组织，为国家组织之基础，以军事之组织为人民组织之标准，民与国为一，兵为民为一，而教育即行于其间；三，国家考试，自文童以至于举人会试，皆以骑射为甄录试之科目。② 此诚具所谓“教育行政”之雏形，然所施行只限于少数征服者之满族，其对于最大多数被征服之汉民族则如何？据乾隆甲申(二十九年)所刊《大清会典》云：“礼部掌吉凶嘉军宾会之秩序，学校贡举之法，以赞邦礼。”③光绪二十五年所刊《大清会典》又云礼部“掌五礼之用，达于天下，以赞上导万民。凡班制论材之典，达诚致慎之经，会同职贡之政，燕飨饩廪之式。”④礼部所属有仪

---

①《文献通考辑要·学校考跋》。

② 民国二十三年上海《申报元旦纪念特刊》。

③《乾隆大清会典》卷二十。

④《光绪大清会典》卷二十六。

制、祠祭、主客、精膳四司,而学校贡举之事,均归仪制司管理。[①] 按仪制司系仪制清吏司之简称,其职"掌朝廷府署乡国之礼,稽天下之学校。凡科举,掌其政令。"[②]凡此规定皆只限于稽核与考试之工作,且又不过仅为礼部之一部分职掌而已,非可与今日之教育部之专司其事者比拟。大概言之,中国具有"近代性质"之教育行政机关实产生于清季中日战后变法维新,停止科举,专办学堂之时,故光绪二十四年军机大臣总理衙门《筹办京师大学堂折》有云"将来学堂日有增益,而无所统辖,必至各分畛域,其弊不可不防。伏祈皇上,派大臣中之博通中外学术者,管理京师大学堂事务,即以节制各省所设之学堂",是京师大学堂实为全国最高教育行政机关。[③] 光绪二十八年始派张伯熙为"管学大臣",一方面既为京师大学堂校长,管理校务,一方面又为教育行政机关之长官,管理外省教育。[④]光绪三十一年由管学大臣奏请专设"总理学务大臣",统辖全国学务,[⑤]但事皆未实行。旋山西学政宝熙奏云:"……设立学部,上师三代建学之深意,近仿日本文部(省)之成规,遴选通才,分研教育行政之法,总持一切。"[⑥]三十二年正月政务处奏准立学部,由此中央教育行政制度大致成立。[⑦] 其后学部又奏陈各省学务官制,颁行劝学所章程、教育会章程,[⑧]由是地方教育行政机关之组织及事权之分配,亦以确定。宣统元年复由学部奏订《视学官章程》,[⑨]由是中央官厅对于地方官厅及学术机关之指导督察之关系,于是成立。民国初元,所有君主时代之制度自不适用,学部之行政系统几经改订,始有较为简单之教育部制定。[⑩] 至若省教育行

---

① 《乾隆大清会典》卷二十。

② 《光绪大清会典》卷二十七。

③ 《第一次中国教育年鉴》甲编第四第二七页所引。

④ 参看《光绪东华录》卷一百七十一。

⑤ 参看前书卷一百八十四及《学务纲要》。

⑥ 参看前书卷一百九十七及《大清教育新法令》第一编第一页至第八页。

⑦ 参看《学部奏咨辑要》。

⑧ 参看《大清教育新法令》第一编第一二页至二〇页及第二编第一页至一二页。

⑨ 参看前书第一编第八至第一一页。

⑩ 参看《教育法规汇编》所载《教育部官制》及舒新城氏所辑《中国教育史料》。

政机关，辛亥革命时始设教育科，隶民政司；其后又独立成司，简任司长，分置四科；民国三年六月取消教育司，仅于巡按使公署政务厅下附设教育科，处理全省教育行政。至六年九月六日教育部以教令十四号公布《教育厅暂行条例》，同年十一月八日指令核准《教育厅组织大纲》，教育厅正式成立，自是省教育行政，始有独立机关，与前清提学使司相似。[①]民国十五年国民政府于广东设教育行政委员会，[②]洎十六年定都南京，另组织中华民国大学院，为全国最高学术教育行政机关。[③] 民国十七年冬间国民政府改组，行政院成立，又废大学院改行教育部制，各省之大学区亦相随取消，仍恢复旧有教育厅制，迄今仍无何变更。[④] 本编以研究“教育行政之外延”为主旨，故首应阐明教育行政机关之背景，而所取材又只以清末教育行政制度大备时以至近年为限，至欧、美、日本之教育行政制度则以之为参考比较之资料；此外则凡所征引之中外教育法规亦惟拣择其为现行且重要者，盖欲使身任行政机关之职务人员得便于查阅，其规定有欠妥善者，亦时以学说理论及事实经验批评其缺失，区区微意即在使“教育行政”因被澈底研究其“内包”及“外延”而即能充分发挥其效率也。

第十章　考试制度与教育行政

“考试制度”与“教育行政”实有至极密切之关系，盖无论何国，其人材之如何制造问题属于其教育机关；其人材之如何任用问题属于其政治上及社会上种种之机关；二者皆与考试制度息息相关，必彼此通力合作，交相为用，然后一切制度方能推行尽利。古德诺氏所著《中国官吏之教育论》云：“在欧美各国近世教育制度与其官吏任用之法极有关系，而政

① 参看《第一次中国教育年鉴》甲编第四第三七、八两页。

② 参看民国十五年五月《中央教育公报》第一期第一二页。

③ 参看中华民国大学院印行之《现行中央教育法规汇编》。

④ 参看《第一次中国教育年鉴》甲编第四第四七至五一页。

府职务殷繁之国，则其关系为尤重，无论其为君主国或共和国，专门绩学之士以其功效日广，故其进身于官界者亦日以众，且近今心理以为各种官职中宜用专门人材者其数亦较往日为多。从前所谓必需专门学识者仅在技术官一项，谓必先平日从事于此，然后可收其效，今则欧人群以为行政官各职中亦多宜以专门人材充之，而后能举厥职，盖其心理之变迁如此。官吏任用之法可分两种：第一种凡入官者必先经竞争之考试，考试题目颇为普通，研究此种学问者亦可别就他业。至预备考试之法，则以寻常学校教授之，其考试题目务于学校之课程相符，此种办法英国行之。论者以为英国之法实本于中国旧日之考试，然其实英国之考试与中国异者有二点：一则其题目不专限于文学，二则其所去取者不仅在文字之优劣，此皆与中国不同者也，第二种方法则德国所用者是也，其法在使入官之士受特别之训练，凡经毕业考试及格者皆有服官之资格，而不必经一番竞争之考试，盖以此种特别训练之人材，不必适宜于他种职业，故凡毕业者不能不予以位置也；如有人浮于事之虞，则考试不妨加严焉。此种方法有不及英制之处，盖用英制则人材众多，政府有所选择；用德制则选择之途较隘，然自他方面言之，德制亦有特长之点，盖既用特别训练，则所造就之人材，他日服官自较易称职，此殆可断言也。然德国预备人材之法亦与英国相同，其教授之法均委托于寻常之学校，若在法国与和兰国则虽采德国之制，又特设一种学校，专以造就服官之人材云。请更言美国，美国盖采用英国之制，顾其考试之法，则在所需者系何等学问而定其标准，至其所注重者则尤在平时之实练，如其于未入官以前所办之事与其职相合者，则每予录取焉。……”①考氏所盛称之英国考试制度，其发达之情形大致如下：英国自一八三三年(道光十三年)之《东印度公司约法案》(*East India Company Charter Act*)起始规定此后凡为训练分发印度为官者之预备学校逢有缺额，候补者须经入学考试，于四人中择取其一。一八五三年(咸丰三年)《公司约法》满期，呈请国会修正，

①《中国官吏之教育论》第四页。

马皋莱(Lord Macaulay)利用此机会,倡行公开考试,次年派发印度之官吏遂概经考试。同年,屈莱万寅(Sir C. Trevelyan)、诺斯格德(Sir S. Northcote)呈请厉行考试制度,二年后(一八五五,咸丰五年),内阁恐议会不予通过,遂径以院令颁行,设立考试委员会,惟仅行之下级官吏,而任用之权仍在部长,且年龄较大者常得免试,尚不能谓为普遍。迨一八七〇年(同治九年)经国务院命令,各级职员概须经过考试,始能录用,考试制度遂称确立。英国主管考试之机关为考试委员会(Civil Service Commission),委员设三人,为终身职,其所负责任为举行考试,录取文官,及发给及格证书,获售者必有此始得分发各部正式任用。其考试分级大概为:

一、行政级(administrative class),是为最高级,每年在各地公开竞争考试一次,以大学已学习之科目为标准,与考者年龄常在二十二至二十四岁之间,出身著名学府如牛津、剑桥等所取独多。

二、执行级(executive class),亦为公开竞争考试,与考者年龄为十八至十九,系高中毕业程度。

三、文牍级(clerical class),亦为公开竞争考试,与考者年龄为十六至十七,系初中毕业程度(余从略)。①

至于美国之联邦议会于一八八三年(光绪九年)始制定《文官服务令》,又组织文官考试事务署,该署受大总统指挥,举行各种考试,考试科目注重实用,又按照报考人志愿分类考试,及格者列表存记,以为各机关不时之需。其余如法国仅举行法官考试,故文官考试制度尚未确立。日本于明治二十年(光绪十三年)制定文官考试规则,确立"高等考试"、"普通考试"之制。大正七年(民国七年)废《文官考试规则》,另以《高等考试令》及《普通考试令》代之。昭和四年(民国十八年)复加修正,是为现行之《日本考试法令》。日本在中央方面对高等考试设一高等考试委员会,受内阁总理之监督,委员会分行政人员、外交人员、司法人员三部,置常

① 参看费福熊氏之《英国文官考试制度》及邓定人氏之《考试制度》。

委八人，法制局局长任委员长兼第一部部长，外务省次官(即次长)任第二部长，司法省次官任第三部长，其余常委，由内阁就各官厅之高级官吏中任命之。另设临时委员九十一人，以大学教授居多数，余为法制局参事，外务省书记官、推事、检察官等，均系兼职，由内阁任命之委员会除办理高等考试外，复掌《普通考试令》中规定之事务与荐任官任用时之铨衡。日本因专门技术人员之任用无庸受试，只须经过铨衡，故委员会于委员外，复设顾问若干，以备关于上项人员铨衡之咨询。委员会设于内阁，置常任书记十人，二人专任，余由各官厅之委任官兼任，处理日常事务，于考试时，另就各机关职员中调用临时书记。对于普通考试，设普通考试委员会于各官厅，受各该官厅长官之监督，主持普通考试与委任文官之铨衡。委员长及委员，由长官就各该机关高级官吏与公立学校教员中任命之。至于我国之官吏考试制度则确为世界各国之最古者，秦以前之记载虽有不可靠者，然自汉高祖十一年即诏郡国举士，是为汉选士之始。武帝建元初，又诏天下举贤良、方正、直言、极谏之士。至魏设九品官人之法，朝廷一本乡评之铨第而为登庸。隋试学馆之“生徒”与来自州县之“乡考”于尚书省，合格者授官。唐因隋制，惟考试科目略有变更。明代初年则更能产生如古德诺氏所述德国之制，即“使入官之士受特别之训练”，据《明太祖实录》洪武二十九年六月甲辰有云：“命吏部选国子(监)生年三十以上者，分隶诸司，练习政事，……三月则考其勤怠，能者擢用之。”又洪武三十年四月癸巳有云：“定考核署事官员监生等第，时刑部司务等具列郎中以下者，及历事监生勤谨与才力不逮者以闻，上命勤谨者仍治其事，才力不逮者，下群臣议。吏部侍郎张迪会议，凡实授官在任一月，才力不逮者，考奏黜降；署事及历事监生，三月才力不逮者，仍送监读书，从之。”此皆为西历十四世纪，民国纪元前五百一十五年以前之事，而为我国法制局顾问行政法专家古德诺氏之所不及知者也。惟可惜者，明、清两代之考试制度虽称大备，但只专重排偶之经义文——八股，其乡试及格之举人，选用知县者恒三十余年不得一官；殿试及格之进士，授官始较为固定。然皆无实用，徒束缚思想，牢笼人才，化治者阶级为禄蠹，无复为公家从政之人，故清朝于康熙二年及光绪二十四年两次均欲废之而未成，迨光绪二十七年经过庚子义和团之事变以后，卒为时势所要求，使其死灰不能复燃，光绪二十九年清廷公布之《各学堂奖励章程》即将旧日考试制度完全"改弦更张"，其规定如下：

通儒院毕业者……予以翰林升阶。……计自小学堂起，共须二十五年，学业已深，必须格外优奖，立时任用，方足以济时艰。……

大学堂分科大学毕业……考列最优等者，作为进士出身，用翰林院编修检讨，升入通儒院；如不愿入通儒院者，应由学务大臣查核该员才具，酌量分别，委以京外要差，奏明请旨办理，以期及时自效；该员办事如有成效，再行从优奏奖。

考列优等者作为进士出身用，翰林院庶吉士，升入通儒院；如不愿入通儒院者，与第一条同。

考列中等者，作为进士出身，以各部主事分部尽先补用，升入通儒院；如不愿入通儒院者，与第一条同。

考列下等者，作为同进士出身，留堂补习一年，再行考试，分等录用；如第二次仍考列下等者，及不愿留堂补习者，以知县分省补用。……

分科大学之选科毕业……考列最优等者作为同进士出身，以员外郎分部补用，由学务大臣查核该员才具，酌量分别委以京外要差，奏明请旨办理。（下略）

大学堂分科内之实科毕业……考列最优等者，作为举人，以直州同尽先前选用，准充高等农工商实业学堂教员；愿自营实业者听。（下略）

大学堂预备科各省高等学堂毕业……考列最优等者作为举人，咨送学务大臣复试合格，内以内阁中书尽先补用，外以知州分省尽先补用。（下略）

高等实业学堂毕业……考列最优等者，作为举人，以知州尽先

选用,令充中等实业学堂教员管理员。(下略)

中等实业学堂毕业……考列最优等者作为拔贡,升入高等实业学堂肄业;不愿升入者,以州判分省补用,即不能作为拔贡,给以毕业执照,听自营业。(下略)

优级师范学堂毕业……考列最优等者,作为师范科举人,以内阁中书尽先补用,并加五品衔,令充中学堂初级师范学堂及程度相等之各项学堂正教员。俟义务年满,以应升之阶分别京外,分部分省,遇缺即补。(下略)

初级师范学堂毕业……考列最优等者,作为师范科贡生,以教授用,加六品衔,令充小学堂及程度相等之各项学堂正教员。俟义务年满,以应升之阶尽先补用。(下略)

京师译学馆外省方言学堂毕业……考列最优等者,作为举人出身,内以主事分部尽先补用,外以直隶州分省尽先补用……不愿入大学及出洋者,主事以原官分发外务部、商部分司尽先补用直隶州,派充各差与优等同。

考列优等者,作为举人出身,内用内阁中书,外用知县;中书应专派充外务部、商部译员,并在本衙门尽先补用。知县分发各省,尽先补用,充翻译委员、交涉委员并准出使各国大臣奏充翻译领事等员;其愿充各省外国语文学堂教员者听。三年期满,比照同等各学堂教员优奖。(下略)①

光绪三十二年九月初八日学部有《修改各学堂考试章程折》云:"其原章所定考试办法:高等学堂毕业由主考会同督抚学政考试,中学堂毕业由本管知府考试,高等小学堂毕业,由本处地方官考试各条。现在学政业经裁撤,自应酌量变通,而各府州县所设学堂逐渐增多,若专由地方官考试亦恐不能人人谙习学务,拟各按学堂程度,由各省提学使司或地方官会同各项学务人员公同考试,俾得互相稽核,认真办理。至大学毕

①《大清教育新法令》第三编第五一至五七页。

业，拟仍照旧章由臣部奏请钦派大臣会同考试。高等学堂毕业在京师者由臣部考试，在各省者由督抚督同提学使司暨各项学务人员考试，以昭慎重。"①……民国成立，政府所颁布之《考试规程》，其多如毛！然学校毕业生之谋一官半职者，大都与其凭恃考试，毋宁蕲灵于强有力者之推荐，攒营之弊极于时矣，国势之江河日下，岂偶然哉！现节录数种法令，以见其内容之一班：

甲、文官考试类　民国八年八月二十七日《法律》第八号公布之《文官普通考试法》，其大要如下：

第一条　文官普通考试依本法之规定行之。

第二条　举行文官普通考试之地点及典式之组织，以教令定之。

第三条　中华民国男子年满二十岁以上，具有下列各款资格之一者，得与文官普通考试：

一、有应文官高等考试资格之一者；

二、经教育部指定或认可之技术专门学校毕业得有文凭者；

三、修习政治、经济、法律之学与专门学校毕业有同等之学力，经甄录试及格者；

四、曾任委任文职一年以上者。……

第六条　文官普通考试分为第一试、第二试、第三试。第一二试以笔试行之，第三试以口试行之，三试平均合取者为及格，给予及格证书。

第七条　第一试试国文一道。

第八条　第二试分"行政职"、"技术职"两种，各别考试之。

第九条　考试"行政职"之科目如下：

一、宪法大纲；

二、现行法令之解释；

① 前书第三九至四三页。

三、策问；

四、文牍。

第十条　考试“技术职”，就考试所需技术，按照应试人之学业分别考试之，至少以四题为限。

第十一条　第三试以典试襄校三人以上之出席，就应试人曾经笔试之各学科口试之。……(余条从略)。

同日《法律》第七号公布《文官高等考试法》，其大要如下：

第一条　文官高等考试除法律别有规定外，依本法之规定行之。

第二条　文官高等考试于中央政府所在地举行。

文官高等考试典试之组织，以教令定之。

第三条　中华民国男子年满二十五岁以上有下列各款资格之一者，得与文官高等考试：

一、本国国立大学或高等专门学校修习各项专门学科三年以上毕业得有文凭者；

二、经教育部指定外国大学或高等专门学校修习各项专门学科三年以上毕业得有文凭者；

三、经教育部认可本国公私立大学或高等专门学校修习各项专门学科三年以上毕业得有文凭者；

四、文官普通考试及格分发学习期满者。

修习政治、经济、法律之学与第一项一二三款各学校毕业有同等之学力，而有荐任以上相当资格，或经考试得有出身者，经国务院派员甄录试验，亦得送考政治、经济、法律各项专科。

第六条　文官高等考试分为第一试、第二试、第三试、第四试，第一二三试以笔试行之，第四试以口试行之，四试平均合取者为及格，给与及格证书。

前项之笔试应用中国文字，但考试文学技术专门各学科，有必要时，得用他国文字。

第七条　第一试试国文一道。

第八条　第二试、第三试就各项专门学科分门考试；各项专门学科应试之科目，另以附表定之。

第十条　第四试以典试襄校三人以上之出席，就应试人曾经笔试之各学科口试之。……（余各从略）

同月二十九日《教令》第十六号又公布《文官高等考试施行细则》，其第八条云："考试及格各员由国务院就其考试成绩及所习学科酌拟以京外各项荐任文职学习，于谒见后，分别定之。"第九条云：前条谒见后，各员由国务院按照所考科目分发京外各官署学习，其分发之标准如下：

一、政治专科，按照等第之高下，分发在京与学科相当之各官署暨各省。

二、经济专科，同前。

三、政治经济科，同前。

四、法律专科，同前。

五、文学专科，分发内务部、教育部。

六、物理专科，分发陆军部、海军部、教育部、农商部。

七、数学专科，分发陆军部、海军部、教育部、农商部。

八、测量专科，分发内务部、陆军部、海军部、教育部、农商部、交通部。

九、化学专科，分发内务部、陆军部、海军部、教育部、农商部。

十、地质专科，分发教育部、农商部。

十一、采矿专科，分发财政部、教育部、农商部。

十二、冶金专科，分发财政部、陆军部、海军部、教育部、农商部。

十三、机械专科，分发陆军部、海军部、教育部、农商部、交通部。

十四、造船专科，分发教育部、海军部、农商部、交通部。

十五、船机专科，分发海军部、教育部、交通部。

十六、土木工专科,分发内务部、陆军部、海军部、教育部、交通部。

十七、建筑专科,分发内务部、司法部、教育部、交通部。

十八、电工专科,分发陆军部、海军部、教育部、农商部、交通部。

十九、机织专科,分发教育部、农商部。

二十、染色专科,分发教育部、农商部。

二十一、窑业专科,分发内务部、教育部、农商部。

二十二、酿造专科,分发内务部、农商部。

二十三、图业专科,分发内务部、司法部、教育部。

二十四、商业专科,分发外交部、财政部、农商部、交通部。

二十五、医学专科,分发内务部、陆军部、海军部、司法部、教育部。

二十六、制药专科,分发内务部、陆军部、海军部、教育部。

二十七、农学专科,分发教育部、农商部。

二十八、农艺化学专科,分发教育部、农商部。

二十九、林学专科,分发内务部、教育部、农商部、交通部。

三十、蚕业专科,分发内务部、教育部、农商部。

三十一、水产专科,分发海军部、教育部、农商部。

三十二、兽医专科,分发陆军部、教育部、农商部。

前项第五款至第三十二款除分发列举各官署外,如京外其他官署有需用上列各项人员时,亦得酌量分配。……

乙、外交官考试类　民国八年八月二十七日《法律》第九号公布《外交官领事官考试法》如下:

第一条　外交官领事官考试与文官高等考试合并行之。

第二条　外交官领事官之典试,适用文官高等考试典试令各条之规定。典试官以文官高等考试之典试官兼充襄校官,就外交部遴选各员中呈请大总统派充。

第三条　有下列各款资格之一者，得应外交官领事官考试：

一、《文官高等考试法》第三条第一二三各款毕业学生之习政治、经济、法律专科者；

二、本国或外国国立或公私立专门以上学校修习政治、经济、法律各项专科或各国语言、文字得有毕业文凭或证明书者。

第四条　应外交官领事官考试者，先经外交部甄录试验及格，由外交总长咨送考试。

第五条　前条之甄录试验以甄录委员会行之，委员长一人，以外交部次长兼充，委员六人至八人由外交总长遴选。

第六条　外交官领事官考试分为第一试、第二试、第三试、第四试，平均合取者为及格，给予及格证书。

第七条　第一试之科目如下：

一、国文；

二、英、法、德、俄、日本等一国以上之文字。

第八条　第二试科目如下：

一、宪法；

二、国际公法；

三、国际私法；

四、外交史。

以上为考试主科，不得取舍。

第九条　第三试之科目如下：

一、行政法规；

二、刑法；

三、民法；

四、商法；

五、刑事诉讼法；

六、民事诉讼法；

七、政治学；

八、经济学;

九、财政学;

十、殖民政策;

十一、商业史。

以上为考试附科,由应试人自择四科。

第十条　第四试之科目如下:

一、约章成案;

二、外交事件;

三、草拟文牍;

四、外国语。

前项第一、第二两款先笔试,后口试,第三款用国文及第一试曾经考试之外国文试之。

第十二条　外交官领事官考试及格者由外交部分派驻外使领各馆,学习期间以二年为限,学习期满由使领馆长官出具考语咨报外交部,其成绩优良者作为候补,由外交部咨行国务院铨叙局注册备案,归外交部准用《荐任文职任用程序》第一条第二项、第二条第三条之规定,以相当之荐任职缺呈请任用之。……

丙、司法官考试类　民国八年五月十五日公布之《司法官考试令》,至十二年七月又修正之如下:

第一条　司法官考试依本令行之。

第二条　中华民国男子年满二十岁以上,有下列各款资格之一者,得应司法官考试:

一、在本国国立大学或高等专门学校修法政学科三年以上毕业得有毕业证书者。

二、在外国大学或高等专门学校修法政学科三年以上毕业得有毕业证书者。

三、在经教育部或司法部认可之公立、私立大学或高等专门学校修法政学科三年以上毕业得有毕业证书者。

四、在国立或经教育部或司法部认可之公立、私立大学或专门学校教授司法官考试主要科目继续三年以上,经报告教育部有案者。

五、在外国大学或专门学校学习速成法律法政一年半以上得毕业文凭并曾充推事检察官办理审判检察事务一年以上;或在国立或经教育部或司法部认可之公立、私立大学专门学校教授司法官考试主要科目继续二年以上,经报告教育部有案者。

六、曾任推事或检察官继续办理审判或检察事务三年以上者。

七、曾应前清法官考试及格者。

第五条 司法官考试之次第如下:

一、甄录试;

二、初试;

三、再试。

第六条 甄录试及格者,得应初试。

第七条 初试及格者授以司法官初试及格证书,依学习规则之所定,分发各审判厅、检察厅或司法讲习所学习。……

第八条 学习司法官于学习期满后,由监督长官送请再试,但分归司法讲习所学习,得有成绩优良证明者,以再试及格论。……

第十八条 甄录试及初试典试委员长一人由司法总长于下列各员中遴选开列经国务总理呈请大总统简派:

一、司法部次长;

二、总检察厅检察长;

三、大理院庭长、总检察厅首席检察官;

四、法律馆副总裁、总纂;

五、高等审判厅长及高等检察厅检察长;

六、司法部参事、司长。

第三十一条 甄录试以笔试行之,其科目如下:

一、国文;

二、法学通论。

第三十二条　初试分笔试、口试两种;笔试及格者得应口试。

第三十三条　笔试之科目如下:

一、宪法;

二、行政法;

三、刑法;

四、国际公法;

五、民法;

六、商法;

七、民事诉讼法;

八、刑事诉讼法;

九、法院编制法;

十、国际私法。

第三十四条　口试之科目如下:

一、民法;

二、商法;

三、刑法;

四、民事诉讼法;

五、刑事诉讼法。

第三十七条　再试以考验学习成绩为主,分笔试、口试两种;笔试及格者,得应口试。

第三十八条　笔试以二件以上诉讼案件为题,令应试人详叙事实及理由拟具判词作答,口试方法由典试委员会临时定之。……

此外尚有如八年六月二十日公布《法院书记官考试暂行章程》十三条及同日公布之《各县承审员考试暂行章程》十四条与《监狱官考试暂行章程》十四条、《承发吏考试任用章程》十二条等,盖亦"洋洋乎大观"也。

国民政府成立于南京之后，秉承孙中山先生遗教，设立五院，分别行使“行政”、“立法”、“司法”、“考试”、“监察”五种治权，而以考试院行使考取国家人材之职权之最高机关，盖先生素主张历来“考试权”附属于“行政权”之内流弊滋多，例如官吏常受政潮之影响与行政人员之滥用私人皆是；我国之考试制度虽渊源甚早，但与“行政权”仍混合难分，及至前清，始饶有独立之精神，但仍无常设之考试机关，与常川专任之考试人员，而司考试之人员其在法律上之地位亦无特殊之保障，故先生之五权宪法乃特将“考试权”与“行政权”完全分离，而成为一种独立之机关。据民国十七年十月三日公布之《中华民国国民政府组织法》及十九年十一月十七日第三届中央执行委员会第四次全体会议所修正者，其第五章第三十七条均有如下之规定：

考试院为国民政府最高考试机关，掌理考选铨叙，所有公务员，均须依法律经考试院考选铨叙，方得任用。①

至考试院之组织，依十七年十月二十日所公布之考试院组织法，则考试院者乃以考选委员会及铨叙部组织而成者也，两者所掌，略同清朝之礼部与吏部，盖前者办理各种人员之考选事项，后者则办理公务人员之铨叙事项。十八年八月一日又公布《考试法》如下：

第一条　国民政府考试院依本法之规定，行使考试权。

第二条　凡候选及任命之人员及应领证书之专门职业或技术人员均须经中央考试定其资格。

第三条　考试分下列三种：

一、普通考试；

二、高等考试；

三、特种考试。

第四条　中华民国国民有下列资格之一者得应普通考试：

一、经立案之公私立中等以上学校毕业得有证书者；

① 参看未央书店编纂之《考试法规》第一辑第九三页。

二、有中等以上学校毕业之同等学力,经检定考试及格者。

第五条　中华民国国民有下列资格之一者,得应高等考试:

一、国立或经立案之公私立大学独立学院或专科学校毕业得有证书者;

二、教育部承认之国外大学独立学院或专科学校毕业得有证书者;

三、有大学或专科学校毕业之同等学力经检定考试及格者;

四、确有专门学术技能或著作经审查及格者;

五、经普通考试及格四年后,或曾任委任官及与委任官相当职务三年以上者。

第六条　有下列各款情事之一者,不得应任何考试。

一、有反革命行为经证实者;

二、褫夺公权或停止公权尚未复权者;

三、亏空公款尚未清偿者;

四、曾因赃私处罚有案者;

五、曾受破产宣告尚未复权者;

六、吸用鸦片或其代用品者。

第七条　普通考试于各省区或考试院所指定之区域,高等考试于首都或考试院所指定之区域,每年或间年举行一次。

第八条　普通考试及高等考试各以国文及中国国民党党义为第一试,分科考试为第二试,面试及成绩审查为第三试。前项分科及各科应试科目,由考试院定之。

第九条　第一试、第二试之笔试,除有特别规定者外,概用本国文字。

第十条　普通考试由国民政府简派主考官,高等考试由国民政府特派主考官举行之。

第十一条　举行考试时关于典试事宜,由典试委员会任之,前项典试委员会以主考官为委员长。

第十二条　举行考试时，由监察院派员监试。

第十三条　考试及格者，由考试院分别发给及格证书。

第十四条　考试院举行考试时，得调用各机关人员襄理考试事宜。

第十五条　对于考取人员事后发觉有第六条所列各款情事之一，或有冒名顶替情事者，由考试院撤销其资格。

第十六条　候选人员之考试及其他特种考试另以法律定之。

第十七条　本法施行细则由考试院定之。

第十八条　本法施行日期以命令定之。①

此为国民政府之"考试制度"之根本法律，其最为特色之处即第二条所规定"候选人员"须经中央考试定其资格一项，据十九年十二月三十日国民政府公布之《考试法施行细则》，②其第一条有解释云："本法第二条所称'候选人员'，谓有被选举资格之人员；'任命人员'谓政务官以外之简任及荐任委任人员；'应领证书'之专门职业或技术人员，谓下列各款人员：一、律师、会计师；二、农工矿业技术人员及公营事业技术人员；三、医师、药师、兽医、化验技士、助产士、看护士；四、其他法令规定应领证书之人员。"是"候选人员"一项乃本于中山先生之主张，其余则东西各国之"考试制度"亦并如此。又考试院所已举行及计划之考试种类似较他国为多。以"普通考试"而论，考试院于十九年十二月二十七日即公布普通考试行政人员考试条例六条，③同日又公布《普通考试教育行政人员考试条例》六条、④《普通考试法院书记官考试条例》、⑤《普通考试监狱官考试条例》七条、⑥《普通考试卫生行政人员考试条例》六条，⑦二十年二月二

①《立法专刊》第二辑第四二、三两页。

②《考试法规》第一辑第五至第九页。

③ 前书第三〇至三二页。

④ 前书第三二至三四页。

⑤ 前书第三六至三八页。

⑥ 前书第三八至四〇页。

⑦ 前书第四〇至四一页。

十一日又公布《普通考试警察行政人员考试条例》七条①等。以"高等考试"而论,考试院于民国十九年十二月二十七日公布《高等考试外交官领事官考试条例》六条,②同日又公布《高等考试司法官律师考试条例》十七条③与《高等考试监狱官考试条例》七条、④《高等考试财务行政人员考试条例》六条、⑤《高等考试会计人员会计师考试条例》七条、⑥《高等考试统计人员考试条例》六条、⑦《高等考试西医医师考试条例》七条、⑧《高等考试药师考试条例》七条、⑨《高等考试卫生行政人员考试条例》六条、⑩《高等考试教育行政人员考试条例》六条,⑪二十年一月八日又公布《高等考试普通行政人员考试条例》六条,⑫同年二月二十八日又公布《高等考试警察行政人员考试条例》七条⑬等。以"特种考试"而论,"特种考试"于有特殊情形时始举行之,故不胜列举,如二十年二月三日考试院公布之《特种考试监所看守考试条例》九条,⑭同年三月五日公布之《引水人考试条例》九条,⑮同月七日公布之《河海航行员考试条例》十二条⑯等亦即其实例。至于"考试科目"方面,高等考试第一试科目为国文、党义、历史、地理、宪法与政治学(最后一科,财务人员为经济学,教育人员为社会学,外交人员为国文)等之普通科目。第二试为各类专门学校所讲授之科目,

① 前书第三四至三六页。
② 前书第四五至四八页。
③ 前书第四八至五二页。
④ 前书第五二至五五页。
⑤ 前书第五八至六一页。
⑥ 前书第六一至六三页。
⑦ 前书第六三至六六页。
⑧ 前书第六六至六八页。
⑨ 前书第六八至七一页。
⑩ 前书第七一至七三页。
⑪ 前书第七三至七六页。
⑫ 前书第四四至四五页。
⑬ 前书第五五至五八页。
⑭ 前书第七八、九两页。
⑮ 前书第七九至八一页。
⑯ 前书第八一至八□页。

分“必试”与“选试”，必试约有五科至六科，选试自四科至七科不等，但只任选一科或二科。第三试为面试，就应考人第二试之必试科目与其经验而试之。近自遵照考铨会议《决议案》，对于任命人员中之专门技术人员（包括建设人员与会计、统计、卫生、行政人员）考试，第一度改试专门学科，第二试改试党义、史地、宪法等普通学科，即将以前之“正试”改为第一试，“甄录试”改为第二试，俾应专门技术人员考试者，于第一试即得展其所长而及格，第二试若不幸因普通学科程度不及格而落选，尚可应下届同类考试之第二试，此亦一改良之办法也。又关于考试人员及格后之任用，考试法虽无规定，但据十八年十月二十九日国民政府公布之《公务员任用条例》，[①]固曾有考试及格人员应按其考试种类及科目分发相当官署任用之规定。同《条例》并规定“荐任”、“委任”职之公务员应就考试及格人员尽先任用，然则长此以往各机关究有多少员缺，以容纳每届及格人员乎？自“教育者”之立场言之，各种专门学术机关所造就之人才与国家机关所需要专门人才之供应关系，亦甚急于明了其究竟也。据铨叙部所作民国二十三年之统计，仅中央及直辖附属机关之“荐任”、“委任”职之公务员已在三万左右（包括陆海军部在内），每年淘汰百分之二，即将达六百人，文职又居其三分之二，故亦有四百人，似考试及格人员尚不患无出路，虽然，我国为人设官已成惯习，一长官所统辖之员司皆其直接、间接援引录用之“亲党”，欲其能“大公无私”严加考核者实不啻“掩耳盗铃”。十八年十一月四日国民政府公布之《考绩法》，[②]其第八条诚有“初核长官复核长官之考核有徇私不公或遗漏舛错情事时应依法交付惩戒”之规定，但对比较高级而又有考核权力之“政务官”，此法又不适用。故近年来学校毕业生失业问题之严重，非尽关于文法科之人数过剩与中等教育之不切于实际也。

---

① 《立法专刊》第二辑第一七八、九两页。

② 前书第一七九、一八〇两页。

国学在世界文化的位置

今日抽出功夫与诸君来讨论这个问题，觉得很荣幸。这个问题，十分重要，生为中国人，要不知自己国学在世界上居何位置，也特难了。现在外国人多看不起中国，甚至美国特别的拒绝中国人入境。这种特殊的侮辱，并非从古如斯，并不是祖先的学术、道德不及人家，都由于现在的吾们不长进，比不过人家，不能同人家并驾齐驱，作了时代的落伍者，致贻祖宗羞。再回想从前吾国文艺所放出的灿烂光辉，令吾们何等的欣赏与高傲。兴念及此，吾们应当如何地从新整理国学，明了它在世界文化的地位，求国学的特质和精神，发挥光大于世界之上，这便是吾们义不容辞的责任！

吾们怎样研究国学？若是沿用老法，用传统陈腐手段，来整理，是所反对。我尝爱读外国书籍，爱他有系统、有条理，中国书往往缺乏这两项，所以吾们整理“国故”，要在能引起兴趣的地方着眼，剔莠存良，替国家增平等地位。那么虽不学如我，也想尽国民一分子的责任，来做这种重大工作，目的是要使国家的宝藏，发掘于地下，播扬在世界之上。还望诸位群策群力，拿科学的精神，从事研究国学的工作，这是区区的一点希望！

关于“国学在世界文化的地位”这个题目，分三步来讨论：

一、国学的“定义”和“内容”。

二、国学的世界文化的“评价”。

三、国学的将来。

一、国学的“定义”和“内容”

甲、定义。

（子）比“东方文化”涵义较深。“东方文化”有二支：一支发源于巴比伦，经爱琴海传入希腊。一支是印度：有最高的“宗教哲学”，专讲“佛法”，非他国所有。美术也另成一派。中国文学不过“东方文学”的一种。以为“东方文学”就是国学，范围失之过泛，所以梁漱溟先生将“东方文学”，也讲埃及、巴比伦与印度的文化。

（丑）比章太炎《国故论衡》的“国故”包括要广：因为国学不只限于过去“学术”、“思想”，章书内容计分“语言文字”、“文学”、“学术思想”三项，但也不完备。现在我来增补两项：

1. 历史：日本人说中国过去的历史，只是帝王的“家谱”或“相斫书”，这话不尽是武断。试看廿二史是一部纯文学，《百官》、《艺文》、《刑法》各志，都是考察社会的记载。可知中国历史，自有他自身的价值。

2. 现时中国一切社会的、自然的事实：

一、社会的：如民族经济，研究“国故”对于社会上自然事实，如贸易交通等，都不应偏废。日人组织东亚同文会就是这种机关，专调查吾社会状况，著作有《中国实业全书》。本校有天津研究会也具此意，须先研究来源，参考《天津志》（康熙时作），从事调查。“国学”研究，必须如此。

二、自然的：如地质，古人研究历史，有从地质着手的，现在著名地质学的研究，有丁文江的《地质专报》、翁文灏的《中国矿产志略》、章鸿钊的《石雅三灵解》。

从前的眼光，以为国学仅属诗、词、赋、曲，材料太不丰富，“明堂”考据，打了几百年笔墨官司，吹求过甚，所见不广。国学要被他们破产了！

这种见解，要根本改除，国学或有希望。现在我来下国学的定义：

国学的“定义”：“国学”是对中国的“文字语言”、“文学”、“学术思想”、“历史”和一切社会的、自然的、事实的研究。

乙、“内容”。

从前讲国学，只指小学，研究文字的形声，只是历史的范围，失于狭小，其实内容复杂，有如下述。现在由浅入深，来剖解一下：

（子）饮食：就是“吃”的研究。烹调的法则，中国第一，但多从经验得来，并没有一定的方法。能行而不能知，正是孙文知难行易的例证，所以能做之外，还要求其能知。在古人对于食物，已经有了研究，如明陶宗仪《说郛》中，谈吃的多至三十多本，对于笋的吃法，说来最细致。此外，李渔《笠翁偶集·饮馔部》大谈其食经，袁枚的《随园食单》又都是实地考核过的。外国也有研究中国菜蔬的，如日本的“料理馆”，美国的“杂碎菜”，前几年北京协和医院有一美国人用化学方法，分析中国菜里边含氧、碳、氮，各成分的多少，可知已经有此工作。世界上的菜蔬的口味，要推拉丁系法、意两国较有名望，他们对饮食有精确的考察，所以饮食的研究，已成国家不可少的工作。

（丑）起居：起居还算国学吗？老先生必不以为然。中国人虽长于吃，对于住偏忽略，现在北京市的住房，虽然雄壮高大，但只是供神的，不合人住。关于居室的研究，从前李渔在《笠翁偶集》的《居室部》中，谈的很细，对于窗户的安排，室内的装置，说的都合方寸。近代孙文《建国方略》，对于居室的怎样改良，讨论得很周到，我们值得注意的。

（寅）性欲：性欲的研究，中国自古有之，如《汉书·艺文志》有阴道善阳方、内房有子方；《后汉书》《方术传》、《襄楷传》；《隋书·经籍志》有《素女秘道经》、《玄女经》、《素女方》、《玉房秘诀》等篇；最奇怪的，以叶德辉这般顽固的人物，竟有《翼教丛编》与《双梅景暗图》的著述，大谈起男女恋爱，正是古怪。其实男女性欲，在欧美早成公开的讨论，为 Eliss 用清晰头脑，作审密的研究。又如英人蔼里斯著书，付美国出版。在美国大学中，此类书籍早已汗牛充栋，已成公开之秘密，图书馆中虽不置备，可是藏在办公室中,专给教员浏览。中国此类书籍很丰富,俞正燮的《积精篇》说的最详细,现在日本人正从事收集关于此类的中国书籍。

(卯) 人口增殖和转移:中国人口四万万,是咸丰年间的调查,距今已七八十年,当然不足凭信。但是中国人口散漫,不易调查,据古书《通典·食货》所载,夏有李琪之说,户口一千三百余万;周有苏轼之说(《晋书·地理志》),千三百七十一万;战国有苏秦、张仪之说,千余万;东汉《后汉书·郡国志》,计户一千八百七万。此外,唐之户口,载《通典》;宋见《宋史·地理志》、《通考》等;明见《明史·食货志》,还有各族家谱,亦能得人口出生死亡率。中国人虽多生,但死也多,外人说中国人的平均寿命,是二十岁,虽近于吓人,但中国人容易死,确是毋庸讳言的。主要的原因,就是不重卫生。

(辰) 物价的变迁:本校的商科,很著名。但对于物价,必须特别注意。国产的大宗,是米、谷、酒、盐、布帛,古时物价极便宜,南北朝订盐归官卖,价极公道。贩卖盐犯罪,历代相传,直到清朝,甚至贩私盐处以死刑。研究近百年物价的变迁,如同仁堂、王麻子、都一处等数家,从开店到现在的账簿,及城乡间贫富旧家的账簿。关于古的研究,可以参看宋人文集笔记。

(巳) 农工商业等的进化:关于这类的记载,《尚书·禹贡》有各种织物器具,《州官·考工记》有陶工、金工、木工、皮工、设色工等,但大概都靠不住。

(午) 度、量、衡、器:秦有“权”、有“量”、有“钟”、有“钫”、有“斛”,汉有“建初尺”,新莽有始建国尺;晋有前尺。现在研究经济的学者,吴大澂有《权衡度量实验考》。商科的同学,对此当很有兴趣。

(未) 货币:本校商科货币的陈列,大致完备。要求完全,必须有专门的研究,现在分四时期,说明币制的来源:

1. 自然货币时代:从上古到周。

2. 黄金铜钱兼用时代:自秦迄汉。

3. 铜钱时代:自后汉迄唐。

4. 银钞兼用时代：宋以后。

货币的考究，对商科经济上，占重要价值。

（申）政治的组织：中国的政治在历史上，没有民治的先例，仅有周的封建、秦的郡县、汉的郡国等制度。以后相袭，很少变化，所以中国以往的政治，并不复杂。

（酉）民主思想的发展：中国以前虽没有民治的先例，但民主思想发生的很早，先后有：战国时的孟子，后汉的仲长统，宋李观，敢骂皇帝，邓牧，明黄宗羲，清王夫之、魏源、龚自珍，到近世的孙文。这都是历代民主思想传统的中坚人物，他们认定政府不替百姓作事，便是坏政府，当推翻。

（戌）法律的发达：外人批评吾们的法律，十二分野蛮，动不动就到上权仙枪毙，所以竭力拥护他们的领事裁判权。孰不知中国法律，很有条理，具文法典，累案积牍，材料极丰富。法律中国是最发达的，不过进步极慢。

（亥）语言文字的特质变迁：中国语言文字太难，不易普及世界，但胡以鲁（章太炎弟子），在《国语草创》中说中国语言文字，是世界上最优、最便利的文字，未免自夸。中国语言文字的缺点，确实很多。中国关于心理学的萌芽，在刘劭的《人物志》、张裴《律表周礼》的《小司寇》中，已见一斑。现在陈鹤琴的《智慧测量》，著述得很精详。至于文化的继承传播，与“教育”的制度沿革，及“哲学”、“文学”、“美术”、“音乐”、“科学”等的进展，都是吾们承认“国学”研究必须的材料，但美术一道，经美国驻中公使 Bushels 用科学的方法研究过了，颇多创见。

以上多关于思想方面，现在要谈民族的起源。中国民族的来源，有两种说法：一种是说来自巴比伦，一说来自喜马拉雅山。前者是说中国的八卦与巴比伦的楔形文字相仿佛，巴比伦好讲阴阳，重黄色，正与中国相吻合，此说似颇近理，但尚须经学者加以深切的研究，而后才定。以上都是国学的内容。

二、国学的世界文化的评价

“国学”是世界文化之一，世界文化共分五派：

1. 希腊文明:从埃及经爱琴海传入希腊,所以是“东方文化”的后进,着重表面,故称是“肉的文化”。此派代表上古的文化,但现已灭亡。

2. 希伯来文化:讲精神,故称“灵的文化”,就是现在的基督教的代表。这派是中世纪的宗教文化,现在业已消灭。

以上两派,混成现代的欧洲文明,势益昌明。

3. 摩罕谟德文明:就是土耳其文明。中世纪时,阿拉伯的科学,特别进步,对于天文、数学很有研究。但他的文化守旧,自国体改后,已被土总统加玛尔推翻。

4. 印度文明:是“哲学思想”。但现在已亡国。

5. 中国文化:统看以上四国,都已灭亡,文化消散。现在世界上,能保存世界文化的,只有中国一国。硕果仅存,弥足可贵。维持最后的文化,不愧世界文化之一。吾们是何等光荣,但同时还须不忘责任的奇重。中国文明的势力,支配日本、朝鲜、台湾、安南,甚至达到暹罗(一部分受佛教影响)、南洋群岛,是东方第一伟大势力。吾们加以研究,可得如下的好处:

A. 历史的价值:国学从上古,到中古,迄近世,自成系统。法律、哲学都有系统。中国土地,占世界四分之一,人口三分之一,历史四千年,要是没有高尚的文化,如何能维持到现在?谁能讲这话?英国、美国人多夸赞中国从前的科学,现在国人也渐多想到这种价值,所以不怕时代的埋没了。

B. 应用的利益:如地质,中国研究比外国还早。德人李希霍芬说山西煤量,可供世界千余年之用。他曾略测煤田面积,假定煤层厚度,举一约数,以资比较,于应用上利益无穷。要是见一钻石,任意取一二块,送求分析,就以为金矿的代表,势必至自误误人,招意外的失败。

如药物,东西洋学者,已公认中医可废,中药不可废。因为现在西医,所用的西药成分,都可以从那里发明。这么说来,将来的医药,不光是中医可以因中药而保存,就是西医也必定因中药而大振。并且世界的化学系和生物的化学系,也必定因为中药成分的发现,而添新纪元。例如甘草、大黄、肉桂、麝香等类,都是中国药材,可是外国医学家、化学家已经在百年前研究过了，考定它化学成分，生理效用，采用到他本国的药局方里去了。又如麻黄中发现爱非德林，当归中发见奥没喏儿，毛茛中发见阿纳莫尼，海葆含有碘，罂粟含有吗啡，都可以用中药做成外国药品。日本设和汉药实验场，大学里尤其注重和汉生药学科，中央卫生试验所设立和汉药检明部，民间设有和汉讲习会和汉药研究所。

世界上研究中国文化的人物有：

日本：《亚细亚杂志》、《东洋学报》、《史学杂志》、《史林》；白鸟库吉、那珂通世的古史及地理，后藤虎次郎的目录、金石，鸟居龙藏的古石器，浅井虎夫的法制。

法国：哥尔第亚教授(Henri Cordier)的中国书目 *Bibliothca Sinica*，出版于十年以前。近十年西人研究之结果，多载于法国《通报》、*Pelliot*，*Chavannes*，*Blochet*。

英国：《亚细亚杂志》、*Stein*，*Mookerji*，*Laufer*，*Hirth*。

美国：研究"中国"之书极多。

德国：有《左传》、《老》、《庄》的译文，学者有 Munsterbey、Stael、Frauts。

俄国：伊凤阁研究得最多。

世界上有这许多人研究中国文学。自己不研究，人家替吾们研究，惭愧孰甚；但是世界的潮流，永远是前进的。若一国不进步，便妨害到人家的进步，拦住了朝前走的路，是要被摈斥的。那年澳大利地震，开了一个会议，搜索震源的所在，各国都有详明的地层调查，唯独中国没有，于是大施攻击，结果派人来中国调查。自己的事不解决，要人家来替解决，是多大羞耻，国际上受多大影响！现在世界的趋势到了"等不得"的时代了，你不研究，别人便会代你研究，那么主权何在？国际地位便怎么样了？还不是挤于印度、希腊之列吗？吾们的国学，还应当吾们来整理。

三、国学的将来

研究国学的将来，就是推测它前途的命运，看能不能有支配世界的

价值和发展的希望。分两步来看:

甲、旧日研究国学的苦难,已渐减轻。研究国学,困难极多,好在现在已经逐渐的减少了。它的困难,大概有以下几种:

(子) 难读:五代才有刻板的发明,书籍改用印刷,以前都用手录,抄写难免错落。还有文字通假,辗转承袭,也就将错就错。

二、口音异声:古今的口音,相差很远。大概周秦的语声像现在的广东话,六朝像江浙,元明像京津。

三、文字异形:这是由于刊本的错落(参看叶德辉《书林清话》),但是这种困难,从清初到现在,有戴震、段玉裁、王念孙、王引之、俞樾、孙诒让、章炳麟诸人,讲通文义,所以就减轻了。

(丑) 难辨:古来朝朝都喜欢用坏心理造假书,好假托。所以读古书,要下辨伪工夫。这种困难,在中唐以后,有李翱、韩愈辨《论语》,柳宗元辨《列子》、《文子》、《鬼谷子》、《晏子春秋》、《鹖冠子》,啖助、赵匡、陆淳辨《春秋》,刘知几辨《尚书》、《春秋》,都能开疑古的先路。往后如欧阳修、郑樵、朱熹、叶适,明胡应麟、宋濂,清阎若璩、万斯大、万斯同、袁枚、崔述、姚际恒、范家相、汪中、康有为、梁任公、胡适、顾颉刚等都有辨伪著作,所以伪书也不难分辨了。

(寅) 工具书加多:加增研究的工具,国学的探求更易,如字典的增进。最多的像汪辉祖的《史姓韵篇》是一部极好的人名大字典。李兆洛的《李氏五种》,沈炳震的《廿二史四谱》,对于研究国学极其便利。

乙、从新改订目的和方法。

(子) 研究国学应具的条件:

1. 应有清楚的头脑:中国自汉武帝罢黜百家以后,儒家、道家的“玄理”战胜,墨家、法家的“名理”失败,加之印度的“佛学”又到中国,长期的“玄理”化,主张动作迅速,生活浪纹无规则,绩效高卓灵敏,致成头脑含混,不喜分析。可是以先的动作平缓,生活直线有规则,头脑平庸坚实明晰的“名理”,被屈服代替了。人民受过玄理的熏染以后,一种含混不求彻底的、好开倒车的心理,几成先天的了,所以没有历史进化的观念。王国维讲经带神秘性，便是一例。这种含混的头脑，根本便是研究国学的障碍。胡适的头脑，比较的清新，所以成效也见大。因为有清晰的头脑，学术上才有价值。

2. 须有专门的学识：普通看来，常觉美国书较肤浅，英国书较精神，这便是专门与普通的关系。英国人每著一书，常参考各国书籍，有彻底的研究，所以著述较精深。研究国学，专门学识是不可少的条件。如此整理国故，才有学问上的价值。

（丑）批评比较方法：用批评的或比较的方法，去重新估定中国旧有的“学术思想”的价值，使中国人对于本国“学术思想”的地位，产生自觉心。在消极方面，不要自馁，要自强。美国限制中国人入境，吾们要雪此辱，是在努力奋发去播扬本国的文化，“纳中国于世界思潮的轨道”，这就是吾们的目的！

（此文是杨鸿烈先生在南开大学任职期间的演说辞，刊载于《南开大学周报》1927年第44、45期。）

回忆梁启超先生

我是梁氏晚年的门生，从一九一九年（民国八年）到一九二八年（民国十七年），即梁氏四十七岁到五十六岁这一段时间，过从较密切，我当时由昆明考取北京高等师范学校（后来升格为师范大学）的史地部，又转入英语部，课余在北京《晨报副刊》发表了一些响应梁氏的"整理国故"号令的文章。当时梁氏住在清华学校，每周从星期一到星期五都在清华，星期六到星期天才来北京城内，寓北海快雪堂，我谒见的机会较多，便成为私淑弟子，我考入清华国学研究院后，成为他的正式学生。毕业后，承梁氏推荐到天津南开大学教书，有暇即到梁氏住宅请益，并借阅藏书，因而获知梁氏生平某些片段事迹，现用散记形式写了出来，提供史学家参考。

一、梁氏的治学精神

梁氏在天津河东旧意租界玛尔谷路有两幢花园洋房，其中一幢为居住家眷所用的大厦，大厦二楼有一个大房间，即为人所周知的"饮冰室"，系梁氏经常写稿的研究室。另一幢大厦则为以蔚蓝色厚琉璃瓦为天顶的欧式三层的建筑物，这就是收藏十万卷善本的藏书楼。梁氏学贯中西，博洽多识，其借助于藏书丰富者最大。他不像唐朝李泌的父亲"诫子孙不许将藏书出门"，他对学生却特许自由阅览，即珍本、孤本亦听借出。其时负责管理书籍，身上常带着一大串橱柜钥匙的便是他的族侄梁廷灿，他系一目录专家，向有"活目录"之称，每当梁氏撰文写稿，征集资料的时候，便"有求必应"，"历历不爽"。在此以前，梁氏的大女儿梁思顺（令娴）曾因梁氏著述所需资料，多由她代为搜集，特别如《欧洲战役史论》，在十天之内即脱稿成书，其原因即在于此。我回忆在追随梁氏从事学问的初期，对梁氏的用力，实在钦佩。例如梁氏于一九二〇年（民国九年）的一年内即撰成《清代学术概论》、《老子哲学》、《孔子》、《墨经校释》，以及中国佛教历史论文多篇。一九二一年（民国十年）著述《墨子学案》。一九二二年（民国十一年）陆续发表《中国历史上民族之研究》、《先秦政治思想史》、《中国历史研究法》等等，以及讲演集。三年间著述，总共一百万言，在当时学术界起了一定的作用。

一九二五（民国十四年）梁氏五十三岁时，正式受聘为清华大学国学研究院导师。他一年到头总不肯歇息。原来他从壮年起始便习惯夜间写作，彻底不眠，例如《双涛阁日记》即曾记载，"宣统二年"某月某日，"夜作《国会期限问题》一篇二千言，十二时成，一时就榻，三时成寐。""作《美国东方政略记》二千言，未成。《论锦爱铁路问题》五千余言，《横滨商会会报发刊辞》千言，自向晚至次日朝暾初上时凡成八千余言，固有春蚕食叶之乐，然不规则亦甚矣。""昨夕彻夜成《国民筹还国债问题》一篇，凡七千余言，是日午前八时始就榻。"最突出的例子如他写《戴东原哲学》自述："我是接连三十四点钟不睡觉赶成。"他在一九二五年的秋冬之交，开始讲授《中国文化史·社会组织篇》，口敷笔著，仍昼夜不停。到了一九二六年春间便因积劳而病倒了，《中国文化史》全书卒未完成。差不多过了半年，梁氏稍为康复，又在清华重开《中国历史研究补编》讲座，每周两小时，绵延到一九二七年五月底，虽再接再厉，扶病登坛，但已无力撰稿，乃指定一两位同学速记，经他校阅后，编成讲义，刊载于《清华周刊》。暑假后，梁氏返回天津，我也承他推荐到南开大学教书，仍有随时见面请益的机会，我回忆梁氏在病势沉重中，仍与“死神”斗争，集中精力在搜集批判“宋词”的发展的史料，并写成《跋(宋)程正伯书舟词》、《吴梦窗年齿与姜石帚》、《记兰畹集》、《记时贤本事曲子集》等论文。临死前的数月，还拼着最后一口气，要撰述一部《辛稼轩年谱》。他虽然卧病在医院里面，仍托人去搜索关于辛稼轩的资料。一天忽然得到《信州府志》等书，便狂喜携书出院，仍冒死继续工作。岂料事与愿违，终于不支，一瞑不起，这真可谓以身殉学的了！

二、梁氏的爱好

梁氏因少年得志，几十年来成为达官显宦，社会名流，所以一举一动，均令人注意，平时深居简出，养尊处优，一切娱乐消遣均以避开群众的室内活动为主。我亲见梁氏每晨起床盥洗后，即从事案头工作，所有来往信函电报，都由他的亲信随从一件一件地整理好，并代他剪开封口，递给梁氏阅看。我很奇怪梁氏为什么连这点轻微的动作，也要他人代劳。至于体育活动则没有一样为其所喜爱。梁氏自备一辆新型“巧克力”颜色的轿式汽车为外出代步之用，但是为了有机会锻炼身体，有时也“安步当车”。梁氏居家的时候，常携带着最小的儿子思礼在花园散步，在清华大学任教时，则也不过在西园住宅附近喷水塔一带玩玩，有时对思礼叫“一”、“二”、“三”的口令，使小儿子学点兵式体操而已。

梁氏一向自称为“居住北京，经常人事冗沓，每日欲求二三小时伏案著述，也不可得”，所以才避地西郊的清华学校。但静极思动，到了星期六所谓“周末”和礼拜天便回北海快雪堂接见宾客，并与当时所谓财政金融“巨头”如王克敏等大官僚搓小麻将，以寻乐消遣。实际上梁氏与北洋军阀如段祺瑞、吴佩孚、孙传芳等都有联系，并非是一个纯粹的书呆子。

我有一次到了北海快雪堂，看见梁氏方进早膳，兴致很高，谈了相当长久的时间。我听人说梁氏订例，访客谈话以五分钟为限，这是为应付某些“烂屁股”久坐聊天，妨碍工作而设。那天有好些高级知识分子来访问梁氏，他们原是熟人，见面更无所不谈，随后他们要求梁氏举行一次公开演讲，但他却婉辞道："对不起，你们所订的演讲时期，恰和我的四个人功课时间相冲突。"于是他们便回头询问我："是不是你天天都要到此请梁先生讲书？"梁氏听见，便莞尔而笑，说道："非也！是我和几个朋友，搓搓小麻将，作方城之戏！"据说：解放前京沪一带竹战朋友所通行"五抽心"（即做梦）的办法，便是梁氏所发明的一点小玩意儿，至于有人说他在主编《大中华杂志》的时候，能够一面摸牌，一面叫秘书在旁边，口述所作论文，洋洋数千言，堪称古今文坛罕见的鬼才云云，则我未曾目见，还待证实。

梁氏第二种屋内的消遣，当为临帖写字，他不论在天津、北京和西郊清华园的书房里，随处都悬挂着一些长长短短、大大小小、羊兔狼毛所制的毛笔，而且都有一张既长且大的签押桌横放在中间。上面经常有一个放置大雪茄烟的盘子，这是梁氏作文构思时的刺激物。此外便是一些砚台文具。因为梁氏有暇即喜欢临帖练字，他的书法，由北魏碑体脱胎出来，很有新意，均为时流所称誉。他每天必定要由侍役磨墨，隔一晚的墨汁，即倒去不用，而劣纸也一概拒绝使用，所以他不像欧阳询那样的"不择纸笔"，而倒像欧阳询的儿子欧阳通，管、毫、墨、纸，处处考究。所以梁氏的笔迹书法，墨光焕发，得者都珍如瑰宝，人争模仿。而据我所见，他所写的东西很少是"大者一字径丈，小者方寸千言"，多数都是些不大不小的中楷行书。

梁氏对于三代钟鼎彝器一类的古董似乎没有特别搜集的嗜好，惟某次在他的书桌上摆着一个大且长的酸枝木匣子，装着一个明末清初大汉学家顾亭林的墨宝手卷，这是他在一九二四年（民国十三年）著述《明清之交中国思想界及其代表人物》或《中国近三百年学术史》时所最心爱宝贵的珍物，而我当时也幸获有展阅拜读的难得机会。此外梁氏又曾把他从非洲埃及的金字塔和欧洲意大利邦俾古城所得的砖石，放在外客厅里特制的玻璃匣内，亲笔加以说明解释，这便说明他足迹所至，对人类过去历史陈迹，很感兴趣。

梁氏听戏的嗜好，虽没有上瘾，但他和其弟启勋，都曾作过传奇剧本，对戏剧的重要性，兄弟俩都要共同的认识，对老艺人更为敬重，甚且还有交往。梁氏居家在饭后午睡之前，总允许家人开一下用手摇动的落地大型留声机，听几出谭鑫培、杨小楼、梅兰芳等所唱的京戏，在当时尚无无线电收音机，已经算得是最高的享受了。梁氏虽鄙弃“俗伶”为“市井无赖”，但他却为“谭伶（鑫培）自绣像作渔翁乞题诗”说：“四海一人谭鑫培，声名卅纪轰如雷。如今老矣偶玩世，尚有俊响吹梁埃，菰雨芦风晚来急，五湖深处寄烟笠。何限人间买丝人，枉向场中费歌泣。”这事使人联想到鼎鼎大名的梁漱溟的父亲梁巨川。他倾慕梁氏数十年，在梁氏由欧洲归后，即踵门往谒，并请为写扇联，历五次未得一见，扇联亦迄未写，后见梁氏题小叫天（谭鑫培）刺绣“渔翁图”，有“四海一人谭鑫培”之句，以为任公有暇为叫天题诗，无暇为我写字，大表失望。梁氏对上海的汪笑侬那样多才多艺的爱国艺人，经常通过他的演出的戏来讽刺和抨击他所厌恶的政治和社会的作法，也大为佩服。梁氏所作《三先生传》，并表扬过粤剧名小武“崩牙启”舍身救人的伟大牺牲精神。

梁氏对于西乐，亦很能欣赏，大概在一九二一年前后，号称全世界第一人的提琴大家，奥地利的克里斯勒(Fritr Kreisler)巡演欧美，绕道日本来华，未到北京以前，梁氏和林长民二人以及其他知名人物在《晨报》撰文介绍推荐，仿佛指出，如不前去东城真光电影院聆听克里斯勒所奏名曲的，便是没有文化水平的野蛮人，于是北京大中学生典当衣物，都去购买售价昂贵的入场券。当时以老粗出身的大总统黎元洪也包了一厢，携带妻妾眷属前往捧场，并向克里斯勒赠送鲜花大提篮。梁林两人亦均上台致介绍词，推崇备至。

三、其他一些情况

长期以来，梁氏虽为众所公认的一代作家，但在说话的时候，虽非蹇缓口吃，却很缺乏流利明白的口才，他在讲演的时候有时只闻“啊啊”的声音，即表示其词不达意。据王照说，梁氏初次被光绪皇帝召见，清朝制度，举人被召见后，即得赐入翰林，最下亦不失为内阁中书，但梁氏不会讲官话，口音差池，如读“孝”字为“好”，读“高”字为“古”，于是君臣间相对，无法传达意思，光绪很为失望，仅赐梁氏六品顶戴，仍派他在报馆做个主笔，大家都替他惋惜。但梁氏却不灰心。后来，因梁氏常与外省人周旋接触，新会乡音逐渐改变，所以他某次提及在河南开封时，应冯玉祥督办的邀请，向西北军的官兵讲话的一段故事，说当时，因自己一时情感兴奋，竟滔滔不绝，使冯玉祥首先放声大哭，全军亦泣云。但这只是他一生所仅有罕见的场面。事实上，全国大多数听众都以不能完全明了他的西南官话为憾。尤其在华北方面，如一生最崇敬他的前北京高等师范学校教务主任兼史学教授王桐龄氏，凡有梁氏的讲演，几乎风雨无阻，每次必到，但总是乘兴而往，怏怏而归。问其所以，总是自认对于讲词的某段某节，竟完全听不明白，其他人士，十有五六，亦均抱同感。

梁氏以才华早熟，受李端棻尚书的特别知遇，并妻以堂妹李蕙仙。梁夫人既是出自当时显贵家庭的小姐，下嫁穷书生，且长梁好几岁；在梁氏遭逢戊戌政变，亡命日本时，又蒙李端棻馈赠赤金二百两，得以这项资本，在横滨创办《清议报》。梁氏在北京会试时，即已寓住李尚书公馆，累得这位号称学问渊雅，性情笃厚的妻兄，也因变法失败，而丢掉纱帽，发往新疆效力赎罪。梁氏对这位显贵的知己恩人，既因李“屡上封事，请开学堂，定律例，开懋勤殿，大誓群臣诸大事”而对李表示十二万分的感激，因此，对李的堂妹，不能不“相敬如宾”。外间传言，梁氏一生都怕“太太”，盖即指此。我记得大概是在一九二二年（民国十一年）黎元洪复任总统的时候，黎的亲信金永炎是当时炙手可热的陆军部次长，一日乘坐汽车，速度太快，致将骑在电单车上的梁氏长子思成和次子思永撞翻受伤，交通警察睹状，上前查询，金某即掏出名片，告以有话可到衙门来说。警察畏威，当然不敢执行职权，只好雇车将伤者送医院施救。梁夫人痛子心切，感情特别激昂，曾鼓动梁氏与这个姓“金”的恶霸用法律来解决并制裁他一下。金某次日看到梁氏所办北京《晨报》，大加讨伐，声势汹汹，才知被撞者并非寻常老百姓可比，实已闯下一场横祸，乃亲往医院探访，表示道歉，并愿负担全部医药费用，梁氏为了黎元洪的所谓"大总统"面子，也很想以大事化小，小事化无的妥协办法了结。但一时外间传说，梁夫人仍余怒未息，迫得梁氏进退为难，一时十分狼狈周章，也感到"阃威"过严为绝大苦事。

梁妻于一九二四(民国十三年)逝世(有人说是一九二七年逝世，实在错误)。是年秋季收到梁氏的讣文，曾前往北京西城回回营吊丧，眼见梁氏身穿孝服，从回回营步行好几里遥远的路直到宣武城外法源寺回灵，涕泪纵横，可见伉俪情深，老而弥笃。我还记得当时梁氏的《悼启》非常强调的指出梁夫人"实贵筑京兆公讳朝仪之季女。尚书苾园先生讳端棻，夫人从兄也。启超故贫，濒海乡居，世代耕且读，数亩薄田，举家躬耘，获以为恒。夫人以宦族嫔炎乡一农家子"。更可见其夫妻情感之一斑。最后，想谈一点牵涉到康梁关系的内幕。

康梁有师生之谊，又共同赞翼光绪皇帝变法维新，关系原甚密切。但自戊戌政变后，梁氏亡命海外，眼界大开，思想认识有所改变，遂与康发生分歧，他们这种分歧，在国内的许多文献中，已有记载，不必多说。这里还可以一提的是梁氏亡命日本后，家人随往，在日居住前后十余年，梁氏以卖文为活，生活相当艰苦，极需康的支持，但康虽为保皇党捐得百万美金巨款，而对梁的接济，却不充分。这使梁精神上感到不快，为他们两人间日后情感恶劣，种下一个原因。但事属维新派内幕，究非局外人所能道其详。

(原载于《广东文史资料》1963年第8辑。)

杨鸿烈生平年表

1903 年　1 岁

8 月 20 日(农历 6 月 28 日),出生于云南省昆明市晋宁县。

1919 年　17 岁

从昆明考取北京高等师范学校(北京师范大学前身)史地部,后转入英语部。

1922 年　20 岁

4 月,在云南旅京学会的改选例会上,被选举为会刊编辑员。

是年,发表《〈文心雕龙〉的研究》、《悲观主义新说》等论文。

1923 年　21 岁

发表《苏曼殊传》、《说忏悔》、《驳以美育代宗教说》等论文。

1924 年　22 岁

3 月,参与创办《教育周报》,并担任主笔之一。

8 月,《史地新论》由北京晨报社初版。

是年,发表《中国文学观念的进化》、《为萧统的〈文选〉喊冤》、《什么是小说》等论文;《中国诗学大纲》相关章节连载于《文学旬刊》。

1925 年　23 岁

6 月,从北京师范大学(旧制)英语部毕业。

7 月 6 日至 8 日,参加清华国学研究院第一届招生考试,选考科目为“中国文化史”。

7 月 27 日,被清华国学研究院录取。因经济困难,休学一年。

是年,发表《自心理学观之〈人物志〉》、《师大男同学生活概况》等文章;《中国诗学大纲》相关章节连载于《文学旬刊》;《袁枚评传》相关章节连载于《晨报副刊》。

1926 年　24 岁

9 月,与清华国学研究院第二届新生一起入学。与导师梁任公先生商定专题研究题目为“中国法律发达史”。

其间,参加“述学社”,被选举为社刊《国学月报》的编辑。

1927 年　25 岁

5 月,研究专题《中国法律发达史》撰成,呈交导师梁任公评阅。

6 月 1 日,清华国学研究院举行第二届学生毕业典礼,后在工字厅开设师生叙别午宴。

6 月 2 日上午,王静安先生投湖自沉。

6 月 7 日,国学研究院举行第十二次教务会议,审查毕业学生成绩,杨鸿烈等 30 人被审查合格,准予毕业。

6 月 30 日,与研究院同学随梁任公游北海,梁任公发表谈话一篇。

8 月,由梁任公推荐,赴南开大学任教。

其间,与万家淑女士在天津结婚,梁任公先生系证婚人。

是年,发表《国学在世界文化的位置》一文,连载于《南开大学周报》

第44、45期;《大思想家袁枚评传》一书由上海商务印书馆初版。

1928年　26岁

9月,受胡适聘请,到上海的中国公学任教,担任该校史学社会学系主任。

其间,在复旦大学、暨南大学、法科大学等院校兼职任教。

是年,发表《陶渊明的人生观》、《宋代的法律》等论文;《中国诗学大纲》一书由上海商务印书馆初版;《中国文学杂论》由上海亚东图书馆初版。

1930年　28岁

10月,《中国法律发达史》一书由上海商务印书馆初版。

1931年　29岁

从中国公学离任,到北平师范大学任教。

1932年　30岁

至昆明担任云南大学师范学院院长兼教授。

1933年　31岁

至开封担任河南大学史学系主任兼教授。

1934年　32岁

8月,至北京参加公费留美考试,惜落榜。

9月,东渡日本留学,入读东京帝国大学文学部。博士论文论文选题是"中国法律在东亚诸国之影响"。其间,在东亚高等预备学校学习日语。

是年,发表《清代庄史案之重鞫》一文,刊载于《中华法学杂志》第5卷第8—9期。

1936 年　34 岁

11 月,《中国法律思想史》一书由上海商务印书馆初版。

1937 年　35 岁

抗日战争爆发后不久,离开日本,迁至香港九龙。

是年,发表《后魏司法上因种族成见牺牲的大史案》一文,刊载于《中华法学杂志》新编第 1 卷第 8 期;《中国法律在东亚诸国之影响》一书由上海商务印书馆初版。

1938 年　36 岁

居留香港,从事中国近代外交史研究。

1939 年　37 岁

受聘于无锡国学专修学校,至上海担任该校教授。

是年,发表《教育行政人员在刑民法律上所负之责任》等论文;《史学通论》、《历史研究法》、《教育之行政学的新研究》三部著作由商务印书馆(当时迁至长沙)初版。

1940 年　38 岁

10 月,在南京参与发起中国戏剧协会。

1941 年　39 岁

在南京中央大学史学系担任教授,兼任南京伪中央政府宣传部宣传事业司司长、编审室主任。

是年,发表《中国音乐戏剧在文化上的价值》等文章。

1945 年　43 岁

赴台北担任台湾省贸易局研究员。

1946 年　44 岁

赴香港担任《星岛日报》英文新闻翻译员。

在港期间,继续从事中国法律史研究。

1949 年　47 岁

6 月,东京大学授予其文学博士学位,博士学位论文为《中国法律在东亚诸国的研究》。

受聘于香港大学,到该校担任教员。

1950 年　48 岁

揭发香港大学某教员学位造假,导致该校领导不满,被解聘。

到《星岛日报》复职,担任英文新闻翻译员。

1955 年　53 岁

6 月,从香港至广州,由广东省统战部招待。

10 月,到广东省文史馆担任馆员。

1957 年　55 岁

被划为“右派”,撤销馆员职务,降为办事员。

1958 年　56 岁

6 月,被派往广东省从化县九里步农场接受“监督劳动”的处分。

后来迁回至广州东山龟岗,长居此地。

1963 年　61 岁

发表《回忆梁启超先生》一文,刊载于《广东文史资料》第 8 辑。

1977 年　74 岁

1 月 8 日,病逝于广州。